산업민주주의

2

Industrial Democracy
by Beatrice Webb and Sidney Webb

Published by Acanet, Korea, 2018

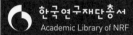
한국연구재단총서 학술명저번역 606
Academic Library of NRF

산업민주주의
2

Industrial Democracy

비어트리스 웹 · 시드니 웹 지음 | **박홍규** 옮김

아카넷

옮긴이 일러두기

1. 이 책은 Beatrice Webb과 Sidney Webb의 *Industrial Democracy*, Longmans, Green and Co. 1897의 서문(19쪽) 및 본문(851쪽)의 번역이다. 즉 부록(참고문헌 등)과 엄청나게 많은 분량의 색인은 번역에서 제외하거나 조정했다. 번역에서 제외한 부록은 4개인데, 부록 1 '단체교섭의 법률상 지위'와 부록 4 '노동조합운동 관련 서적'은 원저의 재판에서부터 생략되었고, 부록 2 '산업적 기생주의와 내셔널 미니멈 정책의 자유무역론에 대한 관계'나 부록 3 '결혼율, 출산율, 빈민 수, 임금 및 밀 가격의 상대적 변동에 관한 통계'는 그 내용이 더 이상 의미 없는 것이라는 이유에서 이 번역서에서는 제외했다. 색인은 중요한 인명과 사항으로 조정했다.

2. 이 책은 19세기 영국의 노동조합운동을 중심으로 하여 쓴 책이므로, 21세기의 한국인이 이해하기 어려운 당시의 여러 노동조합명이나 직업명이 많이 등장한다. 그러한 노동조합명이나 직업명을 21세기 한국에서는 볼 수 없으므로 부득이 역자가 그것을 만들어내야 했지만, 이상한 것이 많아서 경우에 따라 옮긴이 주로 풀이했다.

3. 각주는 '옮긴이 주'라고 표시한 것 외에는 모두 원저 주이다.

4. 책 이름은 『 』, 논문 이름은 「 」, 잡지나 보고서 등은 〈 〉로 표시했다. 책은 원저의 인용방법에 따라 원어로 제목과 출판지 및 출판연도를 밝히되, 제목은 우리말로 번역해 그 내용이 어떤 것인지 알게 했다. 그러나 논문이나 잡지는 특별한 경우가 아니면 우리말로 번역하고 원어는 표기하지 않았다.

2부

노동조합의 기능

5장
표준 임금률

노동조합의 규제 중에 실제로 보편적인 것으로 보이는 특징이 하나 있다. 즉 획일적으로 적용되어야 할 일정한 표준에 따라 임금을 지급해야 한다는 주장이다. 심지어 '공장 클럽'과 같은 초기의 단결 형태도 그 모든 회원이 특정한 업무에 대해 감독과 협정한 일정률을 임금의 최저한으로 지급해야 한다고 요구했다. 지역적으로나 전국적으로 조직된 노동조합은, 그 원칙을 더욱 철저하게 만들어 그 도시나 지역의 모든 조합원에게 적용해야 할 일정한 표준 임금률을 주장하고 있다. 그러나 주의해야 하는 점은, 표준율이란 최저액이지, 결코 최고액이 아니라고 하는 점이다. 가령 '석공 공제 노동조합'은 '런던 중앙 건축업자협회'와 협정하여(1879년) 노동 능력이 있는 모든 조합원은 1시간당 10펜스 이상을 받아야 한다고 규정했다. 그러나 그 노동조합은 숙련도가 높거나 성격이 좋은 특수한 석공에 대해 고용인이 그가 바라는 고액을 지급하는 것에 반대하지는 않는다. '재봉공 합동 노동조합'은 특정 도시의 재봉업주협회와 의류의 각 종류에 대한 보수를 규정하는 '노동시간 지정표'(Log)를 협정하고 있다. 그러나 이 협정은 웨스트 엔드의 재봉 장인들이 노동조합과의 완전한 양해하에, 어느 조합원에 대해 런던의 '로그'율보다 훨씬 더 많은 임금을 지급하는 것을 방해할 수 없다. 사실 뒤에서 설명하듯이 예외라고 볼 경우가 있기는 하지만, 그 조합원이 실제로 행한 업무에 대해, 전체를 위해 정해진 공통 표준율보다도 높은 비율로 지급받는 것을 노동조합이 금지하거나 억제하는 경우는 없다.

그러나 표준율이 최저액이지 최고액이 아니라고 해도, 그 최저액의 설정은 필연적으로 그것이 설정되지 않는 경우에서보다도 임금률의 평등에 가까운 상태를 초래한다. 도급 업무 단가표를 작성하고, 그러한 표를 하나의 공장에서 도시 전체로, 하나의 도시에서 그 직업 전체로 확장하고자 노력했어야 했던 노동조합의 임원들은 표준단가표를 확보하기 위해, 종래 특수한 공장이나 특수한 도시에서 행해진 비율을 내려야 했음을 알고 있다. 균일률을 가능하게 만들기 위해 중요한 것은, 그 직업 중 비교적 행운의 지위에 있는 부분이, 우연하게도 그들의 특수한 업무에 보통이 되는 높은 비율을, 표준율을 위해 즐겁게 포기하는 것이다. 우리는 이미 어떻게 노동조합이 지방적 독점을 파기하는지를 설명할 때, 면공의 예를 인용하여 그들은 도급 업무의 균일표 ─이는 조합원 대다수에 대해서는 임금의 인상을 뜻한다─ 를 확보하기 위해 한두 개의 지방은 종래 받아온 비율의 적극적 감소를 승인해야 했음을 발견했다고 했다.[1] 플린트(Flint) 유리 제작공의 유력한 노동조합은 최근 다시 더욱 현저한 사례를 보이고 있다. 1895

---

1) 앞의 '지배의 단위' 장을 참조하라.

년 플린트 유리 제작공은 요크셔주의 모든 유리 공장에 적용해야 할 균일한 '단가 목록'을 협정했을 때, 같은 주의 다른 지부보다도 높은 비율을 받았던 요크 지부가 가장 맹렬하게 항의하였다. 그들은 균일표가 "우리 중의 어떤 부분이 막대한 희생을 하지 않고서는 실행이 불가능하고", 만일 그것을 실행하고자 한다면 "노동조합이 그 조합원에 대하여 그들도 고용인과 함께 희망하지 않음에도 불구하고, 저렴한 임금으로 일하도록 강요된다는 놀라운 장면"을 보여준다고 말했다.[2] 그러한 항의에도 불구하고 조합원은 요크셔에 있는 모든 지부의 총회에 부의해야 할 균일표의 작성에 찬성했다. 그리하여 이 문제는 요크 조합원 앞에 제출되었다. 그 새로운 표가 그들 자신의 소득 감소를 포함하는 것이 명백하게 만들어졌음에도 불구하고, 획일성에 찬성하는 감정이 너무나도 강하여, 위원장의 기록에 따른다면, 당시 그 지부에 속한 조합원 48명 가운데 "목록에 반대하는 투표는 비참하게도 겨우 9표"에 불과했다.[3]

이러한 표준 임금률의 개념은 설명할 필요도 없이, 단체교섭에 필수적인 요소이다. 관련 노동자 전원에게 적용될 수 있는 어떤 공통의 척도 없이는, 임금에 관한 일반 협정 자체가 불가능하다. 그러나 측정을 위한 일정한 표준의 사용은 단체교섭 방법의 부속물로 허용되지 않는다. 이는 광범위한 원칙에 근거하여 행해지는 도매 거래적인 임금 결정에는 언제나 필요하다. 가장 전제적이고 참기 어려운 고용인이 스스로 각종 계급의 노동자에 대하여 표준율을 채택하는 것은, 마치 대형 상점의 주인이 개별 고객

---

2) 요크 지부의 조합원인 T. 모슨(Mawson)의 편지. 〈플린트 유리 제작공 잡지〉, 1895년 10월 호, 제2권 제8호, 427~428쪽.
3) 노동조합 중앙 서기의 연설. 〈플린트 유리 제작공 잡지〉, 1895년 10월호, 제2권 제8호, 447~451쪽.

의 흥정 능력에 의하지 않고 생산비에 대한 일정한 비율에 따라 상품의 가격을 결정하는 것과 같다.[4] 이러한 일관된 임금 산정 표준이라는 개념을 노동조합은 공장에서 지방으로, 지방에서 영국 내의 동일 직업의 모든 범위로 확장하는 것에 노력하고 있다.

이처럼 표준율을 확보하고자 하는 노동조합의 주장은 통렬한 비판의 대상이 되어왔다. 즉 이는 "열등하고 게으른 노동자에게 숙련의 근면한 노동자의 임금과 같이 높게" 지불하는 것이고,[5] "태만과 무능에 프리미엄을 붙이는 것이며", "근면과 유능의 정당한 희망을 파괴하는 것이고", "모든 노동자에게 평등한 보수를 부여한다고 하는 최악의 공산주의이다"라고 하는 것인데, 이는 단지 자본가나 학자들이 이 문제에 대해 남발한 미사여구 중 두세 개 보기에 불과하다. 1871년 무렵에 와서도 어느 저명한 경제학자는 이 점에 대한 노동조합의 부당함을 주장하면서 다음과 같이 격렬하게 비난했다. "아직은 아니지만 앞으로 경제적 원칙이 일반에게 이해됨에 따라 우리는 노동조합이 **숙련, 지식, 근면 및 성격의 상위를 무시하고, 균일한 임금률을 구한다**고 하는 가장 잘못되고 가장 유해한 목적이 없어지는 것을 보

---

4) 실제의 편의와 거대한 공장의 발달은 의심할 바 없이 균일률의 채택과 밀접한 관계가 있다. 소규모의 마스터나 고용인은 개인적으로 모든 노동자를 알 수 있고, 어려움 없이 그들에게 임금률의 등급을 부여할 수 있다. 그러나 대규모로 경영하는 현대의 고용인은 수천 명의 '손'(노동자) 각자에 대해 정확한 등급을 부여하는 특별한 임금률을 설정하는 데에 어려움을 느끼지 않을 수 없다. 그의 사무원이 간단히 적용하고 노동자가 쉽게 이해한 어떤 공통의 지불 원칙을 채택하는 것이 그에게는 더 적절할 수 있다.

5) 프레더릭 힐(Frederic Hill), 『노동조합의 폐해를 끝내기 위한 방책(*Measures for Putting an End to the Abuses of Trade Unions*)』(London, 1868), 3쪽. 이러한 망상은 너무나도 집요해서 레키 씨는 1896년 "그들은 최악의 노동자도 최선의 노동자와 마찬가지로 지불받아야 한다고 주장했다"고 하면서 노동조합을 노골적으로 비난했다. 『민주주의와 자유』, 제2권 385쪽.

게 될 것이다. 어떤 사회주의 학설도 결과적으로 이 교활하고 그럴 듯한 주장만큼 유해한 것은 없다. 그것은 노동자의 대다수가 일정 기간에 그 주장을 엄수하고자 한다면 모든 진보를 정지시킬 주장이다. 평범하게 말하자면 이는 세계에 우수한 재능이나 숙달이라고 하는 것의 존재를 인정하지 않는 것을 뜻하고, 그것에 속한 가장 평범하고 가장 어리석으며 가장 바보 같은 자의 수준으로 저하시키는 것을 뜻한다."[6]

그러한 비난은 과녁에서 빗나간 것이다. 아마도 노동조합운동에 대한 가장 가벼운 지식은 그러한 주장자에 대해 균일 표준은 결코 매주 임금을 평등하게 하는 것을 의미하는 것이 아니라, 그런 목적을 갖는 것도 아니라는 것을 보여줄 수 있을 것이다. 선악 문제는 차치하고, 전형적인 영국 노동자는 결코 공산주의자가 아니고, 노동조합의 규제는 뒤에서 말하듯이 "불평등 수입의 평등 분배에 대한" 이론적인 "동경"을 전혀 갖지 않는 것이다.

이러한 오해는 지불의 비율과 노동자의 실제 수입액을 혼동하는 것에서 비롯된다. 노동조합이 단체교섭의 필수 조건이라고 주장하는 것은 실제로 행해진 일에 대한 지불의 표준 **비율**이다. 그러나 노동자 각자가 매주 실제로 얻는 수입 사이에는 엄청난 상위가 있을 수 있다는 것은, 이 표준 비율의 개념과 상용되지 않는 것이 아니다. 그리하여 우리는 노동조합 운동가의 대다수가 주장하는 표준 비율은 1시간에 대한 일정액을 말하는 것이 아니라, 도급 임금의 단가표라고 하는 중요한 사실을 가지고 있다. 이러한 도급 업무 단가표가 어떤 범위까지 국내에서 행해지고 있는지는 거의 이해

---

6) 1871년 사회과학대회에서 행해진 윌리엄 뉴마치(William Newmarch) 의장 연설(〈사회과학협회보〉, 1871, 117쪽).

되지 않고 있다. 제철공, 철용접공, 광부는 정밀한 톤당 비율과 면직업의 복잡한 임금률 —모두 더하면 노동조합 세계의 4분의 1에 해당하는 임금을 지배하는— 을 아는 자라도, 종종 기타의 무수한 산업에서(가령 재봉사, 제화공, 식자공, 통제작공, 바스켓 제작공, 솔제작공에서와 같이) 고용인과 노동자에 의해 서명되고 종종 수정되는 단가표가, 19세기의 최초부터 존재한 것을 잊는다.[7] 이 모든 경우와 같이 표준율이 도급 업무의 단가표라는 형식을 취하는 경우, 개별 노동자의 실제 수입을 평등하게 하는 문제가 생겨날 여지가 없음이 분명하다. 통제작공이나 광부는 1주 2파운드의 수입이 있음에도 불구하고, 같은 표준율로 같은 시간 노동을 한 다른 사람은 30실링보다 적은 수입밖에 얻지 못할지 모른다. 그리고 또 다른 사람은 겨우 반시간을 보내고 10실링에서 15실링을 그 1주간 수입을 얻는 경우도 있을 수 있다.

그러나 노동조합의 임금률이 도급을 기초로 하지 않고, 1시간에 대해 일정 표준 임금의 형식을 취하는 산업에서도 그것은 반드시 임금의 평등을 뜻하는 것이라고 간주할 수 없다. 그러한 산업에서 노동자가 같은 시간 노동하면서 그 1주의 수입은 매우 뚜렷하게 다른 경우가 종종 있다. 그리하여 보통의 배관업이나 벽돌업이나 석공의 업무는 시간당 동일률로 지불되는 반면, 그 업무가 어떤 특수한 숙련을 필요로 하면 고용인은 더욱 높은 임금률을 지불하는 것을 이득이라고 생각하고, 노동조합도 호의를 가지고 그 실행을 장려한다. 가령 우수한 벽돌공은 표준율로 고용되는 경우는 거의 없고, 표준 임금보다도 10 내지 15퍼센트 높은 비율로 벽돌 자르기('계

---

7) 이러한 도급 임금표는 '임금 및 노동시간에 관한 보고' 제2집(1894년)으로 상공부 노동국에서 발간된 멋진 발췌 중에서 편리하게 연구할 수 있다.

량 업무'), 난로 쌓기, 하수도 공사 일을 얻는 것이 보통이다. 어떤 산업에서도 제품의 우수함으로 유명하게 된 회사는 숙련도가 가장 높고 최고도로 일하는 노동자를 유치하기 위하여 노동조합의 충분한 승인을 얻고, 노동조합의 비율보다도 높은 임금을 지불하는 것이 보통이다. 고용인이 공통 비율을 엄격하게 준수하는 다른 경우에도, 우수한 노동자는 직접 고액의 금전 수입을 얻지 못해도, 더욱 좋은 고용조건을 얻는다는 점에서 이익을 받는다. 대규모 건축업에서 고용인은 그의 최우수 석공을 뽑아 조각을 하게 하면서, 그 업무는 상당한 노력을 필요로 하지 않을 뿐 아니라, 때로는 파이프를 피우며 할 수도 있다. 반면 일반적인 석공은 감독의 감시하에 돌을 손질해야 한다. 숙련도가 최고도인 목수는 '계단 공사'나 '난간 공사'에서 특별한 임금률을 얻지 못한 경우, 변화와 경쾌함을 갖춘 다른 좋은 일을 직업장 내에서 하게 되고, 바닥 갈기나 다른 힘든 기계적 업무는 비숙련공에게 맡기는 것이 보통이다. 이러한 차이는 자신의 업무 조건을 대부분 스스로 규제할 수 있는 전문가나 사업가의 입장에서 보면 시시한 것으로 생각될지도 모른다. 그러나 노동자로서 그러한 두 가지 업무 —하나는 날씨에 노출되면서 옷이 닳아 없어지며 부단한 감시하에 행해지는 단조로운 근육노동이고, 다른 하나는 상당한 개인적 자유를 인정받으며 유쾌하게 다양한 변화를 누리면서 창의와 솜씨를 용납할 여지가 있는 일— 의 이해득실의 근본적 차이를 감지하지 못할 자는 없다. 그런 경우, 주말에 받는 실링의 수는 평등하다고 해도, 실제로 행해진 노력과 희생에 대한 보수는, 두 가지 경우에 매우 현격한 차이의 비율로 지불되었다고 해도 좋을 것이다.

우리는 시간제 노동에 근거한 표준율이 도급 업무에 기초한 표준율보다도, 실제로는 금전 수입이 균일에 가까운 결과를 초래한다는 사실을 잊어서는 안 된다. 진지하고 근면하며 느린 직공은, 신속하지만 마찬가지로 칭찬할 만한 이웃에 비해 더 낮게 지불받는 것은 공정하지 않고, 더욱 특별하게 업무가 신속한 직공의 정상적 수입도, 그의 가계를 적절하게 유지하는 데에 필요한 것 이상에 이를 수는 없다는, 임금 생활자 계급의 대부분이 깊이 확신하고 있는 점에도 의심의 여지가 없다. 그리고 이러한 확신이 노동조합 세계에 도급 업무에 대한 근본적 반대를 낳고 있다고 하는 것이 자주 주장되어왔다. 만일 이것이 사실이라고 한다면, 우리가 표준율을 강경하게 주장하는 노동조합의 전형적 예증으로, 도급 업무가 일반적으로 행해지고 있는 수많은 직업을 인용했어야 하는 것은 이상한 것일 수 있다. 다음의 표는 어떤 중요한 직업이 시간제 임금을 시행함에도 불구하고, 노동조합 조직이 있는 직업의 대다수가 도급 임금을 주장하거나 또는 쾌히 이를 승인하고 있는 사실을 보여주고 있다.[8] 이 표의 분석에 의해 우리는 그러한 의견의 현저한 상위는 거의 모두, 작업의 성질에서 유래한다는 것을 증명할 수 있다. 노동조합 운동가들이 목표로 삼는 것은, 앞에서 설명했듯이, 어느 경우에나 마찬가지로 지불 **비율**의 균일이다. 어떤 산업들에서는 이것이 오로지 시간제 임금을 주장함에 의해서만 유지될 수 있다. 조

---

8) 도급 임금은 고용인과 노동자의 관계가 생긴 것과 마찬가지로 오래되었다고 하지만, 이러한 보수 지불 방법에 대한 최초의 진지한 연구는 마르크스에 의한 것이다(『자본론(*Capital*)』 제4편 제21장). 마르크스는 보통과 같이 공장 감독관 및 소년 노동자 해고위원회의 보고에 기록되어 있는 도급 임금의 효과에 대한 유익한 관찰에 주의를 기울이고 있다. 그 이상의 지식에 대해서는 D. F. 슐로스(Schloss) 씨의 『산업상의 보수 지불 방법(*Method of Industrial Remuneration*)』(London, 1판 1891, 2판 1894) 속에 있는 그의 주의 깊은 연구를 참고하라. 그리고 이윤 분배, 이득 분배, 협동 계약의 각각에 대한 그의 진지한 상공부 노동국의 보고서도 참조하라. 그러나 카를 마르크스나 슐로스 씨를 비롯하여 우리가 아는 어떤 저자도 도급 임금에 대한 태도가 노동조합에 따라 서로 다른 이유를 알고 있다고 생각되지 않는다.

직 노동자의 대부분을 포함하는 다른 산업에서는 시간제 임금이 바로 그 반대의 결과를 초래할 수 있고, 따라서 노동조합 운동가들은 마찬가지 결의를 통해 도급 임금을 주장한다.

아래 표는 영국 내에서 조합원이 1000명 이상인 노동조합의 전부(비숙련노동자 및 운송인부의 조합은 제외)에 관하여, 그것들이 도급 임금과 시간제 임금 중 어느 것을 규칙 바르게 주장하거나, 두 가지 방법을 함께 인정하는 것을 보여주고 있다.[9]

1. 도급 임금을 주장하는 노동조합

광부(광부 연합회, 더럼, 노섬벌랜드, 사우스웨일스, 딘(Dean) 삼림, 웨스트 브롬위치(West Bromwich) 포함) 노동조합	322,000
클리블랜드 철광부 노동조합	3,700
면사방적공 합동 노동조합	18,250
북부 면공 연합 노동조합	83,600

9) 이 표는 영국에서 1000명 이상의 조합원을 갖는(잡역 노동자 및 운송인부 제외) 모든 노동조합을 포함하는 표를 요약한 것이다. 합계 100만 3000명은 노동조합 세계(전과 마찬가지로 잡역노동자를 제외)의 10분의 9를 대표하는 것으로 수백 개의 작은 노동조합으로 분산되어 있는 나머지 10분의 1도 마찬가지로 나누어져 있다. 111개의 중요 노동조합 가운데, 총 조합원 수의 57%를 갖는 49개 노동조합이 지금 도급 임금을 고집하고 있고, 한편 111개 노동조합 중 73개, 즉 총 조합원 수의 71%를 갖는 노동조합이 도급 임금을 주장하거나 자발적으로 이를 승인하고 있다. 도급 임금에 반대하는 노동조합은 38개이고, 그 총 조합원 수는 전체의 29%에 불과하다.
이러한 노동조합 노동자의 분석과 임금 생활자 인구 전체를 위해 노동국이 만든 계산을 비교하는 것은 흥미로운 일이다. 농업과 가사노동에 종사하는 경우를 제외하고, 영국 남자 노동자의 33%는 도급 임금의 직업에, 나머지 67%는 시간 임금의 직업에 종사하고 있는 것으로 추측된다. 따라서 노동조합원 사이에서는 비조합원 노동자 사이에서보다도 도급 임금으로 일하고 있는 비율이 높다고 생각된다.

노팅엄 레이스 제작공 합동 노동조합	3,500
재봉공 합동 노동조합 (및 스코틀랜드의 동일 노동조합)	19,500
제화공 전국 노동조합	44,000
구두제작공 합동 노동조합	4,300
철공 연합 노동조합	6,700
플린트 유리 제작공 노동조합	2,150
요크셔 유리병 제작공 노동조합	2,450
셰필드 줄절단공(File Cutters) 노동조합	1,700
철사공(Wire Drawers) 합동 노동조합	1,600
영국 용철공(Steel Smelters) 노동조합	2,400
사우스웨일스 주석판공(Tinplate Workers) 노동조합	6,000
스태퍼드셔 도기공(Hollow Ware Pressers, Potters) 노동조합	1,350
키더민스트 카펫 직공(Kidderminster Carpet Weavers) 노동조합	1,400
메리야스공 연합 노동조합	3,900
펠트 모자공(Felt Hat Makers) 노동조합	3,150
시가 제조공 노동조합	1,250
가죽공 합동 노동조합	1,100
기타 16개 노동조합	39,000
계 49개 노동조합	573,000

2. 여러 부문에서 도급 임금 및 시간 임금 쌍방을 자발적으로 승인하는 노동조합

보일러 제작공 및 철조선공 연합 노동조합	39,650
조선공 동맹 노동조합	13,750
놋쇠공 합동 노동조합	5,100
대장공 동맹 노동조합	2,350
돛제작공 연합 노동조합	1,250
랭커셔 방추 및 플라이어공 노동조합	1,150
소기공 합동 노동조합	22,200

인쇄공 노동조합, 런던 식자공 노동조합, 스코틀랜드 등 식자공 노동조합	31,000
제본공 노동조합(2개 노동조합)	4,350
통제작공 상호 노동조합	6,000
가구공 노동조합(3개 노동조합)	7,100
기타 6개 노동조합	6,100
계 24개 노동조합	140,000

3. 시간 임금을 주장하는 노동조합

기계공 합동 노동조합	39,650
조선공 동맹 노동조합	13,750
패턴 제작공 합동 노동조합	5,100
놋쇠주조공 합동 노동조합	2,350
목수 합동 노동조합(2개 노동조합)	58,000
석공 공제 노동조합(및 스코틀랜드의 동일 노동조합)	25,000
벽돌공 노동조합(과 1개 노동조합)	26,700
미장공 전국 노동조합	8,500
배관공률 합동 노동조합	8,150
석판인쇄공 합동 노동조합	2,550
프래드퍼드 염색공 노동조합	2,700
제빵공 노동조합(잉글랜드, 스코틀랜드, 아일랜드)	8,950
영국 마차 제작공 노동조합	5,700
기타 18개 노동조합	44,200
계 38개 노동조합	290,000

위 표를 보고 우리가 가장 먼저 주목하는 것은, 노동자가 도급 임금을 주장하거나, 쉽게 승인하는 직업 중에 규모가 가장 크고 세력도 가장 큰 노동조합을 발견한다는 점이다. 시간 임금제를 도입하고자 하는 어떤 계획에 대해서도 바로 파업으로 대항할 것으로 예상된 광부와 면공의 노동

조합은 그 세력 및 확장도에 있어서 오로지 '보일러 제작공 및 철조선공 연합 노동조합'에 필적할 수 있었는데, 후자는 그 임금 계약의 대부분의 기초로 도급 임금을 채택하고 있다. 노동조합의 임원은 도급 임금에 전혀 반대하지 않고, 유능하고 능력이 있는 임원을 포함한 노동조합 기관의 중요한 부분이 그러한 직업에서 도급 임금 단가표를 취급한다고 하는 특별한 목적을 위해 시작하여 설치된 것을 우리가 볼 수 있을 정도이다. '보일러 제작공 및 철조선공 연합 노동조합'의 지방 위원, 면공의 서기, 제화공의 검사관 및 광부의 중량 조사관은 그들의 모든 생애를 도급 임금률의 기초 위에서 행해지는 보수의 조정에 보낸다.

한편 시간 노동자는 소수이지만, 그중에는 석공, 벽돌공, 배관공률의 노동조합처럼 매우 강력한 노동조합들이 있다. 그것들은 언제나 도급 업무를 그들의 직업을 멸망시키려는 것이라고 격렬하게 비난했다. 우리는 이 상위를 어떻게 설명할 수 있는가?

'면사방적공 합동 노동조합'의 유력한 어느 임원은, 왜 그가 시간 임금에 반대하는가라는 물음에 답하여, 우리의 직업을 고역(Sweating)의 여러 폐해로부터 구출하는 것은 도급 임금제뿐이라고 답했다. 그의 설명에 의하면 면사방적공의 업무는 그가 참여하는 방추의 수와 기계의 운전 속도 ―그것들은 모두 노동자가 조금도 지배할 수 없는 조건이다― 에 의해 노동의 강도(및 그의 생산량)에 변화가 있다. 방추의 수를 증가시키는 정방기의 사용과 기계의 부단한 '가속화'로 인해, 노동자에게 부과되는 업무의 분량이 서서히 늘어나, 알지 못하는 사이에 증가되어간다.[10] 만일 임금이 1시간이

---

10) "우리가 만일 노동이 이전에 비하여 쉽게 되었다고 생각한다면, 그것은 오해이다. 비교할 수 있는 한, 사실은 그 반대이다. 수직기의 직공은 1일에 13시간 노동할 수 있지만, 6직기

나 1일 단위로 지불된다면, 행해진 업무에 대한 임금의 동일률을 유지하기 위하여, 매일 어느 정도까지 기계가 '가속화'되었는지를 정확하게 발견하고, 끊임없이 시간 임금의 증가를 요구해야 할 것이다. 그러한 틀은 고용인이 임금보다도 업무 쪽을 더욱 빠르게 증가시키는 결과를 초래하지 않을 수 없을 것이다.

감은 실의 분량에 따라 임금이 지불되는 제도하에서 노동자는 자동적으로 방추 수와 속도의 증가에서 온 이익을 받을 수 있다. 그리고 노동자와 노동자 사이나 공장과 공장 사이에 임금률의 정확한 균일이 유지되고 있다. 만일 공정에 어떤 개량이 행해지고, 그로 인해 직공의 노동이 감소된다면 임금률을 변경해야 하는 의무가 고용인에게 떨어진다. 그 결과 방사 방적공은 도급 임금표에 의해 더욱 많은 보수 없이 더욱 많은 노동을 강요 당하기 때문에 매우 유효하게 방위할 수 있고, 노동조합이 진취적인 공장주에게 공정 개선 실행을 장려하기 위해, 방추 수의 증가에 따라 임금률을 저하시키고, 결과로서 생기는 이익의 일부를 먼저 고용인에게 양도하는 것이 유리하다고 할 정도이다. 면공도 이와 유사한 경험을 한다. 직공의 노동은 짜여지는 포의 성질에 좌우되지만, 이는 '뽑기'(Picks) 수 등의 복잡한 계산을 포함하고 있다. 시간 임금은 사실, 그들에게 가장 쉬운 업무 외에는 모두 고용인의 뜻에 복종하게 할 것이다. 그러나 도급 임금률의 극히

(Six-Loom) 직공을 13시간 일하게 하는 것은 육체적으로 불가능하다. 업무의 성질이 완전하게 변하기 때문이다. 육체노동 대신에 지금은 기계에 신경을 써야 하는 정신적 긴장이 있다. 올덤에서 2500의 방추가 회전하는 가운데 일하는 정방공이나 번리(Burnley)에서 1분에 200회의 속력으로 달리는 4~6개의 직조기 북에 둘러싸인 여공을 관찰한 사람은, 그것이 얼마나 고도의 정신적 긴장을 요구하는지를 알 것이다." G. 폰 슐츠-게버니츠(Von Schulze-Gaevernitz) 박사, 『영국과 대륙의 면공업(*The Cotton Trade in England and on the Continent*)』(London, 1895), 126~127쪽.

전문적이고 복잡한 표에 의하면, 노동을 증대시키는 모든 요소는 임금 위에 정확하게 그것에 상당한 변화를 초래한다. 그러한 제도하에서만 임금률의 균일이 확보될 수 있다.

다른 수많은 경우, 표준율 확보라고 하는 목적은 같지만 전혀 다른 상태하에서, 도급 임금 쪽이 노동자에 의해 선택된다. 어떤 주들의 광부는 시간 임금과 도급 임금 쌍방의 긴 경험을 쌓아왔지만, 그 결과로 강고한 노동조합이 있는 경우에는 어디에서나 도급 임금이 모든 광부에 대하여 주장되고 있다. 그러한 설명은 일이 행해진 상황하에서 발견된다. 고용인은 탄갱의 갱도 속에 흩어진 무수한 광부를, 십장이나 감독을 통해 감시할 수 없음을 깨달았다. 그래서 도급 임금으로 지불하는 것 외에 택할 수 있는 유일한 방법은, 광산의 각 부분을 도급인에게 도급하는 것이었다. 이것이 악명 높은 '채탄 도급제'(Butty System)로서 이에 반대한 광부들이 노동조합을 조직하여 격렬하게 싸워왔다. 매일의 시간 임금 표준율이 어떤 경우라고 해도, 임금에 대해 행해지는 업무의 속도를 결정하는 '채탄 도급주'는 스스로 비정상적인 노력에 의해 언제나 업무의 분량을 증대시켰다. 이러한 제도하에서 보통의 광부는 표준율에 대한 모든 보증을 상실하는 것이 분명하다. 채탄 도급주에게는 언제나 '일의 속도를 높이는 것'이 이익이었다. 그는 혼자서 그 자신의 여분의 노력 결과만이 아니라, 그가 고용하는 모든 노동자의 여분의 노력에 의한 것도 받아들였기 때문이다. 따라서 보통의 광부가 임금률의 동일을 보증받을 수 있는 유일한 방법은, 채탄 도급제를 폐지하고 그들 스스로 도급 임금으로 일하는 것이었다.

나아가 우리는 다른 직업 가운데, 도급하에서, 또는 도급에 의해 지불되는 고급 노동자하에서 일하는 노동자가, 이와 전적으로 같이 도급 임금을 선택하는 것을 볼 수 있다. 가령 도급 임금을 받는 대장공과 함께 일하는 망치공은 과거에 시간 임금을 지급받았다. 지금 그들은 국내 대부분의 지역에서 대장공의 비율에 비례하는 도급 임금의 은혜를 확보하는 것에 성공했다. 따라서 대장공에 의해 부과되는 여분의 업무에 대해서는, 여분의 보수가 주어지게 되었다. 그렇지만 이와 거의 유사한 지위에 있는 다른 다수의 노동자들은 그렇게 운이 좋지 않았다. 조선소에서 도금공(철조선공) 하에서 노동하는 '조수'(Helper)는 도금공이 도급 임금률로 지급받음에도 불구하고, 일당 지급을 받는다. 그래서 조수의 어떤 노동조합도 그 제일의 목적은 언제나 도급 임금률의 확보였다. 그들의 임금이 도금공의 업무 보조에 따르는 노동의 속도와 강도에 다소간 비례하여 지불되었기 때문이다. 그러나 도금공이 속하는 '보일러 제작공 연합 노동조합'의 강력함으로 인해, 조수들은 그들의 목적을 달성하지 못했다.[11] 그 밖에도 제철 및 제철업은 시간 임금 노동자가 도급 임금 노동자에게 종속되어 있는 많은 예를 보여준다. 이 모든 경우에 종속 노동자는 도급 임금을 희망한다. 그것은 실제로 행해지는 업무에 대한 임금의 비율이 더욱 큰 균일을 확보시켜주기 때문이다.

도급 업무가 노동자에 의해 가장 강경하게 반대되는 직업에 오면, 우리는 다시 그 논의가 임금률의 균일 문제를 향하게 되는 것을 볼 것이다. 기계공은 종래 언제나 도급 업무를 그들의 직업에 도입하는 것이 거의 필연적으로 '개인 교섭'의 역전을 의미하는 것이라고 항변해왔다. 기계공장에서 숙련 기계공의 작업은 만일 도급 업무 제도에 의한다면, 각 업무마다

11) '보일러 제작공 연합 노동조합'이나 '도금공 조수 노동조합'에 대해서는 J. 린치(Lynch)가 〈공업임금 회의 보고〉(London, 1885)에 쓴 논문과 1878년 노동조합대회에서의 토론을 참조하라. 조수의 다수는 지금 '전국 합동 노동조합' 등의 노동조합 조합원이 되고 있다. 1892년 5월 17일, 왕립노동위원회 그룹 A에서 행해진 그들을 위한 증언을 참조하라.

하나의 새로운 계약을 요할 정도로 업무와 업무 사이에 상위가 있다. 하나의 노동자 역시 그 정도가 경미하다고 해도 동료 노동자와는 다른 업무에 고용될 것이다. 만일 그들이 모두 시간 업무로 일한다고 하면, 단체협약은 쉽게 체결되고 준수될 수 있다. 그러나 이어지는 업무가 마지막에 달라지면 그 상위는 작은 부분이라고 할지라도 모든 노동자가 그 준수에 동의할 수 있는 단가표를 미리 작성하기란 불가능하다. 그러한 경우에는 각 업무에 대한 해결은 필연적으로 그 업무와 관련이 있는 감독과 노동자 사이의 상담에 맡겨져야 한다. 따라서 단체교섭은 불가능하게 된다. 그러나 이것이 전부가 아니다. 특수한 업무에 필요한 시간과 노동의 불확정은, 세계에서 가장 착한 마음을 가진 감독을 통해서도 노동자가 같은 노력에 대하여 동일 보수를 얻을 수 있도록 이어지는 업무의 단가를 결정하는 것을 불가능하게 한다. 그리고 집단행동에 의해 옹호되지 않기 때문에, 개별 노동자가 고용인인 자본가와의 교섭에서 필연적으로 입게 되는 불이익을 상기할 때, 우리는 왜 '기계공 합동 노동조합'이 그러한 업무에 대한 특별한 가격을 붙이는 제도하에서는 "도급 업무는 하나의 거래가 아니라 고용인에 의해 지정되고 임의로 저하되는 가격에 불과하다는 것이 분명하다"고 공언하기에 이른 이유를 쉽게 이해할 수 있다. 그리고 보고서에서는 이어서 "이 제도는 노동자 상태의 악화를 초래한 대규모의 임금 인하의 도구에 종종 사용되어왔다. … 만일 어느 노련한 노동자가 그의 숙련과 근면을 통하여 동료보다도 많은 수입을 얻고, 그의 나날의 임금보다도 훨씬 많은 수입을 얻는다면, 가격 인하가 실행되고, 나아가 그것이 계속 되풀이되어 마침내 가장 숙련된 노동자로, 특이한 충성과 근면으로 행복한 생활을 유지하기에 충분한 수입을 얻기에 이르고, 한편 비숙련 노동자는 생활비 이하의 수입까지 인하된다."[12]

우리는 기계공, 주철공, 목수 각각의 전국 노동조합 보고서 속에서 각 직업의 도급에 대한 수없이 많은 동일한 항의를 인용할 수 있다. 그러나 그 어느 것이나 그 논거는 만일 각 업무가 각각 가격이 붙여져야 한다면 표준율 유지의 불가능이 실제로 증명된 것에 있다고 할 수 있다. 그러나 매우 유능한 고용인의 뇌리에는 동일한 확신이 점차 성장해왔음을 보는 것이 더욱 흥미롭다. 모든 공장을 도급 임금률 위에 둔 유명한 클라이드의 조선업자 윌리엄 데니(William Denny)는 1876년, 특별한 강연을 하여 그

---

12) ('기계공 합동 노동조합'의) 〈평의회 의사 보고 개요〉, 1860년 9월~1862년 3월, 24~26쪽. 특수한 압박하에 있는 특별하게 숙련된 노동자의 속도에 의해, 모든 노동자에 대한 도급 임금률을 정하는 이 방법은 지금까지 계속 고용인에 의해 무의식적으로 사용되어왔다. 이미 1727년에 에드워드 로렌스(Edward Laurence)의 〈주인에 대한 집사의 의무〉라는 팸플릿 속에 그 목적에 이르는 방법에 대한 다음과 같은 노골적인 지시가 있었다. "다음의 세부 사항에 없는 어떤 새로운 종류의 업무가 행해지는 경우, 집사가 채택해야 할 가장 좋은 방법은, 훌륭한 노동자 한 사람을 고용하고, 그가 훌륭하게 하루 일을 하는 것을 감시하기 위해 하루 종일 그의 옆에 서서 그 가치를 알기 위하여 그 노동량을 측정하는 것이다." 임금 인하의 편법으로서의 도급 일의 효력은 기계공장인 '찰스 워커 부자상회'(Charles Walker and Sons)가 1852년 〈타임스(Times)〉에 기고한 편지 중에 다음과 같이 서술되어 있다. "일급으로 행해진 업무가 도급으로 지급되면 고용인은 도급 임금의 단가를 일급 시의 단가보다 조금 낮게 정하는 것이 보통이지만, 그것은 그것에 의해 생산이 얼마나 증가되는지를 알기 때문이다. 그러나 고용인은 노동자가 일급에서 1일 5실링 6펜스로 반에도 이르지 않는 업무를 한 것이 양에서는 일급 때보다 훨씬 많은 일을 하고, 1일 10실링을 받는 경우가 종종 있음을 알게 된다. 실제로 그러한 경우가 매우 많아서 제조업자는 내규를 만들고 노동자는 그 여분의 일에 대해서는 '4분의 1 증액'이나 '3분의 1 증액'을 받아야 했고, 따라서 그 단가는 그것에 응하여 감소되었다. 달리 말하자면 노동자의 일급이 5실링인 경우, 단가는 결국 그가 1일에 6실링 3펜스나 8실링을 받도록 정해져야 한다. 이러한 방법은 우리가 절대로 동의할 수 없는 것이고, 노동자가 불평하게 할 것이라고 믿는다."(〈타임스〉, 1852년 1월 9일자) 그리하여 고용인은 동일한 고정 자본으로부터 산출량 증가의 이익을 받을 뿐만 아니라, 노동자가 소비하는 육체적 노력과 그가 확보하는 식량의 양(量) 사이의 비례를 고용인 자신의 이익이 되도록 교활하게 변경하도록 사실상 궁리하고 있다.

지불 방법이 고용인과 노동자에게 동등한 이익이라고 주장하고, 특히 그 방법이 초래하는 고도의 경쟁을 장려했다. 이러한 제도가 초래하는 "25퍼센트 내지 50퍼센트 —이러한 증가는 나의 경험에 의하면 원칙적으로 확증된다— 는, 바로 노동자에게 더욱 유쾌하고 즐거운 생활 상태에 들어갈 수 있게 하고, 나아가 저축의 기회 —참으로 진지하고 주의 깊은 노동자라면 그가 유쾌한 여생을 보낼 수 있고, 스스로 불충분하다고 인정하는 임금률을 자기의 책임으로 거절할 수 있는 정도로 충분한 돈을 저축할 수 있는 만큼의— 를 준다"는 것이지만, 그러한 제도에 왜 노동자가 반대하는지를 그는 전혀 이해할 수 없었다.[13]

이 모든 유혹에도 불구하고 노동조합은 그 반대를 고집했다. 그 뒤의 10년에 걸친 도급 노동 경험으로 윌리엄 데니는 마침내 노동자가 저항하는 참된 이유를 알았다. 1886년에 쓴 흥미로운 편지에서 그는 자기의 학설 변경에 대해 다음과 같이 말했다.

"〈임금의 가치〉라는 팸플릿을 출판했을 때, 내가 시간 임금은 스스로 조절할 수 있다고 생각했듯이 도급 임금도 스스로 조절할 수 있을 것이라고 생각했다. 도급제를 더욱 대규모로 경험한 이래, 임금률이 일정하고 공장의 모든 노동자와 그 고용인 사이의 협정 사항이 될 수 있는 경우를 제외하면, 도급 단가는 자기 조절의 힘이 없고, 격렬한 경쟁의 압박으로 인해 내가 적당한 평준이라고 생각한 것보다 더욱 낮게 인하되는 경향이 있다고 확신하게 되었다. 여러분은 도급업이라고 해도 규칙적인 비율로 단가를 정할 수 있는 업무와, 범위의 대소에도 불구하고 단체 업무에 대해 노동자가 계약을 체결해야 할 종류의 업무 사이에는 명백하고도 매우 넓고

---

13) 윌리엄 데니, 〈임금의 가치〉(Dumbarton, 1876).

확실한 구별이 있음을 알아야 한다. 전자에 속하는 도급 업무에서는 그 비율을 고용인과 노동자의 협동의 노력에 의해 적절하게 조절하는 것이 쉽고, 이는 시간 임금의 경우와 같다. 반면 후자의 경우에는 일정한 표준이 없기 때문에, 경쟁적으로 능률을 올리기 위해 단가가 너무 높게 인상되거나, 도급의 성질 그 자체로부터 유도되는 여분의 노력이나 모색을 노동자로 하여금 보상하게 하기 위해 너무 낮게 인하하는 것은 전적으로 가능하다. 가령 대갈못공, 철정합공, 도금공, 그리고 목수 대부분의 일과 같은 경우, 단가나 표준율은 협정이나 조정에 의해 얻어질 수 있고, 따라서 노동자는 불공평하고 생각하는 거래를 인내하려고 하지 않는다. 실제로 그들은 일정한 지역 전체에 대해 균일률을 주장할 수 있게 되고, 새로운 기계나 새로운 작업 방법의 도입에 의해 그 지방에 업무를 흡수하게 하는 것에 직접 영향을 미치는, 비교적 현명하고 패기 있는 고용인에게 불공평한 작용을 하는 것이 더욱 많을 수 있다. 만일 그처럼 고용인이 기계 및 작업 방법을 개량하여 생산비의 저감을 초래하기에 충분히 효과 있는 정도로 도급의 비율이 저하되지 않는다면, 자본가 측에는 그러한 계획을 포기하는 경향이 생기고, 이어 그 지역에서 업무는 감소하기에 이를 것이 분명하다. 그러한 개량의 경우, 노동자의 실제 수입을 조금도 감소시키지 않고 비율을 저하시킬 수 있다. 나의 경험으로는 노동자가 스스로 나아가 그러한 여러 가지 사항을 공평하고 현명하게 고려했다고 할 수 있다. 종종 그들은 스스로 실제로는 생산비의 감소를 돕는 듯이 제언을 한다. 그러한 노동자 측의 생각이나 도움에 대해서는, 여러분이 이미 상세하게 알고 있는 상여 제도에 의해 바로 응수할 수 있다.

비율에 의해 거래되거나 노동자 전체에 의해 통제될 수 없는 계약을 포함하는 둘째 종류의 도급에서는, 그 단가가 필연적으로 개별 노동자나 일단의 노동자와 그 감독 사이의 협정 사항이 된다. 여기서 그러한 종류의 도급이 의외로 높은 단가가 되거나, 단가로서는 시간 임금보다 낮거나 시간 임금보다 다소 높아도 여분의 노력을 보상할 수 없을 정도로 계약 단가의 저하를 초래하는가는 그 사업의 수뇌부의 통제에 달려 있다. 우리는 그러한 도급을 음미하면서, 최선의 방법은 일정한 기간에 그러한 도급 노동자가 얻은 수입과 동일한 기간에 그들이 얻을 수 있는 시간 임금을 비교하는 것에 있음을 발견했다. 그리고 이러한 부류의 업무를 통제하는 것은 우리들 동료 한 사람의 일이지만, 그는 거의 언제나 그것을 노동자의 이익이 되도록 한다. 우리의 생각으로는, 노동자가 그러한 도급에서 어떤 일정 시간 중에 시간 임금액보다 평균 25퍼센트 내지 50퍼센트 많은 임금을 받아야 한다. 물론 결과가 이보다 좋지 않다든가, 이보다 좋다든가 하는 우발적인 예외는 있다. 결과가 이보다 좋지 않은 경우 이는 노동자에 대해 손실을 줄 뿐만 아니라, 우리 자신에게도 역시 불이익이 된다고 생각한다. 이에 대해 우리가 이유로 삼는 것은 매우 분명하다. 그것은 노동자가 그들의 노력이 바로 더욱 높은 임금을 초래하고, 노력을 증대시켜 업무를 더욱 잘 조작한다면 더욱 높은 임금 증가가 초래된다는 것을 느끼게 된다면, 활동과 개량에 대한 모든 자극이 없어지기 때문이다.

나는 자신과 관련되는 업무의 비용을 절감시키고자 원한 어느 선의의 감독이, 도급 단가를 매우 저하시켰기 때문에, 노동자로부터 활동에 대한 건전한 자극을 빼앗았을 뿐만 아니라, 엄청난 불만조차 초래한 경우를 알고 있다. 도급에 대한 우리의 분석과 통제의 방법은 커다란 불만이 초래되기 전에 이를 발견하고 구제할 수 있게 한다. 그러나 내가 아는 다른 경우에서는, 감독이 앞에서 말한 잘못은 피할 수 있었으나, 너무나 작게 분산된 부문마다 계약을 체결하고, 그 업무를 행하는 방법이나 업무를 하는 팀의 형성에 그러한 조건을 붙여서, 노동자의 수입을 거의 시간율로까지 저하시켰을 뿐만 아니라, 매우 큰 불만을 노동자의 뇌리에 심어주었다. 그는 노동자가 만드는 팀에 자기 편 사람을 강제하는 습관이 있었지만, 그것이 그 팀의 방해자가 되는 것이 당연했다. 우리의 보고와 심사가 이러한 사실을 분명하게 밝히자마자, 우리는 바로 그렇게 주장한 노동자와 체결해야 할 계약은 노동자로 하여금 단결시키고 능률이 높은 노동을 행하기에 충분한 금전계약이어야 한다고 주장했다. 우리는 위에서 말한 결함 있는 거래를 철회하고, 노동자의 노동조합은 순수하게 자발적이어야 한다는 원칙을 설정했다. 그러한 방법에 의해, 그리고 하나의 단가도 변경하지 않고, 노동자의 수입을, 시간 임금에 의한 소득을 조금 넘는 평준보다도 매우 만족스러운 증가율까지 인상하여 모든 불만을 제거할 수 있었다. 이러한 두 가지 보기는 그런 종류의 도급에서 그것을 운용하는 사람들에 대한 직접 통제의 존재가 어떻게 필요한지를 보여줄 것이다. 사업의 수뇌부가 부재 업주(Absentee)이거나 업무에 무관심한 경우, 노동자가 그런 종류의 도급을 통제할 수 있는 가장 유효한 방법은, 시간 임금의 표준을 끊임없이 모두 완벽하게 명료하고 유효하게 하며, 도급에 대한 시간당 임금과 규칙적인 비교를 하도록 주의하는 것이다. 그러한 비교는 그들에게 바로, 그들에게 지불되는 단가가 충분히 이익이 있는 것인지 아닌지에 관하여 올바른 결론에 이를 수 있게 할 수 있을 것이다.

그 밖에 일종의 혼합종의 도급이 있다. 이는 숙련 노동자가 시간 임금으로 비숙련 노동자를 고용하고 그들의 업무 내에 숙련을 요하지 않는 부분을 일하게 하는 것이다. 이 경우에도 일종의 통제가 필요하다. 숙련 노동자가 자신이 고용한 노동자를 의식적이거나 무의식적으로 가혹하게 취급한 경우가 종종 있기 때문이다. 나는 그런 도급의 도급인이 아무런 예고도 없이 지급일에 와서 그가 고용한 비숙련 노동자의 시간 임금을 저하시킨 사례를 보기도 했다. 이와 반대로 그러한 노동자가 그들의 고용인인 숙련 노동자에 대해 불합리하고 불공정한 정신으로 행동한 경우도 있다.

결론으로 나는 다음과 같이 말하고 싶다. 도급이라는 방법은 절대적으로 긍정하거나 비난되어야 하는 것이 아니라, 그것을 운용하는 정신과 방법에 의해 비판되어야 한다는 것이다. 그 성질상 정규적인 임금률을 정할 수 없는 종류의 도급에서는 고용인이 노동자의 이익을 보증하는 책임을 지거나, 또는 노동자가 스스로, 내가 앞에서 제시한 방법으로 그 이익에 유효한 통제를 하는 것이 절대적으로 필요하다.

그 밖에 일반적 성질의 도급 임금률이 매우 큰 압박의 수단이 되는 상태가 있다. 그것은 노동자가 유효하게 항쟁할 수 없는 경우, 또는 고용인 자신이 대항할 수 없는 경쟁의 압력하에서 분쇄되거나, 고용인이 지위와 자본의 특이한 세력을 가져서 그 노동자에 대한 책임감을 결여하는 경우이다. 나는 부재업주가 부재지주처럼, 모욕과 비난으로 맞는 나날이 멀지 않기를 희망한다. 만일 그러한 건전한 여론이 세력을 얻게 된다면, 그것은 또 공장의 대부분이나 전부를 도급이라는 방법으로 경영하는 고용인에게도 커다란 영향을 주게 될 것으로 기대된다.”[14]

우리는 이 교묘한 설명 속에서 '기계공 합동 노동조합'이 도급 임금을 그들의 직업 속에 받아들이는 것에 반대했을 때의 모든 주장이 솔직하게 인정되었음을 본다. 어떤 노동조합 운동가도 데니보다 더욱 강력하게, 도급

---

14) A. E. 브루스(Bruce), 『윌리엄 데니의 생애(*Life of William Denny*)』(London, 1889), 113쪽. 『경제학사전(*Dictionary of Political Economy*)』에 나오는 데니(1847~1887) 항을 참조하라.

이라는 개인적 계약제도하에서 균일률이 불가능함을 보여줄 수 없을 것이다. 데니는 식견이 있고 온정이 있는 고용인이 직접 나서서 그 폐해를 경감하기에 이를 것을 희망했다. 그러나 노동자가 분명하게 그들 지위를 완전하게 포기함을 뜻하는 하나의 제도를 용인할 것을 주저함은 전혀 이상하지 않다. 나아가 생산비를 저하하고자 하는 감독의 열의에 대해 노동자를 비호한 선량한 고용인이 노동자에게 가능한 한 가혹한 계약을 강요하는 좋지 못한 경쟁자와의 경쟁에 오래 견딜 수 있는지도 의문이다.

　노동자가 표준 시간율에 의해 모든 도급의 소득을 조직적으로 조사하는 것의 중요성에 관하여 윌리엄 데니가 준 힌트가, 그 후 '기계공 합동 노동조합'에 의해 답습되어온 것을 보는 것은 흥미롭다. 몇 가지 경우에 공장 내의 모든 노동자가 **그의 생산이 어떤 정도라고 해도** 매주 4분의 1 증가의 시간 임금을 얻고자 하는 양해하에, 도급 임금이 현재 노동조합에 의해, 심지어 노동조합 조직이 고도로 발달한 지방에서 승인되는 경우가 있다. 만일 하나의 업무가 완료되고 난 뒤 그에게 넣어야 할 차액이 있는 경우, 그는 그것을 받을 수 있다. 이제, 이러한 거래하에서 균일률에 가까운 것을 유지할 수 있는 것이 분명하다. 감독이 비율을 저하시키고자 하는 자연적 경향은, 감독이 다음을 아는 바에 의해 저지된다. 첫째, 공장 내에서 가장 속도가 늦은 노동자에 대하여 4분의 1 증가의 시간 임금보다도 낮추도록 도급 단가를 산정하는 것은 어떤 경우라도 그를 이롭게 하는 것이 아니고, 둘째, 도급 단가가 여분의 노력을 야기하는 참된 자극이 되기에 충분할 정도의 최저액을 초과하지 않는다면, 어떤 경우에도 4분의 1 증가의 시간 임금을 보증받는 노동자는 조용히 나머지 시간 업무의 속도로 돌아가는 것이다. 그러나 그러한 지불 방법은 본래의 도급 임금의 범주에는 들어갈 수 없다. 그것은 도리어 여분의 생산량에는 상여를 주는 높은 시간 임

금제도이다.[15]

월리엄 데니로 하여금 경쟁적 도급에 대한 열중으로부터 바꾸게 한 여러 고찰은, 기계업이나 조선업 등의 각 부문에 적용될 뿐만 아니라 목수, 배관공률, 석공, 벽돌공의 업무에도 적용된다. 이 모든 직업에서 업무와 업무 사이에는 엄청난 차이가 있고, 도급 임금은 단체교섭과 일치하지 않는다. 다양한 크기의 파이프를 모든 종류의 위치에 설치하는 일에 종사하는 배관공률의 업무는, 그 노동시간에 의해서만 명백히 계량될 수 있다. 경도(硬度)가 다르고 형태가 다르며 골치 아픈 결함에 차이가 있는 석재를 끌로 깎는 석공은, 동일한 노력에 동일 임금을 부여해야 할 도급 임금률의 표를 작성할 수 없을 것이다. 목수나 가구공의 다양한 업무의 경우에도 마찬가지이다. 벽돌이나 석재의 가옥을 실제로 건축한다고 하면, 한눈에 균일이 비교적 가능하게 보일 것이다. 그러나 벽돌을 쌓거나 가옥의 골조를 세우기 위해 열을 지어 일하는 벽돌공이나 석공의 예를 보면, 그들 중 어느 개인에 의해 완성된 업무가 결국 어느 정도인지를 정확하게 계산하기란 불가능하다는 것을 알게 될 것이다. 이는 가장 주도면밀한 고용인에 의해서도 아직 시도된 적이 없다. 벽 쌓기나 가옥 건축의 '도급'은 사실 벽돌공 사이에서 오랫동안 격렬한 분쟁의 씨앗이 되어왔다. 그러나 이 직업에서 도급 임금은 언제나 도급에 의해 각 노동자에게 지급하는 것을 뜻하는 것이 아니라, 모든 일에 대한 하도급 계약(Sub-Contract)을 '도급인'에게 하도록 하고, 그 '도급인'이 벽돌공에게 **시간 임금으로** 일을 시키는 것을 뜻한다.

---

15) '생산량에 대한 상여'의 다른 여러 가지에 대해서는 D. F. 슐로스(Schloss), 『산업상의 보수 지불 방법(*The Methods of Industrial Remuneration*)』(2판, London, 1894)에 나오는 예리한 구별을 참조하라.

'도급'이라고 잘못 불러 문외한을 혼란시키는 이러한 하도급 제도는, 광부가 '채탄 도급제'에 대하여 주장하는 것과 같은 이유로 반대되고 있다. 함께 일하는 하도급인은 혼자서 자기의 여분의 노력의 이익만이 아니라, 그가 지휘하는 노동자의 이익도 얻기 위하여 무리한 속도를 낸다. 한편 시간 임금만을 지급받는 것으로 도급을 얻고자 노력하는 것은 사실상 사기적인 시도이다. 그리고 전문가의 의견에 따르면 이 제도는 거의 필연적으로, 하도급인이나 도급인의 일을 '소홀히 하는' 경향이 있기 때문에, 훌륭한 건축업자는 이전부터 채용하지 않았고, 지금은 건축사의 설계 명세서에서 금지되는 것이 보통이다.

도급을 주장하는 면공이나 광부의 노동조합과, 시간 노동을 주장하는 벽돌공이나 석공의 노동조합에 대해 현저한 대조로, 쌍방의 지급 방법을 무관심한 듯이 모두 용인하는 노동조합이 있다. 전국 각지의 식자공 노동조합은 1세기 이상에 걸쳐 도급 임금률의 '비율표'와 '시간 임금'(Stab) 쌍방을 정식으로 인정해왔다. 고용인과 피고용인 사이의 단체협약을 여러 차례 수정하면서, 식자공은 표준율을 유지하고자 끊임없이 노력해왔다. 1890년, '런던 식자공 노동조합'에 대한 보고에서 '수정 소위원회'(Revision Sub-Committee)는 다음과 같이 말한다. "일반적으로 말해서 우리의 희망은 종사 업무 여하에 불구하고, 도급 직공으로 고용되든 시간 노동 직공으로 고용되든 간에, 모든 식자공이 가능한 한 평등한 지위에서 비율표를 개정한다는 것이었다. 물론 피고용인의 다양한 능력은 참조되어야 한다."[16]

식자공의 업무는 수많은 상이한 종류를 포함하지만, 어떤 종류의 기계

---

16) 1890년 런던 단가표를 수정하기 위해 임명된 소위원회의 보고.

제작 작업과는 달리, 모든 종류는 옥타브 판[17]의 30~40쪽에 이르는 '비율 표' 중에 정확하게 열거할 수 있다. 따라서 도급 임금은 단체교섭이나 표준 율의 유지에 조금도 저촉되지 않고, 그러므로 어떤 반대도 없다. 한편, 식 자공은 '속도를 올려야 할' 우려도 없고, 기계나 야심 있는 감독에 의해 과 도하게 노동을 하지도 않으므로 고용인이 시간 임금을 선호해도 반대할 이유가 전혀 없다.[18] 사실상 보통의 책이나 일간 신문 업무의 가장 즉각적 인 식자는 도급으로 행해지지만, 계산이 어려운 교정 등의 특별한 업무는 '시간 임금', 즉 노동자의 손에 의해 행해진다.

도급 임금과 시간 임금 중 어느 제도도 승인하는 다른 중요한 사례는 '보일러 제작공 및 철조선공 연합 노동조합'의 경우이다. 이 경우 새로운

---

17) 책의 판형의 하나. 전지(全紙)를 팔절(八折)한 것. 또는, 그 인쇄물. 보통 15.3cm×24cm 임. (옮긴이 주)

18) 도급에 의한 지불제도는 18세기 영국의 인쇄소에서는 분명히 일반적으로 행해졌다. '상용 제도'(Establishment), 즉 시간 임금의 도입은 19세기 초 고용인 측의 혁신으로서, 직공들 은 엄청난 반항을 한 뒤에 점차 동의했으나, 일부 직공은 임금률을 저하시켰다고 비난했 다(플레이스 원고, 27, 799-99~101을 참조하라). 두 가지 지불제도의 승인은, 비율을 저 하시키고자 하는 불공정한 임금을 저지하기 위한 여러 가지 부속 규칙의 제정을 포함하 고 있다. 따라서 고용인은 당연히 해야 할 통고 없이, 하나의 제도를 다른 제도로 변화시 키는 것을 허용하지 않는다. 왜냐하면 그렇게 하지 않으면 직공은 '비계'(fat; 즉 이익이 있 는 일)는 시간급으로 지불되고, 모든 어려운 식자는 성과급에 의해 행하도록 요구되기 때 문이다. '비계'의 공정한 분배를 위해 세밀한 조치가 취해진다. 그리고 여러 식자공에게 '원 고'(Copy)를 건네는 '쪽조립공'(Clicker)은 각 인쇄소에서 노동자의 과거 조직인 '인쇄직공 회'(Chapel)에 의해 선임되고, 종종 그것으로부터 급료를 받는다. 많은 분쟁이, 고용인이 성과급 지급의 식자공에게 '비계'를 부여하지 않도록 시도하기 때문에, 또는 이에 반하여 시간급 노동자의 보조를 맞추기 위해 성과급 노동자를 이용하는 것에서 생겨난다. 따라서 '식자공 노동조합'은 고용인이 어떤 하나의 제도만을 선택하여 사용하기를 희망한다. 1867년 글래스고 인쇄업자 및 식자공의 합동위원회는 '쪽조립'이나 '비계'의 공정한 분배는 1000에 대해 1파딩의 비율에 상당하다는 결의를 했으나, 이러한 승격은 그 제도가 행해지지 않는 공장의 식자공에게 미치지 않았다. 〈글래스고 인쇄협회〉 의사록 원고〉, 1876년 12월 12일.

배를 건조하는 일의 대부분은 앞에서 보았듯이, 노동조합의 지방위원회와 특정 회사 또는 그 지방의 고용인협회 사이에서 정해진 비율에 따른 도급 임금에 의해 행해진다. 한편, 수리 작업은 미리 분류될 수 없으므로 시간 임금으로 행해진다. 그래서 머시(Mersey) 지방에서는 다음과 같은 세칙이 있다. "건조하거나 습도가 높은 선창에서 행해지는 수리 업무에 대해서는 일체의 도급 임금을 허용하지 않는다. 어떤 노동자도 결코 어떤 일정 수의 대갈못을 박는 일을 강제당하거나, 다른 일에서도 1일 내에 반드시 해야 할 일의 양을 부과받아서는 안 된다. 그러나 어떤 경우에도 공정한 일급에 대한 공정한 노동의 원칙은 우리 노동조합의 전원이 충실하게 명예롭게 실행하여야 한다."[19] 우리는 다른 직업에 대해서도 같은 구별이 무의식적으로는 영향을 주고 있음을 알고 있다. 즉 '보일러 제작공 및 철조선공 연합 노동조합'과 같이 운 좋게도 모든 직업을 단일 노동조합으로 단결시키는 것에 성공하지 못한 '석판공(錫板工) 일반 노동조합'에 대해서이다. 리버풀에 본부를 두고 있는 '석판공 일반 노동조합'은 업무가 주로 조선과 관련되지만, 매우 다양하여 도급 임금표를 작성하기가 불가능하지는 않지만 매우 어려워, 시간 임금을 주장하고 있다. 이에 반하여 본부를 울버햄프턴(Wolverhampton)에 두고 주로 박금(博金)의 주전자나 냄비를 만드는 직공을 포함하는 '석판공 전국 합동 노동조합'은 정규 단가표를 가지고 있고, 도급 임금으로 일하기를 선호한다. 이러한 정책의 상위는, 업무의 상위와 매우 밀접하게 일치하고, (조선 분야의) 일반 노동조합 중에서도 예외적으로 주전자와 냄비 제작에 종사하는 자들로 구성되는 맨체스터 지부는, 항만의 여러 지부가 따르는 시간 임금의 원칙을 거부하고, 도급 임금으로 일

---

19) 〈머시 지방 '보일러 제작공 및 철조선공 연합 노동조합' 세칙〉(Liverpool, 1889).

하기를 선호할 정도이다. 어느 경우에나 목표는 같다. 즉 표준율의 유지이다. 그러나 양 노동조합의 정책의 상위는 분명히 그 각각의 업무의 상위에서 유래하는 것임을 서로 분명하게 이해하지 못해 이는 양 노동조합 사이에서 벌어지는 끊임없는 알력의 씨앗이 되고 있다. 그래서 (자신의 노동조합의 맨체스터 지부 예를 잊고서) '석판공 일반 노동조합'이 '석판공 전국 합동 노동조합'에 대하여 시간 임금을 주장하지 않는 것은 노동조합운동의 중심 주장을 배반하는 것이라고 비난을 퍼붓는 일이 생겨났다. 한편, 후자는 도급 임금표의 가치를 믿고, 바다 항구 지방 —여기서는 종래 시간 업무가 일반적으로 행해졌고, 도급 업무는 아마도 모든 단체교섭을 파괴하는 것이라고 생각되었다— 에 왜 도급 임금 노동자의 지부를 설치하지 않는지 이유를 모른다.

위에서 본 사례는 어느 노동조합이 그들의 경험에 의해 행동의 참된 기초가 되는 원칙에 대해 얼마나 무의식적인지를 보여준다. 이러한 무의식은 주위 사정이 변한 지 오래임에도 불구하고, 언제나 종래 관습이 되어온 임금 지급 방법을 고집하게 하기도 한다. 그래서 '가구공 노동조합'과 같이, 이미 정연한 형식을 갖춘 단체교섭은 사실상 사라졌기 때문에, 만일 그들이 '벽돌공 노동조합'이나 '석공 노동조합'과 같이 시간 임금제로 되돌아가자고 주장한다면, 그들의 단결을 유지할 수 있을 것이다. 19세기 초, '가구공 노동조합'은 고용인과 피고용인 사이에서 집단적으로 합의된 정교한 단가표를 가지고 있었다. 그리고 우리는 그 시대의 '가구공 노동조합'이 얼마나 효과적으로 단체교섭을 했는지에 대해 충분한 증거를 가지고 있다. 형태의 엄청난 변화와 증가 및 작업 과정의 변화로 인한 결과로 그 표는 오랫동안 전혀 맞지 않게 되었고, 오늘날의 가구 제작에 포함되는 무수한 업무를 분류할 수 있다고 생각하는 사람은 아무도 없다. 따라서 "견적 노동", "조각 일", 기타 개인적 계약의 형식이 일반적으로 행해지고 있다. 그러나 그 직업의 도급이 갖는 전통과 관습에는 매우 강력한 것이 있으므로 최근 반세기 사이에 시시각각 생겨난 여러 종류의 노동조합 가운데 어느 하나도 시간 임금을 지지하지 않았다. 따라서 지금은 '공장 협약' 이상에 미치는 것이 드물고, 심지어 그것도 종종 파탄을 면치 못한다.

전통적인 임금 지급 방법에 관습적으로 집착하는 다른 사례는, 주철공이나 기계공에 대한 전적으로 같은 작업의 끝없는 반복인 일에 대해서까지도 도급 임금을 승인하는 것을 거부한 것이다. 왜 기계공장 업무의 대부분이 도급 임금률에 의해서는 단체교섭과 양립할 수 없는지에 대해서는 이미 우리가 설명했다. 그러나 그 직업의 엄청난 팽창과 특수한 공정에 대한 기계의 사용에 수반되어, 기계공과 '기계 주철공'의 상당한 부문이 그 전부터 오랫동안 계속하여 동일 제품을 만들어왔다. 그리고 이에 대해서는 단체교섭과 모순되지 않는 균일한 도급 임금 단가표를 만드는 것이 전적으로 가능할 것이다. 그러나 도급 임금('견적 노동'이나 개인 교섭을 뜻하는)에 대한 기계공의 전통적인 반감이 너무나도 강했기 때문에, '기계공 합동 노동조합'은 1892년까지, 고용인이 어떤 도급 임금을 도입하는 것에 대해서도 분명히 거부했다. 그 결과, 여러 곳의 공장은 점차 그 노동조합에 대해 폐쇄적으로 되었다. 결국 '기계공 합동 노동조합'은 5년마다 열린 '회의'(Parliament)의 1892년 회의장에서 도급 임금표의 작성을 허용한다고 결의하고, 그 새로운 형태의 단체교섭을 운용하기 위하여 유급 임원을 임명하게 되었다. '주철공 공제 노동조합'은 오늘날 여전히 그 방침의 채택을 거부하고 있고, 그 결과 자동 기계에 의한 주철 작업은, 이 오래된 노동조합에의 가입이 허용되지 않는 별개의 노동자들의 손으로 넘어갔다.

지금 우리는 도급 임금과 시간 임금에 대한 노동조합의 태도에 대해 어떤 일반적 결론을 내릴 수 있는 지위에 있다. 노동조합은 도급 임금에 도급 임금으로 반대하는 것이라고 함은 잘못이다. 사실상 노동조합 운동가의 대다수는 그 임금 지급 방법을 자발적으로 승인하거나 적극적으로 주장할 것이다. 따라서 고용인은 일반적으로 도급 임금을 좋아한다는 것도 사실이 아니다. 모든 산업에서 힘을 갖는 하도급인 종족에 속하는 자는, 그 자신의 추진력으로부터 가능한 한 많은 이익을 얻기 위하여 언제나 시간 노동자를 고용하고자 노력한다. 마찬가지 방법으로, 급격하게 개선되는 기계를 사용하는 고용인은, 도급 임금제에 대해 그것이 작업의 속력을 증진시키는 이익의 일부를 뺏는 경향이 있다고 하는 이유에서 그 불공평함을 비난한다. 자본가가 추구하는 바는 원래의 임금을 주고 더욱 많은 노동을 하게 하는 것이다. 이는 도급 노동에 의해, 또는 시간 노동에 의해 최선에 이르고 있다. 한편, 노동자는 동일 노동시간 수로 더욱 많은 임금을 얻고자 노력한다. 지금은 여하튼 개별 노동자가 그렇게 하기 위해서는 도급 노동에 의하는 것이 가장 쉬운 방법이다. 그러나 동일 노동시간 수에 대하여 더욱 많은 임금을 얻고자 해도, 경험 있는 노동자는 수많은 위험을 수반하는 개인 계약으로 되돌아가고자 하지는 않을 것이다. 따라서 노동조합은 단체교섭과 양립하는 경우, 즉 한편에서는 고용인과, 다른 한편에서는 노동자 전체의 대표자와의 사이에서 표준 단가표가 협정될 수 있는 경우에만 도급 노동을 승인한다. 사실상, 이는 단순한 비숙련 노동 이상에 관한 한, 노동조합 조직이 있는 산업의 대다수에서 실행 가능하기 때문에, 따라서 그러한 산업에서는 고용인과 노동자 쌍방의 승인을 얻어 도급 노동이 일반적으로 행해진다. 실제로 노동조합운동이 전체적으로 시간 임금을 도급 임금으로 대체하는 것을 돕는지 아닌지를 결정하는 것은 불가능하다. 한편으로는 노동조합 조직이 확대될 때마다, 특히 유급 임원 계급이 팽창할 때마다, 확고한 도급 임금표의 결정이 더욱 쉽게 되어왔다. 그리고 이러한 과정은 이제 직업에서 직업으로 확대되고 있다. 한편, 이러한 표의 제정 그 자체가 도급 임금을 도입하고자 하는 고용인의 희망을 감퇴시킨다. 반면 '견적(Estimate) 노동'이나 '일괄 도급(Lump)'과 같은 개인적 거래를 포함한 임금 지급 방법에 대해서 노동조합은 완화하기 힘든 적대감을 보여왔다.

나아가 표준율이라는 근본 개념이 우리에게 도급 임금에 대한 노동조합의 태도를 이해하게 할 수 있게 하는 것과 마찬가지로, 이는 특수 노동조합의 여러 가지 세칙을 이해하게 할 것이다. 시간 임금으로 노동하는 노동자의 여러 가지 노동조합은 종종 단지 최저임금만이 아니라, 그 임금에 대한 노동의 최대량을 확정함에 의해, 명목상이 아니라 실제상의 임금률 균등을 확보하고자 노력해왔다. 이러한 규약 가운데 어떤 것은, 노동조합의 우매함과 외고집의 고전적 예증으로서 악명을 얻어왔다. '노동 인부 노동조합' 브래드퍼드 지부의 1867년 제5 세칙을 노동조합 왕립위원에서 인용하면 다음과 같다. "여러분에게 엄중히 경고한다. 여러분은 고용인의 미소를 얻기 위해 여러분에게 요구되는 노동의 2배를 하고, 타인에게도 그렇게 하게 하도록 하여 선량한 규약을 위배해서는 안 된다."[20] 그리고 '벽돌공 노동조합' 리즈(Leeds) 지부의 다음 규약도 동시에 발표되었다. "조합원으로 보통의 수, 즉 벽돌 8개보다 많이 운반한다고 공언하는 자에게는 1실링의 벌금에 처하고, 이는 1개월 내에 내야 한다. 벌금을 내기 전까지는 보험금을 받을 수 없다."[21] 그러한 규약은 비숙련 노동자에게만 한정되지 않

---

20) 맨체스터 건축공 노동조합 서기 A. 몰트(Mault) 씨의 증언. 질문, 3120.
21) 같은 곳, 질문 3122.

았다. 맨체스터 '벽돌공 노동조합'의 규약은 1869년 다음과 같이 정했다. "규정 속도를 넘어 일을 급하게 하는 것이 발견되는 자는 초범의 경우 2실링 6펜스, 재범의 경우 5실링, 3범의 경우 10실링의 벌금에 처한다. 더 이상 계속되는 경우, 위원회가 적당하다고 인정하는 처분을 부여한다."[22] '석공 공제 노동조합'은 다음과 같은 규약을 채택했다. "일반인에게 '부추김'(Chasing)으로 알려진 가장 유해한 파괴적 제도를 고집하는 지방에서 지부는 이를 근절하기 위해 전력을 기울여야 한다. 각종 업무의 최초 부분을 완성하기 위하여 보통의 석공이 요하는 시간보다도 짧은 시간으로 이를 완성해서는 안 된다는 것은 가능한 한 많은 사람들이 채택해야 할 습관이다. 만일 어떤 조합원이나 다른 개인이 동료 노동자를 과도하게 일을 시키려고 하거나 '부추기고자' 노력하여 조합원의 해고나 임금 저하를 초래하려고 하듯이 일하는 것을 보여주는 것이 분명한 경우, 그런 행동을 하는 사람들은 지부에서 소환해야 하고, 그들에 대한 혐의가 충분히 증명되면 벌금에 처해야 한다."[23]

1867년에서 1869년 사이, 노동조합위원회에 의해 널리 선전된 이러한 것과 그 유사한 규제는 일반의 비난을 받았다. 설령 그 부수적 결과가 나빴다고 해도 그러한 규약은 처음에는 시간 노동의 기초에 서서 표준율의 어떤 보호를 위하여 필요한 것으로 만들어졌다는 것이 인정되지 않은 듯이 보인다. 누구든 타인을 배제해서는 안 된다고 하는 것은, 단체협약에 당연히 부수되어야 할 조건이다. 그리고 이러한 배제는 더욱 낮은 시간급으로 정규액의 업무를 하도록 신청함과 같이, 같은 시간급에 대하여 더욱 많은

22) W. T. 선턴(Thornton), 『노동에 대하여(*On Labour*)』(London, 1869), 350~351쪽.
23) 〈석공 공제 노동조합 규약〉(Bolton, 1867), 규약 제11, 제2류, 31쪽.

업무를 제공하는 것에 의해서도 쉽게 행해질 수 있다. 누군가가 시간율에서 배제된다면, 전체의 시간율이 저하할 것이다. 마찬가지로 노력의 농도라는 점에서 배제하게 되면, 앞의 경우와 마찬가지로 바로 전체의 노력의 농도가 높아지게 된다. 그러나 노동자 측의 세칙 또한 더욱 많은 교활한 습격에 응하기 위해 만들어졌다. 건축 도급에서 자신의 부하로부터 최대의 노동을 얻고자 바라는 강력하게 압력을 가하는 감독의 다수는, 맥주나 근소한 임금 증액률을 약속하여 특정한 노동자를 매수하고, 다른 모든 노동자를 같은 속도로까지 '강요하는' 목적으로 법외의 속도로 노동을 시키는 습관이 있었다. 노동자 사이의 이러한 소위 '방울 단 말'(Bell Horse)은 단체협약 중 암묵적으로 포함된 정상의 표준을 넘어 업무의 농도를 증진시키는 것이 사실이고, 이는 도급 임금의 채탄 도급주가 시간 노동을 하는 채탄부의 속도 증진을 강하게 압박하는 것과 같다. 그러한 행위는 사실상 모든 노동자로부터 여분의 노동을 획득하면서, 겨우 1, 2명의 노동자에 대해서만 여분의 노력에 대한 보수를 지급하는 방법이다. 이러한 관행이 노동자가 알지 못하고 행해지는 경우, 거의 단체협약을 사기로 기피하는 것과 마찬가지였다.

고용인과 감독 측의 이러한 관행은 빠르게 표준율과 단체교섭을 불가능하게 할 것이고, 노동자가 그들 자신의 방위를 위해 규제를 만들어야 하는 것도 무리가 아니다. 앞에서 말했듯이, 마찬가지로 '추방될' 우려가 있는 채탄부와 망치공은 그 공격에 응하여 도급 노동 단가율의 수용을 주장해 왔다. 면사방적공과 면공은 그들의 도급 단가표를 세밀하게 작성함으로써 기계의 끊임없는 '속도 상승'에 대해 자신을 방위했다. 건축 인부의 운반 공사는 도급에 의한 지급이 거의 불가능했기 때문에, 단체협약으로 업무의 최대량과 최저임금을 결정하는 것 외에 적당한 방법을 발견할 수 없었다.

그러나 '방울 단 말'을 사용하는 것이 노동자에게 사기라고 한다면, 그 관행을 저지하기 위하여 고안된 규제도 쉽게 고용인에 대해 사기가 될 수 있도록 작용할지도 모른다. 고용인은 사실 정상적인 평균 노동을 수취한 다는 예정하에, 보통의 비율로 노동력을 구매한다는 계약을 체결한다. 물론 노동자 중에는 소수의 고속 노동자와 저속 노동자가 있음과 동시에 평균 속도의 노동자들도 있을 것이다. 그러나 고속의 자를 제한하고자 하는 규제는 암묵리에 단체협약의 기초가 된 전체 평균을 필연적으로 저하시키게 된다.

이러한 노동량의 '평준 저하'(Levelling Down) 관행은, 그것이 방위가 아니라 공격의 무기로 사용될 때, 가장 나쁜 측면을 보여준다. 지급되지 않는 여분의 노동을 동료로부터 뺏는 수단으로 개별 노동자가 사용되는 것을 금지하고, 노동조합이 임금 인상에 성공하기 위해 고용인에게 경고 없이 모든 조합원의 노력을 비밀리에 저하시키는 것은, 양자를 구별하여 고찰해야 할 것이다. 후자가 협약 내용을 사기적으로 변경한 것이라고 함은, 채탄 도급주의 행위와 마찬가지 정도일 것이다. 우리는 이러한 종류에 속하는 하나의 사례, 즉 소위 '태업'(Go Cunny) 정책이 '전국 부두 노동자 노동조합'에 의해 리버풀에서 단기간 채택된 것을 알고 있다. 고용인은 값싼 일의 임금 증액을 완강하게 거부하고, 노동자는 그 생활 임금이라고 생각하는 것을 확보하기 위한 실력이 없음을 알았다. 절망 속에서 그들은 그들의 업무에 아무런 힘도 기울이지 않는 편법을 채택했다. 이처럼 어느 정도 특별한 사례에서 노동자는 그들이 상인의 관행에 따랐을 뿐이라고 주장했다. 그들의 집행위원회가 낸 보고서에 의하면 "노동자에 대한 고용인의 참된 관계는 단지 이 하나, 즉 최소의 임금으로 가장 훌륭한 일의 최대량을 확보함에 있다는 점에는 의심의 여지가 전혀 없다. 그러한 관계가 노동자에게 바람직하지 않은 이상, 그것에서 벗어나는 길은 그 지위를 감수하고 **가격에 준하여 상품을 제공한다**고 하는 상업의 상식적 법칙을 그것에 적용하는 것 외에 달리 없다. … 고용인은 노동자에 대해 전혀 고려하지 않고, 1시간 노동에 대하여 지급해야 할 임금액을 결정하는 것을 주장한다. 따라서 한편, 노동자가 고용인이 결정한 가격에 대하여 1시간에 해야 할 노동의 양과 질을 결정하는 것에 대해서는 잘못된 것이 없는 것이 분명하다. **만일 노동의 고용인, 또는 상품의 매수자가 진품에 대해 지급을 거부한다면, 그들은 모조품이나 허식(Veneer)에 만족해야 한다.** 이것이야말로 그들이 우리에게 배우도록 강요한 그들 자신의 정통 교의이다."[24]

무제한의 자유 경쟁을 인정하는 개인주의의 오래된 입장에서 본다면, 그렇게 하는 것이 그들에게 이익이 된다고 생각하는 경우, 노동자가 거짓 노동을 매각하는 권리를 부정하기란 쉽지 않다. 만일 앞에서 본 사례와 같이 노동자가 공공연히 그들의 의도를 발표한다면, 사기라고 하는 문제는 생기지 않는다. 그리고 그러한 입장에서라면 노동자는 당연히, 우리는 모조품을 팔지만 진짜인 것처럼 가장하지는 않는 매우 정직한 상인처럼 행동하고 있다고 주장할 수 있을 것이다. 이에 대해 고용인은 해고로 대응할 것이다. 노동자는 다시 그 후계자에게 같은 수단을 채택하라고 권할 것이다. 그 싸움은 '생존 투쟁'이 되고, 전투 기술에서 '최고의 적자'가 잔존할 것이다.

---

24) 〈영국 및 아일랜드 '전국 부두 노동자 노동조합' 집행부 보고〉(Glasgow, 1891, 14~15쪽). 그들은 다음의 글을 W. 스탠리 제번스(W. Stanley Jevons)의 『정치경제학 입문(*Primer of Political Economy*)』에서 인용했다. "일반적으로 말하여 고용인이 가능한 최저 비용으로 일을 하게 하는 것은 옳다. 그리고 더 낮은 비율의 임금으로 일하는 노동의 공급이 있다면, 더 높은 비율을 지급함은 현명하지 못하다."

그러나 우리는 쌍방이 상처를 입는 투쟁에서, 전체로서의 사회의 이익이 거의 불가피하게 해를 입는다고 믿는다. 존 브라이트(John Bright)[25]의 항의에도 불구하고 의회는 계속 상품의 위조를 금지해왔다. 그러나 노동의 위조는 사회에 대해 더욱 큰 해를 무한하게 가한다. 사실 우리는 이 경우에 "노동은 상품이다. … 매매할 수 있는 물건이다," 그것은 논리상 '기타의 것'으로 취급될 수 없는 것이라고 함이 전적으로 잘못이라는 현저한 예를 보여준다.[26] 우리는 1일 노동의 양과 질을, 일하는 인간의 건강 및 품성에 그것이 미치는 영향과 분리할 수 없다. 하도급인의 '추방' 관행, 즉 언제나 그 최고 속도로 일하도록 인간을 끊임없이 압박하는 것은, 노동자의 건강을 급속하게 파괴하고 조로를 초래함으로써 국민을 피폐시킨다. 한편 조직적 태만은 가장 견실한 노동자의 품성과 능률조차 파괴할 것이다. 생산물을 위조하는 것은 마찬가지로 인간을 위조하는 것이다. 직업을 얻는 것의 불규칙에 의해 이미 도덕적으로 타락하고 지속적 업무에 대한 능력에서 평균 이하로 내려간, 대도시의 비숙련 노동자에게, '태업'의 교의는 쉽게 인격 파괴의 최후를 초래할 것이다. 책임 있는 노동조합의 임원으로 하여금 리버풀 부두 노동자의 새로운 시도를 비난하기를 주저하지 않게 하는 것은 이러한 진실의 본능적인 존중에 있었다. 우리가 아는 한, 이는 노동조합의 역사 중에서 유일한 사례이다.[27]

25) 존 브라이트(1811~1889)는 영국의 정치가로서 1837년 코브던(R. Cobden)과 함께 곡물법 폐지를 지도하고, 그 후 선거법 개정 등 자유주의적 개혁과 재정 개혁에 진력했다. (옮긴이 주)
26) 노동조합에 반대한 사람으로 유명한 자본가인 맨체스터의 에드먼드 포터(Edmund Potter)의 연설. 사회과학협회, 〈노동조합 및 파업에 관한 보고〉, 1860, 603쪽.
27) 불행한 노동자를 다른 방법으로 구제한다는 절망 속에서 이 정책을 창조한 열성적인 이 두 사람이 노동 계급에 속하지 않았다는 것은, 노동조합 임원의 공정성을 위하여 기록할 가치가 있다. 이 일은 그들의 훌륭하고 교묘한 주장을 읽은 사람들이 이미 간취했을 것이다.

시간 임금 노동자로부터 도급 임금 노동자로 눈을 돌리면, 우리는 일정한 어쩔 수 없는 복잡함을 제외하면, 전적으로 비난되어야 할 성질을 갖지 않는 보완적 규제가 표준율을 보호하기 위해 설정되어 있음을 보게 된다. 그러한 규제의 첫째 종류는, 측정의 정확성에 관한 것이다. 고용인은 언제나 임금 지급표 작성에 필요한 모든 계산을 그들 자신이나 대리인의 손으로 행하는 권리를 주장하고, 노동자가 그 숫자를 침묵하며 승인할 것을 예상해왔다. 그러한 주장에 반대하여 노동조합은 완강한 투쟁을 이어갔고, 성공을 거두었다. 노동자가 쉽게 계산의 옳고 그름을 검사할 수 없는 경우에는, 그 모든 처리가 표준율을 전적으로 고용인의 손에 맡긴 것이 분명하다. "채탄량을 측정할 때, 탄광부는 어떻게 공평을 확보할 수 있었는가? 그는 갱도 깊숙이 있었고, 갱구에서 고용인 대리인을 감시할 수 없었다. 그래서 무게를 속였다고 하는 아우성이 다시 생겼다. 오랫동안 이는 논쟁의 씨앗이었다. 1860년의 (광산)감독법 개정 시에 광부의 대표는 정부에 대해 다음과 같은 조항을 넣으라고 종용했다. 즉 석탄은 옳은 계량기로 갱구에서 옳게 그 양을 재어야 하고, 광부는 자신의 비용으로 무게조사관을 임명해야 하는데, 그는 노동으로 인해 더 이상 방해받아서는 안 되고. 광부의 노동량을 보고 기록하는 것만을 업무로 하도록 정하는 조항이다. 물론 이 조항은 고용인의 대표에 의해 강력한 반대를 받았다. … 고용인은 계량 감시 조항을 전혀 원하지 않았다. … 마침내 하나의 타협이 성립되었다. 계량 감시 조항은 다른 조항 —29조— 과 함께, 중량 조사관은 그 탄갱에

그 뒤 그들은 유산 계급에 속하는 자들로서 1892년 글래스고 노동조합대회부터 정식으로 제외되었다. 1896년, '선박, 부두, 하천 노동자 국제 연합 노동조합'도 같은 정책을 채택해야 한다고 제안되었을 때, 벤 틸렛(Ben Tillett)과 같은 지도자가 반대하고 노동조합의 투표 결과와 부결되었다.

고용된 자 중에서 뽑아야 한다는 고용인 측 제안의 추가 규정을 더하여 법률로 되었다."[28]

탄갱주를 특히 비난하고자 하는 것은 아니지만, 위에서 말했듯이 1860년에 채택된 조항을 의회가 점차 엄격하게 했을 정도로, 탄광부의 의혹은 증거에 의해 충분히 근거 있는 것으로 확정되었다고 말할 수 있다. 현행 법규에 의하면, 어느 갱도의 광부의 단순 다수는 그 갱도로부터 중량 조사관을 선출한다고 결정할 수 있다. 그리고 고용된 도급 광부의 전부는 —그 제안에 반대투표를 한 사람까지 포함하여— 그 수입에서 강제적으로 인출한 것을 급료로 지급한다. 현재 광부이거나 광부였던 자는 고용인이 좋아하든 싫어하든 간에, 그 지위에 선출될 수 있고, 법원은 그가 계량기에 자유롭게 접근하도록 허용하며, 탄량 측정의 모든 편의를 부여해야 한다고 주장하고 있다.

같은 방향으로 더욱 나아가는 하나의 발자국이, 면공의 여러 유력한 노동조합에 의해 시작되었다. 광부가 확보한 것은, 고용인의 계량을 광부 측 임원에 의해 검사하는 권리였다. 방직 노동자는 고용인에게 그 도급 임금 산출의 기초로 삼은 정확한 세목을 미리 발표하게 했을 뿐 아니라, 그러한 세목의 기재가 과연 옳은지 감시할 것을 특별 임무로 하는 1명의 관리 임명을 확보할 수 있었다.[29] 1891년의 보수당 내각에서 공장법에서 면공을 위해 채택되고, 1895년의 자유당 정부의 개정법에 의해 모든 방직 노동자

---

28) 〈영국 석탄 철광 광부 전국 노동조합의 의사 및 결의록〉(London, 1836), 7쪽.
29) 30여 년 동안, 동료를 위해 싸운 직공 노동조합의 원로 임원이 공동의 승인을 얻어 이 중요한 새로운 직무를 수행해야 할 최적임자로 지명된 것은, 무엇보다도 '북동 랭커셔 직공 노동조합'의 신용과 함께 지도적인 고용인의 공평에 의한 것이다. T. 버트위슬(Birtwistle) 씨는 그의 임무를 완전히 수행하고 모든 관련에 대해 일반적인 만족을 부여했다.

에게 확대 적용된 '특별 조항'은 아마도 몇 년 동안, 임금의 계산이 오산과 사기에 빠진 모든 도급 임금의 산업에 적용될 것이다.[30] 이 조항에 의하면 고용인은 일을 시작하기 전에 노동자 수입의 정확한 계산에 필요한 모든 세부 사항(임금률도 포함)을 문서로 발표해야 한다.

그러나 부정확한 계산 외에도 도급 임금 노동자를 속이는 방법이 있다. 각각의 광부가 파내는 석탄의 중량은 그 갱구에서 정확하게 측정될 수 있다고 하여도, 만일 그가 원격지나 매우 힘든 탄층에서 일하게 되면 표준 톤율은, 같은 노력에 대하여 같은 임금을 확보해주는 것으로부터 멀어질 수 있을 것이다. 면사방적공은 원면의 질이 나빠서 생기는 파손물을 수리하기 위해 자주 정지해야 한다면, 단가표는 필경 기만임을 발견하게 된다. 나아가 탄광부의 '지역 표준'(County Basis)이나 정교한 '면사 방적 단가표'를 아는 자라도, 이러한 폐해를 피하기 위해서는 얼마나 전문적이고 복잡한 조정이 필요한지, 또 주의해야 할 불평이 얼마나 다양하고 끊임없는지를 이해하는 경우는 드물다. 일반 독자에게 이러한 사실을 통감시키는 최선의 방법은, 실제 의사록에서 몇 가지를 인용하는 것일 것이다. 가령 '노섬벌랜드 탄광주 및 광부 연합위원회'는 하루 만에 다음과 같은 사건과 다른 많은 사건을 해결했다.

버레든(Burradon)—협정 승인. 야드(Yard) 탄층, 동측은 3개월간 톤당 1실링 7반 다임, 그 뒤로는 톤당 1실링 6펜스.

---

30) 1895년의 공장법은 내무부장관이 단지 행정명령으로 이 조항을 모든 도급 노동의 산업에 적용할 수 있는 권한을 부여했고, 이에 따라 그 조항은 1897년 손수건, 에이프런, 앞치마, 여성 상의 제조업, 그 체인망, 잠금쇠와 자물쇠 제조업에 적용되었다.

크램링턴(Cramlington), 아멜리아(Amelia) 갱도—협정 승인.

(a) 양키 잭(Yankee Jack) 제도는 갱주가 그것을 폐지하는 것이 편하다고 인정하는 경우에는 언제라도 폐지되어야 하고, 그 폐지 시에는 로 메인(Low Main) 탄층 및 야드 탄층의 채탄 임금은 9퍼센트 증액해야 한다. 메인 탄층의 경우, 칸막이가 없는 채탄 임금은 현재 둥근 채탄 임금의 63퍼센트로 하며, 위 제도를 폐지하는 경우에는 9퍼센트를 증액해야 한다.

워커(Walker)—협정 승인. 보몬트(Beaumont) 및 브록웰(Brockwell) 탄층. 장벽이나 파편 채탄 임금은 장벽의 시작부터 40야드, 즉 고정벽 쪽에서 40야드인 때에 지급해야 한다.

뉴 백워스(New Backworth)—노동자는 갱도에서 등불을 사용할 필요가 있으면 이를 사용하기 위해 필요한 시간에 대해 지급을 요구한다. 갱도의 갱도 및 지주 작업 시에 등불 사용에 필요하면 1톤에 1다임의 특별 임금을 지불해야 한다.

시턴 번(Seaton Burn)—갱주는 로 메인 탄층 중의 보웨스 탄에서 장벽 채탄 임금을 결정하도록 희망하고 있다. 현재 지급되고 있는 표준 임금은 1톤당 3다임을 삭감한다.[31]

심지어 더욱 다양한 것은 면공의 조정이다. 이하 '볼턴 면사방적공 노동조합' 서기의 일기를 약간 발췌한다.

1892년 1월 5일

힌들리의 힌들리 트위스트(Hindley Twist) 회사에서 페닝턴(Pennington) 씨가 아침에 방문, 그는 주급과 정방기 2대마다 방적기를 1대 붙이는 제도의 정지에

---

31)   1891년 11월 14일 연합위원회 의사록, 〈노섬벌랜드 광부 의사록〉, 1891.

동의했다. 나는 다음 월요일 공장을 순시할 예정. 따라서 만일 방적이 불만족한 상태라면 만족한 상태로 만들어야 한다. 그래서 우리는 어떻게 하면 방적기가 더욱 높은 임금을 받도록 빨리 움직일지를 조사해야 한다. 작업은 목요일 아침부터 재개할 예정.

1월 6일

핼리웰(Halliwell)의 (트리스트럼 회사) 피크스 플레이스(Peake's Place) 공장에 가서, 거친 번수(番手)[32]를 방출하는 3대의 정방기로 일하는 자는 그 정방기에 어떤 개수 수리를 가하여 끝낼 때까지 1주 2실링 6펜스의 특별 수당을 지급한다고 협정을 했다.

1월 7일

퍼시벌(Percival, 고용인협회의 서기) 씨와 함께 모세스 게이트(Moses Gate)의 로버트 브리어클리프(Robert Briercliffe) 씨의 공장에 갔다. 거기에는 차바퀴가 조금 있어서, 제1공장에서 1개월간 100파운드에 대해 임금 6다임을 증액하고, 그동안 작업이 만족스럽게 이루어져야 한다고 협정했다. 마찬가지로 회사는 노동자의 요구에 양보했고, 지시기에 의한 지급제도를 채택할 것이다. 그 결과 작업 포기의 통지는 철회되었다.

1월 8일

맨체스터의 매코널(M'Connell) 회사 시즈윅(Sedgwick) 공장으로부터 물레(Bobbin)가 파손되었고, 원형 주석(Doffing Tin)이 부족하며, 6대의 정방기에서

---

32) 실의 굵기를 말한다. (옮긴이 주)

일하는 직공이 기본 임금조차 받을 수 없는 상태라는 불평을 받았다.

1월 12일

볼턴(Bolton)의 워털루 공장의 조합원으로부터 실내가 너무 춥고, 기관이 불규칙적으로 운전된다는 불평이 있었다.

1월 19일

멜로즈(Melrose) 공장의 번수를 시험하여 평균 2권 반의 오류를 발견했다. 번수를 옳게 하지 않으면 노동자는 내일 아침 식사 때 떠나야 한다.

1893년 4월 7일

제임스 마스턴(James Marsden) 회사의 요구에 의해 퍼시벌 씨와 함께 화요일에 불만이 제기된 번수에 의한 방추 상태를 조사하기 위하여 제4공장에 갔다. 우리는 이 회사에서 그것이 보통의 표준 이하라는 것을 발견했으나, 조지프 마스턴 씨는 반드시 고치겠다고 약속했다.

4월 10일

골번(Golborne)의 파크사이드(Parkside) 공장직공으로부터 창문 블라인드에 대한 불평이 있었다.

4월 18일

로버트 하워스(Robert Haworth) 회사의 힌들리(Hindley)에 있는 캐슬 힐(Castle Hill) 공장의 우리 조합원이 감독관의 거친 행동에 불평했다. 조사 결과, 감독관보다 그들에게 비난받아야 할 것이 있음을 발견했다.

5월 9일

로빈 후드(Robin Hood)의 제2공장에서 분무기가 노동자의 건강에 유해하므로 회사에 대해 앞으로 그것을 사용하지 말라고 요구했다.

6월 12일

퍼시벌 씨, 로빈슨 씨, 그리고 나는 제2공장의 번수를 시험하기 위해 하워브리지(Howebridge) 공장에 갔다. 우리는 그 번수가 임금 지급이 약속된 번수보다도 1권 정도 실이 약하다는 것을 발견했다. 회사는 번수를 정당하게 할 것을 약속했지만 그것으로 충분하지는 않았다. 그들은 1주 내에 다시 나쁘게 될 것이기 때문이다. 우리는 회사가 지시기에 의한 임금 지급을 채택해야 한다고 제시했다. 회사는 마침내 2, 3재의 시험적 사용을 승낙했다.[33]

우리는 여분의 노력이나 불편을 이유로 특별한 가산 임금을 받아야 한다는 노동조합 규제 중에서 동일한 노력에 대해 동일한 보수를 얻고자 하는 결의를 본다. 그래서 거의 모든 지역에서 건축업주와 건축공의 각종 부문이 제정한 '취업규칙'에서는, 정상적 노동시간이나 보통의 업무에 대한 표준율 외에, 일정한 거리 이상의 '왕복 시간'에 대한 일정한 수당과, 집에서 멀리 떨어져 있는 경우의 '숙박료'를 규정하고 있다.[34] 노동자가 자신의 강철 용구를 사용하는 직업에서는, '연마 요금'(Grinding Money)을 별도로 요구하는 것이 보통이다.[35] 어떤 종류의 노동이 특별히 불쾌하거나 의복

---

33) 이 일기는 '볼턴 면사방적공 노동조합'의 연보에 인쇄되어 있다.
34) 가령 '런던 건축업자 중앙협회'와 '석공 공제 노동조합'에 의해 1892년 6월 23일 서명된 〈석공 안내를 위한 지방 규약집〉을 보라.
35) "패턴 제작공, 기공 및 기계 가구공은 해직 시에 도구를 연마하기 위하여 2시간 전에 예

의 훼손을 수반하는 경우에는 '손상 요금'이나 '훼손 요금'을 종종 요구하기도 한다. 그래서 보일러 제작공이나 기계공은 기름 운반선에 관련된 업무에 대해 특별한 임금을 받는다. "기선이 정규적으로 해상에서 사용된 뒤, 배 밑바닥(Ballast Tank)의 안에서나, 엔진 베드(Engine-Beds) 밑의 깊은 바닥 사이에서 작업하는 노동자는, 지극히 불결한 그 작업에 대한 보상으로서 1주간 근무나 1야간 근무에 대하여 1일의 4분의 1이나 2시간 15분분의 가산 임금을 받아야 한다."[36] 이상은 모두 시간 노동자의 노동조합이 요구하는 '가산 임금'의 사례이다. 그러나 우리는 같은 목록을 도급 임금의 기초 위에 선 노동조합이 주장하는 것을 본다. '제화공 전국 노동조합'은 정밀하고 전문적으로 세밀한 점까지 특별한 지급을 받는 특별 도급 업무에 대한 긴 단가표를 만들고 있다. 또 식자공의 유명한 '임금표'의 길이와 복잡함의 대부분은 '보통의 일'보다도 많은 노동을 요구하는 모든 종류의 식자에 대해 명확하게 정한 가산 임금을 얻고자 하는 그들의 주장에서 생겨났다. 그리하여 고용인과 식자공 사이에서 정식으로 협정된 아래와 같은 '가산 임금'의 수와 종류에 대해 충분한 관념을 부여하기란 불가능하다. 즉 '각주', '측주'(側註; Side Note), '행조사'(行調查; Under Runner), '스몰 체이서'(Small Chasers), '큰 쪽'(Large Page), '팸플릿', '목록', '가는 글씨 조판'(Undisplayed Broadsheets), '제목 작업'(Table Work), '단작업'(Column Work), '평행 문제'(Parallel Matter), '분수'(Split Fractions), '위 첨부'(Superior), '아래 첨부'(Inferior), '조판'(Slip Matter), '행간 인쇄'(Interlinear Matter), '머리말 문

고하거나 그 대신 2시간분의 임금을 받아야 한다." 〈기계공 합동 노동조합' 런던 세칙〉, 1894년 4월 4항 4칙. 7쪽.
36) 〈보일러 제작공 연합 노동조합'의 머시 지방 세칙〉, 6칙, 1889.

제'(Prefatory Matter), '색인', '부록' 등이다. 마지막으로 마치 무용한 학문을 물리치려고 하듯이 히브리어, 아라비아어, 시리아어 등과 같은 여러 종류의 언어는 '계통도'(Pedigrees)와 함께 "보통일에 대한 가격의 2배를 지급해야 한다."[37]

우리는 표준 임금률에 대해 지금까지처럼 상세하게 음미한 뒤에, 고용인의 자의적인 벌금이나 감급 또는 어떤 형식으로도 '실물 임금제' 등을 금지하는 노동조합의 규제를 설명하여 독자를 권태롭게 만들 필요는 없다고 생각한다. 공장 내의 규율 유지를 위하여 고용인이 설정한 제도에 대하여 노동자가 반대하는 것은 불합리한 것이라고 생각될지도 모른다. 그러나 만일 그 제도가 사소한 일에 대해서도 벌금을 채택한다는 형태를 취한다면, 그러한 경우에는 보통처럼 고용인이 그 벌금을 자기 주머니에 넣는다면, 1주간의 벌금 평균액은 실제로 표준 임금률이 정확하게 그만큼 저감되는 것을 뜻하는 것이 분명하다. 필요한 규율을 시행하기 위하여 이러한 방법을 사용하는 고용인은, 노동자를 그의 경쟁자보다도 그가 부과하는 벌금의 회수만큼 정비례하여 변동하는 금액만큼 싸게 사는 것이 된다.[38] 이와 같은 자의적 성격은 일반적으로 행해지는 제도, 즉 노동자로 하여금 사소한 파손이나 그 업무의 부수적인 필요물의 비용을 내게 하는 제도에도 부착된다. '면사방적공 합동 노동조합'의 어느 임원은 다음과 같이 아이러니컬하게 말했다. "임금은 싸고 노동은 불규칙적이며 생활은 빈곤했던 멋

---

37) 〈식자공 작업 런던 임금표〉, 1891.
38) 벌금제도는 만일 그 돈이 '직공 질병 클럽'이나 그들의 어떤 다른 공통 이익의 기금 쪽으로 돌려진다면 그렇게 강하게 반대되지 않을지 모른다. 그러나 특별한 종류의 공장에 관련되어 설정된 질병 클럽이나 양로기금은 특히 가입이 강제적인 경우, 다른 여러 이유 중에서 직공의 독립심을 없앤다고 하는 이유에 근거하여 노동조합의 입장에서는 반대해야 하는 것이다. 이 문제는 '노동조합운동의 함의' 장에서 다시 검토한다.

진 지난 시대에는 노동자가 언제나 파손된 실패(Bobbin)나 가스나 새 쇄모(New Brush)를 변상해야 했고, 스스로 기름통을 찾고 파손된 기계의 일부를 복구하여야 했다. 기타 그렇게 멋진 사소한 일이 끝이 없어서 그들의 임금에는 상당한 구멍이 생겨났다."[39] 그 모든 관행에 대해 면사방적공은 오래전부터 반대하여 그 목적을 달성했다. 그러나 그 대부분이 여공인 면공은 아직도 그런 것을 종종 부과받고 있고, 따라서 그들이 속한 노동조합의 규약 중에는 그러한 공제에 복종하는 것을 금지하는 조항이 지금도 있다. 가령 프레스턴 규약은 "실패(Shuttle),[40] 포크(Fork), 쇄모(Brush), 기타 기계 조각이나 고용인의 소유에 속하는 것이 어떤 방식으로 그 사업에 사용되는 재료나 물건에 대해서는 여러분의 단순한 태만에 의해 고의나 악의로 파손한 경우 외에는, 결코 지급하거나 지급을 허락해서는 안 된다. 따라서 만일 고용인이 여러분의 임금에서 그것을 공제한다면 다음 회의에 와서 위원회에 호소하라."[41] 그러나 표준율의 단체교섭과 근본적으

---

39) 〈면사공장 시보〉, 1892년 7월 22일.

40) 피륙을 짜는 기계나 재봉틀에서 실을 감는 패. (옮긴이 주)

41) 〈프레스턴 및 기타 지방의 역직기 직공 노동조합 규약〉(Preston, 1891), 20쪽.
   도급이 행해지는 산업에서 고용인은 완전한 제품 이외에 대해서는 지급을 면제하고자 하고, 그가 거부하고 싶다고 생각하는 물건에 대해서는 단호히 거부하는 권리를 주장하는 것이 보통이다. 이것이 여러 종류의 산업에서 많은 종류의 분쟁을 낳는 원인이 되어왔다. 노동조합 운동가의 주장은 (1) 노동자는 재료의 불완전이나 공정의 결함으로 인한 실패로 손해를 입어서는 안 된다, (2) 어떤 경우에도 만일 고용인이 불완전하다는 이유로 일에 대한 지급을 완전히 거부한다면, 노동자는 그 자신의 이익을 위하여 그 제품을 보지하지 않고 그것을 파기해야 한다, (3) 자신만의 논리에 따른 자의적인 판단에 대하여 어떤 호소 수단이 있어야 한다는 것이었다. 가령 도자공은 과거 60년 동안, '가마로부터 완성품'이라고 하는 조건, 즉 불타고 있는 가마에서 안전한 상태로 내어온 제품에 대해서만 지급된다고 하는 조건에 대하여 오랫동안 투쟁을 해왔다. 노동자에게는 재료를 선택하는 아무런 권리가 없고, 가마의 열에 대해서도 아무런 통제를 하지 못하기 때문에 그러한 조건은 단지 노동자 자신의 과실에 의한 손해만이 아니라, 원료의 불완전이나 설비의 결함이나 직공장

로 모순인 것은, 공장에 의해 필연적으로 변화하는 벌금이나 감급과 같은 자의적 부과만이 아니다. 심지어 목면이나 실크나 카펫 수공 노동자의 '기계 임차', 메리야스 노동자의 '프레임 임차', 셰필드 칼장인의 홈통(Trough)과 바퀴의 임차와 같이, 균일하고 규칙적이며 확정된 지급도 오랫동안의 고된 경험의 결과, 마찬가지로 임금의 일정 표준을 파괴하고 있는 것이 발견되어왔다. 이는 노동자의 일이 불규칙적이고 도급임에도 불구하고, 그러한 임차가 계속 시간에 의해 계산되기 때문에 생기는 것이다. 이 모든 경우에는 기계의 임차가 노동자가 일을 부여받고 있지 않아도 고용인에 의해 강요되는 것이다. 따라서 프레임 작업 편물공(Framework Knitter)이 말하듯이, 그들이 프레임의 임차를 지급했을 때, 고용인은 가능한 한 그들로 하여금 지급하게 하기 위해서 일을 지극히 작은 부분들로 나눠주어 필

등 노동자의 부주의에 의한 손해도 그 노동자에게 부담시킨 것이다. 이러한 불합리를 더욱 강화한 것은 고용인이 어떤 제품을 불완전품으로 거부하는 것을 자의적으로 결정하는 것, 과거에 그렇게 지급하지 않은 제품을 가지고 있거나 사지 않는 것이 가능했다고 하는 것이다. 1860년의 대파업 이후, 스태퍼드셔의 도자공들은 이 마지막 점에 대한 불만을 없애는 것에 성공했다. 불완전하다고 해서 거부된 물건은 반드시 파괴해야 한다는 것이 협정되었고, 그 결과 엄청난 유혹이 무법의 고용인으로부터 제거되었다. 그러나 '가마로부터의 완전품'은 여전히 임금 지급의 기초가 되어, 노동조합이 요구한 '손으로부터의 완전품'은 여전히 고용인에 의해 허용되지 않고 있다. 마찬가지로 유리병 제작공은 고용인과의 협정에서, 노동자가 낙제한 업무에 대해 손해를 지거나 져야 하는 경우를 상세히 규정하는 몇 가지 규약을 갖고 있지만, 그 규약의 하나는 "(낙제품으로서) 제외된 도자기는 노동자가 그것을 검사하는 기회를 가질 때까지 파괴하지 말 것, 단 어떤 경우에도 그것을 그 다음날까지 두지는 말 것"이라고 규정하고 있다. 〈요크셔 유리병 제조업협회'와 '요크셔 유리병 제작공 노동보호 연합 조합' 사이의 1895년도 협정〉(Castleford, 1895), 10조.
마찬가지의 불합리가 더욱 심한 형태에 대해, 모든 조합원이 시간 임금인 '주철공 공제 노동조합'이 반항하고 있다. 그러한 반항과 그들이 원료 선택이나 제조 공정에 대한 통제를 할 수 없다고 하는 사실에도 불구하고, 고용인은 불량품으로 판정된 주물에 대해 종종 임금 감액의 조치를 취했다.

요한 기간보다도 훨씬 긴 기간으로 연장하고 싶어 했다. 나아가 매클리스 필드(Macclesfield)의 견직공은 기계 한 대마다 단 1주분의 임차가 가능해서 일을 가능한 한 많은 다른 기계로 행하는 것을 자기의 이익으로 생각했기 때문에 자신들은 언제나 반만 취업할 수 있다고 불평을 했다. 그러한 제도 가 어떻게 개인적인 전제나 착취의 길을 열었는지를 알기란 어렵지 않다. 그러나 그것이 단체교섭이나 표준 임금률과 어떻게 모순되는가를 주목하 는 것이 우리의 직접 목적에 더욱 맞다. 만일 고용인이 여러 노동자에게 각 각 다른 양의 노동을 부여하였지만, 주말에는 각자로부터 동일액을 공제 할 수 있다면, 아무리 확정된 도급 가격표라고 해도 동일 노동에 대한 동 일 임금을 확보할 수 없을 것이다. 가령 만일 A가 짜야 할 몫으로 30조각 을 받고, B는 15조각만을 받았다고 해도, 모두 한 조각에 1실링이라고 하 는 동일률로 임금을 지급받고 1주 5실링이라는 동일한 기계 임차료를 지 급하게 된다. 그러나 주말에는 직물 한 조각에 대한 보수액이 A에 대해서 는 10펜스, B에 대해서는 8펜스가 될 것이다. 그리하여 동일 노동에 대한 임금률은, 고용인이 자유롭게 가감하고 분배하는 방식에 맞추어 노동자에 의해, 주에 의해, 나아가 회사에 의해 변화할 것이다.[42] 마찬가지의 반대는

---

42) 원칙적으로 직기 임차료와 유사한 수많은 소규모 지급이 여러 종류의 산업에 존재하고 있 다. 비조직 노동자, 특히 그들이 부인이거나 소녀인 경우에 고용인은 그들에게 제조 공정 의 어떤 부분의 비용 또는 부수적인 필수품이나 재료의 비용을 부담시키고자 한다. 이는 종종 낭비와 파손을 방지하기 위해 특별하게 감독을 두는 비용과 트러블을 피하기 위한 것이다. 다른 경우에 이는 직능이 차차 전문화되는 것의 결과로 생겨난다. 그리하여 면공 은 스스로 기계에 기름을 치는 습관을 갖게 되지만, 고용인은 전문적으로 기름을 치는 것 이 더욱 유리하다는 것을 알고 바로 그를 고용했다. 기름치기의 임금을 지급하기 위해 1 대의 기계에 대해 1주 1페니를 감액하는 시도는, 직공 노동조합에 의해 확고하게 거부되 었다. 면사방적에서도 마찬가지 전문화의 발달을 인용할 수 있다. 가령 '혁대 잇기'(Strap-Piecer)와 '실패 운반공'(Bobbin-Carrier)의 발생과 같은 것이다. 그러나 그들의 임금 감액

모든 종류의 실물 임금제, 달리 말하면 고용인이 공급하는 일용품이나 원료를 노동자에게 강제로 매수하게 하는 제도에도 해당된다.[43] 이 제도는 임금 노동자와 그 가족을 부지불식간에 노예로 만드는 것과 같다고 하는 더욱 큰 이유로 노동조합이 반대하는 것이다. 그러나 이 제도는 역시 고용인이 그 노동을 얻는 순수한 비율의 균일함이나, 그러한 제도하에서 노동자의 실제 수입의 일정 표준과 모순된다. 왜냐하면 명의상의 임금률은 균일하다고 해도, 노동 가격과 실제 임금은 어느 것이나, 각 회사의 실물 임금제의 범위나, 그 부대적인 매점 경영상의 경제와 재능이 각 고용인이 얻고자 하는 이윤이나 '부담'(Loading)(후자는 결과적으로 노동자로부터의 사취이다)에 따라 변화하는 것이기 때문이다.[44]

은 면사방적공 노동조합에 의해 허용되지 않고 있다(〈면사공장 시보〉, 1892년 6월 10일). 그러나 여성 양모 직공은 그들의 섬유 기계 '조정자'의 임금을 지급하고 있고, 경위(Warp and Weft)를 '조정하는' 남자 직공은 스스로 행하고 있다.

43) 1863년의 광부대회는 이를 특별한 불만 사항으로 삼았다. "실물 임금제는 스코틀랜드와 웨일스에서 형평과 법률이라는 두 가지에도 불구하고 지금도 일반적으로 행해지고 있다. 어떤 노동자도 노동조건으로서 고용인의 이익이 될 수 있는 필수품 구입에 그의 돈을 사용하게 해서는 안 된다는 것이 법률에도 있고 조례이기도 하다. 스코틀랜드에서는 … 2주간이나 1개월 또는 그 이상으로만 임금을 지급받는다. 그사이에는 식품과 의류를 사기 위한 티켓이 지급되지만, 그 티켓에 의해 공급되는 물품은 어느 상점에서 정상적인 시장 가격보다 현저히 높았다. 어떤 경우에는 가난한 광부가 돈을 거의 보지 못했는데, 이는 일과 임금 지급 시기 사이에 미리 선불을 받기 때문이다. … 이와 유사하게 스태퍼드셔 등에서 채탄 도급인이나 중개인은 고용조건으로 광부가 음주에 임금의 일부를 소비해야 한다고 권하고 강제하는 것이 지금도 있다. 그 밖에 요크셔에서는 촛불과 화약은 회계나 다른 사람으로부터 시장의 이윤율보다 훨씬 높은 가격으로 구입해야 한다." 〈영국 석탄 석회 철광 광부 전국 노동조합' 의사 및 결의록〉(London, 1863) 11쪽.
이러한 관행도 지금은 노동조합 조직이 만들어진 모든 지역에서는 광부 노동조합에 의해 저지되고 있다. 그러나 그러한 불평은 노동자가 무력하여 실물임금금지법을 정신상으로도 문자상으로도 준수해야 한다고고도 주장할 수 없는 다른 직업에서는 지금도 행해지고 있다.

44) "노동자가 물품으로 임금을 지급받거나 고용인의 상점에서 물건 구입을 강제당하는 경우 어디에서나 폐해는 너무나 크다. 많은 부정이 노동자에 대해 행해지고, 많은 비참함

따라서 우리는 표준율 —적용이 균등한 어느 일정 표준에 의한 노동 임금— 의 채택은 최초에 밖에서 보아 상상한 것처럼 그렇게 간단한 것이 아님을 알 수 있다. 우리가 시간에 의한 지급이든 도급에 의한 지급이든 받아들인다고 해도, 현대 산업의 복잡함은 너무나도 크고, 도피의 방책은 너무나도 교묘하기 때문에 많은 보조적인 규제가 중요한 주장을 보호하기 위하여 필요하게 된다. 그 많은 보조적 규제의 모든 근거는 물론, 근본적인 주장에 입각한다. 따라서 노동조합 운동가의 논의를 반복하는 것은 무의미한 것이 아니다. 산업 경쟁제도하에서는 노동조건이 개인 거래에 의하지 않고, 어떤 공통규약에 의해 결정되는 것이 아니라면, 생활 표준의 저하를 방지하는 것은 불가능하다는 것이 노동조합의 근본적 신조의 하나라고 하는 점은 우리가 이미 보아온 바이다. 그러나 어떤 공통 표준의 균등한 적용 없이는, 이러한 조건의 단체교섭 —그것이 거래에 의하든, 중재 재판에 의하든, 법률에 의하든 간에— 이 불가능한 것이 명백하다.[45] 고용인이 서로 경쟁하고 있는 곳에서는 각 고용인이 만일 개인 교섭의 기회를 버려야 한다면, 여하튼 그 적보다도 많은 노동 임금을 지급하지 않도록 요구할

이 그로부터 생겨난다. 그런 경우 고용인의 의지가 무엇이라고 해도 실제의 결과는 노동자가 그의 노동과 바꾸어 받는 금액에 관하여 노동자를 속이는 것이다." 찰스 배비지 (Charles Babbage), 『기계와 공장의 경제에 대해(*On the Economy of Machinery and Manufactures*)』(London, 1832), 255쪽.

45) 당사자 간의 단결이 표준 임금률의 존재에 의존한다는 것은, 유명한 기사로 프랜시스 플레이스(Francis Place)의 친구인 알렉산더 갤러웨이(Alexander Galloway)가 고용인의 입장에서 다음과 같이 적절하게 서술했다. "나는 임금이 균일한 직업에서는 … 언제나 노동자 사이에 단결이 있음을 보았다. 노동자가 각자 개인 계약을 체결해온 모든 직업에서 지금 우리는 단결 같은 것을 볼 수 없다. … 노동자 사이의 모든 단결을 밑바닥으로부터 가장 완전하게 파괴해온 것은 각 노동자의 힘에 따라 임금을 지급하고, 노동자로 하여금 개별적으로 고용인과 협정을 체결하게 하는 방법이다." 〈직인 및 기계에 관한 위원회 제1 보고〉에 있는 증언, 1824, 27쪽.

것이다. 이 주장에 대해 노동조합은 충심으로 동의한다. 그래서 우리는 공통규칙의 기초로서, 동일 노동에 대한 동일 임금의 원칙, 즉 보통으로 말하는 표준 임금률이 승인되었음을 본다. 이는 앞에서 말했듯이, 임금의 평등과는 정반대의 것이다. 이러한 동일 노동에 대한 동일 임금의 원칙이 각종 노동자의 상이한 능력이나 개개 노동의 상이한 난이도에 대해 어떤 정도로까지 정확하게 적용될 수 있는지를 말하는 것과 시간 임금과 도급 임금 중 어느 것에 의하는 것이 가장 정확하게 이 원칙을 실행하는 것인지를 말하는 것은, 노동 공정의 성질이나 양 당사자의 총명함과 성실함에 의해 정해진다. 그러나 어떤 집단적인 규제에 의해 동일 노동에 대한 동일 임금의 표준율을 정했다고 해도, 만일 파렴치한 고용인이 특별한 노동이나 추가적인 노고를 요구하거나, 협정된 임금보다 상당히 감액하거나, 또는 노동자와 교섭하여 다른 금전적 이득을 얻어 노동자에게 손해를 끼쳐서 이 원칙을 회피하게 한다면, 그것은 전혀 도움이 되지 않는다. 요컨대 만일 노동조합운동의 근본 목적, 즉 공통규칙의 시행을 싫어한다고 해도 정당한 것으로 인정된다면 표준 임금률의 원칙은 승인되어야 하고, 만일 표준율이 인정된다면 우리가 앞에서 말한 부수적 규제는 당연히 수반되는 것이다.

표준 임금률 ―어떤 노동조합 운동가도 찬성하기에 주저하지 않는 단하나― 을 긍정하는 이 일반적 결론은 임금에 관한 많은 문제를 미해결로 남겨둔다. 그러한 문제 중 하나는 어떤 원칙에 근거하여, 어떤 범위까지 동일 산업 내의 표준율이 지역의 상이에 따라 변경되어야 하는 것이다. 외딴 지역에 있는 고용인은 그곳의 기계가 열등하고, 운임이 많이 들며, 기타 지방적 불리함을 이유로 하여 노동자가 낮은 임금률을 참아야 한다고 주장한다. 그러나 자본가가 자의적으로 그의 사업을 불리한 환경 속에서 행하고자 선택했다는 이유만으로 노동자가 그의 생활 표준을 낮추어야 하고, 동일 노동에 대한 동일 임금의 주장을 포기해야 할 이유는 없다. 노동조합 운동가가 명목 임금의 평등하고 균일한 전국적 표준율을 추구하고, 장래의 생활비 차이를 참작하여 단지 실제 임금의 평등(각 지방의 다양한 임금률을 포함하여)을 요구함에 그쳐야 한다는 것은 아직 원칙적으로는 결정되어 있지 않다. 상이한 지방의 생활비 차이를 정확하게 측정하기가 불가능하기 때문에 후자의 생각을 실행하기에는 분명한 실제적 어려움이 있다. 따라서 우리는 '주' 노동조합의 대부분, 특히 면공과 탄광부들의 노동조합이 지역 사정을 참작하지 않고 균일한 주 임금률을 목표로 삼은 것을 본다. 마찬가지로 그 전부가 두세 개 지방 소도시에서 노동하고 있는 수공제지노동자의 강력하고도 오랜 전통의 노동조합은 모든 산업에 대한 균일임금률을 쉽게 유지하고 있다.[46] 그러나 생활비가 눈에 보이게 다르다고해도, 가장 강력한 노동조합도 지방률의 변화를 허용한다. 오랜 역사를 가진 실크햇 제조공 노동조합인 '영국 및 아일랜드 모자 제조공 공정 노동조합'은 균일 가격표를 가지고 있으나, 런던 지부에 대해서는 일반율에 10퍼센트를 부가하는 것을 허용한다. 더욱 크고 더욱 널리 분포하는 노동조합의 경우에는 지방률의 차이가 가능한 최대까지 이른다. 가령 '영국 및 아일랜드 목수 합동 노동조합'의 631개에 이르는 지부는 작게는 트루로(Truro)의 시간당 5다임에서 많게는 런던의 시간당 10다임까지 모두 20종의 임금률을 인정하고 있다. 다른 많은 경우와 마찬가지로 이 경우에도 우리는 실

---

46) 균일 표준율은 많은 직업과 지방에서 행해진 1791년 프랑스 파업의 중요한 요구의 하나였다고 한다(뒤 셀리에(Du Cellier), 『프랑스 노동 계급의 역사(*Histoire des Classes Laborieuses en France*)』(Paris, 1860), 320~322쪽. 1791년 6월 14일의 국민의회 포고.

제 임금의 평등이 달성되었는지 충분히 의심할 수 있다. 어떤 거대 노동조합도 전국적 균일률을 확보하고자 하는 시도를 하지 않았고, 임원이나 집행위원회 사이에는 실제로 임금의 평등을 얻기 위해 필요한 '평준 인상' 과정에 대해 냉담한 태도를 보여주는 경향이 있다. 그 결과, 노동조합운동은 지방 표준율 확보 이상으로 진보했다고는 말할 수 없는 상태이다. 이는 노동자로 하여금, 자본가가 저임금 지역의 경쟁에 응하기 위해 ─라고 그들 자본가는 말한다─ 높은 임금 지방의 임금의 '평준 인하'를 이루고자 하는 끝없는 시도의 희생이 되고 있다. 우리의 생각에 의하면, 소위 생활비의 차이란, 이를 다른 측면에서 본다면 노동자의 주택 임차료의 차이를 말한다. 따라서 '영국 및 아일랜드 모자 제조공 공정 노동조합'의 방식은 목표에 이르는 가장 실제적인 것으로 생각된다. 런던에서 예외적으로 높은 집세에 대하여 몇 퍼센트를 증가시키고, 건축업과 같이 그 산업이 도시나 시골 양쪽을 포함하는 경우에는 필요하다면 순수한 농업 지방의 싼 집세에 대하여 몇 퍼센트를 감한다는 식으로, 모든 지역 도시와 대도시를 평등하게 취급하여, 하나의 산업에 대하여 모든 지역에서 균일 표준율을 실시함에는 상당한 편의가 있을 수 있다. 이러한 퍼센트는 쉽게 확정되어 의심이 없는 사실을 기초로 하여 산출될 수 있다.[47]

---

47) 하나의 마을이나 지방에서 모든 회사 공장 등에 대해 실시하는 균일한 표준 임금률 대신에, 업무 등급의 차이에 따라 2, 3개의 상이한 임금률을 실시하고자 하는 시도가 종종 보인다. 그리하여 '스코틀랜드 재봉공 노동조합'은 많은 마을에서 공장에 2등급을, 글래스고와 에든버러에서는 3등급을 인정했으나, 완성도가 높은 것을 요구하는 공장에서는 최저의 노동조합 비율보다 1시간당 반 페니나 1페니를 더 지불했다. 관례는 고용인이 스스로 등급을 정하는 것이고, 만일 고용인이 가령 '예복'(최상의 검은 광폭 모직물)을 2급률로 정하거나, (에든버러와 글래스고에서) '트위드'(Tweed)를 3급률로 정한다면 노동조합은 반대한다. 이처럼 상이한 비율이 업무 등급의 진실하고 성실한 차이에 대응하는 한, 분명히 균일 표준율의 원칙과 모순되지 않는다. 그러나 몇 가지 경우에는, 상이한 비율이 행해진 업무

임금에 관련된 가장 명백한 문제는 다음 장에서 설명해야 한다. 우리는 독자가 결정적인 점이라고 생각하는 것, 즉 노동자와 자본가 공동의 산물 중에서 육체노동의 임금에 향해야 할 문제의 몫을 회피한다고 하는 불안한 감정을 숨기고 있음을 상상할 수 있다. 그러나 우리가 지금 논의하고 있는 노동조합의 규제 —표준 임금률의 주장— 는 목적이 아니라 수단이다. 즉 1주간의 어떤 '금액'이 아니라, 경쟁자 전체에 대하여 그들이 개인 거래로 얻은 것보다도 좋은 어떤 물건을 얻고자 한 하나의 '방안'이다. 그래서 셰필드의 포크 연마공(Forkgrinder), 부두 노동자, 기계공, 주철공도 모두 표준율을 주장한다. 그러나 각 직업이 싸워 얻은 주 임금액을 보면, 우리는 그것이 밑으로는 1주 24실링에서, 위로는 그 3배에 이르는 여러 종류의 차이가 있음을 발견한다. 가장 피상적인 관찰자에게도 하나의 사실은 분명할 것이다. 즉 오늘의 노동조합 세계에는 임금의 평등을 얻고자 하는 희망의 흔적이 전혀 없다는 것이다. 1주 10실링에서 20실링을 받는 랭

의 명확한 차이보다도 도리어 각 공장의 관습이나 전통에 더욱 많이 의거하고 있다. 가령 '전국 제화공 노동조합'의 런던 지부는 제1급, 제2급, 제3급으로 간주되어야 할 회사에 각각 적용되는 세 가지 상이한 임금률을 오래 인정해왔다. 제1급의 '임금률'을 지급해온 회사는 어떤 업무도 더욱 낮은 '임금률'로 하는 것을 허용하지 않는데, 그 이유는 그것이 부지불식간에 제1급 노동자의 비율을 저하시키는 것을 두려워하기 때문이다. 반면 제2급이나 제3급에 속한 회사가 낮은 비율로 제1급의 '임금률'의 물품과 거의 동일한 물품을 생산하는 것을 방해하는 것은 없다. 그 결과 제1급 회사는 언제나, 제2급 임금률을 지급하는 회사가 자신의 회사보다 값싸게 파는(또는 그렇게 믿는) 것을 발견한다. 고용인, 그리고 노동조합의 경험 있는 임원은 10년간 이러한 '임금률'을 폐지하고 런던의 모든 회사에 적용하는 균일 임금률표를 작성하여, 모든 종류의 구두에 대해 신중한 등급을 매긴 도급 임금을 정하고자 노력해왔다. 그러나 지금까지는 균일제에 대한 모든 시도가 주로 현존 비용의 저감은 어디에서도 용인되지 않는다고 하는 노동조합의 깊은 신념으로 인해 실패하였다. 그 결과, 제1급 고용인은 런던에서 그 지위를 유지하는 것이 엄청나게 어려워졌다고 한다. 이 논쟁은 최근 10년간 '제화 및 가죽 기록'으로 가장 잘 알려질 수 있다.

커셔 방적공장의 소기공은 정방공의 표준 임금률 —양 부문의 연합 노동의 생산물 중에서 지급되는 평균 1주 40실링에 이르는— 의 주장을 지지하기 위하여 주저 없이 파업을 할 것이다. 그 조합원이 동일 업무를 향해 함께 일하는 건축업의 지방 연합 노동조합은 고용인과 교섭하면서 다양한 작업에 대하여 1시간마다 6종의 상이한 임금률을 집단적으로 요구하고 있다. 그리고 석공의 임금률은 건축 인부의 그것보다 50퍼센트 높은 것이 보통이지만, 그 비율은 현재 어떤 접근의 경향도 보여주지 않고 있다. 노동조합 정책의 일치는 사실, 공통 수단을 사용하는 것 이상을 벗어나지 않는다. 각 직업이 얼마만큼의 돈을 요구하는가 하는 문제는, 각자가 실제로 얼마나 돈을 받는가라는 문제와 같고, 그 직업이나 그 부문의 전통과 관습과 현재의 기회에 따른다. 노동자의 기대와 포부, 그들 요구의 정당성을 보여주기 위해 들었던 논거, 그리고 어느 정도까지는 그것을 실시하기 위하여 사용된 노동조합의 방법은, 뒤에서 '노동조합운동의 가설'이라는 장에서 서술하듯이, 주로 개별 노동조합이 그때마다 그 방침을 정하는 사회적 편의에 관한 하나의 또는 그 이상의 학설에 의존한다.

6장
표준 노동시간

표준율 다음으로 노동조합 규제 중에서 가장 보편적인 것은 우리가 표준 노동시간(Normal Day)이라고 부르는 것, 즉 하나의 직업의 전원에 대해 균일한 최대 노동시간의 결정이다.[1] 노동시간의 한계를 정리하고자 하

---

1) 우리가 사용하는 표준 노동시간이라는 말은 셰플(Schaffle, 『노동보호의 이론과 실제 (*Theory and Practice of Labour Protection*)』(London, 1893))과 쿠노 프랑켄슈타인(Kuno Frankenstein, 『노동자 보호(*Der Arbeiterschutz*)』(Leipzig, 1896))이 '최대 노동시간'이라고 한 것을 뜻한다. 이는 상이한 직업에서 소위 노동의 집약도에 따라 다른 로베르투스 (Robertus, 『표준 노동시간(*Der Normalarbeitstag*)』(Berlin, 1871))가 말하는 교묘한 '표준일'과는 다르다.

경제적 관점에서 최대 노동일을 정하는 결과의 과학적 연구는 많지 않다. 시드니 웹과 해럴드 콕스(Harold Cox)의 『8시간제(*The Eight Hours Day*)』(London, 1891)와 E. L. 제거(Jaeger)의 『표준 노동시간의 역사와 문헌(*Geschichte und Literatur des Normalarbeittages*)』(Sttutgart, 1892)이 기본 문헌으로서 해드필드와 기빈(Hadfield and Gibbin)의 『노동시간 단축(*A Shorter Working Day*)』(London, 1892), C. 데누스(Deenus)의 『노동시간(*La Journe de Huit Heures*, Kent)』(1893), H. 스티븐(Stephen)의 『표준 노동시

는 이 요구는 육체노동자에게 특유한 것이다. 변호사나 의사나 건축기사 등의 자유 직업적인 정신노동자나 단체는 다소 엄한 차이가 있지만, 어떤 개업자라고 해도 그 이하에서 일을 인수하는 것을 허용하지 않는 최저요금 제도를 주장하고 있다. 그러나 개개인의 노동시간에 관하여 정확한 공통규칙을 설정한다고 하는 생각은 유산자 계급에도 정신노동자 계급에도 생기고 있지 않다. 또 그것은 임금 노동자에게는 언제나 수반되는 특징이라고도 할 수 없다. 18세기의 직업 클럽은 법정 임금률이나 표준 가격표를 요구하고, 도제의 제한을 주장하며, 또는 엘리자베스 도제법의 실시를 청구했다. 그러나 그 세기의 마지막까지, 노동시간이 길다는 것이나 불규칙인 점에 대해 어떤 일반적인 불평이 생겼다고는 듣지 못했다. 19세기 초부터 1일 노동시간의 명확한 한계를 단체교섭이나 법률 제정이라는 방법 중 어느 것에 의해 정해야 한다고 요구하는 목소리는, 하나의 직업에서 다른 직업으로 확대되어 오늘날에는 노동조합의 대다수가 노동시간의 규제를 그 중대한 목적의 하나로 삼게 되었다. 그럼에도 불구하고 지금까지도 여전히 노동시간에 관한 공통규칙에 반발하고, 각자는 그들이 원하는 때 원하는 시간만큼 노동하는 쪽이 좋다고 하는 소규모의 노동 계급이 있다. 따라서 우리는 표준 노동시간의 사상에 대한 현재의 인기에 대해서만이 아니라, 그것이 비교적 근대의 발달에 관련되고, 일부 노동조합 운동가들의 반발을 받았다는 점에 대해 약간의 설명을 해야 한다.

간(*Der Normalarbeitstag*)』(Leipzig, 1893), L. 브렌타노 교수의 『노동의 임금과 노동시간의 관계에 대하여(*Über das Verhalniss von Arbeitslohn und Arbeitszeit zur Arbeitsleistung*)』(Leipzig, 1893), 영역은 *Hours and Wages in Relation to Production*(London, 1894), 존 레(John Rae), 『8시간 노동(*Eight Hours for Work*)』(London, 1894), 모리스 앙시오(Maurice Ansiaux), 『노동시간과 임금(*Heures de Travail et Salaires*)』(Paris, 1896)에 의해 보완된다.

현대 산업에서 노동시간의 결정은, 행해진 노동에 대한 임금의 비율을 결정하는 것과는 본질적으로 다르다. 단체교섭의 어떤 형식도 없는 때에는 임금률이 개인 거래에 의해 자본가인 고용인과 그 각각의 '손'(Hands) 사이에서 결정되고, 임금액에 대한 천차만별의 협정이 각 노동자와 차례로 체결된다. 노동시간의 길이와 분배에 대해서는 그렇게 하는 경우가 거의 없다. 일이 고용인의 공장 내에서 행해지지 않고 가정 안에서 행해지고 '밖으로 운반되는' 모든 산업에서는, '도급으로' 임금을 지급받는 수공업자가 몇 시간을 노동에 바칠지, 1년, 1주, 1일 중 어느 부분을 일할지를 스스로 결정하는 점에서 작가나 의사나 변호사와 마찬가지이다. 물론 그는 전문 자유직과 마찬가지로 고객의 편의에 맞추어야 한다. 그는 일이 생기면 바로 그곳에 가서 일감을 받고, 요구되는 시기까지 완성해야 한다. 바쁜 시기에는 여분의 일도 하려고 해야 하고, 심지어 특별하게 급한 주문에 맞추기 위해서는 밤낮 일해야 한다. 그러나 이러한 조건에 따른다면 일을 시작하는 정확한 시각과 식사 및 휴식에 해당되는 시간은 각자 스스로 정할 수 있다. 만일 그가 지급받은 돈이 너무 낮아서 입에 풀칠을 하기 위해 '신이 부여한 시간 전부'를 일할 수밖에 없는 처지가 아니라면, 그는 좋은 때에 잠시 일을 멈추고 친구와 잡담을 하거나 술집에서 시간을 보낼 수도 있다. 그는 일하는 도중에 병든 아내를 간호할 수도 있고, 형편이 좋으면 아침 시간을 정원에서 보내거나 집에 관한 잡일을 할 수도 있다. '상당한 돈'(Good Money)을 버는 숙련공이 집에서 일하는 경우의 하루 생활을 아는 사람은, 그들이 얼마나 많은 자유를 누리는지를 간과하지 않는다. 좋든 싫든 그의 노동시간은 그 자신의 개성에 의해 결정된다. 많이 벌고자 하든, 적게 벌어도 만족하든 간에, 느린 노동자이든 민첩한 노동자이든 간에, 엄격한 규약으로 자신과 가족을 통제하는 정확하고 규칙적인 사람이든, 아니면 '예술가 기질을 부여받아' 지난주의 '과로'로 인해 월요일과 화요일에 회복될 필요가 있는 사람이든 간에, 이 모든 개인적인 성격은 노동시간의 한계와 분배를 결정할 것이다.[2]

공장 노동자의 지위에 이르면 너무나 다르다. 각자 그가 원하는 노동을 할 수 있는 것이 아니라, 모든 공장은 사물의 성질상, 하나의 공통규약에 종속한다. 방직 공장, 탄광, 조선소, 기계공장 및 대규모 건축업에서는 개별 노동자에게 자유롭게 출입을 허용하기가 경제적으로 불가능하다. 각 노동자는 그 정당한 수행을 위해서는 업무 전체의 모든 기계와 모든 '손' (사람)이 정확하게 행하는 것을 필요로 하는 하나의 복잡한 협동적 공정의 일부를 형성한다. 상이한 노동자의 다양한 희망, 능력, 요구에 응하기 위해 특별한 노동시간을 정하는 것은, 증기력의 경제적 사용이나 설비의 완전한 이용, 또는 분업에 의해 초래되는 고도의 전문화와는 분명히 맞지 않는다. 개성과 획일 사이에서 더 이상 선택의 여지가 없다. 그 적용에 강제

---

2) 일을 쉬고 싶다고 생각할 때면 언제나 쉴 수 있는 이러한 자유가 '보통의 감각을 갖는 사람'의 개성에 미치는 유해한 영향에 대해서는 '노동조합운동의 함의'의 장을 참조하라. 육체노동자의 대다수에게도 다른 사람의 경우와 같이 어느 정도의 규율이 유리하다고 하는 원리는, 노동조합의 평조합원 사이에서는 쉽게 승인되지 않고 있으며, 따라서 노동조합이 표준 노동시간을 주장하는 경우의 근거로 이를 제시할 수 없다. 그러나 비교적 사려 깊은 노동자는 초기의 공장제도를 숭상한 사람들의 의견, 즉 직공이 "더욱 규칙을 따르며 일하게 되면 그들의 행위는 더욱 질서 있게 되고, 술집에서 보내는 시간은 줄어들며, 가정에서는 더욱 좋은 시간을 보낼 수 있다"고 하는 것에 동의할 것이다(〈맨체스터 문학철학협회 기록〉, 2집, London, 1819, 3권, 129쪽, 〈방직업의 발흥과 진보〉라는 제목으로 1815년 존 케네디가 낭독한 논문 중에서). 1895년에 어느 늙은 식자공이 다음과 같이 썼다. "내가 언제나 관찰한 바로는, 석공, 기공, 페인트공처럼 임금을 확정하고, 일정한 시간제한에서 일해야 하는 직공들은, 인쇄공, 제본공, 재봉공, 제화공, 그리고 일반적으로 도급 임금을 받고 특별한 요구가 있는 경우 외에는 그 일에 관하여 많은 제한을 받지 않는 직공들만큼은 하루 종일 술에 절어 살지 않았다." 〈스코틀랜드 인쇄공 회람〉, 1859년 3월.

되는 하나의 공통 표준을 채택함은 경제적으로 불가피하다. 단 하나의 문제는 어떻게 누구에 의해 균일한 규약이 정해져야 하는가 하는 것이다. 법률 제정이라는 형태로도, 단체교섭이라는 형태로도 집단적 규제가 행해지지 않는 경우, 그 균일한 규약은 당연히 고용인에 의해 정해진다.[3] 현대 자본주의 산업의 상황하에서도 고용인의 이러한 결정이 언제나 노동시간의 연장에 편중됨은 그 예속을 더욱 특별하게 강화하는 것이다. 그 가정의 고용에 대해 자본가는, 단지 그들로 하여금 최고의 능률을 지속시킨다는 입장에서 노동량을 결정할 수 있다. 그러나 같은 사람이 동력을 사용하는 고가의 기계에 투자하고 있는 경우, 그가 도급 임금제도를 채택한다면 그 고가의 기계를 사용하는 도중에 시간을 한순간이라도 연장한다면, 그것은 분명히 이익이 될 것이다. 경쟁은 언제나 그로 하여금 생산비를 극도의 최저점까지 인하시킨다. 이러한 압박하에서 다른 생각은 최대로 가능한 '기계 1대당 생산량'을 얻고자 하는 열정 속으로 사라진다.[4]

가내 수공업자와 공장 노동자라고 하는 두 가지 역사적 전형 사이에는, 노동시간에 관한 개인 거래가 임금률에 관한 개인 거래와 마찬가지로 가

---

3)　1860년 '면사방적공 합동 노동조합'은 "공장법을 제정하기 전에 고용인은 그 노동자에게 노동시간을 명령했음을 언제나 기억해야 한다"고 말했다. 〈'면사방적공 합동 노동조합' 규약〉, 1860, 서문.

4)　"유동 자본에 대한 고정 자본의 비율이 큰 것은 … 긴 노동시간을 바람직하게 만든다. … 고정 자본의 큰 비율을 유리하게 만드는 유일한 수단으로, 긴 노동시간에 대한 유인은 더욱 커지게 될 것이다. 노동자가 삽을 버리는 때, 그는 18펜스의 자본을 그 시간에 무용하게 만든다. 노동자 가운데 한 사람이 공장을 떠날 때, 그는 100파운드 가치의 자본을 무용하게 만들게 된다"고 애시워스(Ashworth) 씨는 나에게 말했다. 나소 시니어(Nassau Senior), 『공장법에 관한 편지(Letters on the Factory Act)』(London, 1837), 11~14쪽.

"그래서 현대 산업의 역사에서 가장 현저한 현상, 즉 노동시간의 길이에 관한 모든 도덕적 및 자연적 제한은 기계에 의해 없어진다." 카를 마르크스, 『자본』, 4편, 15장, 3절(1887년 영역본, 2권 406쪽).

능한 각종의 중간 형태가 존재한다. 농업과 같은 산업에서, 심지어 거대 산업의 특수 부분에서도, 고용인이 그 각종 노동자의 노동시간을 개별적으로 정하는 것, 달리 말하면 고용인이 희망하는 경우에는 마치 보통의 자본가가 1명의 노동자에 대하여 "그의 장점에 따라" 임금을 지급할 수 있다고 말하듯이, 각 노동자와 그 능력에 따라 각각 계약을 체결하는 것은 여하튼 실행 가능하다. 그러한 경우, 표준 노동시간을 노동자가 요구하는 것은, 그로 하여금 표준 노동률을 요구하게 하는 사정과 완전히 동일한 사정에 의한다. 만일 각 노동자가 노동시간에 관한 계약 체결이 자유롭다면, 고용인은 특별한 개인의 희망이나 급박함을, 다른 모든 사람에게 동일한 긴 노동시간의 승인을 강요하는 수단으로 이용할 수 있다고 한다.

이상 우리는 표준 노동시간에 대한 노동조합의 요구를, 노동자가 필요로 하거나 희망한다고 생각하는 여가를 갖는 그 개인적 자유와 관련해서만 고찰했다. 그러나 노동조합 운동가에게는 육체노동자 계급 대중의 경우와 마찬가지로, 노동시간의 길이와 여가로서 남는 시간의 양은, 소득액이라고 하는 사활 문제에 비하면 제2차적인 의의를 갖는 것이다. 보통의 노동자는 그 자신을 위하여 더 많은 시간을 확보하는 것에 열중하지만, 더 많은 돈을 벌고자 열중하는 것에는 훨씬 못 미친다. 노동조합이 존재하는 모든 시간 노동의 직업에서는, 모든 노동자가 초과 노동시간에 대하여 일반적으로 더욱 높은 비율로 초과 임금을 확보하고, 도급 노동자는 초과 노동시간에 의해 그 수입을 증대시키는 것이 명백하다.[5] 따라서 노동시간의

---

5) 지금도 어떤 무조직 직업의 직공, 특히 여공은 주문의 쇄도에 응하기 위한 여분의 노동에 대해 어떤 초과 임금도 얻지 못하고 장시간 노동해야 한다. 그러나 어떤 종류의 조직이 있는 직업에서 이러한 경우는 보기 드물다.

모든 점차적인 연장은, 그 보상적 이익으로 임금 노동자의 1주분 수입에 대응하는 증가를 초래하는 것으로 생각된다.[6]

6) 이는 부유한 문학인의 눈에 비친 바에 정확하게 나타난다. 가령 레키 씨는 공장법이 초래한다고 그가 상상하는 수입의 감소에 대해 매우 걱정한다. "여성 모자 제조 공장에 고용된 강인한 여성의 보통 경우를 예로 들어보자. 1년 가운데 아마도 9개월 동안 그녀의 생활은 직업의 불경기로 인한 끝없는 번뇌와 불안과 실망의 생활일 것이다. 마침내 풍부한 일의 수확을 초래하는 계절이 온다. 그것을 받아들일 수 있다면 그녀는 2, 3주 사이에, 약소하지만 그녀에게는 무거운 빚을 갚을 수 있고, 그 다음 해에는 모든 걱정에서 벗어나기에 충분한 저금을 할 수 있게 될 것이다. 그녀는 열광적으로 그 기회를 이용하고자 한다. 그녀는 2, 3주간, 밤늦게까지 한 노동이 그녀의 건강에 아무런 문제가 되지 않고, 그녀가 만든 옷을 입은 런던 미인이 무도장에서 보내는 몇 밤보다 실제로 유해하지 않다는 것을 알고 있다. 그러나 법률이 개입하여 규정 시간 이상으로 일하는 것을 허용하지 않고, 갈증난 입술에서 컵을 빼앗으며, 그녀를 여전히 빈곤과 부채의 구태에 몰아넣고 있다. 빈민에 대한 압박으로 이보다 더욱 현실적이고 더욱 폭력적인 것이 또 있을까?" 『민주주의와 자유』(London, 1896), 2권, 342쪽.
    이러한 상상의 사례와, 구체적인 실제 사실과 접촉하여 직공의 견해에 정통한 책임 있는 여성 간부의 보고를 대조해보는 것은 흥미로운 일이다. 1894년 메이 에이브러햄(May Abraham, 수석 여성 노동 감독관) 양은 다음과 같이 썼다. "여성의 옷이나 모자를 제조하는 노동자는 … 거의 모두 초과노동을 법률로 인정해서는 안 된다고 하고 있다. 법정 노동시간이 오랫동안 오전 8시부터 오후 10시까지였던 어느 제복공 조수는 동료인 노동 여성이 있는 곳에서 '초과노동의 예외를 인정하는 것은 공장법을 참으로 무가치하게 만드는 것'이라고 나에게 말했다. 그녀의 말을 인정하는 소리가 일제히 일어난 것은 분명히 일반적인 불만이 존재함을 보여준 것이었다. 그리고 그 뒤의 경험은 이것이 조수에게만이 아니라, 거의 보편적으로 나타나는 감정의 표현에 불과하다는 것을 보여주었다. … 도급 임금이 행해지는 공장이나, 더블린과 같이 초과노동에 대한 특정한 임금이 부여되는 어떤 지방에서는, 반대의견이 그렇게 강하지 않다. 그러나 초과 임금의 유혹이 있는 이런 곳에서 그 제도를 환영하는 자들은 가장 생각이 없는 노동자들뿐이다. … 그 결과 노동자의 건강에 미치는 영향이 지극히 유해하다. … 나는 믿는다. … [모든 초과노동의 폐지는] 노동자들에게 가장 열의 있는 감사로 환영될 것이라는 것을." (〈1893년도 공장 감독관 보고〉, 1984, C. 7368, 12쪽) 이 보고에도, 다른 보고에도 에이브러햄 여사의 견해가 옳다는 것을 보여주는 증거가 수없이 많다. 상급 공장 감독관의 한 사람인 크램프(Cramp) 씨는 "공장법의 초과노동 규정에 의해 영향을 받는 모든 노동자의 비밀투표가 행해질 수 있다고 한다면, 나는 초과노동의 존속에 찬성하는 투표를 하는 사람이 거의 없을 것이라고 확신한다"고 말했다. 같은 책, 299쪽.

그런데 만일 노동조합 운동가가 이러한 피상적 결과를 참된 결과라고 —즉 더욱 긴 시간을 일하는 자유는 반드시, 심지어 언제나, 그것에 대응하는 수입의 증가를 의미한다고— 믿는다고 한다면, 노동시간의 제한을 주장하는 어떤 일반적인 운동이 과연 생겼는지 의심하게 된다. 그러나 옳든 그르든 간에, 노동조합 운동가는 불규칙적인 무제한의 노동시간은 임금에, 즉 처음에는 표준율에, 마지막에는 각 노동자의 1주 수입액에 나쁜 영향을 미친다고 확신하고 있다.

이러한 확신은 육체노동자의 개인적인 경험에서 생긴다. 노동시간에 대해 토의하는 어떤 노동조합 집회에서 젊고 정력적인 조합원이 자신은 여가의 증가보다도 임금의 증가를 선호한다는 의견을 내는 경우가 있다. 그러나 나이가 든 조합원들은 한 사람씩 일어나 자신들이 젊은 시절 막 결혼을 했을 때 같은 생각을 했지만, 공장 생활의 경험은 그에게 "시간으로 번 것을 임금으로 잃었다"고 가르쳐주었다고 말했다. 이러한 주장은 집회에 나온 대다수 사람들로부터 바로 주저 없이 확인된다. 만일 집회가 끝난 뒤에, 방청객이 그 점에 대해 주최자와 토론을 하고, 그들 자신의 경험에 의해 시간 연장이 반드시 시간 임금이나 도급 임금의 감소를 초래했다고 하는 일반적인 개괄론을 증명하기에 충분하지 않다고 한다면, 왕립위원회나 관청의 통계가 언제나 장기의 불규칙적인 노동시간과 낮은 임금률과 약소한 1주 수입 사이에 거의 일반적으로 부합이 나타남을 보여주는 것은 무엇 때문인지 반문하며 역습할 것이다. 그들은 또한 실제 경험에 근거하여 다음과 같이 설명할 것이다. "우리 조합원은 30실링을 공정한 1주 임금으로 간주한다. 만일 그것이 가능하다면 그들은 만족할 것이다. 만일 30실링을 받지 못한다면 그들은 지부에 와서 불평할 것이다. 만일 고용인이 시간을 증가시켜, 가령 1주 54시간을 60시간으로 늘린다면, 더 많은 돈을 얻을 수 있기 때문에 처음에는 노동자가 이득이라고 생각할 것이다. 그러나 곧 어떤 구실을 붙여 감독은 10퍼센트 비율 인하를 발표한다. 노동자는 불평하지만, 그 대부분이 여전히 1주 30실링을 받기 때문에 그 인하를 참을 것이고, 그 인하로 인해 27실링밖에 못 얻게 되면 그것에 대해 분명히 반대할 것이다. 시간이 지난 뒤, 허약한 노동자는 그러한 장시간에 그 생산력을 지속할 수 없음을 알게 된다. 몇 달 안에 공장의 평균 1주 수입은 저하할 것이고, 노동자는 주말에 그전보다도 낮은 임금을 받아 피곤하게 될 것이다. 우리는 계속하여 이런 일이 생기는 것을 보게 되고, 유산 계급의 학설이 아무리 많아도 우리에게 반드시 그렇지 않다고 믿게 할 수는 없을 것이다."

경제학 교과서를 읽는 노동조합 간부라면, 그러한 논의를 더욱더 체계적으로 펼칠 것이다. 어떤 고용인이 어떤 노동자를 1주 얼마로 고용한 경우, 노동시간의 길이는 분명히 그 임금 계약의 필수적 부분을 형성한다. 동일 임금으로 더욱 장시간 노동하기를 승인하는 노동자는, 마치 동일 시간을 더욱 적은 임금으로 노동하겠다고 신청하는 것과 마찬가지로 동료 노동자를 내치게 된다. 그는 각 시간의 노동을 더욱 낮은 비율로 팔게 된다. 따라서 1일, 1주, 1년 단위로 지급받는 모든 시간 노동자 중에, 표준 노동시간을 주장하는 것은, 그들의 표준 임금률을 유지하는 데에 필요한 요소이다.

도급이 일반적인 곳이나 시간제 노동자가 시간당 임금을 받는 곳에서, 노동조합 운동가에게 사태는 전과 다르지 않게 분명하다. 처음 볼 때, 더 오래 일하는 자유는 표준 임금률에 영향을 미치지 못하고, 근면한 사람의 1주 수입액을 증가시킬 뿐인 것으로 보인다. 이는 유산 계급 사람들에게는 분명한 것으로 보여, 고용인들은 도급 노동자의 노동조합이 도대체 노동시간에 관심을 가진 이유가 무엇인지를 오랫동안 참으로 이해하지 못했을 정도였다. 노동조합 운동가에 따르면, 이는 평범한 경제학의 가르침과 실제 경험 모두를 무시하는 것이다. 그들에게는 어떤 부문의 노동자의 실제 수입도 그 만족 기준, 다시 말하면 그 계급의 사람들이 매우 익숙한 음식이나 의복 등 일용품의 종류나 양으로 대부분 결정되는 것으로 생각된다.[7] 기계공이 아무리 과잉 공급된다고 해도, 영국의 기계공을 설득하여 1주 30실링으로 취업하게 하기란 쉽지 않을 것이다. 그 자신의 자존심을 그 정도로 침해당하기보다도 그는 인부나 도로청소부로 일할 것이다. 한편 도어셋셔(Dorsetshire) 노동자는 자신에 대한 수요를 알고 있어도, 1주 2파운드의 임금을 요구한다는 생각을 하지는 못할 것이다. 노동조합 운동가가 주장하듯이, 사실 각각의 직업에는 하나의 관습적인 생활 표준이 있고, 그것이 일정한 변화의 범위 안에서 고용인과 피고용인에 의해 승인되고 있다. 이러한 관습적인 1주 수입의 표준 위에, 도급 임금이나 시간 임금의 비율이 다소 의식적으로 언제나 기초를 둔다.[8] 각 노동자가 일할 수 있거나 고용인이 요구할 수 있는 시간 수에 어떤 제한도 없다고 하면, 설령 몇 년간이라도 아침부터 밤까지 끊임없이 일할 수 있는 예외적으로 강인한 노동자는, 그 계급의 관습적 표준보다는 더욱 많은 수입을 얻을 것이다. 도급 임금표에 관한 어떤 거래에서도 이처럼 큰 수입은, 모든 노동자가 누구

---

7) 애덤 스미스(Adam Smith)가 주장했고 그 뒤의 경제학자들이 일반적으로 용인한 이 가설 —어떤 인종이나 계급의 노동자들의 임금률은 주로 그 표준 생활비에 의해 결정된다고 하는 것— 은 '시장의 흥정' 장에서 다시 검토될 것이다. 경쟁의 압박에 대하여 이 본능적인 생활 표준에 의한 방벽이 노동조합의 방법과 규제에 의해 현저히 강화된다고 하는 논의는 '노동조합운동의 경제적 특징' 장에서 상세히 연구된다.

8) "단가표는 반드시 암묵리에 (받아들이듯이 명백하게) 시간적인 기초를 갖는다. 달리 말하면 협정된 도급 임금률은 보통의 노동자가 보통의 노력으로 일정한 1주 임금을 확보하는 것이라고 말한다고 일반적으로 생각된다." 상공부(노동국), 〈임금 및 노동시간 보고〉, 2편, 〈표준 도급 임금률〉, C. 7567-I, 1894, 7쪽.

나 근면하게 일하면 그만큼 벌 수 있다는 것의 전형으로 고용인이 인용할 것이고, 임금률의 경감이 매우 당연하다고 말하는 근거로서 고용인이 제시하는 것이리라.[9] 이는 단지 성공적인 논의라고 하는 문제에 그치지 않는다. 예외적으로 강인한 노동자 자신은 고용인과의 분쟁에 의해 그들에게는 충분한 생계를 위험하게 만들고자 바라지 않을 것이고, 따라서 노동조합 측의 경감 반대나 인상 요구의 시도에는 반대할 것이다. 그러므로 그러한 예외적인 노동자가 일하는 시간은 알지 못하는 사이에 모든 직업에 통상적인 것이 되는 경향이 있고, 도급 노동 임금률은 점차 저하하여, 마지막에는 더욱 긴 노동시간에 대해 그 계급이 익숙한 표준 생활비에 상당한 1주 수입을 얻는 데 불과한 점에까지 이르게 된다. 따라서 노동시간을 무제한 방임해두는 것의 표준 임금률에 대한 궁극적 결과는, 도급 임금이나 시간당 임금의 경우에도 1일 또는 1주 임금의 것과 동일하다. 노동조합 운동가가 주장하듯이, 개별 노동자 사이의 무제한 경쟁은 모든 사람의 노동시간을 균등하게 연장시키는 경향이 있을 뿐 아니라, 그것은 행해진 노동에 대한 보수의 비율을 알지 못하는 사이에 저하시킨다. 더욱 긴 시간을 일하게 되는 노동자는 점차, 이전의 관습적인 노동시간으로 얻은 것보다 많이 얻지 못함을 알게 되는 반면, 나머지 모든 사람은 유사하게 노동시간을 연장하는 것에 의해 종전의 임금만을 유지할 수 있었음을 발견한다. 그리하여 모든 계급은 그 관습이 되어온 생활을 영위하기 위하여, 더욱 큰 피로를 포함한 증가되는 노동과 정력을 제공하고, 더욱 허약해진 노동자는 그 노력을 지속할 수 없으며, 한 단계 낮아진 생활 정도에 빠지게 된다. 따라서 노동조합 운동가에게 일정한 표준 임금률을 요구하기에 이른 것과

9) 다음 주에 나오는 조선공과 통제작공의 경우를 참조하라.

동일한 논거는, 그들에게 여가 증가에 의해 받은 이익으로부터 완전히 벗어나, 그들이 받은 임금의 지급제도에 관계없이, 표준 노동시간을 맹렬하게 주장하기에 이른다.[10]

따라서 표준 노동시간에 대한 노동조합 운동가의 입장은 매우 복잡하다. 우리가 단지 노동과 여가의 비율에만 주의를 집중한다면, 임금 노동자는 앞에서 말했듯이, 3개 계급으로 나누어진다. 고가의 설비와 기계를 사용하여 대규모로 행해지는 협동적 공정에 고용된 '손'에 대해서는 표준 노동시간의 결정이, 그들의 노동시간을 그 고용인이 독재적으로 판단하는 것에 따라 결정하고 필경 10 중 8, 9는 점차 연장되는 것에 대한 유일한 대책이라고 생각된다. 이에 반하여 자신의 집에서 노동하는 가내 수공업자의 경우에는, 노동시간에 대한 어떤 집단적 규제도 분명히 개인적 자유를 감소시킨다. 이는 그 자신에게 그 채택을 납득시키기 전에 충분하게 그 정당성을 증명해야 할 폐해라고 할 수 있다. 노동시간의 길이와 배치가 실제로 개인마다 다른, 중간에 있는 산업 부문의 노동자의 경우 이 문제는, 일부는 여가 시간이 그들에게 매력을 주는 정도에 의존하고, 일부는 그들이 개인 거래의 위험을 자각하는 정도에 의존한다. 임금 노동자는 단체행동에 의해 더욱 좋은 조건을 얻을 수 있다고 하는 노동조합 운동가의 주장을

10) 노동시간의 집단적 규제를 가능하게 하는 노동조합 운동가의 논거는, 임금 취득자가 그 에너지 단위의 매매 가격을 유지하는 방법으로서만 생각해도, 표준 임금률 그 자체의 논거 보다도 더욱 넓은 심리적인 근거를 갖는다고 논의할 수 있을 것이다. 고용인과 노동조합 간부 양자가 언제나 주장하듯이, 개별 육체노동자는 그들의 여가를 유지하거나 증가시키기보다도, 그들의 수입을 유지하고 증가시키는 것에 더욱 열심이라고 하는 것이 만일 사실이라고 한다면, 임금의 비율은 개인 거래에 맡기면서도 노동시간에 대해서는 엄중한 제한을 주장하는 노동조합은, 표준 임금률을 주장하면서도 노동시간의 길이와 강도를 개인 협정에 맡겨두는 노동조합보다도 결국, 그 조합원을 위하여 일정한 에너지 소비에 대해 더욱 높은 보수의 수준을 확보한다고 하는 결론에 이르게 된다.

인정한다면, 가내 수공업과 공장제도의 중간에 있는 산업 부문의 노동자로 여가의 양을 유지하거나 증가시키고자 하는 자는, 그러한 단체행동의 필요조건으로 표준 노동시간을 더욱 많이 요구하게 되는 것이 당연하다. 그러나 이 간단한 유형화는 모든 변화를 설명할 수 있는 것이 아니다. 모든 계급의 노동자에게 제2차적이고 보통은 더욱 유력한 고려가 논의에 더해져 왔다. 즉 불규칙적이거나 무제한의 노동시간이 1주 수입에 미치는 결과이다. 1일, 1주, 1월의 시간제 노동자에게 표준 노동시간은 분명히 표준 임금률에 대한 그 계약의 일부이다. 도급 노동이나 시간 노동을 하는 노동자는, 그 산업의 사정이나 그 자신의 관찰이, 전혀 규제되지 않는 노동시간은 모든 계급의 임금률을 저하시키는 경향이 있음을 그에게 확신시키는 정도에 따라, 강하게 또는 약하게 노동시간을 정하는 공통규약의 설정을 주장하는 경향일 것이다.[11]

노동조합의 주장에 관한 이상의 설명은, 노동시간 운동의 역사적 발달과 노동조합 세계의 그 현재 지위라는 두 가지를 이해하는 데에 필요한 단서를 준다. 18세기에는 노동조합 운동가의 중요한 형태가 개별 생산자로 일하는 수공업자였다. 표준 임금률을 시행하기 위하여 사실 18세기 초엽부

---

11) 중세의 독립적인 마스터 수공업자가 개인적으로는 임의로 일을 그만둘 자유를 가지면서 (우리의 생각에 의하면) 주로 무제한의 경쟁에 의해 노동시간이 알지 못하는 사이에 연장되고 보수의 표준율이 전복되는 것을 방지할 목적으로, 각 직업의 최장 노동시간을 정하고자 세심한 노력을 기울여 제정한 수많은 길드 규약을 역사 연구가에게 상기시킬 필요는 없을 것이다. 가령 1345년, 박차 제조자(Supurrier)는 최장 노동시간을 새벽부터 만종(Curfew)까지로 정했고, 제모공(Hatter), 백랍 제조공(Pewterer), 기타 14세기의 많은 직업에서는 야간 노동을 금지했다. 또 1344년, 혁대공(Girdler)은 토요일이나 공휴일 전날에 "정오(원저의 None은 정오의 기도를 뜻한다—옮긴이 주) 이후"의 노동을 금지했다. H. T. 라일리(Riley), 『런던과 런던 생활의 회고(*Memorials of London and London Life*)』(London, 1868).

터 노동조합을 만든 직공(Weaver)이나 메리야스 직공(Frame-Work Knitter)은 자신의 집에서 노동을 했다. 다른 많은 조직 직업, 가령 제화공, 칼제작공(Cutler), 소모공, 제모공의 경우 고용인의 공장에서의 노동과 함께 외부에서의 노동(Out-Work)도 널리 행해졌다. 심지어 공장 생산이 통례가 된 경우에도 장인 노동자와 직인 노동자 사이의 친밀한 관계, 기계와 동력의 결여, 규율의 일반적인 침체는 범선 제조공, 통제조공, 가죽공, 옥양목 염색공(Calico Block-Printer)과 같은 직업 클럽 구성원들은 불규칙으로 취업할 수 있었다. 어떤 경우에도 일을 그만둘 수 있다고 하는 이 실제적 자유는, 우리가 오늘날 과도한 노동시간이라고 간주해야 하는 것과 반드시 양립할 수 없는 것은 아니지만, 그것은 노동자에 대해 인격적 자유의 느낌을 부여했고, 이 인격적 자유라는 느낌은 당연히 그에게 노동시간의 집단적 규제에 대한 어떤 제안도 하지 못하게 했다. 따라서 노동시간을 정하는 공통규약을 하나의 직업에 속하는 모든 사람에게 부과하고자 하는 18세기의 시도는 1일 또는 1주 임금을 받고 고용인의 공장에서 일하는 노동자에 한정되었다. 가령 14시간(식사 시간 포함)을 최대 시간으로 정하는 것은, 앞에서 우리가 가장 초기의 노동조합 중 하나라고 인용한 '런던 및 웨스트민스터 안팎 재봉 직인'의 노동조합이 주로 요구한 것이었다. 그 청원서에서 그들은 "1일 15시간 노동이 노동자의 건강, 특히 그 시력에 대해 유해하다는 것은 파괴적이고, 따라서 40세가 된 노인은 노동으로 살아갈 수 없다"고 했다. 또 장인의 청원서로부터 우리는 그들이 "(종래의 1주 10실링 9펜스 대신) 1주 12실링 9펜스를 주장하고 그것을 받아서 밤 8시(종래의 9시가 아니라)에 일을 끝냈다"는 것을 알게 된다.[12] 또한 다른 직업에 눈을 돌리면, 18세

---

12) 〈하원에 제출된 재봉 장인의 의안 개요: 그 안의 각 항에 대한 직인의 해석〉(London,

기를 통하여 도급을 하는 런던의 통제작공 사이에는 어떤 노동시간 운동도 했다는 흔적이 없지만, 애버딘의 시간제 통제작공은 이미 1732년에 "그들 사이에 서명한 노동조합을 만들고, 이에 따라 과거 관습에 반하여 저녁 7시 이후에는 장인의 허락하에 일을 계속하거나 스스로 일하지 않는다고 서로 맹세하고, 그 위반자에게는 형벌을 부과한다"고 한 것이 주목할 만하다.[13] 규칙적이거나 더욱 짧은 노동시간을 요구하는 18세기 운동 중에서 우리가 아는 다른 유일한 사례는 그 말엽에 마구 제작공과 제본공 사이에서 일어난 것으로[14] 그들은 그 당시 1일 단위로 고용인의 공장에서 일했다.

재봉공, 모자 완성공, 마구 제작공, 제본공과 같이 고립적이고 예외적인 경우는 18세기 노동조합운동을 특징짓는 노동시간에 대한 일반적 무관심을 강조한다.[15] 이 무관심은 개인적 생산제도하에 있을 수 있는 노동시간과 공장 규율 사이의 비교적 부드러운 관계에 의해서만 생긴 것은 아니었

1702). 이와 같은 운동이 1720년과 1768년에 애버딘 재봉공 사이에서(베인(Bain), 〈상인 및 수공업자 길드〉, 261쪽), 1720년에는 셰필드의 재봉공 사이에서 일어났다고 하는 기록이 있다(〈셰필드 아이리스〉, 1820년 8월 8일호). 이 모든 사례에 대한 흥미로운 원본 수집인 F. W. 골턴(Galton, 〈노동조합사에 관한 설명 문서〉, 1호, 제복업, 런던경제정치대학교 출판, London, 1896)을 참조하라.

13) 베인, 〈애버딘 상인 및 수공업자 길드〉, 246쪽. 이와 같은 구별이 그들의 가정에서 시간의 제한 없이 일할 수 있는 제모공과 고용인의 공장 내에서 시간 임금으로 일하고, 1777년에는 시간 단축을 요구하여 파업한 런던 모자공 사이에도 나타났다. 〈하원 의사록〉, 37권, 192쪽(1777년 2월 18일).

14) 플레이스 원고 27, 799-122, 124에 보존되어 있는 마구 제작공의 '연설' 및 사회과학협회, 〈노동조합 및 파업에 관한 보고〉 중의 더닝(Dunning), 〈런던 제본공 병합 조합 기사〉, 1860, 93쪽 참조.

15) 마르크스가 지적했듯이 애덤 스미스는 언제나 노동시간을 불변의 양으로 보았다. 『자본』, 4편, 19장(1887, 영역본, 2권, 552쪽).

다. 그 표준 임금률 보호를 위해서 18세기 수공업자는, 현대 노동조합운동에서는 이용할 수 없는 방법을 이용할 수 있었다. 도시의 직인 클럽은 7년의 수습이 필요하다고 정하고, 그 직업을 수습하는 인원에 제한을 두는 법률의 엄격한 실시에 의해 자신들의 지위를 보호하고자 노력했다. 또 가정에서 일하는 직공은 그들의 관습적인 임금률의 지급을 법률에 의해 강제하도록 의회에 청원하고, 경우에 따라 성공하기도 했다. 18세기 노동조합운동가의 지위는 많은 점에서, 고등 교육상의 시험과 무면허 경쟁자의 제외에 의해 그 표준율을 유지하고, 균일한 표준 노동시간을 강제적으로 정하는 것에 어떤 정당한 이유가 있는지를 이해할 수 없는 현대의 변호사나 의사의 지위와 유사했다.

19세기의 기록은 이와 매우 다르다. 동력에 의해 운전하는 기계가 도입되고, 공장제도가 급격하게 발달함과 동시에, 새로운 섬유 공업의 노동자는 그 노동시간에 대한 모든 개인적 통제를 상실했다. 새로운 산업에 대한 어느 예리한 관찰자는 다음과 같이 썼다. "기계가 움직이는 동안, 사람은 노동을 해야 한다. 남녀나 아동이 철이나 증기와 함께 일한다. 그 동물 기계 ─아무리 건강해도 다치기 쉽고, 무수한 고통의 뿌리를 가지고 있으며, 언제라도 바뀔 수 있는─ 가 고통이나 피로를 전혀 알지 못하는 철의 기계와 견고하게 연결되어 있다." 따라서 우리는 방적공의 노동조합이 설립 최초부터 노동시간을 규제하는 법률을 의회에서 얻고자 하는 박애주의자의 노력을 후원한 것을 본다. 그렇게 계속 얻어진 공장법은 문맥상으로는 여자와 아동에게만 적용된 것이 사실이다. 그러나 그 운동의 모든 동력은, 남자 노동자가 자신의 노동시간에 대한 법률적 제한을 확보하고자 하는 희망에서 나온 것임은 당시의 관찰자에게는 명백한 것이었다.[16] 1867년, 랭커셔 '방적공 노동조합'의 지도자들은, 분명히 "성년자, 여자와 소년을 위해 식사 시간을 제외하고 공장 내의 노동을 일률적으로 8시간으로 하는 법안을 확보하도록 법률적 제한 규정을 설정하고, 8시간법의 근거로 동력을 제한하도록 운동하는 것을 목적으로 하는" 대리인 회의를 소집했다.[17] 그러나 당시의 의회로 하여금 성년 남자 노동자의 노동시간을 직접 법률에 의해 제한하고자 하는 생각에 귀를 기울이게 하는 것조차 불가능했고, 1872년부터 1874년까지 랭커셔 노동자가 다시 노동시간 단축을 위한 운동을 하여 성공한 때에도 그들은 그 요구를 1847년의 10시간 노동법에 대한 하나의 수정안에 불과한 것이라고 말했을 정도로 현명했다. 그로부터 20년 뒤, 그 노동조합의 공식 기관지는 다음과 같이 선언했다. "이제 가면은 벗겨져야 하고, 운동은 선명한 깃발 아래에서 행해져야 한다. 여자와 소년은 더 이상 남자의 노동시간 단축의 확립을 위한 구실이 되어서는 안 된다. 남자는 그들도 여자도 아동도 함께, 생산 기계의 개량에서 생기는 이익을 나누기 위해 노동시간 단축을 요구한다고 주장하고 선언해야 한다. 노동시간은 노동조합의 노력으로는 영구히 단축될 수 없다. … 노동시간을 조금이라도 균일하게 만들기 위해서는 의회의 원조에 의할 수밖에 없다."[18] 다른 하나의 거대한 산업 부문에서도 노동자는 노동시간에 관하여 전과 마찬가지로 고용인의 결정에 맡기고 있다. 지하에서 일하

16) 그래서 R. H. 그레그(Greg)는 왕립공장위원회 보고서, 1873년의 제1권 47쪽을 인용하여 다음과 같이 말했다. "그러므로 아동의 상태라고 하는 것은, 다른 목적에 대한 구실에 불과하다는 것이 분명하다. 그 목적이란 1833년에 행해진 운동의 목적과 마찬가지로, 즉 10시간 법안 또는 어떤 공장에서도 1일 10시간 이상 노동하는 것을 금지하는 법안의 달성이라는 것이 지금 정직하게 공언되고 있다." 〈공장 등의 피고용인의 건강과 도덕에 미치는 영향에서 본 공장 문제〉(London, 1837), 17쪽.
17) 〈비하이브(*Beehive*)〉, 1867년 2월 23일. 『노동조합운동의 역사』, 295쪽.
18) 〈방적공장 시보〉, 1893년 5월 26일.

는 광부는 광산 감독이 수직 갱도(竪坑; Shaft)를 석탄 인양에 사용하는 것을 멈추고 노동자의 승강기로 운전하는 때에만 오르고 내릴 수 있다. 따라서 광부는 그들이 유력한 노동조합을 만들자마자 1일 노동시간을 확정하고자 하는 운동을 개시했다. 이미 1844년부터 1847년 사이에 광부의 우두머리인 마틴 주드(Martin Jude)는 "8시간 법안으로 당시 영국 전역의 탄갱을 포함하여 '영국 및 아일랜드 광부 동맹'의 중요 목적의 하나를 이룩했다. 1863년부터 1881년까지, 다른 책에서 썼듯이,[19] 이는 알렉산더 맥도널드(Alexander Macdonald) 강령의 중요 조항이었다. 마지막으로 1885년, 랭커셔 '광부 노동조합'은 노동시간의 법률에 의한 제한이 성년자에게도, 아동에게도 같이 적용되어야 한다 —노섬벌랜드와 더럼의 노동조합을 제외한 다른 모든 광부 노동조합이 즉각 찬성하게 된 요구— 고 분명히 주장했다.[20]

그사이 건축업 및 기계업의 변화는, 건축공과 기계공의 클럽으로 하여금 이러한 직업에서도 노동시간에 일정한 제한을 두도록 요구하게 했다. 어느 것이나 19세기 초부터 나타난 대규모 기계제작소의 발달과 건축 사업을 하는 일반 '도급인'의 발생은, 소규모 노동 장인들을 없애고, 고가의 기계나 설비를 사용하여 엄격한 규율하에 하나의 사업에 협력하는 다수 노동자의 집합을 결과했다. 1833년부터 1834년까지 건축업의 호경기 시대에는 초과노동의 금지가 노동자 요구의 하나로 나타났고, 특히 '건축 인부 노동조합'은 토요일의 규정 시간 외 노동에 대해서는 가산 임금을 요구했다.[21] 1836년에는 '런던 기계공 노동조합'이 모든 직업에서 일정한 표준 노

19) 『노동조합운동의 역사』, 284~289쪽.
20) 같은 책, 378~379쪽.

동시간을 상호 협정에 의해 정할 것을 요구하여 고용인과 8개월간 투쟁했다. 이 투쟁은 1주 노동시간을 60시간으로 정하고, 기계업에서 최초로 가산 임금에 의해 초과노동하는 것을 처벌하는 것으로 끝났다. 이 파업 이전에는 1일 노동이 명의상으로는 10시간 반이었으나, 어떤 가산 임금도 없는 초과노동이 계속 일반적으로 행해졌기 때문에 노동자는 개별 고용인의 조직적 시간 연장에 대해 어떤 보호도 부여하지 못했다.[22] 건축직공이 언제부터 같은 노동시간을 확보했는지는 기록에 없으나, 이미 1846년에 '리버풀 석공 노동조합'은 9시간 노동을 요구했다. 그때부터 기계업과 건축업의 노동조합 기록은, 표준 노동시간의 더욱 엄격한 준수와 점차적 단축을 요구하는 운동이 계속 행해졌음을 보여준다. 1892년, '런던 건축공 노동조합'과 '건축업주 협회' 사이에 체결된 치밀한 협약은, 채링 크로스(Charing Cross)에서 12마일 내의 모든 건축 노동에 대해 1년 중 각 주의 노동시간을 정하고, 모든 초과노동을 처벌하기 위해 가산 임금을 병행한다고 정한 것

---

21) 〈노동조합원의 의사 및 리버풀 고용인이 그 결과로 취한 수단의 공평한 기사〉(Liverpool, 1833)에 있는 고용인의 1833년 6월 11일 연설을 참조하라. 또 〈수도 건축업자가 노동조합에 관한 그들과 노동자 사이의 견해 차이를 설명하는 공개 설명〉(London, 1834)을 참조하라. 1명의 중요한 오언주의자(로버트 오언의 유토피아 사회주의 사상을 지지하는 사람—옮긴이 주)를 간사로 하는 '글래스고 가구상 노동조합'의 의사록이 1833년부터 1836년까지 표준 노동시간의 확보를 목적으로 하여 누차 행해진 규제를 포함한다는 것이 설명될 수 있다. 가령 1833년 3월의 총회에서 그들은 '1.5배' 비율로 초과노동을 처벌하는 '글래스고 전국 노동조합'의 취업규칙을 정식으로 채택했다. 1836년에 그 노동조합은 파업이 성공한 뒤에, 1주 20실링의 표준 임금만이 아니라, 그 계절에는 초과노동을 완전히 금지해야 한다고 주장했다. 1834년부터 그들은 인공 조명에 의해 일하는 관행에 대해 계속 투쟁했으나, 마침내 1836년 장기 파업 뒤에 금지하는 것에 성공했다.

22) 존 버넷(John Burnett) 씨가 〈뉴캐슬 주간 크로니클〉 1875년 7월 3일 호에 실은 논문, 1861년 더블린의 사회과학협회 모임에서 윌리엄 뉴턴이 '기계공 합동 노동조합' 집행부를 위해 낭독한 논문.

은 실제로 끝없이 계속된 단체협약 중 가장 최근의 것 중 하나에 불과하다.

 그러나 지금 노동시간에 관한 공동 규약의 개념은 시간불이든 도급불이든 간에, 수공업자든 공장 노동자든 간에, 모든 노동조합 운동가 계급에 확산되어 있지만, 직업이 다름에 따라 그 요구가 고용인과 공중에게 가해지는 정도가 현저히 다르다. 여기서 다시 노동조합의 논거에 대한 우리의 분석이 사실 이해를 돕게 된다. 직공이나 광부는 명확하게 한정된 균일 노동시간의 가장 열렬한 주장자이다. 이는 그 두 가지 산업의 시업과 종업이 노동자의 의지에 의하지 않고 기관 운전의 개시와 정지에 지배되고 있음을 상기한다면, 또한 이 두 가지 경우에는 직업이 모든 신참자에게 '공개됨'과 동시에 표준 임금이 견습제도에 의해서도, 다른 직업에서 온 노동자의 배척에 의해서도 보호되지 않는다는 것을 이해한다면 조금도 이상한 것이 아니다. 기계공과 건축공은 엄격하게 정해진 노동시간을 요구하는 점에서, 약간의 간격을 두고 방직공과 광부에게 추종하고 있다. 거의 언제나 시간 임금을 받기 때문에, 그들은 노동시간에 관한 몇 개의 단체협약이 그들의 노동력 매각협약의 필요한 부분이라는 것을 인정해왔다.[23] 그러나 그

---

23) 우리는 대규모로 경영되고 있는 자본주의 공장의 제도에 점차 옮겨가는 일종의 수공업에서 표준 노동시간이라는 사상의 발달을 볼 수 있다. 가령 '런던 항 조선공 공제 노동조합' —단결금지법이 폐지되었을 때에 공개적으로 나타난 낡은 직업 클럽— 은 1824년 10월 4일에 다음과 같이 결의했다. "이 노동조합의 모든 조합원은 그가 성문으로 규제된 노동시간 —아침은 6시 이전이 아니고, 여름밤은 6시 이후가 아닌— 의 노동에 의한 것 이상으로 큰 업무의 일부를 인수해서는 안 되고, 실업자에게 모든 노동의 기회를 주기 위해, 야간 노동은 공장 밖의 노동자가 업무를 정지한 뒤에 해야 한다." 노동자가 그러한 혁신을 하게 된 주된 이유는 다음과 같이 선언되었음을 주의하는 것이 유익하다. "노동자가 14시간에서 16시간까지 일할 때, 고용인이 설령 시간 수는 한 배 반이라고 해도 노동자는 1일 10실링을 받는다고 말하기 때문에 노동시간을 규제할 필요가 있다." 동일한 동기로부터 곧 도급 임금으로 일하는 '런던 통제작공 노동조합'도 같은 규제를 만들게 되었다. 그 노동조합의 서기가 설명한 바에 의하면, 당시까지는 노동시간에 어떤 제한도 없었기 때문

들의 경우에는 균일 노동시간에 대한 경제적 필요가, 탄광이나 면공업에서와 같이 명백하지도 않고 절대적이지도 않다. 이러한 산업에서 노동조합은 표준 임금률을 보호하기 위해 도제 기간의 요구, 고용 연소자 수의 제한, '불법 노동자'의 제외라고 하는 그들의 전통적 정책을 채택하게 되었다. 도제 기간을 사용하지 않게 되고, 배타 정책의 유지가 불가능하게 되었기 때문에, 기계업과 건축업의 노동조합은 명확하게 한정된 표준 노동시간의 엄중한 이행을 나날이 증대되는 긴급사로 주장하게 되었다. 이에 반하여 노동조합은 표준 임금률 보호를 위해 '보일러 제작공 연합 노동조합'이나, 일반적이지는 않지만 여러 종류의 식자공 노동조합이 시행한 도제 규제에 여전히 의존하면서도, 표준 노동시간에 관한 그들의 정책은 불명확하다. 이러한 두 가지 산업에서는 앞에서 말했듯이, 노동조합이 시간 노동과 도급 노동을 동일하게 승인하고 있다. 두 개 산업 모두 시간 임금에 의한 모든 노동에 대해서 노동조합은 주저 없이 표준 노동시간을 요구한다. 그러나 표준 임금률을 보호하는 다른 수단이 있고, 그러한 수공업 노동자에게는 자기 업무의 속력이나 노동시간을 상세하게 규정하는 실질적인 자유가 있기 때문에, 도급 노동자를 위한 균일 노동시간에 대한 그들의 신앙은, 하나의 특수한 생각이라고 말할 수 있는 성질을 가지고 있다.

고풍의 직업에 오게 되면, 이러한 미온적 태도는 반대까지는 아니라고 해도 냉담하게 변한다. 이러한 종류의 노동조합 중에서도 가장 중요하고

에 "어떤 강인한 젊은 노동자는 아침 3시부터 밤 9시까지 일하고 있다." 그 결과 노동자는 "그들의 고용인에게 이용당하는 점이 있고, 차이가 있는 경우에는 그것이 이용당하고 있다는 것을 발견했다." 따라서 '런던 식자공 노동조합'은 1810년 고용인에 의해 승인된 단가표에, 시업 시각은 고용인과 '직공 동료' 사이에서 정식으로 협정되어야 하고, 이는 모든 직공에게 균일해야 하며, 야간 노동이나 일요일 노동에는 더 높은 임금이 지급되어야 한다고 명백하게 규정했다.

많은 점에서 가장 전형적인 것은, '제화공 합동 노동조합'이다. 그중에서 아직도 자기 집에서 노동하는 소규모이지만 고도의 숙련을 갖는 수공업자 계급은 이미 1세기 이상 견고한 단결을 유지해왔고, 그 처음부터 표준 가격표를 엄격하게 유지해왔다. 그러나 언제나 일을 손으로 하고, 임금은 도급으로 받으며, 스스로 적당하다고 생각할 때 고용인의 작업장을 출입하는 관습적 특권을 갖기 때문에, 그들은 표준 노동시간을 정한다는 것에 대해서는 고민하지 않았다. 이 산업은 과거 반세기 동안, 기계제품과의 경쟁에서 서서히 쇠퇴해왔지만, 노동자는 그들의 불규칙적인 노동시간이 표준 임금에 미치는 영향에 대해 생각하지 않았다. 더 오래전에 그들은 도제에 대한 엄중한 제한을 실행했다. 그래서 최근 20년 동안, 그 직업을 배운 소년 수는 너무나도 적어져서[24] 부유한 고객 계급이 요구하는 완벽한 솜씨를 제공할 수 있는 매우 숙련된 제화공은 참으로 독점적인 수입을 유지해왔다. 이와 상당히 유사한 경우는, 1805년부터 인쇄된 가격표를 고용인이 승인한, 숙련 노동자의 강력한 단체인 '쇄모공 합동 노동조합'이다. 손작업이 언제나 행해지는 이 산업에서는 개인 생산자인 노동자가 이전부터 자신이 좋아하는 시기에 고용인의 작업장에 출입할 수 있었다. 그들의 표준 임금률 보호의 수단은, 변함없는 과거의 도제 제한으로서, 아직도 표준 노동시간을 요구하지 않고 있다. 그러나 표준 노동시간에 냉담한 대다수의 노동조합은 셰필드의 여러 직업에서 볼 수 있다. 여기서 우리는 그 중요한 측면에서 지난 세기에 소급되는 개인 생산 체제를 볼 수 있다. 고용인은 노

---

24) 우리가 생각하기에 이는, 그 일부가 수제화 공업이 급격하게 쇠퇴하고 있다는 지금의 일반적 인상에, 다른 일부가 매우 발전하고 있는 기계제화 공업에서 비교적 좋은 임금으로 맞아지는 소년에 대한 비정상적인 수요에, 또는 현재 수공업적 직업의 취직에 비교적 고도의 기능을 요구한다는 점에 기인한다.

동자가 자기 집에 있는 '물레바퀴' 또는 일반적으로 공유하는 '공동 공장'에서 일시적으로 빌린 물레바퀴로 하는 일거리를 준다. 노동조합은 단독으로, 또는 불규칙적으로 사이를 두고 일거리를 받아 인도하는 조합원이 맺는 개인 계약을 적당하게 통제할 수 없고, 도제에 대한 가장 고풍의 규제에 의해 표준 임금을 유지하고자 발작적으로 노력한다. 그러한 규제의 실질적인 실패나 임금의 계속적인 저하는, 비교적 사려 깊은 노동자로 하여금 개인 생산의 제도 전체를 부정하고, 임금과 노동시간에 대한 집단적 규제가 가능한 공장제도로 이를 대신한다고 주장하게 한다. 그러나 보통의 셰필드 칼장인은 현재 생활의 피상적인 인격적 자유에 익숙하여 여전히 우두머리들의 경제적 논의에는 움직이지 않고 있다.

따라서 어느 직업의 모든 사람에 대해 노동시간을 정하는 공통규약의 요구는 현대 노동조합 세계에서도 임금 표준율의 주장과 마찬가지로 일반적이지 않고, 아무런 주저 없이 바로 찬성할 수 있는 것도 아니다. 한편 노동시간의 규제는 덜 복잡하고 더욱 균일적이다. 절대적으로 균일한 표준 임금의 가장 엄격한 실시도, 훌륭하게 조직된 직업에서는, 특히 현대 산업의 지극히 복잡한 조건이나 여러 가지 사정에 따라 고안된 특이한 융통성과 양립한다. 노동시간에 대하여 그러한 융통성이 부여된다고 한다면, 표준 노동시간의 유지에는 치명적이다. 우리는 이것이 '초과노동'에 관한 노동조합 협정의 실제 움직임에 의해 설명되는 것을 본다. 고용인이 노동자의 종업을 고용인이 바라는 시간 사이에 요구하는 것을 저지당하게 되면 바로, 그는 필연적으로, 관습에 따라 정해진 노동시간을 용인하면서 긴급한 경우를 위해 규정을 설정하는 것을 조건으로 삼았다. 돌연한 주문이 쇄도하거나, 그것과 유사한 원인에 의해 노동자의 일부나 전부가 평상시의 작업시간보다 긴 노동을 하는 그에게 필요한 날이 생길 수 있기 때문이다. 이러한 요구에 대하여 반대할 이유를 노동조합의 임원은 찾을 수 없었다. 나아가 그들은 이러한 특권을 그들의 조합원에 대한 가산 임금의 근원이라고 생각했다. 그리고 그러한 초과노동에는 보통 임금보다도 더욱 높은 ―25퍼센트나 50퍼센트― 비율을 지급해야 한다는 것이 일반적으로 협정되었다. 이러한 제도는 쌍방에 대해 이익을 주는 합리적인 타협으로 생각되었다. 고용인은 그들이 사업의 유리한 경영을 위해 필요하다고 말하는 융통성을 얻었고, 나아가 바쁜 시기에 완전한 이익을 얻을 수 있었다. 한편 노동자는 그들의 관습적 생활 방법을 교란시키거나 피로한 상태에서 일을 계속한다고 하는 특별한 부담 대신, 더욱 높은 임금으로 그 보상을 얻을 수 있었다. 이러한 양보는 표준 노동시간으로부터의 일탈을 포함했으나, 가산 임금을 취하는 것이 초과노동을 그 비상 시기에만 제한할 것으로 가정되었다. 따라서 지난 20년간, 고용인과 노동자는 함께 그 제도에 만족했다.

이러한 초과노동에 대한 가산 임금의 경험이 쌓인 결과, 거의 모든 노동조합 운동가는 가산 임금이 표준 노동시간에 대해서는 거의 아무런 보호가 되지 못하고, 쌍방에 나쁜 결과를 초래할 뿐이라는 것을 확신하게 되었다. 가산 임금을 지급해야 함에도 불구하고 많은 산업에서 고용인은, 그들의 노동자로 하여금 1일 1시간 내지 2시간의 초과노동을 계속해서 몇 달 동안, 경우에 따라서는 1년 동안 계속 조직적으로 하는 방법을 채택했다. 특히 기계업이나 조선업에서는, 신속하게 인도받고자 하는 희망은 호경기에는 매우 크고, 주문을 받고자 하는 경쟁은 언제나 지극히 치열하므로, 모든 고용인은 기계의 완성이나 기선의 진수(進水)를 가능한 한 빨리 하는 것을 약속하여 스스로 이익을 얻는다고 생각했다. 그 결과 오랜 노동시간이 습관으로 되었고, 고용인의 의지에 따라 변하게 되었다. 개별 노동자는 어떤 순수한 선택권도 갖지 못한다. 1주에 10~20시간의 초과노동을 하는 것이 관습이 된 공장에서는 가산 임금보다도 여가를 선호하게 되고, 따라서 시계가 울리면 그 의자나 화로에서 떠나는 노동자를 오래 고용하지 않게 되었다.

조직적인 초과노동의 실행이 노동자로부터 노동시간에 대한 모든 통제를 빼앗는 동안, 노동조합 운동가는 그것이 임금률에도 악영향을 미치는 것을 깨닫기 시작했다. 결국 노동자의 평균 1주 수입을 오랫동안 미묘하게 결정하는 것은 노동 계급의 일상적인 생활 표준이 된다고 말하는 경제학자의 견해에 어떤 진실이 있다고 한다면, 조직적인 초과노동은 설령 가산 임금을 지급받는다고 해도 분명히 시간당 임금률을 저하시키는 경향이 있음이 분명하다. 초과노동에 대한 빈번한 기회를 부여한다고 하는 것은, 실로 고용인이 값싼 1주 임금을 지급하는 구실이 되는 경우가 종종 있다. 임금 지급이 도급에 의하는 경우, 실제 '정규 시간'과 '정규 외 시간'을 구별하는 것은 언제나 불가능하다.[25] 그러한 경우, 조직적인 초과노동의 약속은

25) 그리하여 초과노동을 요구하는 공장은 도급을 개시하고자 하는 특수한 유인을 가지며, 이는 기계업이 행해지고 있는 일부 지역에서는 단체교섭을 완전히 없애는 결과를 낳았다 (《왕립노동위원회에 대한 '기계공 합동 노동조합'의 특별 보고》, London, 1892). 이는 영국의 몇 지역에서 초과노동과 도급노동이 행해지고 있는 비율에 관한 여러 지부에 대한 조사 결과이다. 기계 제조의 중심지인 키글리(Keighley), 콜체스터(Colchester), 게인스버러(Gainsborough), 입스위치(Ipswich), 링컨, 더비가 가장 낮은 표준 임금(1주 27실링에서 29실링)을 갖는 것으로 단연 두각을 나타내는 것은 주목할 만하다. 이러한 지부들은 거대한 범위의 조직적인 초과노동과 도급노동이 행해지고 있음을 보여준다. 만일 무조직 지방이나 노동조합이 없는 공장으로부터도 통계를 얻을 수 있다면, 사태는 더욱 심각할 것인데, 이는 거기에 경쟁적인 도급노동과 조직적인 초과노동이 언제나 낮은 임금에 수반되기 때문이다. 톰 만(Tom Mann) 씨에 의하면 "과거 여러 해 동안, 농업 기계공장의 어느 경우에는 1주에 5일 밤, 6시간의 초과노동을 했다. 그 결과 표준율은 매우 낮았고, 실제 노동시간은 12시간에 이르렀다." 《기계공 합동 노동조합 월보》, 1897년 1월호 12쪽.

노동자에게 그 모든 수입액을 종전의 표준에 따라 결정할 수 있게 하여 그들이 도급 임금률의 저하에 복종하게 하는 보통의 유인이 된다. 그러나 시간 노동자도 실제로는 고용인의 뜻에 따르는 점에서 도급 노동자와 다르지 않다. 여분의 시간에 대한 '25퍼센트 증액의 약속'은 비교적 건강한 노동자의 경우, 정규 노동시간에 대한 표준 임금률의 저하를 승인하게 하는 유력한 유인이다.

뿐만 아니라 불경기가 닥치고 특별한 노동의 요구가 없어지면, 초과노동의 증가는 거의 불가항력적인 경향이 된다. 고용인은 집세나 기계의 이자, 사무소 비용 등의 무거운 부담을 더욱 많은 노동시간 위에 부과함으로써 생산비를 절감하는 기회를 찾는다. 노동자는 초과노동에 의해 그들의 저하하는 1주 수입을 보완하도록 하는 유혹을 받는다. 기계공이나 건축공의 노동에 대한 사회의 수요가 가령 10퍼센트 감소하면, 그 노동자의 대다수는 10퍼센트 많은 노동을 하도록 압박을 받고 유혹을 받는다. 그 결과, 그 산업 노동자의 거의 20퍼센트는 일자리를 찾지 못하게 된다! 변호사나 의사는 그들의 업무에 대한 수요가 완만한 경우, 업무 시간을 증가하도록 기대를 받거나 요망을 받지 않는다. 구식의 수공업 노동자도 마찬가지로, 불경기 시에는 노동시간을 줄이고 호황 시에는 늘린다. 대규모 기계 공업의 경우에도 명확하게 결정된 엄격한 표준 노동시간이 없으면, 그 경향은 전적으로 반대의 방향으로 나아간다. 다른 조합원이 여분의 많은 시간을 초과노동에 사용하는 어떤 순간 바로 그때, 특별히 많은 조합원이 실업수당에 의해 노동조합의 자금을 고갈시키는 결과를 정기적으로 초래하는 틀이 우수하다는 것을 노동조합 운동가에게 납득시키기란 불가능하다. 심지어 고용인도 지금은 그 틀에 반대하기 시작하고 있다. 그들은 피곤한 노동에 높은 임금을 지급하는 것이 사업적이지 못하다고 느끼고 있다. 그들은 이처럼 높은 임금을 얻고자 하는 노동자의 희망은 종종 초과노동을 연장하기 위하여 주간 시간을 빈둥거리며 보내게 하는 것이라고 주장하고 있다.[26]

노동시간을 결정할 때 이를 명확하게 하고 균일하게 할 필요성은, 경험의 결과, 표준 노동시간이 법률 제정의 방법에 의해 강행되고 있는 경우와 마찬가지로 절대적인 것으로 인정된다. 오늘날 영국 산업에서 여성과 아동의 노동시간을 규정하는 상세한 법전은, 두 개의 중요 부분으로 구성되어 있다. 그 하나는 섬유공업, 다른 하나는 기타 여러 산업에 관한 것으로, 전자는 사실상 1833년에 시작되었고, 후자는 겨우 1867년에 시작되었다. 이러한 시간적 차이는 적용 시의 엄중함의 차이가 되어 나타난다.

먼저 섬유공업의 표준 노동시간을 살펴보면, 1833년 법(이는 명문으로 18세 이하의 노동자에게만 적용된다)은 1시간 반의 식사 시간을 합하여 1일 12시간을 최대한으로 한다고 규정했다. 그러나 그 법은 공장을 오전 5시 반부터 오후 8시 반 사이에 언제 열고, 식사 시간을 언제로 할 것인지를 고용인이 자유롭게 정하는 등 고용인의 임의에 맡겨두고, 기계 파손으로 인해 손실된 시간을 초과노동으로 보상할 수 있게 했다. 공장 감독관은 곧 이러한 융통성이 법률의 효력을 무효로 하는 것임을 발견했다. 우리는 공장

---

26) 조직적인 초과노동이 실제로 불리한 성질을 갖는 것은, 1777년에 독일의 어느 예리한 법률가가 이미 지적한 것이다. 유스투스 뫼저(Justus Möser)는 그의 신관 건축과 관련하여 건축공이 초과노동을 했을 때, 그것에 의해 그 자신이 기만당했음을 알았다. 오랜 시간 노동자는 실제로 시작하여 끝낸 업무로 받은 것이 모두 일급만으로 행한 업무에 의한 것보다도 많았기 때문이었다. 그에 의하면 "정부 당국은 이 점에 유의하여 초과노동을 금지해야 한다. 고용인과 고객 모두를 속이는 것이기 때문이다."〈휴게시간에 행해진 업무에 대하여〉. 브렌타노(Brentano), 〈노동시간과 노동 성과〉에 소개된 〈애국적 공상〉(Berlin, 1858) 3권 151쪽.

노동시간의 참된 제한을 확정하기 위하여 면공의 노동조합이 야기한 오랜 투쟁 속의 사건을 서술할 필요는 없다. 법의 적용을 피하기 위한 도피로는 하나씩 막혀버렸다. 파손에 의해 상실된 시간을 보상하는 권리는 (증기력으로 운전하는 공장과 관련하여) 명백하게 폐지되었고, 시업과 종업의 시각은 명확하게 규정되었으며, 식사 시간도 고정되었고, 모든 시간은 공공의 시계에 따라 계산하도록 했다. 줄이자면 1847년, 1850년 및 1874년의 법률에 의해, 어떤 구실을 붙이든 간에 법률에 규정된 시간을 넘는 여분의 시간이나 그것과 상이한 시간을 노동하게 하는 공장주의 권리는 완전히 박탈되었다. 어떤 공장이나 지역의 사정이 아무리 다르다고 해도, 고용인의 산업이 갖는 성질이나 시장의 경기가 어떻든 간에, 그 사업이 목면이나 양모, 마나 황마, 비단이나 모직물 등 무엇이라고 해도, 별안간의 주문이 아무리 급하다고 해도, 보일러의 고장에 의해 시간이 많이 상실된다고 해도, 섬유공장의 피보호 계급을 위하여 명확하게 결정된 표준 노동시간은 결코 침해될 수 없고, 고용인과 노동자 중 누군가의 편의를 위하여 일시적으로 변경을 가할 수도 없다. 섬유공업의 경우 60년간의 경험은, 노동조합 운동가가 공장국(工場局; Factory Department)의 전문 공무원이나 심지어 뻣뻣한 하원 의원을 설득하여 법에 융통성을 부여하고 완화시키기 위한 논의가 아무리 그럴 듯하게 들려도, 표준 노동시간의 참된 보호는 명확하게 결정된 균일한 노동시간의 엄격한 실시에 의해서만 행해질 수 있는 일임을 납득시킬 수 있었다.

공장 입법의 도입이 비교적 새로운 다른 산업에서도 새로운 교훈을 배우고 있음을 우리는 알고 있다. 1860년부터 1867년 사이에 10시간의 표준 노동시간이 다른 산업의 피보호 계급을 위해 도입되었다. 1878년의 법률은 이를 섬유공장 이외의 모든 공장에 조직적으로 적용하고자 한 것이었다. 그러나 하원은 그 균일의 규약을 명확하고 유효한 것으로 만들지는 못했다. 일정한 조건하에서 초과노동을 허용함에 의해, 시업과 종업의 시각을 변경할 수 있도록 함에 의해, 지정된 식사 시간과 휴일을 변경할 수 있도록 허용함에 의해, 어떤 종류의 제조 공정을 어떤 종류의 제한으로부터 면제함에 의하는 방법으로 상이한 산업의 다양한 사정에 따르기 위한 노력이 행해졌다. 시간의 균일에 대한 반대 감정에는 매우 뿌리 깊은 것이 있어서, 1878년 법의 예외 규정이나 제한 규정에 공장 감독장관에 대한 찬성의 의견을 표시하고 싶을 정도였다. 섬유공장에서의 자기 경험에도 불구하고, 레드그레이브(Redgrave) 씨는 새로운 법 중에 "영국 각지의 각종 산업의 절대적인 필요나 관습을 만족시키기 위하여 만든," 특히 "직공이 정기적으로 한산한 계절에 만나야 하는 직업의 경우와 같이 돌발적인 긴급 시에 응하기 위한 시간의 연장"을 규정하는 "피동적이고 융통성 있는 조항"을 즐겁게 환영할 수 있었다.[27] 이러한 "피동적이고 융통성 있는 조항"을 20년간 시험해본 결과, 그 법의 실시를 담당하는 공무원은 그러한 불확실한 규약이 도저히 유지될 수 없다고 믿게 되었다. 공장국의 경험은 모두, 노동시간의 제한이 균일적이고, 그 전후에 노동을 허용하지 않는 확고한 지정 시간이 없다면 참으로 실시될 수 없다는 것을 증명한다. 1878년 법의 현저한 이익의 하나로 구가된 초과노동 규정은 노동시간의 규제를 완전히 무효로 만들었다. 1894년의 근로감독장관 보고는 그렇게 부정한 고용인에게 주어진 "편파적이고 불건전하며 단편적으로 주어진 특권"과 "공장 검사의 최대 약점"을 형성하는 "경우에 따른 변경"에 직면해서는 표준 노동시간을 유지할 수 없다고 하는 관료의 불평으로 가득하다.[28] 초과노동은 "1

---

27) 〈1878년 공장 감독장관 연보〉(1879), 5쪽.

년에 48회 할 수 있다"고 하는 지식은 "바쁜 시기에는 매주 3일 내지 4일을 오후 10시까지 일한다는 구실로 행해지는 경우가 종종 있다"고 어느 감독관은 말한다.[29] 다른 감독관에 의하면 "우리가 받은 초과노동 통지가 끊임없이 증가하는 것은, 나에게 공장이나 사업장의 소유주가 … 초과노동을 단지 특별한 사정이 그것을 요구할 때에만 사용해야 할 예외적인 사고로 간주하는 법의 정신에 대한 정당한 존경 없이 이러한 특권을 행사하는 것이라고 추론하게 한다. … 초과노동의 행사는 공장과 작업장에 관한 입법 하에서 다른 모든 위법행위보다 더 많이 발각되지 않는 법률의 회피를 초래하고 있다."[30]

초과노동은 사실상, 오늘날 법이 예상한 "예외적인 초과노동"인 경우가 거의 없다. 그러나 감독관의 말을 빌리면 그것은 고용인에게 토요일 밤 "늦게까지 열어둘 수 있고," "그 여공을 조금의 가산 임금도 없이 옷 만드는 일에 늦게까지 조직적으로 일하게 두는 수단에 불과하다."[31] 1893년의 수석 여성감독관인 메이 에이브러햄 양은 "따라서 나는 초과노동 예외 규정의 폐지가 그 행사를 예외에서 원칙으로 발전시킨 일부 고용인의 반대를 받겠지만, 그러한 개정을 환영하는 사람들도 있고, 무관심한 사람도 있어서, 방직 및 이와 관련된 산업에 종사하는 다수의 고용인 계급 ―초과노동의 허가가 지금 전혀 부여되지 않는 사람들― 은, 논리적으로 말하여 그러한 예외를 인정할 하등의 권리도 없는, 그들 자신의 산업과 다르지 않은 산업으로부터 지금 그것이 박탈되는 것을 공평한 방식으로 환영할 것이

---

28) 〈1894년 공장 감독장관 보고〉(1895), 49~50쪽.
29) 같은 책, 56쪽(감독관보 매키(Mackie) 씨).
30) 같은 책, 194쪽(감독관 도지슨(Dodgson) 씨).
31) 〈1894년 공장 감독장관 보고〉(1895), 191쪽.

고, 또한 노동자는 그 폐지를 마음으로부터 감사하며 환영하리라고 믿는다"고 했다.[32] 레크만 씨는 20년간 런던에서 공장 감독에 종사한 뒤, 법률이 존재함에도 불구하고 노동시간이 오래 규율되지 않은 것에 설명을 요구받자 다음과 같이 강조했다. "초과노동이 해악의 근원이다. 편파와 변경을 통하여 법률의 효과를 죽이기 때문이다."[33]

우리는 표준 임금에 대한 노동조합의 규제와 표준 노동시간에 대한 그것 사이에 존재하는 가장 현저한 상위라고 생각되는 점을 마지막까지 남겨왔다. 각각의 직업이나 어느 직업의 각각의 부문이 그 특유의 임금을 갖기 때문에 표준 임금에 대한 요구에는 우리를 곤혹시키는 점이 있지만, 이와 달리 표준 노동시간에 대한 요구는 비교적 단순하고 균일하다. 최근 60년 동안, 표준 노동시간에 대한 요구는 모든 직업에 대하여 노동시간을 공통으로 균등하게 단축하기 위해 계속 생겨난 일반적 운동의 형태로 나타나고 있다. 랭커셔 면공의 일반적 운동은 앞에서 말했듯이, 건축공, 기계공, 재봉공, 기타 직인에까지 확대되었고, 그 결과 1830년에서 1840년까지 대도시의 표준 노동시간으로 10시간이 일반적으로 채택되었다. 마찬가지로 1846년 석공에 의해 시작된 9시간제 노동은 그 뒤 30년간 산업계 전반에 확대되었고, 그 결과 1871년부터 1874년까지 수직공, 기계공, 공장 노동자 및 그들과 함께 일하는 인부 등의 표준 노동시간으로 9시간이 거의 일반적으로 인정되었다. 그리고 우리는 지금, 영국 산업의 모든 부문에 걸쳐 표준 노동시간으로서 8시간이 마찬가지로 널리 채택되는 결과로 끝날

32) 〈1893년 공장 감독장관 보고〉(1894), 11~12쪽.
33) 같은 책, 50쪽. 〈초과노동에 대한 의견〉(London, 1894년, '여성 노동조합 연맹' 간행)을 함께 참조하라.

동일한 일반적 운동의 초기에 있다고 추론해도 무방할 것이다.[34]

34) 계속 발생한 노동시간 단축에 대한 기록은 매우 불완전하게 남아 있다. 18세기 초엽에는 런던의 옥내 직업의 각종 노동시간은 오전 6시부터 오후 9시까지였고, 옥외 노동자는 오후 6시나 해가 질 때 일을 그만두었다. 우리는 1720년에 재봉공이 그 노동시간을 1시간 단축하고자 시도한 것에 대해 이미 설명했다. 그리고 길드홀이나 특허국의 도서관에 소장되어 있는, 1747년에 발간된 희명서(익명의 저자가 쓴 『모든 직업에 대한 일반적 설명(A General Description of All Trades)』)에 의하면 18세기 중엽, 두세 개의 다른 직업이 그 사례에 따랐다. 제본공(1787년) 및 가죽 직공(1793년)은 다시 단축하여 식사 시간을 포함한 13시간 노동을 확보했다. 이어 1794년에는 제본공이 지금이라면 10시간 반 노동이라고 할 수 있는 식사 시간 포함 12시간을 확보했다. 우리의 생각으로 이는 19세기 초엽 런던의 시간제로 노동하는 모든 숙련 수공업자에 대한 보통의 노동시간이 되었다. 여하튼 1834년까지 런던 건축공은 1일 10시간제를 확보했고, 1836년에는 런던의 기계공도 마찬가지 단축을 확보했다. 그로부터 10년 내에 많은 대도시에서 그것이 일반적으로 되었고, 이어 1847년의 유명한 10시간법이 섬유공장에도 행해지게 되었다. 9시간제 운동은 1846년 리버풀 석공의 운동으로 시작되어 1859년부터 1861년까지 일반화되지 못하고 1871년까지는 완전하게 성공하지도 못했다. 한편 숙련 직공 사이에서는 토요일 반휴운동이 일어났다. 건축공은 1847년까지 몇 개 지역에서 "토요일 4시까지" 1주 58시간 반을 확보했다. 1861년까지 이는 런던에서 "토요일 2시 반," 즉 1주 56시간 반이 되었다. 이 제도는 1874년 법률에 의해 섬유공장에서 행해졌다. 1871년에는 기계공과 건축공이 1일 9시간제를 확보했는데, 이는 5일간은 식사 시간 1시간 반을 더하여 11시간, 토요일은 아침식사 반 시간을 더하여 6시간 형식이 되어, "토요일 1시까지" 1주 54시간제를 확보한 것이었다. 1890년, 타인과 웨어 지역의 기계공은 더욱 완전한 반휴를 얻고자 하여 "토요일 12시까지"(53시간제)를 요구했고, 이를 확보했다. 1892년의 런던 건축공은 시간제에 대한 대규모의 일반적 수정 시에 1주 노동시간은 계절에 따라 50시간, 47시간 및 44시간, 1년 평균 48시간 48분으로 정했고, 토요일은 언제나 반휴로 했다. 마지막으로 1889년에서 1897년, 국립의 조선소와 공장, 거의 모든 지방자치단체 소유 가스 공장, 런던의 기계공장과 제본공장의 대다수, 전국의 몇 회사를 포함한 500개 이상의 공장이 1일 8시간제를 채택했다. 두말할 필요도 없이 이러한 점차적인 단축은 가장 진보된 지역의 명의상의 표준 노동시간에 대해 말하는 것에 불과하고, 다른 지역의 초과노동 유행이나 장기간 노동시간의 잔존은 고려하지 않은 것이었다. 피고용자마다 여러 기간의 초과노동 양에 관한 정확하고 신뢰할 수 있는 통계가 없기 때문에, 수요 감소로 인해, 사회가 수요하는 업무가 감소할 때, 조직적 초과노동에 의해 어떻게 시간을 연장했는가에 대해 어떤 귀납적 설명도 부여할 수 없다. 그러나 동일한 경향은 표준 노동시간 그 자체의 변화에 대한 기록 중에서도 볼 수 있다. 1871년부터 1872년까지의 엄청난 호경기 시대에, 기계공장 주인들은 기계공의 노동조합과 1주 노동시간을 54시간, 클라이드 지방에서는 51시간으로 해야 한다고 협정했다. 1878년부터 1879년 사이에

여기서 결국 우리는 영국 노동자 사이에서 확대된 공산주의적 감각을 만나게 된다. 비숙련 노동자나 여성 노동자가 자신들과 같은 표준 임금에 대한 도덕적 요구의 권리를 갖는다고 생각하는 것에 필경 분노할 귀족적인 조선공이나 패턴 제작공이나 면사방적공도 시간 문제에 오면, 철저한 평등의 주장을 바로 승인한다. 설명은 간단하다. 임금 노동자 세계에서 가장 엄격한 계급 구분도 노동시간에 관해서는 하나의 공통규약에 대한 기계적인 필요에 복종해야 한다. 공장의 각 직공이 자신의 희망대로 출입하는 것을 불가능하게 만드는 그 동일한 경제적 원인에 의해, 일을 시작하는 시각과 끝내는 시각을 직공에 대해서만이 아니라, 그 공장에 고용되는 모든 노동자에 대해서까지 동일하게 한다는 것은 절대적으로 필요하지는 않아도 편리한 것이다. 그리고 하나의 공장에서 단지 하나의 직업의 상이한 각 부분만이 아니라, 완성된 물건의 생산에 부수하는 취향이 매우 다른 상이한 산업적 공정까지 포용하는 것은 과거 30년간 산업 발전의 특징이 되고 있다. 수많은 사례 중에서 두세 가지를 든다면, 타인과 클라이드 지역의 선진적 기계공장과 조선소, 또는 철도회사의 거대한 공장에서는 오늘날, 수백 종의 상이한 직업에 종사하는 노동자가 하나의 공장에서 일하고 있지만, 그 노동시간은 거의 예외 없이 동일한 '기적 소리'나 공장의 종에 지배되고 있다.[35] 따라서 노동시간의 길이나 분할에 대한 규제는 모든 종

엄청난 불경기가 산업계에 닥쳐 기계업 방면의 일이 적어지자 고용인들은 "무익하게 낭비되어온 나태의 시간을 재생산 업무로 돌리고, 이를 산업과 이윤에 되돌릴 때가 왔다"고 결의했다(철공업 고용인협회의 비밀 회람, 1878년 12월). 따라서 그들은 1주 노동을 57시간에서 59시간으로 증가시키려는 일반적 시도를 했다. 동일한 시도는 건축업에서도 행해졌다. 노동시간에 관한 이러한 역행에 대해서는 『노동조합운동의 역사』, 331쪽, 334쪽을 참조하라.

35) 경쟁적인 산업의 이러한 '공정 결합'의 경향에 대해 시드니 웹, 『런던 주 의회의 경제적 이

류의 노동자에게 동일하게 되는 경향을 갖는다.

단(*Economic Heresies of the London County Council*)』(London, 1894), 1894년 영국협
회 경제학부에서 낭독된 논문을 참조하라.

7장
위생과 안전

다수의 육체노동자들이 모여 있는 현대 산업의 거대 공장에서 임금 계약은 노동시간, 또는 반드시 지급되어야 할 임금 등 많은 노동조건을 암묵리에 포함한다. 임금 노동자는 그의 고용인에게 상당한 정도의 육체적 에너지나 기계적 기량만이 아니라, 노동시간 중에는 사실상 그의 모든 생활을 판매한다.[1] 사람이 밀집되어 있거나 통풍이 잘 되지 않는 공장은 그의 에너지를 소모시킬 것이다. 하수구의 가스나 유독성 원료는 그의 건강을 해칠 것이다. 불량한 구조의 설비나 불완전한 기계는 그를 불구자로 만들

---

1) 벽돌 판매자에게는 벽돌이 궁전 건축에 사용되든 하수도 축조에 사용되든 무관하지만, 일정한 곤란을 수반하는 업무를 수행하는 노동 판매자의 경우, 업무를 해야 할 장소가 위생적이고 유쾌한 장소인지 아닌지, 그리고 그의 동료가 그가 욕구하는 자인지 아닌지는 매우 중요한 관련이 있다. 알프레드 마셜(Alfred Marshall), 『경제학 원리(*Principles of Economics*)』(London, 1895), 제3판, 646쪽.

거나, 그의 수명을 단축시킬 수도 있다. 조잡한 환경은 그의 생활을 야만적으로 만들고, 그의 인격을 저하시켰다. 그러나 그가 고용을 받아들이는 경우, 그는 건강과 안전에 아무리 유해하다고 해도 어떤 기계나 원료도 사용하고, 어떤 공기도 호흡하며, 고용인의 공장에서 발견하는 어떤 풍경이나 소리나 냄새에도 인내하는 것을 암묵리에 인수한다.

이 모든 점에 관하여 개인적 거래는 문제 밖이다. 가장 현명한 고용인도 공장의 온도나 환풍기의 사용, 기계나 위생 설비 등에 관하여 개별 노동자와 개별적으로 계약하기란 불가능하다는 것을 알 것이다. 그는 폐가 약한 직공에 대하여 직조(織造) 부서에 보내야 할 증기량에 대해 어떤 특별한 양보를 하거나, 조심스러운 광부에 대하여 운반 용기의 구조나 그의 생명과 직결되는 로프의 두께에 대해 특별한 조건을 부여할 수 없다. 이러한 조건은 필연적으로 관련 노동자 모두에게 동일한 것이어야 한다. 따라서 문제는 공통규칙을 설정하여 개별 노동자의 요구를 제외하는 것이 아니라, 누가 어떤 이익을 위하여 공통규칙을 설정해야 하는가이다.[2]

안전하고 건강하며 안락한 노동 상태를 확보하고자 하는 노동조합의 요구는 1840년경부터 비로소 시작되었지만, 1871년경까지는 아직 노동조합 정책의 확고한 일부가 되었다고 할 수 없다.[3] 재해나 질병의 위험에 대

2) 개별 직공은 "그가 밑으로 회전하는 거대한 바퀴와 싸울 수 없는 것처럼 유독하고 통풍이 안 된 공장의 나쁜 공기와 싸울 수 없다."(프랜시스 A. 워커(Francis A. Walker), 『임금 문제(The Wage Question)』(New York, 1876; London, 1891, 359쪽)) "대부분의 노동자가 함께 어떤 공장에 고용된 경우 … 모든 사람은 다수의 의향, 또는 고용인의 의지, 또는 당해 직업의 관행에 따라야 한다."(W. 스탠리 제번스(W. Stanley Jevons), 『국가와 노동의 관계(The State in Relations to Labour)』(London, 1887), 56쪽)

3) 그러나 광부는 언제나 탄광의 위험에 대비한 보호를 요구했다. 가장 빠르게는 1662년, 노섬벌랜드와 더럼의 광부 2000명은 국왕에게 제출할 청원서를 작성하여, 무엇보다도 탄광 소유자에게 갱의 더욱 좋은 환기 설비를 할 의무를 부여하도록 요구했다. 이미 1676년에 정부

한 이처럼 오랜 무관심은 독자의 기억을 돌이킬 필요도 없이 모든 계급에 공통된 것이었다. 질병과 재해는 '신의 방문'으로 간주되었고, 기도와 정진에 의해 제거되는 것이라고 생각되었으므로, 유효한 위생 규제라는 것은 노동자 단체로부터도, 의회 자체로부터도 기대될 수 없었다.[4] 신학자가 노동자의 좋지 못한 건강을 신의 위업이라고 보았을 때, 경제학자는 건강과 생명에 대한 비정상적인 위험은 다른 불쾌와 마찬가지로 언제나 높은 임금이라는 형태를 갖는 물질적 대가를 수반한다고 노동자들에게 가르쳤다. 따라서 1700년부터 1840년 사이에 일어난, 노동조합이 위험하거나 비위생적인 상태에서 고충을 신청한 비교적 소수의 경우에서도, 그들은 장래 그런 상태를 방지하기 위해 규제를 설정해야 한다는 생각으로 그 고충을 신청한 것이 아니라, 단지 노동시간의 단축이나 임금 인상을 허용받기

는 국새 상서(國璽尚書; Lord Keeper) 노스(North)를 통하여 예비 갱이 반드시 설치되어야 한다고 제안했다(리처드 파인스(Richard Fynes), 『노섬벌랜드 및 더럼의 광부(*The Miners of Northumberland and Durham*)』(Blyth, 1873)). 동일한 요구가 1809년 및 1825년, 가장 초기의 광부 노동조합에 의해 『탄광으로부터의 절규, 또는 타인 및 웨어 양안 지방 광부의 고충에 관한 솔직한 언급(*A Voice from the Coalmines, or an Plain Statement of the Grievances of the Pitman of the Tyne and Wear*)』(Southshields, 1825), 『노섬벌랜드 및 더럼주의 학대받고 고통을 받는 광부를 위해 영국 인민에게 보내는 간절한 진술과 긴급한 호소(*An Earnest Address and Urgent Appeal to the People of England on Behalf of the Oppressed and Suffering Pitmen of the Countries of Northumberland and Durham*)』(Newcastle, 1831)와 같은 팸플릿 중에 언급되었다. 다른 산업에서도 (임금 인상이나 노동시간의 단축 요구와는 별도로) 노동자의 위생과 고용 상태 개선에 대한 요구를 1840년 이전에는 볼 수 없다. 1824년, 1825년 및 1838년의 의회 조사에서도 공장법이나 구빈법, 또는 도시 보건에 관한 위원회 위원들의 많은 연구에서도 우리는 당시 직공이 더욱 건강한 노동 조건을 요구하는 어떤 증거도 볼 수 없다.

4) 공공보건입법은 1840년경부터 시작된 것에 불과했다. 글렌(Glenn), 『공공보건법의 역사(*History of the Law Relating to Public Health*)』(London, 1888), 제10판 참조. 최초의 일반적인 공공보건법은 1848년까지 통과되지 못했다.

위한 근거로 신청한 것에 불과했음을 볼 수 있다.[5] 질병에 관한 신학자의 설명이 과학의 진보와 함께 점차 소멸한 것을 추적할 필요는 없다. 경제학 연구자에게 더욱 흥미로운 것은, 노동조합 운동가들 사이에 '자연력의 자유로운 활동'에 의해 생긴 비위생적 상태에 대한 대가는 애덤 스미스나 그 추종자들이 예언한 것과 전혀 성질이 다른 것이라고 말하는 의견이 증가한 점이다. 불량한 고용조건에 대한 보상적 효과는 고용인이 지급하는 고임금이라는 형태를 취하지 않고, 노동자 품성의 타락이라는 형태를 취한다고 하는 것이 총명한 노동조합 임원들에게는 점차 분명해졌다. 어떤 직업에서는 안전과 건강과 유쾌한 상태가 다른 직업의 표준 이하로 저하했을 때, 그 직업의 노동조합 임원은 조합원들의 임금이 인상되는 것을 보지 못했다.[6] 실제로 생긴 것은 그 노동조합이 당시 다른 자보다도 체격이 좋

5) 가령 1752년 런던 재봉공 노동조합이 아침 6시부터 밤 8시까지 일해야 한다는 것은 "너무나도 오랜 시간 동안 그렇게 앉아서, 작업대 위에 거의 몸을 구부리고, 다리를 그 밑에 넣고서, 촛불 빛으로 오랫동안 집중하여 일을 해야 하기 때문에 그들의 정신은 고갈되고 활력은 없어지며, 건강과 시력은 바로 손실을 입었다"고 불평하는 시대에도 그들이 요구한 바는 1일 임금을 6펜스 인상하고자 한 것에 불과했다(F. W. 골턴(Galton), 『재봉업(The Tailoring Trade)』(London, 1896, 53쪽; 런던경제정치대학교에서 출판됨)). 그리고 1777년에 선견지명과 통찰력을 가진 유스투스 뫼저(Justus Möser)가 도제 및 젊은 직인이 그 밑에서 일하는 상태에서 입은 건강 훼손에 대해 깊은 인상을 받았을 때, 공장법이라고 하는 것의 성격은 그의 머리에 떠오르지 않았다. 그의 구제책은 전적으로 도제제도를 대체하는 전문학교의 창설이었다. 「직공에게 학교는 필요한가?」, 『애국적 공상(Patriotische Phantasien)』(Berlin, 1858), 제3권, 135쪽.
6) 1세기 이상, 경제학 서적은 산업 생활의 사실을 연구하지 않은 채 애덤 스미스의 유명한 임금 상위의 원인에 대한 분석의 해설을 반복했다. 플리밍 젠킨스(Fleeming Jenkins)는 1870년 독창적인 신선함으로 다음과 같이 썼다. "노동자의 임금이 그 직업의 불쾌함에 비례한다고 보는 학설에는 최소한의 진리조차 없다. 이와 반대로 모든 혐오 직업은 비참한 임금으로 고용된 무감각한 사람들이 수행하고 있다. 가장 좋은 보수를 받는 직업이 가장 즐거운 것이다." 플리밍 젠킨스, 「수요공급 법칙의 도해」, 『연구 여록(Recess Studies)』(London, 1870), 182쪽.

지 못하고 품성이 낮으며 불규칙적 습관을 갖는 노동자로 구성되어 있다는 것이었다. 게다가 그러한 결과는, 생명이나 건강이나 품성에 대한 위험이 예외적으로 심한 직업에 들어가는 것을 상당수 사람들이 거부한 것이 전체의 원인이거나 주된 원인이 되어 생긴 것이 아니었다. 특수한 산업에 의존하는 여러 지방에서 노동자 대다수에게는 실제로 어떤 직업 선택의 자유도 없었고, 따라서 영국의 대부분 지역에서 육체의 쇠퇴와 도덕의 타락은 선한 사람에게도, 악한 사람에게도 똑같이 닥친 운명이었다. 매우 강력한 노동조합이 그 조합원을 위해 질병이나 사망의 위험에 대한 일정한 대가를 받는다고 하는, 보기 드문 경우에도 비교적 사려 깊은 노동자는, 특별하게 부여되는 금전과 일찍 단절된 생명, 질병으로 망가진 신체, 야비한 환경에 의해 악화된 품성 등에 대한 참된 대가가 아니라는 것을 인정하지 않을 수 없었다.

따라서 오늘날 노동조합 세계에서는 다양한 의견을 가지고 다양한 직업을 갖는 모든 노동자가 너무나도 일치하여 기꺼이 공동의 동작을 취하고자 하는 것으로, 재해 방지와 위생적인 작업장의 설치와 같은 문제가 없다. 우리는 노동조합이 그 조합원의 생명과 건강과 안락을 보호하기 위해 주장한 많은 규제를 상세하게 열거하거나 요약할 생각은 없다. 그것들은 필연적으로 산업의 기술적 공정이나 특유한 고통에 따라 직업마다 다르다. 어떤 경우에는 재해 방지를 목표로 한다. 가령 '보일러 제작공 연합 노동조합'은 '영국 선박 수복업자 연합회'와의 상세한 협정에서 다음 조항을 주장했다. "고용인은 노동자가 (위험한 증기를 축적한, 석유를 그릇으로 운반하는 대탱크선 수복의) 작업을 하기 전에, 탱크가 절대적으로 안전하다고 하는 전문가의 증명서를 매일 확보함을 약속한다. 그러한 증명서는 보기 쉬운 장소에 게시해야 한다."[7] 그 밖의 무수한 규제는 노동자의 건강에 유해한 상태의 철거를 목표로 한다. 그리하여 옹기장이(도공)의 여러 노동조합은 가마가 냉각되는 동안 그 가마를 비워야 한다고 하는 것에 대해, 불필요하게 화씨 170도 내지 220도의 열에 쏘이는 것은 건강에 매우 유해하다고 하는 명백한 논거에 의해 30년간 계속 반발해왔다. 여러 차례의 파업이 오로지 그것을 이유로 발생했다. 그리고 지금 '스태퍼드셔 도공 노동조합'은 120도 이상의 고열 상태에서 노동하기를 거부한 탓에 해고된 모든 조합원에 대한 원조를 인정하는 규약을 가지고 있다.[8] '북부 면공 합동 노동조합'은 고용인이 부당한 증기량의 주입을 주장한 직장으로부터 그 조합원을 다시 철수시켰다. 그리고 이는 1889년에 이르러, 증기 주입의 최대한도를 규정하는 특별법을 확보하게 했다.[9] 노동자가 일하는 장소의 위생 상태에 대한 고용인의 부주의는 수많은 불규칙적 투쟁을 야기했다. 아마도 가장 유명하고 동시에 가장 의미 깊은 사례는 글래스고 재봉공의 투쟁일 것이다. 1854년, 그 노동조합은 평판이 좋지 못한 어느 지하 작업장에 고용된 조합원이 "그들의 일을 끝낸 뒤, 더욱 좋은 공장을 확보해야 한다"고 결의했다.[10] 그 다음 해에는 지하실에서 모든 노동을 금지해야 한다는 운동

7) 1894년 1월 12일, 뉴캐슬에서 서명된 〈유조선 수복에 대한 임금, '영국 선박 보수자 연합회'와 '보일러 제작공 연합노동조합'의 협정〉, 같은 협정이 '기계공 합동 노동조합'(타인사이드 지방)과 연합회 사이(1894년 9월 14일), 같은 노동조합(뉴포트 및 카디프 지방)과 '뉴포트 및 카디프 기계공 조선공 고용인 조합' 사이(1895년 3월 21일)에서 체결되었다. 다른 항구에서도 같았다.
8) 같은 노동조합 임원으로부터 얻은 보고. 또 J. T. 알리지(Arlidge), 『도공 공장의 위생 부분(The Pottery Manufacture in its Sanitary Aspects)』(London, 1892), 17쪽.
9) 왕립노동위원회 증언의 C류. 1891년 및 1895년의 공장법에 의해 수정된, 1889년의 면포 공장법(빅토리아 52 및 53, C부 62). 내무부 전문가위원회에 의해 만들어진 여러 법의 결과에 대한 흥미로운 조사인 「1889년, 면포 공장법의 작용을 조정하기 위해 임명된 위원회의 보고」(1897)를 보라.
10) '글래스고 재봉공 노동조합' 의사록 원고, 1854년 4월.

이 시작되었다. 총회는 다음과 같이 결의했다. "현재 지하실에 공장을 갖고 있는 고용인은 적당한 공장을 준비하라는 경고를 승인해야 하고, 그렇게 하지 않으면 노동자는 지하에 있는 것과 마찬가지인 모든 공장에서의 노동을 거절할 수밖에 없다."[11] 그 뒤 여러 해 동안, 건강한 일용 노동자들(Journeymen)은 그 목적의 관철을 위해 모든 노동조합운동의 방법을 실행했다. 상호보험은 상당한 정도까지 사용되었고, 지하실 공장을 떠나고자 한 조합원은 보통의 실업수당 이외에 1주 4실링을 지급받았다. 이는 비교적 선량한 고용인들로 하여금 단체교섭을 재개하도록 하고, 노동자를 위하여 적당한 작업장을 설치하며, 이를 노동조합 임원의 검사에 위임하는 것을 승낙하게 만들었다. 그러나 상호보험도, 단체교섭도 가장 나쁜 고용인들의 죄악을 근절시키는 것에는 아무런 도움이 되지 못했다. 그래서 노동조합은 관심을 법으로 돌렸다. 지하실 공장의 사용을 전면 금지하는 조항을 확보하기 위해 유력한 서명이 있는 진정서가 시의회에 제출되었다. 비록 그 요구는 용인되지 않았지만, 위생법의 적용을 더욱 엄격하게 하는 것은 어느 정도 목적을 달성했다.[12]

그러나 안전과 건강만이 유일한 요구 사항인 것은 아니다. 수많은 직업은 단지 노동자의 안락과 편의를 얻고자 하는 것만을 목적으로 한 규제를 이행하고 있다. 여러 도시의 건축업을 지배하는 수많은 취업규칙에, 노동

---

11) 앞의 원고, 1855년 1월.
12) 「노동조합 및 파업에 관한 보고서, 사회과학 장려 전국협회」, 1860, 280쪽에는 요구된 조항이 지금 의회의 지방조례가 되었다고 하지만 이는 오류이다. 우리는 그런 조항을 찾을 수 없고, 지하실 공장은 만일 상당한 환기 설비가 있다면 법에 의해 아직도 허용되고 있다. 주거로서의 지면 이하에 있는 장소를 사용하는 것은, 공중 보건에 관한 여러 법에 의해 제한되고 있다. 그리고 1895년의 공장법 제27장은 1896년 1월 1일 현재 제빵공장으로 사용하고 있지 않는 한, 그 장소를 제빵공장으로 사용하는 것을 금지하고 있다.

조합은 일반적으로 고용인으로 하여금 노동자가 식사를 하거나, 도구를 안전하게 보관하고, 폭풍우가 있으면 비를 피할 수 있는 건조하고 상쾌한 장소를 준비해야 한다는 조항을 두도록 주장하고 있다.[13]

더 이상 사례를 들 필요는 없을 것이다. 지금 공장이나 작업장, 제빵공장이나 인쇄소, 해상이나 광산 등의 고용을 지배하는 거대하고 치밀한 법률의 대부분은 노동자의 건강이나 생명 또는 안락의 보호를 위해 만들어졌다. 그것은 최초에 노동조합에 의해 압력을 받았고, 이어 의회의 지혜에 호소한 공통규칙으로 성립되었다. 단체교섭이라는 방법이나 법률 제정이라는 방법에 의해 실시된 이러한 종류의 노동조합의 규제는 나날이 그 수와 종류가 늘어났다. 취업규칙 등, 고용인과의 단체교섭 개정이 이루어질 때마다, 그 새로운 협약을 설정하기 위한 기회가 되었다. 노동조합대회(TUC)의 회의마다 이러한 종류의 새로운 제의가 있었고, 이는 다른 직업의 대표자에 의해 공식적인 지지를 받았다. 오늘날에는 어떤 종류의 노동자의 건강이나 안전을 보호하기 위한 새로운 공통규칙이 일반 공중의 찬동을 받아 우리의 노동법전에 첨가하지 않고 의회에 의해 통과되는 경우는

---

13) 가령 우리가 수집한 수백 개의 보기 중에서 네 개만 든다면 다음과 같다. 먼저, '런던 석장(石匠; Stone Carvers) 노동조합'은 일찍이 1876년 "비바람을 견디고 시간의 낭비를 방지하기 위해 모든 옥외 업무에 종사하는 석장은 타르 방수포(Tarpaulins)나 기타 적당한 방수포를 공급받아야 한다"고 주장했다. 또 '런던 미장공(Plasterers) 노동조합'의 1892년 규약에서는 "고용인은 그 실행이 가능하고 적절한 곳에 노동자를 위해, 그들이 작업장에서 식사를 하기에 적당한 장소를 준비하고 식사 준비를 돕는 인부 1명을 배치해야 한다"고 규정했다. 또 '노섬벌랜드 벽돌공 노동조합'은 1893년 "노동자가 업무 중 식사를 하고 그 도구를 안전하게 두기 위해 작업장을 잠가야 한다"고 주장했다. 또 '포츠머스 석공 노동조합'은 1893년 "필요한 곳에 적당한 작업장과 식당을 모든 업무에 대해 설치해야 한다"고 주장했다. 이 모든 취업규칙은 고용인과 노동조합 대표자에 의해 정식으로 서명되었음을 기억해야 한다.

거의 없다.[14)

　이러한 방면에서 노동조합운동이 발달한 원인을 우리는, 노동조합의 지도자들이 가장 저항이 약한 전선을 발견한 점에 돌린다. 표준 임금의 공통규칙을 아직 이해하지 못하고 표준 노동시간의 결정에 대해 강력한 편견으로 반대하는 중산 계급의 여론도, 재해를 방지하거나 노동 현장의 위생상태를 개선하고자 하는 제안에는 충심으로 찬성하고 있다. 자본가들의 의회가 이러한 요구를 받아들이는 기민함은 노동조합 임원들을 놀라게 했다. 이스트 엔드에서 땀에 젖은 일용 재봉공에게, 사람들로 넘쳐나는 작업장에서 노동을 강요당하는 것은, 무리하게 노동을 하여 극단적으로 긴 나날의 노동시간에 노동하는 것보다 건강에 해가 적은 것으로 생각되었다. 런던의 잼 공장에서 일하는 소녀들은, 왜 정부가 그들의 고용인으로 하여금 무리하게 고가의 위생 설비를 하게 하면서, 고용인이 여전히 자신들에 대해 건강한 생활을 보내기에는 너무나도 불충분한 임금을 부여하는 것을 인정하는지 이상하게 생각한다. 좋은 위생 설비를 요구하는 것이, 건강한 생활과 시민권이라는 근본적인 필수조건을 확립하는 것 이상으로, 사회에 대해 더욱 긴급한 의미를 갖는다고 할 수 없다. 일방의 공통규칙이 '기업의 자유'와 배치되는 점에서 타방의 것보다 적다고 말할 수도 없다. 위생과 안전에 관련하여 법률은, 동등하게 모든 기업에 적용되는 엄격한 규약이라는 형태로 영국 산업계의 섬세한 메커니즘에 '화약을 밀어 넣는 것'에 주저하지 않는다. 공장은 새로운 것이든 오래된 것이든 간에, 작든 크든 간에, 도시의 빈민굴에 있는 시골의 미풍이 부는 언덕에 있든 간에, 그 소유자가

---

14)　1887년부터 1896년까지 10년 사이에, 몇 가지 일반적 공중보건법 외에 공장, 작업장, 광산, 직장, 철도의 고용 상태에 관한 특별한 법률이 13개 이상 통과되었다.

엄청난 이익을 보든 손해를 보든 간에, 사회는 작업장의 크기, 통풍, 식사 시간, 청소를 위한 휴식, 화재 시 탈출, 외부로 열린 문, 기계의 펜스, 습도와 온도의 정도, 급수, 배수, 위생 편의, 남녀별 화장실 등에 관한 균일한 법칙의 준수를 요구한다. 공장주가 하원에 대해, 이러한 설비는 노동시간의 단축과 마찬가지로, 현실적으로 매우 부담이 큰 생산비 증가를 초래하고, 통풍창을 설치하고 화장실의 수를 늘리라고 하는 공장 감독관의 요구는, 가장 낡고 가장 이익이 낮은 공장을 실제로 폐쇄시키게 한다는 점을 지적해도 무익했다.

이러한 정신상태에 대해 적절한 설명을 찾기란 쉽지 않다. 어느 정도로는 전염병에 대한 일반적 공포 때문이라고 생각한다. 중산 계급 사람들은 전염병을 영양 부족이나 과로보다도 과도한 밀집이나 불완전한 위생 설비와 더 관련이 깊다고 생각한다. 질병이나 상해는 빈부에 공통되는 질병이기 때문에 전염병에 대한 공포와 함께 환자에 대한 참된 동정도 있다. 나아가 필경, 위생과 안전에 관한 노동조합의 논의는 사실로 증명되고, 개별 노동자가 그러한 노동조건에 관하여 계약을 맺기란 불가능하다고 하는 것을 반의식적으로 용인하는 점에 더욱 큰 원인이 있을 것이다. 또 다른 요소가 그 결정에 작용할지도 모른다. 임금 노동자가 몸과 마음을 함께 유지하는 것보다도 더 많은 임금을 현명하게 사용하는 능력이 있는가, 또는 수면에 필요한 정도 이상의 여가 시간을 유용하게 보낼 능력이 있는가라는 점에 관하여 지금 일종의 회의가 존재하고 있다.[15] 통풍 벽돌, 북 보호 장

15) 영국 산업의 최상급 통치자를 포함하는 '철공업 고용인 조합'은 1878년, 임금 인하와 노동시간의 연장은 사회에 대하여 적극적으로 경제적인 이익이라고 생각했다. 그들은 장시간 노동에의 복귀와 임금률의 일반적 인하를 권고한 그들의 비밀 회장에서 다음과 같이 말했다. "종래 비생산적 소비에 낭비된 과도한 임금이 절약되어야 할 때, 또는 무익하게 낭비되

치,[16] 흰색 도료, 화장실은 음료로 소비되거나 도박에서 잃게 될 수 없다. 이러한 경제적 고찰에 섞인 하나의 미묘한 청교도주의적인 요소 ―어느 사치 계급의 목사적 금욕주의― 도 있다. 그것은 빈민에 대해 그들이 그 속에서 현실의 향락을 발견할 수 있는 물건보다도 '그들을 위한 물건'을 부여하고자 한다.

여론은 이러한 상태에 있고, 하원은 위생 입법에 찬성하는 경향이 있기 때문에, 건강과 안전을 확립하기 위해 필요한 공통규칙은 조직적으로 모든 산업에 적용된다고 상상할 수 있을지 모른다. 그러나 이는 영국식의 행동 방식이 아니다. 내무부의 상임 관리도, 내각의 여러 장관들도, 형식적으로 그들의 주의를 환기시키지 않는 악폐를 발견하고 조사하거나, 외부의 운동에 의해 완강하게 눌려질지 모르는 구제책을 자발적으로 발안하는 것을 자신의 의무라고 생각하지 않을지도 모른다. 하원 자신은 그때까지도 법정이라는 태도, 즉 소송 제기자가 그들의 고충을 구제받고자 생각한다면 스스로 청원서를 제출해야 하고, 그 폐해가 아무리 심하다고 해도 수년간 방치되는 것을 각오하고서 일정한 형식에 의해 소송도 제기해야 하는 법정이라는 전통적 태도를 벗어나지 않았다. 그 결과란, 어느 특정 직업에서 건강과 안전을 보증하기에 필요한 공통규칙은 긴급성이나 폐해 정도에

어온 빈 시간을 재생산적 업무로 돌려 이를 산업과 이윤에 되돌릴 때가 왔다고 노동의 고용인들에게는 생각되었다." 『노동조합운동의 역사』, 331쪽.

16) 장치 Shuttle-Guards. 역직기(Power Loom; 동력으로 작동하는 직기)에서는 횡사(橫絲)를 통과시키기 위해 통상 셔틀(횡사를 보유하고 개구된 종사(縱絲) 속을 주행하는 것이며 '북'이라고 한다)이 북을 보내는 장치에 의해 가속되어 고속도로 북 길을 수평 방향으로 달리고 있으며, 횡사의 절단, 기타의 원인에 의해서 북 길에 셔틀이 튀어나오면 부근 작업자에 위해를 미칠 우려가 있다. 셔틀이 앞쪽으로 튀어나오는 것을 방지하기 위해 보다 앞에 봉상(棒狀)의 누름 장치를 설치하고 또 셔틀이 주행 방향으로 튀어나오는 것을 방지하기 위해 북 길의 양쪽 끝에 철망 등 방호를 설치하는 것이 북 보호 장치이다. (옮긴이 주)

준하지 않고, 억눌려지는 압박의 힘에 의해 법령서에 기입된다는 것이다. 개별의 경우를 살펴보면 이러한 압박은 많은 인도주의자들로부터 왔다. 굴뚝 청소를 위한 '기어오르는 소년'[17]의 사용 금지(1840년),[18] 극장의 아동 고용 금지(1889년)를 결과한 그 운동은, 그 주장자들이 발휘한, 중산 계급의 감정에 호소하는 능력에서 그 힘을 얻었다. 마찬가지의 교묘한 방식이 1876년, 상선법을 확장하기 위하여 플림솔 씨가 성공한 요인이 되고 있는데, 이 경우에는 노동조합의 정치적 세력도 유효한 역할을 수행했다.[19] 이에 반하여 광산규제법 중의 보호 조항은 1843년 이래 광부 노동조합의 영수가 제의한 것인데, 광부 노동조합의 직접적 세력이 일반 공중의 동정에 의해 후원된 것이었다. 그러나 우리가 노동조합 압박의 가장 현저한 결과를 본 것은, 면공이 확립한 공통규칙에서이다. 그들의 후원에 의해 오스틀러(Ostler) 씨와 섀프츠베리(Shaftesbury) 경이 1833년과 1847년에 통과시킬 수 있었던 여러 공장법은 주로 노동시간의 제한을 목적으로 한 것이었다. 그러나 1870년 이래, 면공 노동조합 임원의 재간과 집념은 그들 직업의 법

---

17) Climbing-Boy란 굴뚝 소제(掃除) 차에 '기어오르는 소년'을 말한다. (옮긴이 주)
18) 이 개혁의 완성에는 60년 이상의 운동이 필요했다. 1817년, 하원의 특별위원회는 '기어오르는 소년'이 놓인 위험을 폭로했다. 그 결과 1834년 법이 제정되어 10세 이하 소년 노동의 고용은 금지되었고, 불이 타고 있을 때 고용인이 아동을 굴뚝에 기어오르게 하는 것을 범죄로 규정했다. 이는 보험회사로 하여금 그 조치에 반대하도록 만들었다. 1840년, 굴뚝 청소 도제의 최저 연령을 16세로 높이고, 그들이 강제로 굴뚝을 오르게 하는 것을 공식적으로 금지한 것은 법으로 구체화되었다. 이는 1864년, '굴뚝청소부규제법'으로, 소년을 굴뚝에 오르게 한 고용인을 금고나 징역에 처할 때까지 대부분 효력이 없었다. 소년이 굴뚝에서 죽은 최후의 사건 —그전에는 드물지 않았다— 은 1875년에 생겼다. 그해에 법의 적용을 다시 엄격하게 한 다른 법이 통과되었다. 그 보호 입법의 진보에 대한 일반적 개관으로서는 W. 클라크 홀(Clarke Hall), 『여왕 시대의 아동(The Queen's Reign for Children)』(London, 1897)을 참조하라.
19) 『노동조합운동의 역사』, 356쪽.

률에 의한 규제 범위를 현저히 확장시켰다. 기계의 청소나 위험 방지 설비를 위한 휴게, 공장의 통풍, 정방기(精紡機)의 고정 부분과 운전 부분 사이에 허용되어야 할 공간, 직장의 기온과 습도에 대한 규제에 관한 면밀하고 상세한 법률 규정은, 의회가 다른 산업의 공장이나 작업장의 노동조건에 대한 집합적 규제 쪽에서 행한 무엇보다도 훨씬 나아간 것이다.[20] 반면, 블랙컨트리(Black Country)의 불행한 체인 제조공이나 못제조공, 런던의 '모피공'(Fur-Puller[21])이나 성냥 제조공, 세탁 여공이나 부두 노동자에 대한 공중의 순수한 동정도, 전적으로 기만적인 성질의 사이비 입법으로 끝났을 뿐이다.[22] 사실 경험은 안전하고 건강한 노동 상태를 보증하는 공통규칙을 얻고자 하는 노동자의 희망에 공감하는 공중의 동정은, 그 고충이 하원에 대하여 사실적으로 묘사되고 그 제거의 필요를 집요하게 설명하는 외에, 실제의 전문가가 모든 전문적 상세함으로 만들어낸 개혁안을 수반할 때에만 유효한 입법을 유치할 수 있음을 증명한다. 이를 구체적으로 말한다면, 각 직업이 획득한 공장 입법의 절박함과 효력은 과거 20년간을 통하여 노

20) 이는 면공업이 이윤을 이미 서서히 감퇴시키고 있고, 많은 권위자에 의하면 오늘날에는 거의 소멸한 산업이기 때문에 주목할 만하다. 외국의 경쟁도 분명히 격렬하고 증가되고 있다. 한편 기성복 도매업은 최근 30년 동안 엄청나게 팽창했고 거대한 재산을 형성했다. 그러나 면공은 의회로부터 그들의 고용인을 희생하여 다음에서 다음으로 상태 개선의 법률을 확보하였지만, 의복 도매상에게 고용된 불행한 남녀는 그들의 고통이 1888년에서 1890년까지 상원의 '스웨트 시스템 조사위원회'에 의해 폭로되었음에도, 지금까지 공장 감독관의 보호로부터 사실상 제외되고 있다. 〈19세기(Nineteenth Century)〉, 1890년 6월호에 실린 비어트리스 포터(Beatrice Potter), 「스웨트 시스템에 관한 상원 보고」 및 〈페이비언 트랙트(Fabian Tract)〉, 50호에 실린 「스웨트 시스템, 그 원인과 구제책」(London, 1893)을 참조하라.
21) 모피를 끌어당기는 사람. (옮긴이 주)
22) 1895년 공장법의 세탁소 조항이 무익한 점에 대해서는 〈19세기〉, 1896년 12월호에 실린 '여성 노동자 전국 노동조합'의 산업소위원회가 발간한 「법률과 세탁소」를 참조하라.

동자의 참상이나 기업의 이윤력에 근거하지 않고, 각종 노동조합이 정부나 입법부의 원조를 청하기 위해 소비한 금액에 따라 다르다.

지금까지 우리는 경험상 재해나 질병의 방지에 필요한 것으로 보인 조건을 지정하는 특종의 규제라고 하는 방법에 의한 안전과 건강의 증진만을 논의해왔다. 그러나 한편으로 노동조합 운동가는 이러한 일반 방침을 떠나, 재해를 방지하는 적극적 규제를 고용인에게 강요하지 않고, 그것이 발생할 때에 그것에 배상하는 의무를 고용인에게 부담시켜왔다. 이는 우리에게 '고용인의 책임'에 관한 장기간의 열렬한 논쟁을 불러일으켰다. 최근 20년간, 그 논쟁에서 노동자도 정치가도 그들의 논거를 한 번 이상 바꾸었다. 그 논쟁의 유동적인 양상을 이해하기 위해서 우리는 반드시 상세하게 그 역사와 다양한 측면을 검토해야 한다.[23]

23) 이 어려운 문제에 대한 가장 좋은 해설은 노동위원회의 블루북(Blue Book, C. 7063) 부록 154로 인쇄된 내무부 기록, 제3A(1894), 363쪽, 384쪽과 같은 책(부록 158, 346~384쪽)에 실린 F. 폴록(Pollock) 경의 설명과 A. 비렐(Birell) 씨의 『고용의 책임에 대한 국내외의 법률 강의(*Four Lectures on the Law of Employers' Liability at Home and Abroad*)』(London, 1897)이다. 1889년의 특별위원회 보고와 1887년의 증거 진술록도 중요하다. 법률과 그 발달에 대한 더욱 상세하고 전문적인 설명으로는 W. C. 스펜스(Spens)와 R. F. 영거(Younger)의 『고용인과 피고용인(*Employer and Employed*)』(London, 1887) 또는 W. H. 로버츠(Roberts)와 G. H. 월러스(Wallace)의 『고용인의 의무와 책임(*Duty and Liability of Employers*)』(London, 1885)을 참조하라. 노동조합 측의 의견은 에드먼드 브라운(Edmond Brown)의 팸플릿 『고용인의 책임; 과거 및 장래의 입법, 특히 계약 파기에 대해(*Employers' Liability; Past and Prospective Legislation, with Special Reference to Contracting-Out*)』(London, 1896)로 잘 알 수 있다. 이는 〈데일리 크로니클(*Daily Chronicle*)〉의 팸플릿 『노동자의 비극(*The Workers' Tragedy*)』(London, 1897)에서 훌륭하게 검토되었다. 다른 견해에 대해서는 〈19세기〉, 1892년 11월호에 실린 체임벌린(Chamberlain) 씨의 논문과 1897년 5월에서 7월까지 의회에서 행해진 그의 연설, G. L. 캠벨(Campbell), 『광부의 근검과 고용인의 책임(*Miners' Thrift and Employers' Liability*)』(Wigan, 1891), 헨리 W. 울프(Henry W. Wolff), 『고용인의 책임: 그것은 무엇이어야 하는가?(*Employers' Liability: What it Ought to Be*)』(London, 1897)를 참조하라. 프랑스정부

영국의 커먼로에 의하면 사람은 자신의 태만뿐 아니라, 그의 피고용인이 피고용인으로 행동하는 경우의 태만에도 책임을 져야 한다. 과거에 노동자는 아마도 그런 모반적 행동을 생각할 수 없었기 때문에 그 법을 고용인에 대해 사용하지 않았지만, 1837년에 어느 도살업자에 대항해 그 피고용인이 수레의 짐을 과도하게 실은 탓으로 생긴 사고에 대해 손해배상소송(프리스틀리 대 파울러(Priestley v. Fowler))을 제기했다. 화물 과적은 피고용인 동료의 부주의 때문에 생긴 것으로 판명되었다. 이를 이유로 하여, 재판관은 피해를 본 피고용인이 공통의 고용인으로부터 배상을 받을 수 없다고 판결했다. 이 판결은 오늘날, 여러 법학자들에 의해 악법으로 인정되고 있다.[24] 그러나 그것이 악법이든 아니든 간에, 그것은 그 뒤 타인 —이에 대해 고용인은 그 피고용인의 태만에 대해 책임이 있다— 과 피고용인 사이에 설정되어온 구별을 만들어내었다. 노동자는 있을 수 있는 동료 노동자의 태만을, 그 직업에 당연히 따르는 위험의 일부인 것으로, 암묵적으로 계약 속에 인수한다고 해석해야 하고, 따라서 동료가 한 일에 대해 공통의 고용인은 책임이 없다고 생각하는 것이 당연하다고 법

노동위원회의 철저한 보고서는 대륙의 입법에 관한 충분한 정보를 포함하고 있다. 이에 대해서는 1889년 파리, 1891년 베른, 1894년 밀라노에서 각각 열린 '산업재해 국제회의'의 흥미로운 의사록(Brussel, 1897), T. 뵈디커(Bödiker) 박사의 『유럽 국가들의 노도보험(Die Arbeiterversicherung in den Europäischen Statten)』(Leipzig, 1895), 〈사회박물관(Musée Social) 회보〉, 제1호 B에 발표된 상세한 문헌목록(Paris, 1896)을 참조하라.

24) 프레더릭 폴록(Frederick Pollock) 경이 이미 인용한 기록에서 다음과 같이 말했다. "나는 영미 법원의 학설은 (영국풍임과 마찬가지로 미국풍이기 때문에) 악한 법인과 동시에 악한 정책이라고 생각한다. 나는 올바른 방침이란 상급자에게 책임을 지게 하라는 격언에 따라 표현된 규약은, 그 근거나 이유가 무엇이든 간에, 일반적인 것이라고 주장한다. … 공통 고용이라고 하는 것과 같은 학설은 프랑스의 법원이나 독일의 법원에서는 찾아볼 수 없다."

률가는 설명했다.

육체노동자에게는 이러한 구별(이에 대해서는 애빈저(Abinger) 경에게 주된 책임이 있다)이 참기 어려운 '계급적 입법'의 하나로 생각되었다. 자신의 의무를 수행하면서 부상을 당한 노동자는 우연한 통행인과 마찬가지로 최소한 배상의 대상이 되는 것이 당연했다. 뿐만 아니라 이러한 예외는 대기업 고용인들이 그들 자신의 태만에 대해서도 모든 참된 책임을 파괴했다. 광산이나 철도나 현대 산업의 특징인 대공장에서 법률상의 '고용인'이 그곳에서 행해지는 작업을 스스로 지휘하는 경우는 거의 없다. 그는 관리인 선택에 엄청난 부주의를 범할지도 모르고, 적당한 용구를 사기 위해 충분한 돈을 내지 않을지도 모르고, 모든 종업원의 생명을 걸고 생산물을 증가시키기 위해, 또는 생산비를 낮추기 위해 감사나 공장장에게 교묘한 압박을 가하여 업무의 속도를 증가시키고자 그의 지배인에게 안달할지도 모른다. 그러나 그 고용인은 특별한 명령을 내리거나 재해를 발생시킨 특별한 기계의 사용을 지휘하지 않았기 때문에, 태만은 동료 노동자의 것이고, 그들에 대한 감독권을 고용인으로부터 부여받은 관리인의 것이라는 이유로, 피해 노동자에 대한 모든 배상 책임을 면제받았다.

이러한 상황하에서 '고용인의 책임'에 대한 노동조합운동의 발생은 조만간 피하기 어려웠다. 그 운동은 광부의 지도자인 알렉산더 맥도널드에 의해 시작되었다. 그의 뛰어난 경력에 대해 우리는 『노동조합운동의 역사』에서 기록했다.[25] 1858년, 애슈턴-언더-라인(Ashton-under-Lyne)에서 열린 광

---

25) 『노동조합운동의 역사』, 284~292쪽. 1863년 리즈에서 열린 '영국과 아일랜드 석탄, 석회, 철강 광부 전국 노동조합 회의 보고서'(London, 1864). 1881년 같은 보고에서 행한 맥도널드의 연설(Manchester, 1881)과 '제11회 노동조합회의(TUC) 연차대회에서 행한 그의 연설 (Bristol, 1875), 17~18쪽을 참조하라.

부 노동조합 대의원 회의에서, 많은 광부들이 오늘날이라면 가장 보편적인 재해 방지 설비로 간주될 것을 갖지 못한다고 통렬하게 비판했다. 정부는 1842년에 제정된 광산규제법의 단순한 초보적 조항을 실천하기 위한 노력을 전혀 하지 않았다. 수백 명 광부의 생명을 앗아간 하틀리(Hartley), 에드먼즈 메인(Edmunds Main), 오크스(Oaks) 광산의 끔찍한 재해를 통해 극단에 이른 1860년부터 1867년 사이에 빈번하게 터진 광산 폭발은 '고용인 책임'의 문제를 뚜렷이 제기했다. 1863년 회의에서 광부들은 "도대체 얼마나 오랫동안 그러한 태도와 작용을 참아야 하는가? 인간성에 대해 말하기는 무의미하고, 현행 법률의 실시도 무용지물이다. 따라서 결과를 소중하게 만드는 것이 현재의 유일한 치유책이다. … 인명이 신성하다고 생각될 때, 그 안전이 가장 중요한 문제로 간주될 것이다. 오늘날 우리는 인명이 소중하다는 것을 인정하고 그것에 따른 배상을 지급하라고 요구한다. 전혀 고귀한 감정을 갖지 않는 많은 사람들도 비용에 대해서는 이해하고, 따라서 그들은 그렇게 대접해야 한다."[26] 광부들의 정책을 이해하기란 쉽다. 그들의 산업은 이미 상세한 공통규칙에 복종하고 있다. 그 규약은 서서히 그 수와 범위를 확장해왔다. 정부의 참된 감독이 없는 경우, 필요한 것은 규약의 준수를 강제하는 어떤 수단이었다. 이러한 규약의 불이행은, **언뜻** 광산의 관리자 측 태만으로 보였다. 만일 광부 노동조합이 종래 법규를 준수하지 않는 탄광에서 재해가 발생할 때마다 탄광주로부터 손해배상을 받을 수 있다고 한다면, 수천 파운드를 지불해야 한다고 하는 위험이 고용인에게 재해에 대한 법규를 주의하게 만들 것이라고 주장되었다. 고용인에 대해 손해배상 청구 소송을 제기하는 권리를 노동자에게 부여하는

---

26) '영국 석탄, 석회, 철광 광부 전국노동조합 의사록 및 결의'(London, 1863), x~xiii쪽.

것은, 광산업을 규제하는 공통규칙의 준수를 압박하는 하나의 실제적 방법에 불과했다. 따라서 알렉산더 맥도널드에게 고용인의 책임은, 지하 노동자의 건강과 생명에 대한 법적 보호를 얻기 위한 일반 정책 수행의 한 가지 수단으로서만 생각되었다.

이러한 논의는 곧 다른 하나의 논의에 의해 큰 힘을 얻었다. 1872년, 이 제안은 새롭게 만들어진 '철도 종업원 합동 노동조합'의 주장에 의해 노동조합대회(TUC)에서 채택되었다. 당시 TUC는 노동자의 단결 자유를 위해 싸운 유능한 사람들로 힘을 부여받았으므로 사회의 다른 여러 계급이 누리는 개인적 권리로부터 노동자를 제외하는 법은 모두 단호하게 거부했다. 당시 의회의 위원회에게는 타인이 분명히 손해배상을 청구할 수 있는 경우, 노동자가 고용인으로부터 손해배상을 받을 수 없다고 하는 것은, 당시 법률이 노동자를 그 밑에 두고 있는 혐오스러운 법적 무능력의 보기로 생각되었다. 임금 노동자는 노동계약을 체결함에 의해 보통 시민보다도 다른 지위에 서게 된다고 하는 법률가의 주장은 그들에게 이해될 수 없었다. 1876년, 의회위원회는 다음과 같이 선언했다. "일반법에 대해 이러한 예외를 두는 것에는 아무런 이유가 없다고 생각된다. 고용인, 또는 그 행동에 대해 보통 그가 책임을 지고 그가 해고권을 갖는 노동자의 태만은 물론 증명되어야 한다. 그러나 만일 그것이 증명된다면, 왜 다른 경우 이상의 조건이 노동자의 경우에 요구되어야 하는 것인가? 법률의 현재 상태는 고용인이 주의 깊게 통제하고 감독하고자 하는 마음을 제거한다. 심지어 법률은 그것이 개인적으로 관계했기 때문에 책임을 져야 한다고 하거나 하지 않듯이, 그의 사업이 어떤 식으로 행해지는가를 상세하게 조사하지 않는 쪽을 그의 이익이 되게 한다. 이러한 법률의 개정 법안은 노동자에게 적절한 예외적 입법이 아닐 것이다. 그것은 단지 법률의 일반적 보호로부터

노동자의 예외적 제외를 철폐하는 것에 불과할 것이다.[27]

1872년부터 1880년 사이의 치열한 운동은 모두 이 두 가지 논의에 근거했다. 거의 매번 의회에 이 문제가 이런저런 형식으로 제출되었다. 역대 내각은 모두 법률 개정을 약속했다. 마침내 1880년, 브로드허스트 씨의 솜씨와 열성에 의해 '고용인 책임법'이 통과되었다. 그러나 그것은 당시 노동조합의 요구와는 거리가 먼 것이었다. '공통 고용이론'은 완전히 폐지되지 않았다. 그러나 고용인은 감독, 관리인, 공장장의 태만에 의해, 또는 부당한 명령이나 규약에 따른 것에 의해 재해가 발생하면 언제나 피해 노동자에게 손해배상을 할 책임을 지게 되었다. 특히 철도 종업원의 이익을 위해 설정된 특별 조항은 철도의 신호나 전철기나 기관차를 담당하는 노동자의 부주의에 대해 고용인에게 그 책임을 지도록 했다.

비록 노동자는(특히 광부와 철도 종업원은) 그들이 요구한 개혁의 대부분을 확보했지만, 경험의 결과, 조만간 노동조합 운동가는 1880년법이 미치는 범위까지 노동자를 보통 시민과 동등한 지위에 두어도 재해에 대한 그의 안전을 확립하기에 사실상 아무런 효과가 없음을 확신하기에 이르렀다. 임금 노동자는 재해에 대한 배상과 관련하여 타인과 같은 지위에 두어야 한다는 주장은, 그의 법률상의 권리에 대해, 이미 입은 재해에 대해 타협하거나, 나아가 장래에 발생할 수 있는 재해에 대해 미리 타협하여 어떤 계약을 체결할 자유를 가져야 한다는 결론에 이르렀다. 따라서 고용인은

---

27) 의회위원회의 1876년 9월 18일 '제9회 TUC 연차대회 보고', 3~4쪽. 『노동조합운동의 역사』, 제7장을 참조하라. 1872년부터 1879년까지 하원에 제출된 고용인 책임 법안은 8개 이상이었다. 보험의 견지에서 보험 임원에 의해 쓰여진 것으로는 C. H. 그린(Green), 『고용인 책임: 그 역사, 한계 및 확장(*Employers' Liability: Its History, Limitation, and Extension*)』(London, 1896)을 참조하라.

'면책 계약'(Contracting-Out)으로 알려진 하나의 방안을 만들어서 그 새로운 법률에 대항했다.

1882년, '그리피스 대 더들리 백작'(Griffith v. The Earl of Dudley) 사건[28]에서는, 만일 노동자가 당해 법률하의 모든 권리를 포기하고, 그 대신 고용인이 돈을 낸 하나의 공제 클럽에 대한 청구권을 받아야 한다는 예고를 받은 뒤에도 계속 고용된다면 그는 1880년법에 의해 부여된 권리를 포기하는 계약을 체결한 것으로 간주된다고 판결되었다. 이 판결의 영향은 즉각 분명해졌다. 무한한 책임이라는 위험, 모든 피해 노동자로부터 배상을 요구받는다는 걱정에 노출되어야 하는 것은 대고용인들에게는 적절한 것이 아니었다. 많은 탄광이나 철도, 기타 대기업에서는 고용인과 노동자 쌍방이 돈을 내는 특별한 재해기금이나 공제조합을 설치하고, 그것으로 소송 없이, 분명히 태만에서 생기는 것이든 아니든 간에, 모든 재해에 대해 충분한 구조를 부여하는 것이 관습으로 되었다. 이는 사원이나 주주에게 그들 자신에 대한 최소 비용과 수고로 사고를 당한 노동자에 대한 그들의 도덕적 책임감을 만족시키게 했다. 왜냐하면 임금 노동자가 직접 그 기금의 일부를 부담하였고, 회사가 지불한 돈의 총액은 미리 정확하게 정해지기 때문이었다. 뿐만 아니라, 그 기금은 노동자에게 다른 곳에 가서 그 회사의 공제조합에 대한 청구권을 포기하기보다도 고용인의 조건에 따르는 쪽이 좋다고 말하도록 하여 노동자를 영원히 그 업무에 종사하게 하는 경향이 있었다. 무엇보다도 그러한 기금의 존재는, 그 기금이, 모든 재해에 대해 구제를 부여했으므로, 회사에 그 노동자가 고용인의 고용인 책임법상의 '책임 면제'를 계약하고, 그 결과 노동자로 하여금 그 법 아래에서 요

---

28) 9 Queen's Bench Division, 357.

구할 수 있는 더욱 한정된 법률로 보증되는 배상청구권을 포기하도록 강하게 주장할 수 있게 했다.

모든 노동조합 세계가 '면책 계약'의 실행에 반항한 치열함과 완고함은, 중산 계급 사람들에게 전혀 이해되지 못했다. 중산 계급 사람들에게 고용인 책임의 목적은 피해 노동자나 그 가족에 대한 배상이 전부이다. 만일 특정한 재해기금에 의해, 단지 일부가 아니라 모든 재해에 대해 이러한 배상이 지불되고, 나아가 이로 인해 소송 비용이 절약될 수 있다면, 그것은 양 당사자에게 명백히 이익이 되는 것으로 생각되었다. 중산 계급 사람들은 그것이 노동자의 생명 안전이라고 하는 가장 중요한 문제를 개인적 거래라는 위험에 맡기는 것임을 이해할 수 없었다. 노동조합 운동가는 다음과 같이 주장했다. 즉 노동자의 법률상 청구권을 포기하는 것에 대한 승인은, 실제로 강제 아래에서 행해지는데, 그 이유는 고용되고자 하는 노동자에게는 회사의 공제조합에 가입하여 1880년 법이 부여하고자 한 재해의 방지에 대한 금전적 유인을 고용인으로부터 제거할 것인지 여부에 대해 조금도 자유 선택권을 갖지 못하기 때문이라는 것이다. 뿐만 아니라 개별 노동자가 그의 고용조건에 대해 계약할 수 없다고 하는 것은, 어떤 경우에는 단지 기만당했다고 말하는 결과가 되는데, 그 이유는 고용인의 기금에서 나오는 수당은 그가 1880년 법에 의해 보통의 공제조합에 회비를 납부했을 때 얻을 수 있는 액보다도 적기 때문이라고 했다. 그러나 노동조합이 근본적으로 반대하는 것은, 이러한 '면책 계약'을 설령 개별 노동자가 기꺼이 승인한다고 해도, 당해 법률의 중요 목적을 파괴하는 것으로 공익 정책에 반한다고 하는 점에 있다. 그들은 다음과 같이 말한다. 즉 만일 고용인이 예정된 1년의 액을 거출하는 것에 의해 태만에 대해 모든 책임을 회피할 수 있다면, 고용인에게 개별 재해가 생기지 않도록 미리 주의하게 하는 유인도 갖지 않게 된다는 것이다. 재해를 값비싼 것으로 만드는 것에 의해, 노동자의 생명을 보호하고자 한 맥도널드의 생각은 실로 그렇게 완전히 배반당했다.

따라서 노동조합 지도자들은 최근 15년간, '면책 계약'에 반대하여 치열하게 싸워왔다.[29] 그리고 그러한 관행을 명확하게 금지하고자 한 그들의 요구를 의회에 집요하게 강요했다. 1893년, 내각은 결국 노동조합 쪽으로 입장을 바꾸었다. 노동조합 운동가들은 다시금 정부가 제출한 법률안에 그들 요구의 전부가 구체화되어 있는 것을 보았다. 그 안은 하원을 성공적으로 통과했다. 상원은 1880년 법의 책임을 계약에 의해 면제받는 자유를 보류하는 수정안과 함께, 몇 가지의 유력한 새로운 보호 규정을 두었다.[30] 상원은 '런던 및 북서 철도회사'와 랭커셔 탄광주들의 관행을 강력하게 비난하고, '면책 계약'은 어떤 경우에도 노동자의 취업 조건이 될 수 없다고 선언했다. 심지어 지금까지와 같이 더 이상 개인 거래에 맡겨지지 않게 되었다. 어떤 '면책 계약'도 고용인의 경제적 기초가 노동자에 대해 공정하다고 상공부가 인정한 경우가 아니면 허용될 수 없게 되었다. 그러나 이것이 전부가 아니었다. 어떤 '면책 계약'도, 그것이 초래한 대가가 노동자에게 어떤 이익을 주었다고 해도, 공장이나 광산 내의 노동자 전부가 **집단적으로** 승인하지 않는 한, 허용되지 않았다. 이러한 목적을 위하여 3년 이상의 간격을 두고 상공부의 감독하에서 행해진 노동자의 '무기명 투표'에 관한 상세한 규정이 만들어졌고, 면책 계약을 승인하기 위해서는 3분의 2

---

29) 런던 및 북서 철도회사와 현재(1897) 남서 랭커셔 탄광주 가운데 한 사람을 제외한 모든 탄광주는 노동자 전부에게 '면책 계약'을 강요하고 있다.

30) 상원의 수정안은 그것에 대한 최종 토론과 함께 한사드(Hansard)의 〈의회의사록〉(1894. 2. 13.)에서 볼 수 있을 것이다.

의 다수결이 필요해졌다. 그리하여 어떤 사정이 있어도 자신의 법률상 청구권을 포기한다고 하는 것은, 개인행동을 취하는 개별 노동자의 자의가 아니게 되었다. 노동조합운동의 중심적 주장인, 개인 교섭 반대에 관한 이처럼 현저한 양보에도 불구하고 하원의 대다수는 노동파 의원들의 주장에 의해, 어떤 조건하에서도 그 혐오스러운 '면책 계약'을 인정하는 수정안을 승인하기보다도 그 법안을 철회하는 쪽을 택하게 되었다.[31]

지금 논쟁은 지극히 미세한 점에 압축되어왔기 때문에, 노동조합 지도자들은 언제라도 어느 정당으로부터도 그들이 바라는 입법을 확보할 수 있다. 그러나 우리는 사실상 그들의 당시 요구를 허용했음에도 불구하고 1880년 법에 그들이 실망한 것과 마찬가지로, 그들이 매우 열중한 1893~1894년 법안 정도의 어떤 방책에도 불만을 느꼈다고 믿지 않을 수 없다. 단순한 '면책 계약'의 금지가 재해 수를 감소시키는 데 어떤 힘을 가졌다고 믿을 만한 이유가 없음이 분명했다. '면책 계약'이 행해지고 있는 비교적 소수의 사업 쪽이, 고용인책임법이 적용되는 사업에서보다도 재해의 백분율이 높은 것을 증명하고자 하는 수많은 시도가 있었다. 그러나 종

---

31) '면책 계약'에 대해 노동조합 임원들이 반대한 치열함과 상원 수정안의 보호 조항까지 그들이 거부하게 만든 근본적 이유는, '면책 계약' 그 자체와 관련된 것이 아니라, 고용인의 공제조합의 존재와 관련되었다고 우리는 생각한다. 어떤 하나의 공장이나 광산 노동자에 국한된 재해기금이나 공제조합은 이 책의 '노동조합운동의 함의'라는 장에서 설명하듯이, 많은 점에서 노동조합운동에 유해한 것이다. 고용인의 공제조합은 1880년 법보다 훨씬 전부터 면책적 계약을 채택하지 않은 많은 회사에 존재한다. 뿐만 아니라 사우스 웨일스의 탄광에서와 같이 그 지방 전체에 공통된, 따라서 어떤 개별 고용인으로부터도 독립한 재해기금과 함께 '면책 계약'이 행해지는 경우도 있다. 따라서 고용인의 공제조합은 간접적 수단으로 일소할 수 없다. 만일 여론이 공제조합의 금지에 동의하게 된다면, 임금에서 다른 공제를 철폐하는 것과 같이 이것도 실물임금금지법(Truck Acts)의 수정에 의해 달성되어야 한다.

래 이 문제에 대해 제시된 통계에 그것을 증명하는 것은 하나도 없었다.[32] 예를 들자면, 재해 비율은 광부가 면책 계약을 체결하는 랭커셔나 웨일스에서, 그런 계약을 체결하지 않는 요크셔나 노섬벌랜드보다도 더 높다고 한다. 그러나 이는 1880년 이전에도 마찬가지였다. 나아가 피고용인 수에 대한 재해 사망자의 비율은 노섬벌랜드에서보다도 웨일스나 랭커셔에서 더욱 급속하게 감소했다. 런던 및 북서 철도회사에서는 중부 회사에서보다도 재해가 8배나 높았을 때 진지한 논의가 행해졌다. 마치 재해의 정의가 아무리 달라도 아무런 관계가 없다는 듯이! 진실은 '면책 계약'을 체결하는 고용인과 법률에 복종하는 고용인 사이에는 상상되는 금전적 이익이 차가 없다는 것이다. 대다수의 경우, 고용인은 자신의 노동자에게 그들의 법적 권리를 포기하도록 요구하지 않고,[33] 보험이라는 더욱 간단한 방법으로 소송의 고통을 면하여 자신을 보호하고자 한다. 보통의 보험회사에 1년 이상 보험료를 지불하면, 법적 요구에 의한 어떤 손실에 대해서도 보증을 받고, 회사는 모든 걱정을 그로부터 제거한다. 손실의 우려로부터, 차의 바퀴를 바꾸거나 기중기 축을 둘러야 한다고 하는 공장 감독관의 명령을 이전보다도 더욱 신속하게 준수하는 소규모 고용인이 여기저기에 있을지 모른다. 그러나 대규모 중요 산업에서는 사실상 동일한 산업의 모든

---

32) 거의 전적으로 노동자 측에 서서 300~400개의 고용인 책임 사건을 다룬 유명한 어느 변호사는, 적어도 탄광에서는 법률상의 배상 책임이 재해 방지에 아무런 효과가 없음을 확신했다고 우리에게 말했다.

33) 가령 1891년, 64만 8450명의 광부 중 면책 계약을 체결한 사람은 겨우 11만 9122명이었다. 그 관행은 노섬벌랜드, 더럼, 요크셔, 중부 지방, 스코틀랜드에서는 알려지지 않았다. 철도회사에서는 단지 런던과 북서회사(강제), 런던, 브라이턴, 남해안회사(임의)에서만 채택되었다. 가령 찬스회사(Messrs. Chance)의 거대한 유리공장이나 애슈턴 스미스 씨의 디노위츠(Mr. Assheton Smith's Dinorwic) 슬레이트 채석장과 같은 다른 산업에서는 노동자가 면책 계약을 체결하는 경우가 극히 소수였다.

회사에 균일한 일정 보험료로 재해보험을 드는 것이, 대부분의 화재보험과 마찬가지 정도의 통상적인 일로 변하고 있다. 그리하여 고용인은 노동자가 모든 법적 권리를 갖는 경우에도, 노동자가 고용인의 법적 책임을 면제하는 계약을 체결하는 것 이상으로, 재해를 방지하는 것에 금전적 이익을 갖지 않은 것이 보통이다. 공제조합에 고용인이 돈을 내는 것을 수반하는 '면책 계약'은 실로 그 자체가 보험의 작은 형식에 불과하다.

따라서 재해를 값비싸게 만들어 이를 방지하고자 하는 노동조합 측의 계획에 보험은 방해가 된다. 항해 중인 선박의 경우, 이 사실은 인도주의자들에게 보험을 금지해야 한다고 설득하게 만들었다. 그러나 보험은 단순한 사적 계약이고, 실제로 종종 친구 사이의 협동적 협정에 불과하고, 그런 금지는 강제될 수 없다. 그 밖에도 보험은 그 자체, 종종 생기는 다액의 지출을 일정 연수로 똑같이 나누기 위한 하나의 방안에 불과하다. 따라서 최대 규모의 공장이나 광산은 그 스스로 보험자가 되고자 한다. 여기서 노동자가 종종 입는 재해에 대해 배상을 지불하기 위한 기금을 만드는 데 매년 수백 파운드를 적립하는 것은, 완전하게 재해를 방지할 수 있는 신중한 예방을 위해 선택하는 비용과 번잡함에 비하면 아무것도 아니다. 이는 우리에게 모든 논의의 경제적 중심에 이르게 한다. 발견된 것은, 다수의 산업에서 연보험료라는 형식에서든, 이윤 중 가끔 다액을 지출하는 형식에서든 간에, 재해의 손해를 배상하는 쪽이 재해를 방지하는 것보다도 비용이 적게 든다는 점이다.[34]

---

34) 따라서 단 하나의 산업을 들어보면, 철도 종업원 재해의 다수(평균하여 매일 40건을 넘고, 그 4분의 1은 움직이고 있는 차와 관련된다)는, 전철수와 관련해서는 자동 전철기와 같은 설비의 일반적 채택에 의해 바로 감소될 수 있고, 특히 선로 공사에서 거의 매일 발생하는 희생은 임시 신호 설비에 의해 면해질 수 있음은 거의 의심의 여지가 없다. 그러나 광대한

산업상 재해 방지책으로 고찰한다면, 고용인 책임제도는 모두 시대착오적인 것이다. 어떤 탄광도 제2의 수갱(竪坑; Shaft)[35] 없이는 안전하게 경영할 수 없음을 의회가 확신하기에 이르렀을 때, 의회는 광부 등에게 제2 수갱을 갖추지 않은 고용인으로부터 배상을 받는 권리를 부여하는 것으로 사건을 미봉하려고 하지 않았다. 의회는 모든 탄광주에게 제2 수갱을 갖추도록 단호하게 명령을 내리고, 법률 복종을 해태한 자에게는 매일 무거운 벌금을 부과했다. 번잡한 공장 내 노동자를 불태워 죽이는 위험에 놓이게 해서는 안 된다고 여론이 요구했을 때, 하원은 어떤 배상 수단으로도 이 위험을 제거할 수 없다고 생각했다. 의회는 각 공장주에게 적당한 화재 대피 비상계단을 설치하도록 하고, 이를 어기면 경찰관에 의해 처벌을 받도록 명했다. 이는 우리의 공장, 광산, 철도, 상선에 대한 법과 우리의 모든 공공위생입법이 행하는 방식이다. 1887년 윌리엄 스탠리 제번스(William Stanley Jevons)[36]는 다음과 같이 썼다. "이해하기 쉽게 하기 위해 어떤 공장

영국의 철도망 전반에 걸쳐 이러한 예방법을 채택하기란 지극히 많은 비용을 필요로 하고 엄청나게 성가신 일일 것이다.

1880년 법 아래에서 배상과 비용의 전부를 지불하기에 충분한 보험료 액이 지극히 근소한 것은, 이 점에서 보아 너무나도 중요하다. '철공업 고용인 조합'은 기계 및 조선에 2만 8000명의 노동자를 고용하는 여러 회사의 배상 책임을, 지급 임금 100파운드에 대해 15페니에서 27페니까지 서로 다른 보험료로 처리했다. 건축업에서 그것은 임금 100파운드에 대해 4실링이다. 노섬벌랜드와 더럼에서 탄광주는 상호보험조합을 조직하고, 이에 대해 그들은 1880년 법 아래에서 누구나 지불해야 하는 배상과 비용을 지불하기에 충분한 금액을 매년 지불했다. 5년간 차등 지불의 총액은 1년에 400파운드에 불과했다. 이 액으로 그들 탄광의 전체에 재해 예방 설비를 했다고 해도, 크게 효과가 없었을 것이다. '고용인 책임에 관한 특별위원회 증언'(1887)을 참조하라.

35) 지표에 직접 갱구가 있는 수직 갱도. (옮긴이 주)
36) 윌리엄 스탠리 제번스(1835~1882)는 영국의 경제학자로 한계효용학파의 창시자 중 한 사람이다. 공리주의에 의거한 평균적 시민의 쾌락·고통의 계산에서 효용이론을 전개하고, 재화의 교환 가치는 그 최종 효용도에 의하여 결정된다는 한계효용 균등의 법칙을 수학적

에, 부주의하게 접근하게 되면 누구나 압사당하는 하나의 회전 기계가 있다고 상상해보자. 여기에 의심할 수 없이 어떤 수단에 의해 회피하게 하는 하나의 명백한 결함이 있다. 그러나 그것은 어떤 수단에 의해 회피할 수 있을까?" 그리고 그는 다음과 같은 결론을 내렸다. "여기에 하나의 간단하고 유효한 해결 방법이 있다. 법률은 위험한 기계에 펜스를 둘러야 한다고 명령할 수 있다. 정부는 공장을 순찰하여 법률을 위반하는 공장주를 검거하는 감독관을 임명할 수 있다."[37]

이는 간단하게 들린다. 그러나 그것은 두 가지 성가신 문제점을 포함한다. 첫째, 어떤 실제적 예방 설비를 할 것인지를 정확하게 확정하기 위한 정밀한 기술적 조사를 하고, 둘째, 자본가의 의회를 움직여 태만한 고용인에게 그러한 예방 설비를 강제하는 것이다. 1872년, 둘째 조건은 거의 절망적이어서 당시의 노동조합 지도자들은 고용인에게 재해를 값비싸게 하는 간접 방법으로 되돌아가는 것 외에 다른 방법이 없다고 보았다. 그러나 최근 20년간, 여론은 눈부시게 진보했다. 의회도 특수한 산업의 공정을 상세히 규제하는 것을 더 이상 거부하지 않게 되었다. 우리의 산업입법의 범위와 행정에는 여전히 문제가 많지만, 오늘날 인도주의자들과 조직을 정비한 노동조합 등이, 의회 법률이나 내무부의 '특별 규약'과 같은 형식으로, 과학적 전문가가 승인하는 건강과 안전의 증진을 도모하는 면밀한 규제를 구체화한 것은 단 몇 년의 운동을 통해서 가능해졌다. 한편, 하나의 산업에서 다른 산업으로 차차, 법률 시행에 필요한 감독이 서서히 실현되

으로 증명하였다. 또한 물가지수의 연구에서 경기 변동은 태양 흑점과 같이 10년 반의 주기를 갖는다고 주장하였다.
37) W. S. 제번스(Jevons), 『국가와 노동의 관계』, 1~4쪽.

었다. 1887년의 탄광규제법에 의해, 모든 탄광의 광부들은 자신들의 감독관 2명을 임명할 수 있게 되었다. 그 감독관은 1개월에 1회씩 업무의 모든 부분을 검사하고, 정식으로 그 보고를 서술하는 기능을 부여받았다. 1858년에는 모두 11명의 정부 탄광감독관이 임명되었다. 1896년에는 그 수가 39명으로 늘어났고(부감독관도 포함) 업무는 더욱더 실효를 거두게 되었다. 1884년부터 1893년까지 10년간, 4000명 이상의 철도 종업원이 재해로 생명을 잃었다. 그러나 상공부는 그중 12건에 대해서만 조사를 했다. 그러나 지금은 종업원 2명을 부감독관으로 임명하고, 발생한 사망 사건의 약 반수가 그 재발 방지책을 강구하기 위해 정밀한 공식 조사의 대상이 되고 있다.[38] 요컨대 노동자를 산업상 재해로부터 보호한다고 하는 것은, 지금 공공연한 정부 업무의 일부가 되고 있다. 공장이나 광산에서 피할 수 있는 재해는 단지 개인에 대한 손해로 배상금 지불에 의해 보상되어야 한다고는 더 이상 생각하지 않게 되었다. 현대 입법하에서 그것은 사회에 대한 범죄로, 판사에 의해 처벌되어야 하는 것이 되었다. 건강과 안전을 위해 설비를 해야 하는 공적 의무를 '계약에 의해 면한다'고 하는 것은 분명히 있을 수 없게 되었다. 또 고용인이 보험회사에 보험금을 내는 것으로 그의 책임을 면하는 것도 불가능하게 되었다. 감독관과 판사는 벌금 납부만이 아니라, 그 법률의 준수를 감시할 권한을 부여받았다. 생명과 건강의 보호를, 개인적 배상을 요구하는 원고의 우연한 활동에 의존시키는 생각은, 현대 법률가에게는 시대착오적인 것으로 보인다. 살인이나 절도나 횡령과 같은 노동자 생명의 불필요한 낭비는 민법의 영역에서 형법의 영역으로 이전되었다.

38) '철도 종업원 총노동조합 연차총회의 위원장 보고'(London, 1897), 12~17쪽.

이제 우리는 고용 책임을 주장하기 위해 노동조합 임원들이 사용하는 주장은 이 정도로 하고, 그런 주장이 왜 일반 노동 대중의 찬성을 얻었는지를 고찰해보자. 개별 노동자가 그 제안에서 희망을 본 점은, 재해의 위험을 감소시킨다고 하는 막연한 기회가 아니라, 재해 발생 시에 노동자나 그 유족이 하나의 작은 상점을 열 수 있을 정도로 상당한 수당금을 받을 수 있는 확실성에 있다. 광부나 철도 종업원의 경우, 아무런 자신의 과실 없이도 그 가족이 거지가 되지 않을 수 없다는 것은 너무나도 고통스럽게 생각된다. 그가 바라는 것은, 누구의 과실 탓도 아니라고 하는 것과 마찬가지로 재해가 누구의 과실인지를 찾는 것이 아니라, 그의 불행에 대한 상당한 배상을 받는 것이다. 이는 동시에 사회의 관심사이기도 하다. 사회는 인생의 통찰과 숙고가 의존하는 '기존의 기대'를 그를 위해 충족하는 것에 분명한 이익을 갖기 때문이다. 여기서 재해가 관리자의 개인적 태만에 의해 생긴 것인지, 동료의 부주의에 의해 생긴 것인지, 또는 안개의 결과인지, 원인 불명의 폭발 사고 탓인지 등은 전혀 문제가 되지 않는다. 사회의 견지에서 보아도, 피해 노동자의 입장에서 보아도 그러한 고찰에 의존하는 배상이라는 생각은 전적으로 불합리하다. 따라서 사회 스스로 공공사업을 경영하는 경우라면 언제나, 사회는 매일 각자의 업무 수행 중에 육체의 피해를 받는 자에 대해 비교적 공평하게 배상을 한다. 육해군, 공무원, 경찰, 소방, 기타 자치행정의 여러 부문에서는, 설령 주급 노동자의 대우가 유급 관리의 대우처럼 만족스러운 것이 아니라고 해도, 그들의 배상청구권은 충분히 인정되고 그것이 관대하게 해석되는 것을 우리는 본다. 사적인 개인이나 회사도 때때로 동일한 책임 관념을 보여준다. 개별의 경우에서 보면, 대규모의 산업적 사업에서 취업 중 불구가 된 사무원이나 노동자에 대해 '가벼운 업무'를 부여하거나 연금을 부여하는 예가 많다. 해상이나 광산에서 충격적인 사건이 생길 때마다 조난자나 그 유족 고아에게 구빈원이나 양육원에 가지 않도록 하기 위한 기부가 쇄도한다. 요컨대 오늘날 직접 여론에 호소할 수 있는 모든 경우에, 여론은 자기의 성격이나 행동의 결함 없이도 자기 생활이 끝나는 것에 대해 참지 않는 점에서 노동자와 크게 일치함을 본다.

앞에서 우리는 재해가 누구의 과실에 의한 것인지 문제 삼지 않는다고 부가적으로 말했다. 이 점은 크게 강조할 필요가 있다. 왜냐하면 대부분의 재해는 선하증권의 전통적 용어를 빌리자면 '신의 일'이기 때문이다. 산업상 재해의 대부분, 즉 그 4분의 3은, 그 재해가 누구의 태만에 기인한 것인지 증명할 수 없다. 한 줄기의 불빛, 해상의 폭풍, 홍수나 토네이도는 책임 없이 피해자를 낳는다. 원료나 기계의 구입에 최대한 주의해도 그 뒤 재해를 야기하는 숨은 결함을 보지 못한다. 다른 경우에는 사고 자체가 그로 인한 모든 결과를 파괴한다. 해상이나 광산, 대피장이나 공장의 사고는 다수, 아니 거의 대부분, 어떤 특정한 개인에게 태만의 죄가 있음을 입증하기 어렵다는 것은 쉽게 제거할 수 없다.[39]

그러면 여기서 고용인 책임론에 대한 근본적 반대론을 발견하게 된다. 즉 사회와 피해 노동자 사이의 이해 충돌 시 논의하기가 부적절하고, 심지어 자의적 미봉책으로서도 그것이 목적으로 하는 사건의 다수에 실제로 적

---

39) 고용인의 실제상 또는 추정상의 태만을 입증할 수 있는 산업 재해의 비율은 전체의 10분의 1에서 2분의 1에 이르기까지 다양하게 산출되고 있다. 1880년 법에 의해 고용인의 책임에 대해 보험을 하는 '고용인 책임 보험재단'은 이러한 종류의 보험에서 그들에게 보고된 재해의 단지 24퍼센트에 대해 요구되었음을 찾아냈다. 모든 재해에 대해 보험을 하는 다른 종류의 보험에서는 2만 6087건의 인정 요구 가운데 3026건(즉 8분의 1 미만)이 법적으로 고용인 책임으로 추정되었다. '고용인 책임에 관한 특별위원회의 증언'(1887), 4165~4308쪽 및 부록을 참조하라.

용될 수 없다는 것이다. 실제 경험은 그것이 재해를 방지하지도 못하고, 피해 노동자를 보험하지도 않고 있음을 보여준다. 나아가 그것은 노동자에게 고용인으로부터 무리하게 배상을 받도록 하여 필연적으로 노동자를 소송에 빠져들게 하는 결점을 갖는다. 설령 재판에서 승소하여 배상을 받아도 소송 비용이 엄청나다. 뿐만 아니라 피해자가 강력하고 부유한 노동조합에 속하고 그 노동조합이 그의 소송을 후원하지 않는다면, 그가 철저히 싸운다는 것은, 지식과 자금의 부족으로 인해 불가능한 것이 보통이다. 따라서 실제로 그는 고용인이 제기하는 타협을 승인하지 않을 수 없다. 내무부도 이러한 결함을 인정하고 있다. 법률의 상태에 관한 여러 부서의 공식 기록에서는 다음과 같은 말이 나온다. "실제로, 1880년 법에 근거한 소송은, 노동자에 대해서는 보통 이상의 공포를 부여한다. 즉 소송은 오로지 비용이 많이 들고, 노동자는 빈곤하고 고용인은 비교적 부유하다고 말하는 것만이 아니다. 노동자가 고용인을 제소한다고 하는 것은, 필경 그의 미래 생활을 보증하는 사람에게 선전포고를 하는 것이다. 그런 사람을 법의 힘으로 강제하여 돈을 내도록 하는 것이다. 그렇게 하는 그의 유일한 수단은 그의 고용인이나 대리인, 즉 그 자신의 동료 노동자에게 태만의 죄가 있음을 입증한다고 하는 수단이다." 마지막으로 해원과 같은 이동 노동자들은 고용인에게 배상을 받으라고 하는 이 법률적 구조를 완전한 환상으로 생각한다. 그들의 증인을 모으거나 그 증인이 해원인 경우에는 법정 기간 중에 이를 한곳에 둘 수 없기 때문이다.

　이제 우리는 문제를 고용인의 입장에서 검토해보자. '신의 일'이라고 하는 사고, 특히 그의 피고용인을 다치게 한 불가피한 재해가 그 자신의 사업에 지장을 초래하거나 파산에 이르게 하는 경우, 그것이 단지 그의 공장 안에서 일어났다는 이유만으로 그 비용을 그에게 부담시키는 이유가 어디에 있는가? 그리고 그 자신의 태만에 의한 재해의 경우에도, 그가 지은 죄의 정도와, 모든 피해자에게 적절하게 배상을 지급해야 할 형벌 사이에 어떤 비율이 정해질 수 있는가? 하나의 재해는 한 사람이 손의 화상으로 1주를 늙게 하고, 그에게 5파운드를 지급하여 끝내게 할 수도 있고, 같은 원인에 의해 생긴 같은 재해가 수십 명을 죽게 하거나 평생 노동 불능으로 만들 수도 있다. 죄가 가장 무거운 태만이 사상자 없이 파괴만을 야기하는 것에 불과할 수도 있고, 반대로 가장 흔한 실수 때문에 고용인에게 막대한 배상 책임을 물게 할 수도 있다. 그리하여 고용인에게 그가 피할 수 있는 재해임을 이유로 하여 책임지게 하는 것은 불공정하고, 불가피한 재해에 대해 책임을 물리는 것은 전혀 공평하다고 할 수 없고, 실제로 아무런 의미도 없다. 의회에서 고용인이 정당의 절박한 사정을 고려하지 않고, 고용인 책임 법안에 단호하게 저항한 것은 전혀 이상한 일이 아니었지 않는가?

지금 우리는 1880년 고용책임법의 규정이, 그 뒤 그 수정을 위해 제출된 수많은 법안의 규정처럼 부적절하고 기만적인 이유를 알고 있다. 그 법이 없었다면 아무것도 받을 수 없었다고 생각되는 비교적 작은 부류의 사건들이 그 법에 의해 약간의 금전적 배상을 받을 수 있었던 것은, 물론 불쾌하지는 않았다. 나아가 1893~1894년 법이 통과되었더라면 다수 피해자에게 복음이 되었을지도 모른다. 그러나 그러한 법안은 어떤 종류의 임금 노동자에게는 약간 유용하기도 했지만, 재해 사건의 지극히 소수와 관련되었을 뿐이고, 논리적으로 영구히 주장할 수 있는 근거를 세워 특히 그들의 이익을 도모한 것이 아니었다.

그렇다면 산업 재해의 피해자에 대한 체계적인 수당은 태만 —법률가가 그 말을 아무리 확장한다고 해도— 에 대한 형벌에서 얻어질 수 있다고 하는 생각을 포기했다면, 노동조합 운동가가 아직 그다지 말하지 않은 것이지만, 어떤 상급자의 태만에 기인하는 것이 명백한 경우이든 아니든 간에, 모든 산업 재해의 피해자에 대한 수당을 강구하는 법률을 확장해야 한다고 말하는 것은 무엇인가? 독일과 오스트리아에서는 이러한 생각이 이미 보편적으로 재해에 대해 수당을 지급하는 계획으로 구체화되었고, 이는 가장 주목해야 할 사회적 실험의 나라가 되었다. 영국에서 그러한 제안은 노동자의 생계 지속이라고 하는 노동조합 이념의 자연적 결과로 나타났다. 1877년 노동조합대회(TUC)에서 모든 산업 재해에 대한 보편적인 수당 지급제도를 설치하고, 그 자금은 상품의 과세에 의해 얻어지게 하는 쪽이 좋다는 것이, 언제나 고용인 책임에 대한 결의의 대안으로 어느 런던 식자공에 의해 제안되었다. 그 제안을 광부 노동조합의 지도자인 토머스 핼리데이(Thomas Halliday)가 열렬히 비난하며 다음과 같이 말했다. "우리는 석탄에 대한 과세를 바라지 않는다. 우리가 바라는 것은 우리의 생명과 육체의 보존이다. 이를 확보하기 위한 최선책은 고용인에게 책임을 지게 하고, 손해를 지불하게 하는 것이다. 우리가 바라는 바는 돈이 아니라, 생명과 사지의 보존이다." 알렉산더 맥도널드가 지지한 그 주장은 TUC에서 환호 속에 승인되었다. 그리하여 재해 예방책으로서 고용인의 책임에 대한 뿌리 깊은 신념은, 필경 강제적 보험을 위해 임금을 공제하는 것에 대한 두려움과 만나, 조금 더 신중하게 고려할 필요가 있었던 제안을 일축하게 했다. 그런 제도에 의해 어느 정도, 우리가 고용인의 책임 ―그 말을 아무리 넓게 해석한다고 해도― 이라고 부를 수 있는 것을 영역 밖으로 버린 것이 사실이다. 이는 부담이 누구에게 돌아가야 하는지를 재고해야 한다는 것을 포함한다. 모든 재해에 충분한 배상을 하는 책임의 부담을 고용인에게 강제하는 것은, 그 배상이 직접 행해지든 보험 형태로 행해지든 간에, 모든 기업에 대해 중대한 부담이 되고, 그 부담은 그동안 알력이나 비용 지출 없이 끝나지 않지만, 결국 가격 인상이라고 하는 형태로 고객에게 전가되는 것이 확실하다. 나아가 그 부담은 여러 산업에 대해, 그 위험에 따라 불평등하게 부과되고, 그 결과 각종 계급의 소비자에 대하여, 조금이라도 이 새로운 부담에 인내하는 능력에 비례하지 않고, 부분적으로는 우연에 의해, 또는 그들의 현실의 소비에 비례하여 불평등하게 전가될 것이다. 모든 세금의 '재전가'(再轉嫁; Repercussion)마다 부가적인 '부담'이 따르고, 소비자의 최후 부담액은 원료 소비세의 경우와 마찬가지로 최초의 액을 훨씬 넘게 될 것이다. 일반 여론이 모든 재해는 배상을 받아야 한다고 결정하게 되면 바로, 국가 기금에서 필요한 연액을 지출하고, 이에 상당한 수입을 일반적으로 인정하는 과세 원칙에 따라 과세에 의해 얻는 쪽이 더욱 안전하고 더욱 공평하며 더욱 경제적일 것이다.

일반 여론은 얼마나 빨리 그런 점에 도달하는가에 대한 정치가의 흥미와 같은 문제에 대해, 사고는 현대 산업의 피할 수 없는 비용의 일부이고, 실제로 통계적으로 고찰해보면 그것은 전혀 사고가 아니라 확고한 것이라고 하는 사실에, 지금 선거민들이 급격하게 눈을 뜨고 있다고 답할 수 있을 뿐이다. 그리고 앞에서 말했듯이, 이 문제에 대해 아직 완전하게 편한 상태에 있지 않은 일반 사회의 양심 —영국처럼 광업이나 공업이나 해운이 발달한 나라에서 어떻게 그것이 가능한가?— 은 해가 지날수록 더욱 민감하게 될 것이다. 이 문제를 수수방관해서는 안 된다. 해결책을 반드시 발견해야 한다. 재해 피해자 전원에 대해 사회가 수당을 지급하는 제도를 설정하고, 가해진 재해를 방지하는 공장법과 태만을 처벌하는 형법 규정을 통해 규제하는 것에 지금 최대의 방해가 되는 것은 고용인 책임에 대한 신앙이다. 위에서 말했듯이 고용인 책임론은 모든 점에서 성립할 수 없다. 결론은 분명하다.

모든 사고가 조사되어야 한다는 것은 공적 수당 지급 계획의 우연한 것이지만 매우 유익한 결과이다. 공적으로 사고를 조사하는 현행 제도를 확장하면, 많은 이익이 있을 것임에 틀림없다. 현재, 이 조사는 (a) 사망자가 생기거나 런던 시내 방화의 경우에는 검시관, (b) 승객에게 손해를 끼친 난파선이나 철도 재해의 경우에는 상공부 관리, (c) 광산 재해의 경우에는 내무부 관리가 담당한다. 모든 종류의 산업 재해는 적어도 관청에 신고되어야 한다. 종업 중 노동자에게 재해가 발생하고 생명과 사지의 상실, 기타 신체의 중상이 초래된 경우, 상당한 자격이 있는 관리가 (배심원을 수반하거나 하지 않는) 공적 '조사'를 한다면, 그 조사와 그 공표는 공장법이나 광산 규제법의 준수 확보에 큰 효과를 주며, 따라서 그만큼 재해 수를 감소시킬 것이다. 만일 어떤 피해자에 대한 공공 수당제도가 설정된다면, 그러한 조사는 사고가 누군가의 태만에 의해 생겼는지, 피해자 자신의 부주의에 의해 생겼는지, 엄격한 의미의 재해인지를 결정함에 유용한 도움이 될 것이다. 고용인이 법률에 따르지 않아 사고가 생겼거나, 다른 중대한 태만에 의해 생긴 경우에는, 당연히 형사적 소추가 수반되고, 그 결과 부과된 벌금은 국가에 대하여 간접적으로 비용을 변제하는 것이 된다. 피해자 자신이 부주의로 인해 그의 불행을 자초한 경우, 그 배상의 전부나 일부를 부여하지 않을 수 있다. 만일 그가 뒤에 사망한 경우에는 그의 유족에게 필수품의 유지를 결여하게 하는 것은 공공의 이익이 될 수 없지만 말이다. 배상은 어느 경우에나 공공 기금으로부터 정부가 지불해야 한다. 이어 정부가 그 액을 직접 납세자에게 부과하지 않고, 독일이나 오스트리아에서와 같이 고용인 단체에 (그리고 그들을 통하여 소비자와 노동자에게) 부담시키는 것이 과연 실제로 이익이 되는지 지극히 의심스럽다. 그러한 재정제도는 원료에 부과되는 소비세와 마찬가지로, 모든 정통적 과세 원칙에 위반된다. 노동자의 1주 수입에 보험료를 부과하고자 하는 어떤 시도도, 영국에서는 노동조합 세계와 공제조합계 전부로부터 맹렬한 반대를 받을 것이라고 하는 쪽이 더욱 적절한 것이다.[40]

만일 지금 노동조합 측의 논의 전부를 노동자 입장에서 회고한다면, 그 속에 하나의 단순한 생각이 흐르고 있음을 쉽게 알 수 있을 것이라고 우리는 생각한다. 철공업이나 건축업의 단체교섭에 의해 설정된 규제나, 공장법, 광산법, 상선법의 상세한 전문적 규정을 연구해보거나, 또는 '공통 고용'의 복잡한 문제나 '면책 계약'의 그것을 해석해보면 우리는 언제나 동일한 근본주의, 즉 노동 이외에 그 생명과 건강도 팔아야 하는 것에 대한 노동자의 확고한 반항을 만나게 된다. 개별 노동자는 그가 언제나 건강에 유해하거나 신체와 생명에 위험한 고용조건을 승인하도록 매수되거나 위협받을 우려가 있음을 알고 있다. 따라서 그는 노동조합을 통해, 이러한 점에 대한 개인 교섭을 금지하고, 모든 공장 등에서 경험상 위생 안전에 필요한 것이 분명한 고용조건을 강제하고자 힘을 쓴다. 특별한 위험 업무를 하면 높은 임금을 받을 수 있다고 그에게 경제학자가 확신시키거나, 고용인이 보호 입법의 '책임을 면제하는 계약'을 체결하도록 하는 대가로 많은 돈을 주려고 하는 것은 전혀 도움이 되지 않는다. 노동조합 운동가가 30년간 언제나 정해진 바대로 답한 것은 "자신의 피를 돈으로 삼아 드라크마[41]를 얻고 싶다"고 생각하지 않는다고 말한 것이었다. 따라서 어느 정도 방의 넓이가 허용되어야 하는지, 어떤 재해 방지 설비가 행해져야 하는지, 질

---

40) 이 점에 관련하여 헨리 브로드허스트 의원의 '노령자에 관한 왕립위원회 보고서 (1893~1895)'에 있는 주목할 만한 소수 의견 보고(98쪽)를 참조하라.
41) Drachma는 고대 그리스의 화폐.

병이나 불쾌를 방지하기 위해 어떤 설비를 두어야 하는지 등을 분명히 규정해야 할 공통규칙을 최소한 얻고자 하는 까닭이다. 주목해야 하는 점은, 자신의 질병이나 상해나 죽음을 선택하는 자유를 '개인적 자유' 밖에 두고자 하는 확고한 결의에서 일반 여론이 지극히 강력하게 노동조합의 의견을 지지한 것이다. 선원이 특별 임금을 위해 짐을 과적한 배에 타서 항해하는 것을 승인해야 하는가를 결정해야 하는지, 또는 직조직공이 직장을 얻기 위해 증기가 나오는 직조공장에서 인내해야 하는지를 결정하는 것은 더 이상 길게 허용되지 않는다. 지금 우리는 백연공(白鉛工; White Lead Worker)이나 에나멜공이 고가의 예방 설비를 갖추지 않아 상당한 정도로 그들의 건강을 위험하게 하는 문제에 대해 고용인과 교섭하는 것을 묵과하지 않고, 광부가 극단적으로 위험한 갱도의 통풍 설비를 면제받아 높은 임금을 취하도록 자유롭게 맡기지 않는다. 그리고 이러한 여론의 변화가 분명하게 보이는 것은, 끝없이 길어지는 공장법, 광산법, 철도법, 상선법에서만이 아니다. 1888년의 고용인 책임법 자체가, 노동자는 그들의 산업에 부수하는 어떤 생명과 건강에 대한 위험이라고 해도 임금 계약의 일부로 묵인해야 한다고 말하는 법률가의 주장을 의회가 상대하지 않은 증거였다. 이 법률을 바꾸기 위해 고용인이 '면책 계약'이라는 묘안을 발명했을 때, 자유당파의 하원은 재해의 위험을 계약 사항으로 삼는 것을 전적으로 금지한다고 결정했고, 보수당파의 상원조차 어떤 사정이 있어도 이를 개인 교섭에 위임해서는 안 된다고 결의했다. 마지막으로 고용인 책임의 논의 전체에 퍼진 침체의 분위기는 대부분, 단지 재해를 고가의 것으로 만드는 것 —언제라도 보험에 부칠 수 있는 손해배상 책임— 은 재해를 방지하기 위해서가 아니고, 또 추정상의 태만에 대한 기만적인 책임을 고용인에게 강요하는 것은 피해자에게 충분한 수당을 주기 위한 것이 아님을 일반인들이 반(半)의식적으로 이해해온 것에 기인한다고 생각된다. 영국에 관한 한, 실제적 결론은 다음과 같다. 즉 일정한 기술적 규정을 통해, 경험과 과학이 필요하다고 증명하는 재해 및 질병의 예방 설비를 지정하는 것, 재해가 발생하든 않든 관계없이 이러한 규정의 어떤 위반도 처벌하는 것, 모든 중대한 재해에 대해 공적인 조사를 하는 것, 그리고 재해가 규약 위반이나 다른 명백한 태만에 의해 생긴 경우에는 언제나 그 죄의 정도에 준해 국가에 대하여 (처벌의 일부로서) 사용자에게 벌금을 지불하게 하는 것, 나아가 재해가 어떻게 발생했든 간에, 피해자와 그 가족에 대해 그들의 필요 정도에 따라 공공 기금으로부터 수당을 지급하는 것이다.

지금까지 설명한 고용인 책임에 대한 노동조합 측 논의의 분석은 1896년 8월에 쓰고 1897년 1월에 발표한 것이었다.[42] 그 뒤 상황은 체임벌린 씨의 혁신적인 '노동자 배상 법안'의 제출 및 가결에 의해 완전히 변했다. 그 법안은 분명히 문제의 종국적 해결은 아니다. 따라서 우리는 아직 실험에 의해 음미되지 않은 그 법률의 근저에서 조급히 이를 개조하려고 시도하기보다도 1896년의 논의가 서 있는 위치에 대해 상세한 검토에 머물고자 한다.

1897년의 보수당 정권이 1893~1894년의 자유당 정부안에 대한 대안으로 통과시킨 법률은, 거의 극적으로 모든 과거의 논의를 추월한 것으로 보인다.[43] 태만에 대한 고용인의 책임이 어느 정도까지 확장될 수 있는가 하는 것을 그만두고, 새 법률은 영국 대산업의 다수에서 태만에 의해 생긴

---

42) 〈진보 평론(*Progressive Review*)〉.
43) 보수당과 고용인의 견지에서 이 법안에 가해진 치열한 공격에 대해서는 J. 버킹엄 포프(Buckingham Pope), 『보수주의자인가 사회주의인가(*Conservatives or Socialists*)』 (London, 1897)를 참조하라.

것이든 아니든 간에, 노동자의 취업 중에 생긴 모든 재해에 대해 고용인은 개인적으로 그 피해 노동자에게 배상할 책임이 있다고 규정했다. 그리하여 명백하게 '공통 고용'이론을 포기한다고 말하지도 않고, 그 법률은 모든 재해에 일정 한도의 배상을 보증함에 의해, 이제 노동자를 고용인의 실제상 또는 추정상의 태만이 있는 경우에만 배상을 청구할 수 있는 내외 피해자의 지위와는 전혀 다른 지위에 놓았다. 그리고 '면책 계약'은 만일 그 제도가 그 법에서보다도 노동자에게 불리하지 않은 것을 공제조합 등기관(Chief Registrar of Friendly Society)이 증명한다면 명의상 허용되지만, 이제 법률의 범위는 지극히 넓어지고 그 예외는 매우 엄격하게 감시되므로 고용인에 대한 이 제도의 매력은 사라질 것이다. 따라서 체임벌린 씨의 법안이 한계와 결함을 가지고 있음에도 불구하고, 노동조합원이 이를 승인하는 쪽이 좋다고 권유받은 것이 당연했다. 지금 육체노동자의 약 3분의 1에게 부여되는 모든 재해에 대한 배상청구권은 다른 3분의 2에 대해 영원히 보류될 수 없고, 매우 참신하고 영향이 큰 이 법안의 운용상 확실히 지금 많이 보이는 결함은, 뒤의 여러 정부가 계속 제출하지 않을 수 없는 수정안에 맡겨질 수 있을 것이다.

이 새로운 법에 의해 막대한 무한의 금전상 책임을 진 특별한 종류의 고용인은, 정말 불만을 갖는다고 생각된다. 그 결과 일부 산업은 부담을 지지만, 한편 재해에 대해 같은 정도의 책임이 있는 다른 산업은 그것을 면한다.[44] 단지 하나의 산업에서도 어떤 공정을 사용하는 공장 등은 아무리

---

44) 모든 농사 작업, 높이 30피트 이하인 집의 건축과 수리, 그리고 모든 작업장 산업 이외에 그 법은 선원과 어부, 짐마차 차부 및 기타 말과 소를 취급하는 사람들, 보트맨(Boatmen)이나 라이터맨(Lightermen)을 제외한다.

주의하고 대비해도 방지할 수 없는 재해에 대해 책임을 지고, 반면 상이한 공정을 사용하는 다른 공장 등은 구법률에 의한 기만적인 책임 이외에 아무것도 지지 않는다. 그리하여 일부 고용인이 복종해야 할 재해에 대한 참신한 형벌은, 재해 방지상 그들이 지는 죄의 정도와 아무런 관계가 없다. '신의 일'에 속하는 모든 재해도 그들 자신의 태만에 의해 생긴 재해와 같은 손해를 고용인에게 입히게 된다. 실제로 배상 책임은 단순히 보험에 붙이지만, 새로운 법의 범위 안에 있는 고용인은 특별보험료를 납부해야 하고, 그것은 다른 자본가는 면제받는 생산비의 추가가 된다.

현재 이 법률에 의해 제외되는 3분의 2의 노동자는 현행법 규정으로 쉽게 구제할 수 없는 불공평으로 인해 고통을 받고 있다. 철도회사나 탄광주나 등록된 증기공장 소유자에 대해서는, 모든 재해에 대해 배상 책임을 지는 것이 실행 가능할지 모른다. 심지어 이러한 경우에도 고용인이 보험에 붙이는 것을 태만하면, 거대한 사고의 피해자는 회사 파산으로 인해 그들의 요구를 저해받는 경우가 종종 있다. 그러나 제외된 노동자의 대부분은, 스스로 임금소득자의 지위로부터 약간 이동하는 소규모 고용인이나, 하루하루를 힘들게 살아가는 이런저런 종류의 이동노동자로 사용된다. 그러한 경우 보험은 설령 불가능하지는 않아도 보통은 아니다. 그들의 소규모 산업에 일단 중대한 재해가 발생하면, 한편으로는 그들을 파산시키고, 다른 한편으로는 피해자는 그들로부터 배상을 구하는 참된 기회를 빼앗기게 된다. 그러한 상태에서 사용되는 3분의 2의 노동자에게, 현재 다른 3분의 1에게 부여된 모든 재해에 대한 배상권을 영구히 부정할 수 없다. 만일 대규모 산업의 노동자에 대해 모든 재해에 배상하는 것이 사회적으로 유리하다면, 다른 산업에서 피해 노동자에게 같은 배상을 부정한다고 함은 공평하지도 않고 상식적이지도 않다.

우리의 의견으로는, 이 제도는 그 구성원의 사업에 발생하는 모든 재해에 대해 집단적으로 책임을 지는 강제적 직업 단체 형성의 방향이거나, 단순한 국고 배상의 방향으로 당연히 발전해야 한다. 전자의 방법은 독일과 오스트리아에서 채택한 것으로, 각 산업을 자급적으로 만들어 '기생적 산업' —뒤의 장인 '노동조합운동의 경제적 특징'에서 논의한다— 의 성장이 낳는 두려운 결과를 회피한다고 하는 경제적 이익이 있다. 뿐만 아니라 그것은 하나의 산업이 개별 고용인의 의지에 의해 규제되지 않고, 그 산업의 '공통규약'에 의해 규제된다고 하는, 노동조합운동의 원칙을 강조할 것이다. 고용인들의 단결, 따라서 단체교섭이 현저하게 촉진되어, 그 결과 노동조합운동 자체에도 엄청나게 큰 자극을 부여할 것이다. 그러나 이처럼 필요한 고용인의 통괄과 엄격한 그 통제는, 영국 자본가에는 지극히 혐오스러울 것이고, 그런 조직은 영국 산업의 현저한 변화, 복잡함, 가동성에 적합하기 어려울 것이다. 단순한 국가 배상제도는 이러한 모든 어려움을 회피하고, 이미 어느 광산주나 공장주도 복종하고 있는 통괄이나 등록 이상을 요구하는 것이 아니다. 솔즈베리 후작이 체임벌린 씨의 법안을 지지하며 상원에서 말했듯이, 하나의 거대한 생명 절약 기계의 창설을 바란다면 그런 목적에 대해서는 국가 배상이 가장 유효한 수단을 제공한다. 국고가 모든 재해에 대해 수당을 지급한다는 사실은, 위험 직업에 관한 관료의 편견을 고치게 하고, 우리는 정부에게 급히 정부의 과학 고문이나 공장 감독관에게 공장법, 광산법, 철도법, 상선법을 통해 이행해야 할 재해 방지의 새로운 방법의 제시에 몰두하게 할 것이다. 모든 중대 사고를 공적으로 조사하는 것은, 그 자체 자본가에게 모든 철저한 주의를 하게 하는 데 효과가 있고, 부주의한 고용인에 대한 공장 감독관의 소추는, '보험에 붙이는' 것도 불가능하고 파산에 의해 회피하는 것도 불가능하므로 큰 효과가 있을 것이다. 고용인도 누구나 반대하지 않을 것이다. 체임벌린 씨가 중요 산업 거의 전부에서 그들을 모든 재해에 대한 개인적 책임을 지게 한 오늘날, 배상을 다른 여러 산업까지 확장하는 유일한 실제적 방법으로, 책임을 직접 국가에 돌리고 그 비용을 공평하게 그 모든 소득세 부담자에게 널리 부과하는 (아마도 1파운드당 3펜스를 추가하여) 것을 제의하는 정부는, 탄광업이나 철공업이나 철도업의 대규모 자본가들 ―현재 부과되고 있는 특별하고 예외적인 부담을 면할 수 있는 사람들― 의 유력한 후원을 기대할 수 있을 것이다.

8장
새로운 공정과 기계

　30년 전에는 거의 모든 교육받은 사람들이, 기계나 개량된 제조 공정의 도입에 반대하는 것이 노동조합의 근본 교의였다고 말하는 것이 당연했다. 1860년, 유명한 어느 노동 문제 비판가는 "노동조합은 기계의 도입에 대해 언제나 당연히 반대해왔다. 기계 도입은 분명히 노동의 수요를 감소시키고, 그 결과가 다수를 괴롭게 하기 때문이다. 노동조합은 아직도 발명을 장려하지 않는다"[1]라고 말했다. 이 의견을 지지하면서 가령 〈포터 익자마이너(*Potters' Examiner*)〉의 편집인, 즉 1844년 우수한 경험에 호소하여 공장 노동자의 모든 불행을 이러한 기계 도입이라는 하나의 원인에 돌린 '도공(陶工) 노동조합'의 유력한 우두머리의 다음과 같은 말을 인용할 수 있

---

1)　왕립협회 회원인 에드먼드 포터(Edmond Potter)의 「노동조합과 그 여러 경향」, 〈사회과학 장려 전국협회 회보〉(London, 1860), 761쪽.

다. "기계는 일을 한다. 기계는 노동자를 누더기로 몰아넣고 임금을 주지 않는다. 기계는 노동자를 지하실에서 우글거리게 하고 파리의 바스티유보다 더 지독한 감옥에 가두고, 그곳에서 그들이 거부당한 빵을 다른 나라에서 구하기 위해 조국을 등지지 않을 수 없다. 나는 인간의 노동에 대한 수요를 감소시키는 경향이 있는 모든 개량이야말로 우리들 노동 계급에게 휘두르는 가장 끔찍한 저주라고 생각한다. 따라서 모든 합법적인 수단으로 그러한 재앙이 산업의 어느 부문에 침입해온 것을 저지하는 것은, 모든 일하는 도공의 의무, 그것도 최고의 의무라고 주장한다."

지금은 그런 불평을 들을 수 없다. 1892년 마셜 교수가 노동조합의 정책과 그 결과에 관한 치밀한 비판을 발표했을 때, 그는 발명과 기계에 대한 노동조합의 전통적 적대에 대해 고려하거나 설명하지도 않았다.[2] 그리고 1894년, 왕립노동위원회가 3년 동안의 노동단체 요구와 행동에 치밀하고 비용이 많이 든 조사 결과를 보고했을 때에도, 그 의미 있는 생략을 수정할 어떤 이유도 발견하지 못했다. 위원은 모든 산업의 고용인으로부터 불평을 들었다. 확실히 노동자의 결점을 그럴싸하게 얼버무릴 희망은 조금도 표출되지 않았다. 그러나 긴 다수파의 보고 중에 포함된 증언을 믿는다면, 기계에 대한 반대는 더 이상 영국 노동조합운동의 방침의 일부를 형성하는 것이 아니다. 위원은 수백 가지 개별 노동조합의 '회칙과 규제'를 검토했으나, 그 어디에서도 발명이나 개량에 대한 반대의 흔적을 발견할 수 없었다.[3]

사실은 이 문제에 대해 노동조합은 그 태도를 바꾸어왔다. 19세기 전반

2) 『경제학 원리』, 제6권, 제13장, '노동조합'.
3) 특히 〈고용인 및 노동조합 규약집〉(1892)의 상세한 해설(xii쪽, 513)을 참조하라.

에는 노동조합의 의견은 〈포터 익자마이너〉에서 매우 강력하게 표현된 것이었음이 틀림없는 진실이다. 그러나 1859년, 일반 노동조합, 사실 같은 산업 내의 노동조합이, 노섬벌랜드 제화공이 재봉기계에 반대하여 행한 파업에, "어떤 특수한 직업에서 업무의 성질이나 범위에 급격한 변화가 생겨 종종 생기는 불평과 고통은 크게 느껴져도, 기계 개량의 확장에 반대하는 것은 바람직하지 않고 실제적이지도 않다고 간주하여" 전혀 동정하지 않았던 사실이, 어떤 과학적 관찰자에 의해 주목되었다.[4] 1853년, 기계를 정식으로 거부한 적이 있는 '리버풀 통제조공 노동조합'은 1862년에는 "이 노동조합의 조합원이 증기제 통공장에서 일하는 것을 허가한다"고 결의했다.[5] 같은 시기의 '주철공 공제 노동조합'의 〈월보〉에 주철공용의 새로운 기계인 '아이언 맨'에 대해 반대한다고 하는 집행위원회의 권고가 많이 실렸다. 1864년 12월, 그들은 "우리가 개량이라고 생각하는 것과 친하게 대하는 것은 우리의 마음에 들지 않는다. 그러나 마음을 안정하고 그러한 개량을 촉구하여 이를 가장 우리에게 이익이 되도록 이용하는 것이야말로 우리가 해야 할 최선의 방책이다"[6]라고 말했다. 1863년 및 1867년에는 그 조합원이 증기기관으로 구멍 뚫는 작업을 한 것을 거부하도록 원조하고, 결코 조합원 외의 사람이 증기로 구멍 뚫는 작업을 한 것에 손댄 것을 허용하지 않는다고 정식으로 선언[7]한 적이 있는 '쇄모공 노동조합'은 1868년

---

4) 아일랜드 구빈위원(1855~1858)이자 식민성 차관을 지냈고 알프스 클럽 창설자로 저명한 왕립협회 회원 존 볼(John Ball)의 「1857년, 1858년, 1859년의 노섬벌랜드 제화공 파업 이야기」, 〈노동조합 및 파업에 관한 사회과학 협회 보고〉(1860), 6쪽. 그 책(149쪽)은 '체인 제조공 노동조합'의 기관지가 "기계 사용에 반대하는 중부 여러 주의 제화공 파업을 바보짓이라고 비난한 것을 주저하지 않았다"는 사실을 언급한다.
5) '리버풀 통제조공 노동조합' 의사록 원고. 1853년 7월 및 1862년 9월.
6) '주철공 공제조합' 월보, 1864년 11월호.

그 규약을 개정하여 "설령 어느 고용인이 구멍 뚫기용으로 증기력을 채택하고자 해도 어느 지부도 반대의 뜻을 표할 수 없다. 단 각 지부는 그 사용으로 얻는 이익을 결정하는 자유로운 권능을 갖는다"고 결정했다.[8] 이러한 변화는 매년 강하고 정확하게 되어와서, 지금은 신규나 개량의 노동 방법에 반대하는 선언이 노동조합대회(TUC)나 그와 유사한 분위기의 집회에서 원조를 받을 수 없다.[9] 우리는 현존하는 노동조합의 수많은 규약 속에서 과거의 완강한 금지의 잔해는 단 하나 발견했을 뿐이고, 게다가 그것은 급속하게 쇠퇴하고 있는 지방 산업에서이다. 우리가 아는 한, 1843년 버밍엄에서 설립되어 조합원이 약 500명에 이르는 '진주 단추공 보호 노동조합'이 오늘날 기계 업무를 금지하는 영국 유일의 노동조합이라는 명예를 가지고 있다. 그 최근의 '규약 및 규제'에서는 "기관에 의한 센트링 제도는 이를 전적으로 금지하고, 그 제도를 직간접으로 장려하는 조합원은 2파운드의 벌금에 처한다. 조합원에게 직간접으로 기계력을 사용해 업무를 하게 하는 자는 5파운드의 벌금에 처한다"고 규정한다.[10]

그러나 신문을 읽는 사람이라면 누구라도 새로운 기계의 도입이 오늘날 분쟁과 파업을 낳는다는 사실을 알고 있다. 그래서 많은 훌륭한 시민들

---

7) 1863년 쇄모공 합동 노동조합 연보와 1867년도 연보를 참조하라.

8) '쇄모공 합동 노동조합 규약, 1869년판'. 그 뒤 이 노동조합 내에 생긴 이러한 종류의 소수 파업은 (1892년 노위치에서와 같이) 기계 업무에 지급되어야 할 성과급 임금률의 정확한 액수와 관련하여 생겨났다.

9) 수공업에 기계를 도입하는 것에 반대하여 노동조합이 파업을 면한 최근 사건은 우리가 아는 한 1886년 '리버풀 상자 제조 노동조합' 건이다. 파업은 실패했고, 그 뒤 노동자들은 기계를 사용하여 조용히 일했다. 오늘날 그 서기가 우리에게 전하는 바에 의하면, 기계가 매출을 엄청나게 올려주는 것을 알고 전적으로 기계와 화해했다.

10) 버밍엄, 길퍼드 거리, 밥티스트 교회에서 통과된 '진주 단추공 제조 공정 보호 조합원 준수 규약 및 규제'(Birmingham, 1887), 제26조, 14쪽.

이 그러한 분쟁에 대한 보도를 산업적 문화의 진보에 반대하는 수직인의 구식의 무익한 노력의 기록이라고 가볍게 해석하는 데 의문의 여지가 없다. 그러나 그 보도를 잘 음미해보면, 오늘날 분쟁은 기계 도입 여부에 관한 것이 아니라, 기계 도입의 조건에 대한 것임을 알 수 있다. 뒤에서 보듯이 오늘날에는 노동조합이 구식의 고용인에게 최신의 발명을 채택할 것을 강요하여 생기는 충돌의 예가 있기도 하다. 오늘날의 전형적인 분쟁은 조건에 관한 것이다. 새로운 기계의 채택이나 새로운 생산 공정의 도입은 구식의 생산 방법을 폐지함으로써 낡은 방법에 근거한 임금률을 뒤집고, 새로운 임금률을 필요로 하는 것이 보통이다. 만일 임금이 성과급으로 계산된다면, 성과급 임금률을 감소시키고자 힘을 쓸 것이다. 만일 시간급으로 지불된다면, 노동자는 더 새롭고 빠른 공정의 강도와 노력의 증가에 대해 임금 인상을 요구할 것이다. 어느 경우에나 노동조건의 개정은 다소의 흥정을 포함하고, 그 경우 쟁점은 임금액에 한정되지 않는 경우가 많다. 그러한 개정의 난이도는, 교섭을 하는 양 당사자의 적확한 판단에 의존한다. 따라서 이 문제에서도 다른 경우와 같이, 적확한 판단이 경험에 의해 확보되어야 한다. 가령 방적업과 같은 산업은 이러한 종류의 개정에 1세기의 경험을 쌓아왔고, 따라서 그 개정은 관례적인 것이 되었다. 그러나 기계의 사용과 공장제도 그 자체가 아직 비교적 새로운 발전에 속하는 산업에서는, 분쟁 없이 이러한 개정을 얻는 경우는 거의 없다.

이러한 상태에 있는 산업의 전형으로 기계 사용으로 인해 분쟁이 끝없이 빚어져 유명한 제화 제조업의 현대 공장 산업을 들어보자. 이 산업에서 부유한 고객을 위해 일하는 수직인의 단단한 소규모 조직은, 그 분파에 의해 오직 공장 노동자들에 의해 조직된, 1869년 말 조합원 3만 7000명을 둔 '제화공 전국 노동조합'에 의해 이전부터 추월되었다. 여기서 우리는 새로운 발명과 낡은 기계의 새로운 적용이라는 거의 끊임없는 조류에 의해 지속적으로 혁신되어온 하나의 산업을 보게 된다. 노동자는 그들의 소란스러움, 규율의 결여, 교육의 부족으로 유명하다. 고용인은 전통이 없는 새로운 자본가로 외국 경쟁자로부터 엄청난 경쟁에 놓여 있어서 모든 기회를 최대한 이용하려고 노력한다. 분쟁은 끝이 없고, 긴 회의, 조정자 앞의 정교한 논쟁, 고용인과의 복잡한 협정은 모두 완전하게 인쇄되고, 고용인과 피고용인이 택한 여러 태도의 완전한 그림을 보여준다.

노동자에 대한 고용인의 탄핵은, 그들의 주된 문서 쪽 대변자에 의해 그림처럼 요약되었다. 고용인 잡지의 편집자에 의하면 "반대의 형식은 기계의 손상이나 기계 노동의 직접적 거부가 아니다. 경험은 노동조합에 더욱 유효한 대항군의 배열 방법을 가르쳤다. 노동을 절약시키는 기계에 반대한다고 공공연히 부르짖는다면, 그것 없이는 노동조합이 존재할 수 없는 일반 공중의 동정을 상실할 것이었다. 그래서 다른 방법이 채택되고 있다. 기계에 의한 업무를 줄이는 것이다. 그리고 기계 사용이 노동의 절약에 아무런 효과가 없음을 주장한다. 기계를 사용하는 노동자는 한정된 지혜를 짜내어, 기계 업무의 비용이 손작업만큼 비싸다고 주장한다. 노동자들 사이에는, 일정 시간에 상당한 노동이 행해지고, 어떤 기계가 도입되든 간에, 노동자는 그러한 기계의 도움에 의해 어떤 노동의 절약이 행해지는 것을 일치하여 방지한다는, 암묵의 양해라고 할 정도의 것이 있다. 말을 완곡하게 해도 소용이 없다. 노동조합은 영국의 노동 절약 기계의 발달을 저지하고 방해하고자 하는 거대한 종사에 참가하고 있다. 그 조합원들의 행동은 새로운 기계 운전에 대한 상당한 근면을 보여주는 것에 실패한 행동은 절대적인 불성실에 해당한다. 예컨대 미국 공장에서 완성 기계를 운전하는 것을 보는 것에 익숙한 사람이, 영국 노동자가 같은 기계를 사용하는 것을 보는 것은 너무나도 고통스러운 일이다. 미국에서 노동자는 정말 **일을 하지만,** 그들은 기계를 그 최대 능력까지 운전시키고, 가능한 한 많은 일을 완성하고자 노력하면서 서로 경쟁을 한다. 그러나 영국의 공장에서는 그들은 완전히 과장된 태도로 시간을 낭비하는 것처럼 보인다. 만일 5분간 기계를 전속력으로 운전한다면, 그들은 그것을 멈추고 어떤 파손이 생겼는지 검사할 필요가 있다고 생각할 것이다. 이어 그들은 공장 주변을 걸어가면서 전혀 불필요한 것이 무엇인지를 조사하기 위해 기름통과 스패너를 빌린다. 여기에 드는 시간은 5분에서 한 시간 정도이다. 그 뒤 다시 기계를 몇 분간 운전한다. 그 뒤 질문을 받게 되면 "기계는 도움이 안 된다, 나는 일을 손으로 더 빠르게, 더 잘할 수 있다"고 말한다. 그는 그렇게 할 수 있다. 왜냐하면 기계가 같은 일을 손으로 하는 동료 노동자에게 타격을 주지 않도록 배려하기 때문이다. 요컨대 제조업자에게 기계적 방법을 포기하고, 손노동으로 돌아가도록 모든 노력을 기울이기 때문이다. 동료애 정신은 어리석을 정도까지 발휘되고 있다. 그리고 그가 어리석게 생각하듯이, 타격을 받지 않도록 걱정하여 누구도 그가 할 수 있는 전력을 기울이려고 하지 않는다. … 1주에 가능한 한 많은 돈을 얻고자 하지 않고, 하나의 일에 가능한 한 많은 수입을 얻고자 하는, 달리 말하면 생산비를 가능한 한 높게 두고자 하는 것이 노동자가 정한 정책인 것처럼 생각된다."[11]

이 모든 것을 사실상 진실이라고 가정하면서 —여하튼 긴장된 관계에 있는 때에 관한 한, 그 정확함을 문제로 삼을 이유는 없다— 그로부터 유추할 수 없을 것이라고 생각되는 다른 두 가지 사실을 부가해두고 싶다. 첫째, 그만큼의 빠른 속도로 일하는 미국 제화공장에서는, 그 빠른 속도가

---

11) 〈구두 및 가죽 기록〉, 1892년 2월 19일호.

역시 성과급 임금률에 의해 지불된다고 하는 사실이다. 둘째, 영국에서는 새로운 기계가 채택되어도 종래대로 성과급 임금으로 노동하여 얻는 것을 요구하는 것이 노동자이고, 일정한 1일 임금을 변경할 기회를 촉진하고자 극력 주장하는 것이 고용인이라고 하는 사실이다.[12] 여기에 모든 곤란의 실마리가 있다. 우리는 이미 방적공과 관련하여, 고용인이 그 속력을 언제나 증가시키는 기계를 움직이는 노동자에 대해, 성과급제가 표준 임금률을 보호하는 유일하게 가능한 수단인 이유를 설명했다. 그러한 기계의 경우, 시간급이나 일급이나 주급은, 끊임없이 증가하는 일을 과거의 임금으로 노동자에게 시키는 것을 뜻한다. 제화공의 경우에는 다음과 같은 사실로 인해 문제는 복잡하게 된다. 즉, 새로운 기계가 새로운 공장 조직을 낳고, 노동자는 점차, 각자의 고유한 속도로 노동하는 개인적 생산자라는 성질을 상실해가며, 각 공정의 작은 부분을 형성하는 노동자의 '팀'이나 세트의 일원이라는 성질을 더욱 많이 가지게 되며, 따라서 각자 서로 보조를 하나로 하지 않을 수 없게 된다. 이러한 강제적인 '속도 증가'도, 원래의 성과급 지불 방법을 계속한다면 문제가 없을 것이다. 그러나 '더욱 높은 능률의 노동 조직'과 함께, 일정한 1일 임금제가 채택되는 경우, 노동자는 그 사이에 과거의 임금에 비해 더욱 많은 노동을 확보하여, 노동 임금의 표준율을 저하시키고자 하는 기획이 있음을 인정하게 된다.

이러한 형세를 고용인은 이해할 수조차 없다. 고용인협회의 협회장은 1894년 다음과 같이 말했다. "나는 그것이 노예 상태라거나 보조지도

---

12) 가령 소위 '7계명' ―고용인의 최후통첩으로 1895년 대파업을 야기했다― 의 하나는 다음과 같았다. "지금은 작업의 지속과 완성을 위한 기계와 관련하여 성과급제를 채택하기에 적당한 때가 아니다."(〈노동 가제트(*Labour Gazette*)〉, 1894년 11월호) 지속과 완성을 위한 노동자는 공장 제화업의 개시 이래 성과급제로 일하는 관례가 되어왔다.

(Pace-Making)라거나 혹사라거나 기타 그런 종류의 것이라고 말해질 것임을 알고 있다. … 그러나 제조업자들은 그렇지 않다고 주장한다. 가령 사람들이 하나의 팀에서 일하게 되는 경우, 그들은 지극 정성으로 일하는 것이지, 결코 무엇을 기다린다고는 하지 않는다. 반면 그들이 그들(자신)의 일을 '팔아야'(Shop)할 때에는 비는 시간이 생긴다. 그 시간은 팀 체계하에서는 절약된다."[13] 고용인의 지도자들이 단순하게 "결코 무엇을 기다린다고는 하지 않는다"거나 일정한 일급을 지급받는 노동자에게 이익이 있다고 상상하는 것은, 육체노동의 사정에 관한 두뇌노동자 특유의 무지의 일부를 표명하는 것이다. 노동자에게는 그것이 공장 규정 시간인 전 9시간을 계속 전속력으로 일하는 것을 의미한다. 이러한 높은 속도가 과거 임금에 대해 요구된다면, 이는 명백히 표준 임금률을 저하시키려는 시도가 된다. 이러한 태도가 미국의 사정에 정통한 업계의 고용인을 얼마나 놀라게 했는지는 최초에 인용한 사설에 답하여 쓰인 다음의 유익한 편지에 의해 판단될 수 있을 것이다. "영국의 기계 설비 공장을 살펴보도록 하자. 그곳에서 우리는 무엇을 보는가? 정확하게 당신이 말한 그대로이지만 사실은 더 나쁘다. 주급으로 일하는 노동자, 아주 드물지만 소년은 얼마나 조금만 일할 수 있고, 그 조금도 얼마나 나쁘게 할 수 있을지 시도하고 있다. 시간이 지나면 그들은 상세한 시간 따위에는 신경을 쓰지도 않고, 공장이 하루의 단조로움을 끝낼 때가 오면 즐거워한다. 그들은 끊임없이 기계를 주무르고 고장을 낸다. 그러면 기술자가 불려 와야 한다. 그 결과는 시간의 손실, 업무의 손실, 비용의 손실이다. **이 모든 것은 소년 노동을 과도하게 고용**

---

13) '1894년 1월 6일에서 8일까지 열린 전국 고용인 및 피고용인 사이의 전국회의 보고서'. 〈전국 제화공 노동조합 월보〉, 1894년 1월호 재록.

하고 주급제도를 채택하는 영국 제조업자들의 잘못된 정책에서 온 것이라고 나는 생각한다. 만일 성과급제도가 채택되었고, 숙련 노동자들만을 기계 쪽에 고용했다면 비용도 적게 들고 더욱 좋은 일이 결과했고, 노동자도 더 높은 임금을 받았을 것이다. 특히 미국의 제조업자가 왜 그의 상품을, 영국에서 같은 상품을 생산할 수 있는 경우보다 더욱 싼 노동비용으로 생산할 수 있고, 반면 동시에 미국 노동자가 영국 노동자보다 훨씬 높은 급료를 받는 비밀이 거기에 있는 것이 아닐까?"[14]

영국의 고용인이 새로운 기계 도입이라고 하는 졸렬한 기회를 선택하여, 노동자에게 수십 년간 관습이 되어온 성과급제도의 단념을 강요하고, 일정한 일급제로 이를 대신하여 터무니없이 생긴 분규가 나온 이유가 무엇인지 질문하는 것은 지극히 당연하다. 이에 대해 제조업자들은 다음과 같이 설명한다. 즉, 만일 성과급 임금이 새로운 기계에 관련해 승인된다면, 그리고 임금률이 과거 제조 방법에서의 노동자의 1주 수입을 기초로 하여 계산된다면, 노동자는 그 숙련도와 속도를 매우 빠르게 증가시키고, 결국 현재와 같은 26실링의 시간제 임금 대신, 1주 3파운드에서 4파운드를 얻게 된다는 것이다. 그러나 모든 방적업자가 인정할 수 있듯이 경제적으로 설명하자면, 이는 논의의 여지가 전혀 없다. 제조업자 협회의 유능한 서기는 그 협회원을 향하여, 그러한 결과는 결코 구두 한 켤레당의 생산비를 높이는 것이 아니라, 반대로 기계 1대당의 생산비를 현저히 높여서 생산비를 저하시킨다는 분명한 취지를 반복하여 설명했다. 불행히도 그러한 논의는 훈련을 받지 못한 고용인들에게는 아무런 효과를 주지 못한다. 그들은 이윤의 최대 확장을 생각하는 때에도, 그들의 노동자에 대해 1주에 종전보다

---

14) 〈구두 및 가죽 기록〉, 1892년 2월 25일호에 실린 편지.

많은 액을 지불한다는 전망을, 태연하게 바라볼 수 없다.[15]

산업상의 정책에 대해 똑같이 훈련을 받지 못한 공장 제화업의 노동자는 불합리한 고용인보다 더 불합리하지도 않고 동일한 상태에 있다. 그들도 역시 타인이 종래보다도 더욱 많은 보수를 얻을 것이라는 예상에 대해 현저히 감정을 해치게 되고, 그것을 방지하기 위해 불합리하고 불가능한 방법을 제안한다. 1894년, '제화공 전국 노동조합'의 레스터 지부는 새로운 기계를 사용한 업무에 대한 성과급 단가표를 작성할 위원회를 임명할 때, 그들은 단순히 제품 하나하나에 대해 고용인이 새로운 기계 구입비에 지불할 이자액에 상당한 금액을 염출하고자 견적한 백분율을 오로지 공제하는 것만으로, 낡은 방법을 사용한 시절의 성과급 '협정'을 유지하고자 하는 기초 위에서 나아갔다.[16] 그리하여 고용인이 제출하는 조건으로 노동자는 새로운 기계를 사용할 마음을 먹지 못하고, 또 노동자가 제출하는 조건으

---

15) 어느 미국 평론가는 독일의 고용인 사이에서도 같은 감정이 있음을 인정하고 있다. "나는 베를린에서도 노동자의 수입 증가에 대한 편협한 질투를 발견했다. 성과급제에서 그들은 일반의 비율보다 더욱 많은 수입을 올리는 증가 산출량의 보수율을 낮춘다. … 공장주는 일급으로 복귀했다. … 왜냐하면 노동자가 성과급제하에서는 너무나 많은 임금을 얻는 것을 발견했기 때문이다." J. 쇤호프(Schoenhof), 『고임금의 경제(*The Economy of High Wages*)』(New York, 1892), 400쪽.
동일한 투쟁이 1850년부터 1860년 사이에 코벤트리의 리본업에 공장제도와 증기력을 도입할 때에 발생하여, 노동자는 성과급을 요구하였으나, 고용인은 성과급제도가 "주급보다도 복잡하다고 하는 하나의 이유와, 이는 그들의 기계 생산력 증가에서 오는 이익을 그들에게 빼앗긴다는 주된 이유"에 의해 일정한 일급제를 채택하자고 주장했다. 사회과학협회, 〈노동조합 및 파업에 관한 보고〉, 325쪽.
16) 1894년 4월부터 9월까지 열린 〈성과급 위원회〉 의사록(원고). 이 위원회에는 레스터 지부의 중요한 노동자와 지부 임원이 출석했다. 제안된 비율이 어떤 경우에는 40퍼센트에 달하는 임금 증가로 되는 것이 판명되자 더욱 노련한 노동조합 임원들은 위원회의 운영 방식에 대해, 노동조합의 모든 정책의 평판을 나쁘게 할 우려가 있다고 항의한 것을, 그 명예를 위해 언급해둔다.

로는 고용인이 새로운 기계를 도입할 생각을 하지 못할 것이다.

　이 문제에 대한 노동자의 감정은, 개인 생산 시대부터의 미신이다. 제화 노동자에게는 노동의 합리적 보수가 생산된 상품의 전부이거나 그 시장의 가격이 된다고 하는 뿌리 깊은 신념이 전해지고 있다. 이러한 생각은 생산자 조합과 노동거래소라는 계획을 갖는 오언파 사회주의 경제의 핵심이었다.[17] 이는 1831년에 널리 읽힌 잡지 〈빈민 가디언〉 제1호에 다음과 같은 시의 형식으로 나타났다.

　　임금은 상품 가격을 만들어야 하고,

　　그래, 임금은 모든 것이어야 해,

　　그러면 우리 상품을 만드는 자가,

　　그 모두를 갖는 것이 정의야,

　　그러나 그 가격이 지대로 이루어지고,

　　10분의 1세, 세금, 이윤뿐이라면,

　　그러면 상품을 만들려고 노동하는 우리는,

　　무소득자가 될 수밖에 없네![18]

17) 『노동조합운동의 역사』, 제3장.

18) 플레이스 원고, 27, 791-240. 이 시는 현재 『경제학사전(*Dictionary of Political Economy*)』의 「차티즘」 항목 중에, 그리고 그레이엄 월러스(Graham Wallas)의 『프랜시스 플레이스 평전(*Life of Francis Place*)』(London, 1897) 속에 재록되어 있다. 같은 사상은 라살레(Lassalle)의 제안과 카를 마르크스의 『가치 이론(*Theory of Value*)』에서 온 추론의 대부분을 움직였다. 이는 독일 사회주의와 그 분파의 선언 및 강령 속에 남아 있다. 그것은 물론 발명의 진보, 그리고 조밀한 인구와 자본의 조직의 발달에서 생기는 '불로 증가'(不勞增價; Unearned Increment) ―이는 현대 영국의 사회주의자가 생산수단을 공유하고, 생산자를 시민에게, 그리고 개인을 사회에 종속시키고자 하는 그의 요구의 기초를 형성하는 것― 에 관한 현재의 경제학적 견해와는 맞지 않는다. 〈페이비언 트랙트〉, 제51호,

제화공이 새로운 기계에 대한 성과급 단가표 작성에 나섰을 때 그가 제출한 임금률은 "임금은 상품 가격이어야 한다"는 그의 경제적 전제를 그대로 숫자화한 것이다. 이러한 심리 상태는 결국 노동자가 실로 모든 새로운 발명의 순이익 전부를 취득하는 것이라고 태연히 제출하는 것에 이르게 된다. 고용인은 개량의 모든 이익을 향수하고자 하는, 마찬가지로 유지하기 어려운 요구를 하고, 노동자의 요구를 사회에 대한 것이 아니라 그 자신에 대한 공격이라고 생각한다. 그러나 고용인이 무엇을 희망한다고 해도, 많은 경우에 경쟁은 바로 그의 새로운 이득을 가격 인하의 형태로 소비자에게 이전하는 것이라고 사회는 믿게 된다. 따라서 이 모든 다툼에 있어서 여론은 노동자의 요구에 반대하는 경향이 있고, 새로운 공정에 수반된 더욱 큰 노력에 상응하는 노동자의 정당한 임금 증가의 요구조차 무시할 정도가 된다. 고용인은 종종 이러한 논의를 여론에 큰 영향을 미치게 사용하는 방법을 알아왔다. 1859년, 런던건축업주협회는 노동시간의 단축을 주장하는 노동자의 논의는 "기계에서 생기는 이익은 사회나 발명자나 응용자의 소유에 돌아가야 하는 것이 아니라, 기계가 배척한다고 말하는 노동력의 소유자가 가져야 한다는 주장을 의미하는 것이다"[19]라고 불평했다.

생산량의 증가가 새로운 기계 때문이 아니라 단지 분업의 증진에서 생기는 경우, 노동자의 경험이 있는 간부라고 해도, 모든 증가를 향수하고자 하는 노동자의 요구에 몇 사람이 이의를 제기할 수 있다고 생각하는 것은 정직하게 말해 불가능하다. 1894년, 브리스틀의 어느 회사는 "새로운 노

『참된 사회주의와 거짓 사회주의(*Socialism, True and False*)』, 페이비언협회가 1869년 국제사회당 대회에 제출한 〈페이비언 정책 보고〉(〈페이비언 트랙트〉, 제70호)를 참조하라.
19) 사회과학협회, 〈노동조합 및 파업에 관한 보고〉, 1860, 62쪽.

동제도를 브리스틀에 도입하자고” ‘전국회의’(National Conference) 중앙연합위원회에 호소했다. 그 새로운 제도라는 것은 소위 ‘팀 제도’로, 노동자는 매일 종전보다도 더욱 많은 구두를 집단적으로 만들었다는 것이다. 이러한 호소는 성과급 업무로부터 확정 임금으로의 변경도 수반하므로, 일정한 주급으로 끊임없이 증가하는 노력이 착취됨에 의해 표준 임금이 위태롭게 된다는 불평을 하는 데에는 어떤 정당한 이유가 있었을 것이다. 그러나 노동조합은 이 점을 취하는 대신, **고용인에 대한 구두 한 켤레의 생산비**가 종전과 동일하도록 일급을 결정하지 않는다면, 그 변경은 임금의 저하로 보아야 한다고 주장했다.[20] 노동자의 주장은 이러한 논의에 의해 매우 나쁜 인상을 주었고, 그 결과 위원장(부시장 토머스 라이트 경)은 그들의 요구를 거절했을 뿐 아니라, 만일 단지 1주 수입이 감소되지 않는다면, 공정의 변경은 조건의 변경이 아니라고 말하여, 공정 변경으로 인해 생긴 노력과 긴장의 증가 문제를 철저히 무시하기에 이르렀다.

이처럼 현저한 일련의 분쟁에 대한 연구자는, 고용인과 노동자 쌍방이 그들 자신의 논거와는 서로 모순되는 주장을 파악하는 것에, 실패해서는 안 될 것이다. 고용인은 가장 충분하고 가장 유보하지 않는 방식으로, 모

---

20) 이러한 요구와 논의는 〈제화공 전국회의 보고〉(1893년 8월)에서 볼 수 있을 것이다. 의장은 “성과급 업무에서 시간급 업무로의 변경이 노동자의 수입 증가를 초래했다고 가정한다면, 그것은 노동자가 항의하는 권리의 변화였다고 말할 수 있는가?”라고 물었다. 이 질문에 대해 명료한 답은, 만일 새로운 공정이 과거의 그것보다도 더욱 큰 노력이나 긴장을 요한다면, 1주 수입이 현실적으로 증가해도 표준율(노동보수의) 저하를 의미하고, 따라서 노동자에 대해 하나의 고통을 의미할 수 있다고 말하게 된다. 그러나 이러한 논점에 입각하지 않고, 노동자의 대변자는 다음과 같이 말했다. “만일 특수한 노동자가 그 금액을 얻고, 고용인이 각서에 규정된 10다스의 대가로 11다스의 업무를 하게 했다면 그것은 임금 저하를 의미한다고 생각한다.” 마찬가지 사상의 혼란은 1894년 1월의 전국회의에서 토론된 ‘팀 제도’에 관한 여러 사건에서도 나타난다.

든 노동조건의 결정은 단체교섭의 원칙에 의해야 한다고 양보했다. 그들은 단체교섭의 실행과 관련하여 끊임없이 이용해야 할 가장 주도면밀한 하나의 기관 설립을 주장함으로써 이 원칙을 지킨다는 것을 강조해왔다. 따라서 고용인은 "어떤 예고도 없이 수시로 기계를 도입하는" 권리를 갖는다거나 "공장 내부의 경제나 노동자의 조종"에 있어서의 변경은 개별 공장주의 독재적 결정 사항이라고 주장하는 것은 그들의 자가당착이다. 물론 어떤 하나의 기계를 도입하느냐 않느냐를 결정하는 것은 마치 추가 노동자를 20명으로 할 것인지 아닌지를 독단적으로 결정하는 것과 마찬가지로, 각 고용인이 결정해야 할 문제임에는 틀림이 없다. 그러나 노동자가, 그것에 근거하여 고용되어야 하고, 또는 그것에 의해 그들 업무의 습관이 변화를 가져올 규제나 조건은, 단체교섭의 가정에 근거한다면, 임금 계약을 체결하는 당사자 일방의 의사에 의해, 또는 심지어 일부 고용인과 일부 노동자 사이의 협정에 의해 결정할 수 없고, 도리어 쌍방의 공인된 대표자 사이의 교섭에 의한 하나의 공통규칙으로 취급해야 할 사항인 것은 명백하다. 뿐만 아니라, 고용인은 그들의 교섭에서 표준 임금률의 원칙, 즉 모든 산업을 통하여 동일한 노력에 대해서는 동일한 임금을 균일하게 유지하는 원칙을 반복하여 채택해왔다. 따라서 노동자의 노력의 농도를 더욱 증가시키지 않을 수 없는 공정의 변경 시에, 확정된 시간급 임금을 주장하는 것은 그들의 모순이다. 노동자가 점차적으로 노력의 도를 증가시킴에 비례하여 점차 수입의 증가를 확보하는 조정이 가능하지 않으면, 고용인은 표준 임금을 침해하는 것, 즉 비밀로 일정 노동량에 대한 지불의 비율을 저하시키는 것이다. 반면, 노동자는 공장 제화공으로서의 존재 그 자체가 개인적인 수직 제화공의 배제에 의하는 것임을 인정하면서 분업의 증진과 기계 사용의 증가를 언제나 분개한다. 그리고 그들은 표준 임금률의 유지라는 원칙과, 따라서 성과급 업무 단가표의 주장이라는 근본적 원칙에 입각하지만, 그들은 새로운 공정에 있어서 심지어 그 처음에서도 그들의 현재 임금에 상당하는 수입액을 만들어내는 것에 불과한 비율을 제안하고 싶어 하지 않는다. 만일 노동자가 솔직하게 '협정 단가표'를 수정하고, 이에 따라 상세하게 산출된 퍼센트의 표준 임금률의 증가를 요구한다면, 그 요구는 고용인과 노동자 사이의 흥정 중의 한 사건으로 그 자체의 시비 위에 논의될 것이다. 그리고 이윤이 공정의 변경으로 인해 엄청나게 증가되면, 그야말로 임금 인상을 위한 특별한 기회가 될 것이다. 그러나 임금 인상의 요구가 과거의 '단가표'에서 조금이라도 떨어지는 것은 적극적인 임금 인하로서 반대해야 한다는 단정의 가면을 쓴 경우, 고용인은 노동자의 방식을 지적으로 불성실한 것으로 보고, 이에 대해 모호한 분노를 품게 될 것이다. 만일 노동자가 표준 임금률이라고 하는 현대 노동조합의 원칙을 유지하고자 바란다면, 그들은 분명하게 "임금은 상품의 가격이어야 한다"고 말하는 정반대의 설을 포기하고, 바로 여러 공장의 기계의 큰 차이나 조건의 상위에 적용되는 새로운 성과급 임금표의 작성에 착수해야 한다. 그러한 표의 작성은 특히 각자 겨우 1대나 몇 대의 새로운 기계를 사용하는 정도에 불과한 많은 소규모 제조업자의 잔존을 생각할 때 어려움이 따르는 것은 의심의 여지가 없다. 그러나 이와 마찬가지의 어려움은 20년 전 제조업이 공장 공업으로 변했을 때에 만나 극복한 것으로, 미국의 경험은 그러한 어려움이 오늘날에도 극복할 수 없는 것이 아님을 보여주고 있다.[21]

---

21) 이러한 대규모 제화공장이 1895년의 일반적 불경기에도 아무런 영향을 받지 않은 '영국 도매연합회'(English Co-operative Wholesale Society)의 경험은 과거 한때 자신이 노동자로

식자(植字) 기계와 해판(解版) 기계[22]를 영국 인쇄업에 점차적으로 도입하는 것은, 다른 산업에서의 경우와 같은 어려움을 보여주었다. 이러한 기계는 1876년경부터 사용되기 시작했다. 그러나 초기 발명의 불완전함 때문에 19세기의 1990년대까지 구식의 수식자공(手植字工)에 대한 경쟁도 현저하게 느껴지지는 않았다. 그 기계의 출현은 언제나 노동자에게 가장 혐오스러웠다. 그러나 '식자공 노동조합'은 처음부터 기계의 사용을 방해하거나, 조합원이 그것을 운전하는 것을 금지하는 것을 전혀 주장하지 않았다. 그들의 방침은 당시 그들의 표준 임금률을 보호하는 조건하에 새로운 일을 조합원에게 확보시킨다고 하는 것이었다. 그들이 리노타이프(Linotype)[23] 기계의 모든 이익을 거두자고 주장한 것은 어디에도 기록이 없다. 그러나 그들이 그 이익의 분배를 주장한 것은 확실하다. 리노타이프 회사의 사장은 1893년의 주주에 대한 연설 중에서 "리노타이프를 채택한 인쇄소는 거의 모두 노동조합이 있는 인쇄소이다. 어떤 곳은 일급제이고 어떤 곳은 성과급제이다. 이는 확실히 노동 방면의 어려움이 심각한 것이 아님을 보여주는 충분한 증거이다. 내 생각으로 노동조합(노동자)은 우리에게 지극히 공정하게 행동하고 있다. 그들 말의 전부는 이것이다. 즉

서 예외적으로 유능한 지배인이 어떻게 하여(새로운 공정에 대해 성과급 임금표의 협정을 예상하여) 주급을 생산 증가 대체로 비례하도록 하여 문제의 일부를 해결했는지를 보여주는 점에서 매우 흥미롭다. 어떤 '밑창 붙이기 기계'(Lasting Machine)에서는 직공의 숙련과 열성에 의해 생산량이 1주에 666켤레에서 1270켤레까지 차이가 났다. 버처(Butcher) 씨는 많은 고용인이 각 공정의 모든 노동자에 대해 주어진 균일의 주급, 즉 중요한 노동자의 경우 40실링, 또 (아이를 채용하는 대신) '견습'에게도 35실링을 주지 않고 열성과 숙련을 장려하는 방법을 알아왔다. 그는 1주 생산량 1500켤레에 이른 경우에는 임금을 2파운드 10실링까지 인상시킬 생각이라고 발표했다.

22) 인쇄를 마친 인쇄판을 풀어 활자와 활자 이외의 것으로 나누는 기계. (옮긴이 주)
23) 자동식자 조판기. (옮긴이 주)

"우리는 모두 여러분이 인쇄업에 대해 지극히 이익 —막대한 금전과 노력을 절약해주는— 발명품을 가지고 있고, 노동자도 그 이익의 공정한 분배를 얻어야 한다고 생각한다." 고용인들은 그들에게 공정하게 지불해야 한다. 그러면 이 기계를 채택하는 데 어떤 장애도 생기지 않는다고 나는 믿는다."[24] 1894년, '런던 식자공 노동조합'은 그때까지 기계의 중요 사용자인 신문 경영인과 만족스러운 협정을 체결할 수 있었다. 그리고 그 기계는 지금 쌍방이 정식으로 승인한 조건하에 런던의 여러 신문사에서 운전되고 있다.[25]

24) 1893년 5월 11일, 런던, 캐넌 스트리트 호텔에서 열린 주주 통상총회 석상에서 행한 리노타이프 회사 사장의 연설.

25) 1894년 6월 7일, 앤더슨 호텔에서 열린 런던 일간 신문 경영인 및 '런던 식자공 노동조합' 대표자 회의에서 협정된 새로운 개정 규약.
식자기계
1. 모든 숙련공, 즉 견습이나 일용 노동자와 구별되는 식자공, 정행공(整行工; Justifier), 해판공은 '런던 식자공 노동조합'의 조합원이어야 하고, 우선권은 기계가 도입되는 식자공 동료의 노동자에게 부여하도록 한다. 1주 48시간에 대해 최소율로 38실링의 배당이 지급되어야 한다.
2. 3개월의 견습 기간을 인정한다. 직공은 그전 3개월의 평균 주급을 받아야 한다. 이 기간 중에 그는 성과급 업무를 할 수 없다.
3. 식자기계가 도입된 모든 인쇄공장에서 직공과 케이스공(Case Hands)은 식자를 동시에 개시한다. … 그러한 공장의 식자공과 다른 직공은 조간신문의 경우, 1일 7시간 노동에 2교정쇄(Galley), 석간신문의 경우 1주 42시간에 12교정쇄를 보증한다.
4. 기계 업무에 대한 가격표는 다음과 같이 한다.
리노타이프 간행 신문사의 주간 업무에 대해서는 1000자에 3펜스 4분의 1
조간신문의 업무에 대해서는 1000자에 3펜스 4분의 3
브레비어(brevier)호 이상의 모든 활자에 대해서는 1000자에 4분의 1 펜스의 가산
헤터슬리(Hattersley), 석간신문 업무에 대해서는 1000자에 4펜스
조간 업무에 대해서는 1000자에 4펜스 2분의 1
이 협정은 1896년에 같은 요령으로 작성된 더욱 치밀한 협정으로 대체되었다. 〈노동 가제트〉, 1896년 8월호를 참조하라.

이제 새로운 기계의 도입이 최근 부단한 알력의 원천이 된 산업으로부터, 그런 모습을 오랫동안 멈추었던 산업으로 눈을 돌려보자. 면방과 면직의 대공업에서는 사용되는 기계의 여러 부분이 최근 백년간 현저히 개량되어왔다. 이러한 기계적 진보의 초기에는 각각의 단계가, 지금 제화업에서 싸우는 것과 지극히 유사한 싸움이 노사 간의 격렬한 투쟁의 대상이었다. 그러나 최근 30년간, 여러 노동조합은 개량에 반대하거나, 기계 도입에 의한 모든 이익을 취한다든가 하는 생각을 모두 깨끗하게 포기했다. 어떤 조건하에 기계 개량이 도입되는지를 결정하는 권한은 쌍방의 동의를 얻어 오래전부터 개별 고용인이나 특별한 노동자 집단의 손에서 떠났다. '공장의 내부 경제 또는 고용인에 의한 노동자의 조종' —제화업자의 새로운 계급에는 그들 자신의 독재적 결정 사항이라고 생각된 것— 은 면공업에서 당연한 사항으로, 미리 노동조합과 고용인협회의 유급 전문가 임원 사이의 고려와 협정에 맡겨졌다. 교섭의 기초로서 일정한 노동량에 대한 표준 임금률은 이를 움직이지 않는다고 하는 원칙이 쌍방으로부터 격의 없이 승인된다. 고용인은 공정의 속도와 복잡성의 증가가 노동자에 대해 노력의 농도의 증가를 의미하고, 따라서 이는 임금의 증진에 의해 보상되어야 한다는 것을 승인한다. 그들은 일정한 시간제 임금으로 이를 대치하고자 신청하는 꿈을 꾸지 않고, 그들은 노동자에 대해 이러한 증진적 임금을 완전히 보증하는 미리 확정된 성과급 임금 단가표에 이의 없이 동의한다. 한편, 노동자는 "임금은 상품의 가격이어야 한다"고 하는 생각을 어떤 유보도 없이 포기하고 있다. 우리는 모즐리(Mawdsley) 씨나 윌킨슨(Wilkinson) 씨와 같이 매우 유능한 노동조합 임원들이, 고용인에게 야드당 생산비의 저하는 반드시 노동자에게 임금 저하가 되지 않을 수 없다고 제의하는 것을 흥미롭게 경청하는 모습을 상상할 수 있다. 그들은 다음과 같이 답할 것이다. 즉, 면공이 그의 표준 임금률을 확보하는 한, 그는 능숙한 관리나 공정의 개량에서 오는 생산비 저하는, 그들의 생산물에 언제나 확대하는 시장을 보증하는 것에 의해, 노동자에게 적극적으로 이익이 된다고 하는 것 외에는 생산비에 아무런 관심이 없다고 답할 것이다. 면공의 노동조합은, 기계 생산력의 향상마다 하락하는 성과급 임금률에 동의하는 것에 따라, 혁신을 좋아하는 고용인과 실제로 타협한다. 따라서 고용인은 그가 채택할 수 있는 모든 개량은 그의 생산비에 한정되지만, 그에게 참된 절약을 가져오는 것을 알고 있다. 한편 노동자는 그들의 전문가 임원의 신중한 고려 뒤에 상호 협정에 의해 이미 결정된 점증적 성과급 임금률이 그들의 현재 주당 수입을 보호뿐만 아니라, 노력의 증가에도 바로 보상한다고 확신한다. 나아가 그들은 경험에 의해 노력 증가의 의식은 앞보다 더욱 면밀한 주의와 더욱 신속한 동작이 습관으로 되는 것에 따라 없어지는 것도 알고 있다. 더욱 낮은 성과급 임금률을 승인함으로써 그들은 새로운 발명의 '불로 증가'를 독점하고자 하는 요구를 포기하는 것이 사실이다. 한편, 그들은 미리 결정된 성과급 임금 단가표를 고용인이 양보함으로써 새로운 공정에 의한 실습이 당연히 낳는 새로운 숙련의 모든 '임대료'(Lent)를 보증받는다. 그리하여 언제나 증가하는 운전 속력은, 고용인의 강요로 일정한 시간제 임금으로 일해야 하는 제화 노동자에게는 '보조 지도이자 노예 상태'이지만, 방적공에게는 환영받을 주당 수입의 증가이고, 생활 표준의 불변적 향상을 의미한다.

'보일러 제작공 및 철조선공 연합 노동조합'은 고용인과의 협정의 기초를 같은 원칙에 두고 있다. 그리하여 영국 북동 연안의 대규모 조선업의 내부 경제는, 새로운 설비 등에 관한 다음의 정식 조약에 의해 지배되고 있다. "위의 어떤 조항에도 불구하고, 조선공은 노동을 절약하기 위한 설비 —현재의 것으로 충분히 고려되지 않거나, 앞으로 도입되는가에 관계 없이— 라는 이유로, 조선소의 설비 개선을 위하여, 업무가 더욱 쉬운 신형 선박에서 지급되는 임금률, 기타 특종의 경우를 위해, 임금률의 수정을 요구하는 권리를 갖는다. 이러한 여러 수정의 조건은, 고용인과 '보일러 제작공 및 철조선공 연합 노동조합'을 대표하는 위원회에 의해 정해져야 한다. 노동자는 마찬가지 방식으로 새로운 작업 조건, 선박의 구조 변경 또는 기타의 이유에 의해 그 임금의 수정이 필요하다고 생각되는 어떤 업무도 위의 위원회에 제기할 수 있는 권리를 갖는다." 이러한 협정은 기계 등에 대해 만들어진 어떤 배려에도 반대하는 일부 노동자의 상당한 반대에 봉착했다. 이러한 불평에 대한 노동조합 집행위원회의 답은 다음과 같았다. "우리 노동조합의 최고참의 조선금속판공(Shipyard Plater)에게는, 그가 어느 선창에 가서 배에 판금을 하면서, 기계가 다르다는 이유에 의해 다른 선창의 것보다도 1야드당 10퍼센트 싸게 할 수 있다는 것은, 잘 알려져 있다. 따라서 가장 좋은 기계를 소유하는 고용인은, 그의 업무를 더욱 싼 비율로 할 수 있게 되어 그의 기계에 대해 보상받는다. … 이는 모든 곳에서 행해지고 있고, 부당한 것도 아니다. 여러 선창에서의 작업 설비가 다르기 때문에, 금속판 노동에 대한 표준 가격표를 얻을 수 없었음은 우리의 금속판공에게 잘 알려져 있다."[26]

이제 우리는 새로운 공정과 기계를 다룬 노동조합 경험의 결과라고 하는 것과 그 일반적 경향이나 면공의 사례에서 판단하여 장래 일반적 방침이 될 것으로 예상하는 것을 개괄할 수 있다. 첫째, 기계를 배척하고자 하는 수공 노동자의 과거의 시도는 완전히 포기되었다고 말할 수 있다. 새로

---

26) 〈보일러 제작공 및 철조선공 연합 노동조합 월보〉, 1895년 1월호.

운 공정에 의해 일하는 것을 거부하기커녕, 오늘날의 노동조합 운동가들은 이미 그 산업에서 일하는 노동자를 위해 새로운 숙련을 확보하고 새로운 업무를 위한 우선권을 요구한다. 고용의 계속을 위해 이러한 우선권을 요구할 때, 그들은 새로운 공정의 채택을 위한 조정 —임금률만이 아니라 노동의 물질적 조건도 포함하여— 은 임금 계약의 일방 당사자에 의해서만 단독으로 결정되지 않고, 쌍방 당사자가 협의하여 결정해야 할 사항이라고 주장한다. 나아가 단체교섭의 원칙 위에서 이 사항은 어떤 특수한 고용인과 피고용인 사이의 협정에 위임되어야 하는 것이 아니라, 어떤 특정 산업의 모든 고용인과 노동자에게 강행해야 할 공통규칙으로 협상에 의해 결정되어야 한다.[27] 이러한 단체교섭이 행해지면, 노동조합은 어떤 사정하에서도 '개량'은 노동자를 종전보다도 더욱 나쁜 상태에 두는 것이어서는 안 된다고 하는 근본 주장하에 진행되는 것이 보통이다. 노동자의 모든 조건을 바꿀지도 모르는 기술적 공정의 변경은 노동자의 노동 생산력을 현저히 증대시킨다고 생각된다. 그리고 이러한 변경을 계기로 하여 노동자가 종래 누렸던 특권이나 이익을 고용인이 침해하는 것은 있을 수 없다고 주장된다. 이는 그의 주당 수입이 유지되어야 할 뿐만 아니라, 노동시간의 길이나 그 업무에 필요한 육체적·정신적 노력의 양, 또는 그의 노동의 불안과 불쾌가 증가되어서는 안 되고, 이러한 어떤 증가도 가산 임금으로 충분히 보상되어야 하는 것을 뜻한다. 나아가 종래 승인된 방어 등 규제는

---

27) 공정 변경이 행해지는 여러 사정을 단체교섭의 문제로 삼는 이러한 요구는 최근에 이르러 비로소 처음으로 고용인이 용인하거나 조금 이해하는 것이 되었다. 그 요구는 많은 산업에서 여전히 말도 안 되는 것으로 취급되고 있다. 사실 1871년까지 임금이나 노동시간의 개정 이외의 목적을 갖는 단결은 형법상 범죄로 취급되었다. 노동 방법의 가장 중요한 변화는 노동자와 고용인의 상호 협정 사항이 될 수 있다고 하는 생각은 선량한 고용인의 머리에 결코 떠오르지 않았다.

계속 새로운 조건에도 적용되어야 하도록 요구된다. 성과급 노동자는 명확하게 결정된 상세한 가격표를 기대할 수 있고, 시간제 노동자는 정상적 속력 이상으로 '구사'되는 것에 대한 통상적인 보호를 요구할 수 있을 것이다. 종래 도제가 규제된 산업에서는 여러 규제의 계속이 주장될 수 있을 것이다.[28] 이 모든 것은 단지, 노동자의 노동 상태나 지위는, 고용인에게 새로운 이윤을 초래할 변화에 의해 악화되어서는 안 된다는 요구로 귀착된다. 이러한 요구에 대해, 하나의 상이한 근거에 선 명백하게 다른 요구, 즉 노동자는 개량에서 얻어진 이익의 일정 부분을 받아야 하고, 따라서 그는 새로운 공정을 승인하는 조건으로 그의 표준 임금률의 상당히 적극적인 증가를 확보할 기회를 가져야 한다는 요구가 종종 가해질 수도 있다.

고용인이 이 새로운 방침을 승인하고, 노동자가 그것을 완전히 양해하게 되면, 기계에 가장 최신의 개량을 가하자고 가장 열심히 주장하는 것은, 개별 고용인이 아니라 노동조합이라는 점은 매우 흥미롭다. 영국의 제화업에서는 앞에서 말했듯이, 하나의 개량이 고용인과 노동자 사이의 오랜 투쟁의 씨앗이 되어왔다. 랭커셔에서는 어느 고용인이나, 어느 지역이

---

28) 생활의 안이함과 습관은 때로는 변화의 장애가 되고, 때로는 그 자극이 되어, 이러한 교섭에서 중요한 작용을 한다. 가령 요크셔의 '유리병 제조공 노동조합'은 1875년, 새로운 가스 가마를 사용하여 노동하는 것을 거부했다. 그 이유는 그것이 3교대를 야기한다는 것이었다. 이는 노섬벌랜드와 더럼의 광부가 소년 노동시간의 단축을 거부할 때 그 이유로 2교대제가 3교대제로 바뀌는 것을 든 것과 같은 반대였다. 이 두 가지 경우, 노동자는 노동시간의 변경이 그들에게는 불쾌하고 불편하다고 주장했다. 반면 1876년, 유리 산업에서 당시까지의 공정보다 더욱 안전하고 신속한 '병제조'의 새로운 방법이 발명되었을 때, 요크셔의 '유리병 제조공 노동조합'은 그 채택을 요구하고 여전히 낡은 방법을 유지하는 회사를 향하여, 새로운 방법에 대해서는 겨우 6페니임에 비해, 업무에 대해서는 1인당 2실링의 지급을 주장하는 결의를 통과시켰다. 〈요크셔 유리병 제조공 노동조합 1875년 및 1876년 연보〉를 참조하라.

다른 것에 뒤떨어지지 않을까 하는 것이, 바로 면공 노동조합의 불만이 되어왔다. 이러한 차이가 생기는 이유는 명백하다. 어떤 고용인도, 자기 산업에서 다른 경우보다 뒤떨어지는 고용인에 대해 발명의 진행과 보조를 맞추도록 하는 수고를 하지 않는다. 그들이 뒤떨어지는 것은 실로 그 자신에게는 직접적인 이익이 된다. 그러나 모든 노동자를 대표하는 노동조합에, 가난하거나 우둔한 고용인의 나태함은 중대한 위험이다. 완만한 가정적 영업을 행하는 구식의 방적업주는 노동조합 임원이 상대적으로 불완전한 기계를 허용하는 것을 거부하고, 만일 고용인이 가장 좋은 설비를 가진 경쟁자와 같이 능률이 좋게 그들의 공장을 경영하지 않는다면, 우리가 보았듯이 더욱 높은 성과급 임금을 지불해야 한다고 주장한다고 적극적으로 주장할 것이다. 그리하여 '방적공 합동 노동조합'은 새로운 기계의 도입을 방해하는 대신, 그것을 채택하지 않는 고용인을 실제로 처벌하고 있다! 면사방적업과 제화업이라고 하는 영국의 양대 산업 사이에 존재하는 노동자와 고용인 양자 태도의 이처럼 현저한 상위는, 기술적 능률에 관한 그들의 현저하게 상이한 입각점을 설명해준다. 영국의 제화업자는 언제나 매사추세츠나 코네티컷의 훌륭한 설비를 갖춘 공장이 훨씬 높은 능률을 보여줌을 불평한다. 랭커셔의 방적공장은 직공 1인당 생산에서 쉽게 세계를 지도하고 있다.

다루어야 할 사례의 다른 유형이 존재한다. 즉 새로운 공정이 원래의 숙련 직공에 의해 일해지는 대신, 전적으로 새로운 사람들의 집단에 의해 대체된다. 이는 산업의 역사에서 비극적 삽화를 연결된 것으로부터, 일반 공중의 상상력을 가장 강력하게 움직이고, 따라서 사회개혁이라고 하는 지극히 극단적인 견지에서 행하는 우리 산업제도의 비난 중에서는 상투적인 것이 되고 있는 바로 그 형태이기 때문에, 그 생략은 지금까지 예기하지 못한 간과로 독자를 놀라게 할지 모른다. 새로운 기계나 공정의 도입은, 마치 사진이 미세 화상을, 기차가 역마차를, 석유가 등기름을 전멸시켰듯이, 완전하게 노동자의 숙련이라는 효용을 절멸시킬 수 있다. 동력 기계에 대한 수직공의 비통한 투쟁은 아마도 가장 유명한 보기일 것이다. 우리는 한 발자국씩, 또는 계속 넘어지면서 더 나아가 기계를 대신한, 불충분한 조직의 직업이 파멸을 향하여 나아간 길을 따라가 보자.[29)]

수공 노동자가 자신의 생산물이 기계제품의 염가로 인해 압도되는 것을 처음 알았을 때, 그의 제일 본능은 기계제품의 싼 생산비에 지지 않도록 수공 노동의 임금을 내려서 새로운 제조 방법과 필사적인 경쟁을 개시하는 것이다. 이는 분명히 '가장 저항력이 적은 전선'이다. 어떤 새로운 발명의 기계라고 해도, 그것이 신참자에게 작용하여 아직 공정에 완전히 순응하지 못하게 된 경우에는, 숙련된 수공업자로 하여금, 그 기계가 그가 만들 수 있는 것과 같은 좋은 상품을 만드는 데 계속 성공하거나, 여하튼 시간의 절약이 현저하다고 말하는 것을 납득할 수 없는 것이다. 사실 1주 10실링에서 15실링으로 고용된 소년소녀가 쉽게 새로운 공정을 일할 수 있

---

29) 공장제도에 대한 소규모 수공업의 투쟁은, 목하 독일과 오스트리아에서 가장 잘 연구할 수 있다. 그곳에서는 그러한 상태가 수많은 권위 있는 관찰자에 의해 상세하게 서술되었다. 특히 구스타프 슈몰러(Gustav Schmoller), 『19세기 독일 소공업의 역사(*Zur Geschichte der Deutschen Kleingewerbe im 19th Jahrhundert*)』(Halle, 1870), 오이켄 슈비들란트(Eugen Schwiedland), 『오스트리아의 소공업과 가내공업(*Kleingewerbe and Hausindustrie in Oesterreich*)』(Leipzig, 1894), 제2권, 같은 저자의 두 보고 『가족노동의 법적 규제에 대하여(*Ueber eine gesetliche Regelung der Heimarbeit*)』(Vienna, 1896, 1897), 쿠노 프랑켄슈타인(Kuno Frankenstein), 『독일 가내공업(*Die Deutsche Hausindustrie*)』, 전 4권, 콘라트(Conrad)의 『국가학사전(*Handwörterbuch der Staatswissenschaften*)』, 제4권에 실린 베르너 좀바르트 교수의 논문 「가내공업」, 「독일의 수공업 상태에 관한 조사」로 사회정책학회가 발행한 특수한 직업과 지방에 대한 훌륭한 논문 총서(Leipzig, 1894~1897) 12권 등을 참조하라.

다고 하는 사실은, 그가 갖는 탄핵과 불신임의 태도를 확인한 것에 불과하다. 그러한 심리 상태에서 인간은 그 재산이자 생활의 자료인 숙련을 포기하고, 종래 임금의 반이나 3분의 1까지로 기계 수호자가 되거나 전적으로 다른 직업에서 새로운 삶을 시작하지 못한다. 그는 미발달 기계의 최초의 졸렬한 시도에 대항하기 위해 자신의 최상 숙련을 업무에 쏟아붓고, 그의 수공 노동에 대한 표준율의 약간의 저하가, 그의 수직(手織)으로 하여금 시장의 완전한 지배에서 떠나기에 필요하다고 생각되는 모든 것임을 발견한다. 그의 선의의 친구인 종교인이나 교구의 방문자, 신문의 경제 기자나 온정적인 고용인은 하나가 되어 이것, 즉 방파제를 저하시키는 정책이 그가 채택해야 할 길임을 보증한다. 그러나 불행히도 이는 끝이 없는 지하도로 들어가는 것이다. 기계제품은 새로운 노동자가 숙련되어 작업 속도가 증가함과 함께, 점차 품질이 개량되고 가격은 하락한다. 그러한 진화의 모든 발걸음은, 투쟁하고 있는 수공업 노동자에게는 더욱더 임금이 저하되는 것을 의미하고, 그는 이 업무를 급하게 서둘러 그 노동시간을 연장시키는 것에 의해 점차 이전의 수입만을 얻는 것이 가능하게 된다. 이러한 서두름과 과로는 필연적으로 그의 제품이 종전에 가졌던 품질이나 특질을 나쁘게 한다. 그의 가족을 원래의 지위로 유지하고자 시도한 결과는, 가능한 최고 속도로 업무를 수행하기 위하여 모든 것을 희생시키지 않을 수 없다는 것이다. 그의 처자까지 무리하게 그의 일을 하도록 시키게 되고, 그 조잡하고 급속한 분업은 원래의 사고나 숙련의 사용을 줄이게 한다. 업무는 모르는 사이에 그 예술적 품질과 개인적 특성을 상실해간다. 증기기관과의 승산 없는 경쟁에서, 수공 노동자는 스스로 기계화되고, 그는 완성된 기계의 산물인 균일적 정교함과 정확한 완성의 어느 것도 얻을 수 없다. 그래서 질이 나쁜 수제품은 기계제품보다도 싼값으로만 팔리게 될 것이다. 작업이 나쁘면 나쁠수록 그 수요는 더욱 불규칙으로 된다. 수제품에 대한 신뢰를 지켜온 까다로운 고객도 수제품 이전의 좋은 품질이 없어졌음을 차츰 깨닫게 되어 현대적 대용품을 하나씩 받아들인다. 그래서 우리는 스웨트 산업(Sweated Industry)이라는 순환론에 도달한다. 즉, 임금률의 점차적 저하가 업무질의 필연적 타락을 초래하고, 한편 생산품 자체의 낮은 수준은 점차 낮은 비율의 지급을 강요하는 싼값을 제외하고 팔리지 않게 한다. 처음에는 기계의 기계적 수호자보다도 더욱 높은 곳에 있다고 자신한 수공 노동자가, 끝에는 과민한 공장 노동자보다 육체적으로도 기술적으로도 훨씬 하위에 서게 된다. 이제 그는 그 새로운 공정을 갖는 데에 아무런 의문을 갖지 않게 된다. 왜냐하면 그 새로운 공정은 그의 능력의 모든 것을 넘어서서 진보하기 때문이다. 그리하여 그는 죽어가는 직업의 영원한 고뇌 속을 살아간다.

이상은 대체적으로 섬유공업의 모든 부문에 있는 수기직공(手機織工; Handloom Weavers)의 이야기이다.[30] 이와 마찬가지로 끔찍한 진화가 '검은 지방'[31]의 체인공과 못질업(Chain and Nail Trade), 재봉공과 캐비닛 제조공의 비조직 부문에서 현재 진행 중인 것을 우리는 본다. 이러한 불행한 노동자가 빠져 있는 비참한 상태를 상세히 설명할 필요는 없다. 그러나 소비자의 이익이 이러한 '방파제를 낮추는 방책'에 의해 어떻게 영향을 받았는지를 관찰하는 것은 중요하다. 첫째, 이는 결코 기계의 보급이나 새로운

---

30) "비참한 빈곤의 극단에서 가슴은 찢어지고 목적도 상실한 그들은 각종 용수철과 철선의 움직임으로 적극적으로 소용돌이치는 세계에 대한 통찰력을 저해받았고, 나아가 그들은 일종의 완고한 숙명관과 함께 그들의 쇠퇴해가는 직업을 고집했다." 존 힐 버틴(John Hill Burton), 『정치적 및 사회적 경제학(*Political and Social Economy*)』(Edinburgh, 1849), 29쪽.

31) Black Country는 스태퍼드셔를 말한다. (옮긴이 주)

공정의 완성을 촉구하는 것이 아님을 주의해야 한다. 수공 노동자의 끊임없는 양보는 심지어 그의 고용인에게 가장 최신에 개량된 것을 채택하도록 하는 압력을 감소시키고, 그에게 과거의 공정을 연명하도록 적극적으로 부추긴다. 그는 달리 임금을 내려 상거래의 적과 경쟁할 수 있는 한, 새로운 기계에 자본과 사려를 투자할 필요는 없다고 생각할 것이다. 그리하여 과거의 생산 방법으로부터 개량된 방법으로의 추이는 지연되고, 당분간 소비자는 손실을 보게 된다. 그러나 아마도 사회에 더욱 중요하다고 생각되는 것은, 기계제품에 대한 참된 대체품이라고 할 수 있는 것이 없어진다는 점이다. 앞에서 말했듯이, 그 표준율의 강제적 저하에서 바로 생기는 수공 노동자 업무의 타락은, 예술적인 개성에 의해 낡은 시골식 직물이나 가구에 부여된 아름다움을 국민에게서 빼앗는다. 심지어 기계제품 그 자체도 수작업의 타락에 의해 저해된다. 이는 점차, 발명가와 노동자가 끊임없이 그것에 가까워지려고 노력하는 완전한 작업 정신(Workmanship)과 예술적인 완성의 이상을 상실해간다. 한편 노동 절약적인 기계의 사용을 촉구하지 않고, 게다가 수공 노동자를 곤궁에서 구하려고도 하지 않고, 그 수작업에서 가치 있는 것을 사회에 대하여 보존하지도 않는 정책 중에서, 수공 노동자나 사회에 대해 어떤 이득을 발견하는 것은 참으로 어렵다.

그렇다면 여기서 우리는 지금 생기고 있는 극적인 사례를 살펴보자. 확실히 이러한 현실은 가장 열렬한 사실적 웅변가가 그것을 나타나게 할 수 있는 것처럼 괴로운 것이다. 게다가 이 비극은, 모든 그러한 고통의 참으로 잔혹한 여러 장면이 전혀 불필요한 것이고, 이것이 산업 진화의 가혹한 진행에 의해서가 아니라, 단지 노동자와 고용인이 이러한 '방파제를 낮추는 방책'을 채택했기 때문에 생긴 것에 불과하다고 하는 것을 마지막으로 보여주지 않고서는 아직 완성된 것이 아니다. 수작업이 기계로 대체되는 사례는 많이 있지만, 우리는 그러한 대체된 수작업이 적어도 고통 없는 죽음을 맞는 것이 가능하지 않았다고 생각되는 사례는 하나도 발견할 수 없다. 직물업과 마찬가지 정도로 완전하게 기계에 의해 변경되었지만, 관련된 노동조합이 상이한 정책을 채택했기 때문에 수공 노동자가 잔존했을 뿐 아니라, 오늘날에는 과거보다 작업이 더욱 바빠지고 더욱 높은 임금을 받으며 숙련도 더욱 가해지는 직업도 있다.

18세기에 기원하는 하나의 노동조합인 '제화공 합동 노동조합'[32]은 1857년까지 기계나 새로운 공정의 침입으로부터 완전히 면제되었다. 재봉기계가 구두 만들기에 응용되었고, 그 뒤로도 계속 이어진 새로운 발명의 도입은, 1857년부터 1874년까지 그 직업의 완전한 혁명을 초래했다. 먼저, 노동자 대중은 노동조건의 변경에 엄청나게 분개했다. 그리고 새로운 기계를 도입하는 고용인은 종종 매우 부당한 요구에 봉착했다. 그러나 제화공 노동조합의 집행위원회는 수작업에 대한 기존의 가격표를 그대로 유지했고, 새로운 공정에 대한 반항에 대해서는 완고하게 승인하지 않았다. 반면 위원회는 기존의 높은 비율로 수작업을 얻을 수 없는 모든 조합원에게, 그들이 구할 수 있는 새로운 공장에 고용되어, 그 뒤 서서히 노동조건의 변경에 적응한 새로운 성과급 임금 단가표를 만들도록 적극 권고했다. 이러한 새로운 '임금 협정서'를 확보하기 위하여, 그 조합원들은 공장이 그 산업에 데려온 새로운 노동자와 제휴하여, 그들에게 자유롭게 그 지부에 가입하도록 권고했다. 그리하여 이미 1863년에 "못질과 완성 업무에 고용된 노동자나, 공장 내에서 일하는 노동자도 조합원으로 승인되었고, 어떤 부

---

32) 『노동조합운동의 역사』, 51쪽을 참조하라. 거기에는 1874년의 회장이 인용되어 있다. 그 노동조합은 1862년에 개혁되었고, 1874년에 '제화공 합동 노동조합'으로 이름이 바뀌었다.

서에 속하거나 스스로 부서를 조직할 수 있다"는 것이 결의되었다.[33] 모든 기회에 조합원에게 역설된 이 정책은 빠르게 수용되었고, 그 결과 겨우 몇 년 만에 노동조합은 두 가지 상이한 계급, 즉 수공 노동자와 공장 노동자로 구성되게 되었다. 후자가 사실상 과거의 동료들보다 수적으로 우세해지기 시작했을 때, 앞에서 말했듯이, 그들이 분열하여 자신들만의 노동조합인 '제화공 전국 노동조합'을 조직하는 편리함이 이해되었다. 이제 다시 수공 노동자에게만 한정된 '제화공 합동 노동조합'은 계속 같은 방침을 채택해왔다. 새롭게 만들어진 노동조합에 대해서는 친선의 태도를 유지하고 조합원 확보를 위해 경쟁하지 않았고, 그 뚜렷한 발달을 결코 방해하고자 하지 않았다. 그러나 더욱 중요한 것은, 그 조합원이 새로운 공정과 염가를 경쟁하는 것을 결코 허용하지 않았다는 점이다. 수제 구두를 희망하면 과거의 손노동 임금을 지불해야 했다. 이러한 방침으로부터, 그중에는 필경 처음에는 예상하지 못했으리라고 생각된 많은 결과가 나타났다. 고용인은 구두를 낮은 임금의 열등한 수공 노동으로 만들 어떤 방법도 없었기 때문에, 기계는 매우 빠르게 사용되었다. 그러나 그것은 그 자체로 완전히

---

33) 〈제화공 합동 노동조합'의 노동질병 및 장례법〉(London, 1863). '리벳공'은 모두 1846년 경, 리베팅(못질)이 바느질(Stitching)에 도입되었을 때 하나의 독립 계급이 되었다. 마르크스, 『자본론』, 제4편, 제15장, 제7절(1887년 영역본 제2권, 457쪽)에 인용된 '레스터 제화공 노동조합 선언'을 참조하라. 공장 제화업에서 직공은 지금 다음과 같은 계급으로 나누어진다. (1) 'Clickers': 모피의 가죽과 상부 부분을 자르는 성년 및 소년, (2) 'Rough-Stuff-Cutters': 강력한 기계에 작은 칼을 넣어 가죽 밑 재료를 자르는 노동자. (3) 'Fitters': 상부 가죽을 '접합'하는 지위에 있는 자, (4) 기계공. 상부를 '접합'하거나 바느질하는 자(종종 여성이 담당), (5) 'Lasters': 접합된 상부를 구두형 위에 놓고 바닥 재료를 붙이는 성년이나 소년, (손바느질 일(Hand-Sewn Work)에서는 'Maker'로 알려져 있고, 지금은 거의 없어졌으나, 'Pegged Work'에서는 'Pegmen'이나 'Rivetters'라 한다.) (6) 'Finisher': 끝을 검게 하고, 구두 바닥을 깨끗이 하며, 일반적으로 구두를 닦는 자. 마지막 2계급은 전체 가운데 대다수를 차지한다.

새로운 상거래를 만들어냈다. 수제품이 높은 가격을 유지한다는 것은, 수요를 파괴하지 않고, 도리어 반대로 그것에 영속성과 안정을 부여했다. 고용인은 어떤 경우에도 원래의 임금률을 지급해야 했으므로 가능한 한 가장 좋은 수제 솜씨를 얻는 것에 전력을 기울였다. 왜냐하면 이 방법에 의해서만 그들의 고객에게 필연적으로 고가의 수제품을 선택하도록 할 수 있게 하기 때문이다. 그러므로 일류 세공에 기꺼이 많은 돈을 내고자 생각하는 사람들은 그들이 바로 요구하는 것을 확보할 수 있음을 알고, 따라서 언제까지나 수제품의 고객이 된다. 한편, 수공 노동자는 선발된 사람들의 단체가 되어왔다. 이는 그들이 그 동료에게 제한한 탓이 아니라, 영속적인 훈련을 거쳐 특별한 솜씨를 갖게 된 노동자들이 인정된 수준의 임금으로 고용한 사람들을 발견할 수 없고, 또는 고용인이 그 높은 임금 대신 요구하는 정교한 업무를 할 수 없기 때문이다. 수공 노동자들 사이의 경쟁은, 사실, 그들 가운데 덜 숙련된 자들의 부단한 도태라고 하는 형식을 취하고, 그들 비숙련자는 젊은 시절에 기계 업무를 하라고 장려된다. 그 결과, 숙련 수제공은 수적으로는 감소하여도 적극적으로 그들의 임금률과 평균 수입을 개선하고, 숙련의 정도도 높인다. 마지막으로 제화 기계의 능력은 끊임없이 개량되어갔음에도 불구하고, 수제 구두는 여전히 발명가와 공장 경영인이 그들의 보다 일반적인 제품에 가까이하고자 언제나 노력하는 하나의 이상이 되고 있다.

'제화공 합동 노동조합'의 정책에 대한 이상의 해설은, 제지업자의 동일한 경우 속에서 현저한 확증을 발견할 수 있다. 30년 전, 18세기 중엽부터 견고하게 단결해온 이 숙련 수공 노동자들의 구직업은 기계제 종이의 신속한 보급에 의해 크게 위협을 받았다.[34] 외국의 경쟁도, 1861년의 종이 관세 철폐로 영국 제지업자의 상거래를 방해했고, 영국은 종이의 대규모 수

출국이라는 지위에서 점차 대규모 수입국으로 변했다. 훨씬 전부터 다른 직업의 숙련직인보다도 15 내지 20퍼센트 높은 임금을 받아온 수제 종이공은, 제지 기계의 채택을 저지하거나 둔화시키기 위한 시도나, 심지어 새로운 업무를 자기 동료에게 확보하도록 하기 위한 시도도 전혀 하지 않았다. 기계 노동자는 처음에 수공 노동자의 노동조합에 가입하도록 허락을 받았으나, 가입자는 적었다. (제지공의 같은 경우에서와 같이) 뒤에 와서 이 노동자의 새로운 계급은 그들 자신만의 노동조합을 조직하는 것이 더욱 편리함을 알게 되었다.[35] 임금이 높은 수공 노동자는 그들의 고용인이 각 주에서 일어난 새로운 기계공장과 경쟁할 수 있도록 하기 위해, 그들의 요구를 누그러뜨리도록 끝없이 권고받았다. 이미 1864년, 어느 유력한 고용인은 다음과 같이 불길한 경고를 했다. "확실한 기계공장(만일 통에서 쫓겨난다면 나는 방관할 것이라는 것과 같이)이 여러분 주위에 발흥하는 것을 … 보면서 … 여러분이 현재 가지고 있는 지위를 상실하지 않으려면 … '금 계란을 낳는 거위'의 우화를 상기하라."[36] 1861년 어느 공장주는 "임금을 인하시키지 않고, 어떻게 기계제 종이와 경쟁할 수 있는가?"라고 질문했다.

---

34) 1891년, '제지공 본래 노동조합'의 대표자는 "우리 노동조합은 기록에 의해 150년 내지 160년까지 소급될 수 있다"고 했다. 〈노동자의 단결에 관한 위원회 보고〉(1825) 부록에 보존되어 있는 그 조합의 지극히 오래된 규약은 『노동조합운동의 역사』, 80쪽에 언급되어 있다.

35) "노동조합은 약 700명의 노동자로 구성되고 그중 420명은 통공장(Vat Mill)에 고용되었는데" 전자에는 모든 수공 노동자의 대부분이 포함되고, 후자에는 기계 노동자의 극히 일부가 포함되었을 뿐이다(〈임금 인상 문제에 대한 중재 재판 보고〉, 1874년 7월 10일, Maidstone, 1874, 53쪽). 1897년에는 기계 노동자가 2개의 독립 노동조합으로 조직되었다. 즉 영국 남부의 강력한 단체인 '제지공 합동 노동조합', 그리고 주로 영국 북부와 스코틀랜드의 조합원을 갖는 미약한 단체인 '영국 및 아일랜드 제지공장 노동자 전국 노동조합'이다.

36) 〈임금 인상에 관한 제지업주 및 제지 직인의 모임의 의사 각서〉(Maidstone, 1864), 34쪽.

이에 대해 노동조합 대변자는 "당신이 택해야 할 가장 좋은 방침은 수제 종이의 질과 가격을 유지하는 것이라고 단언한다."[37] 노동조합은 일관하여 이 방침을 답습해왔다. 그 조합원의 임금률 저하를 허락하기는커녕, 노동 조합은 모든 기회에 임금을 인상해왔다. 1874년 노동자 측의 서기는 "우리는 아직 제지업에서 임금 인하를 한 적이 없다"고 선언했다.[38] 어느 유력한 고용인이 중재 재판관에게 다음과 같이 말했다. "1839년에 임금 증가, 1853년에 약간의 수정, 1854년에 약간의 인상, 1865년에도 인상, 1869년 맥주 값이 맥주 대신 부여되어 약간 인상. … 이처럼 1838년부터 1872년까지 3, 4회 인상한 결과, 그리고 1872년 1월부터 일당 6페니 인상을 아무런 소동 없이 고용인은 양보했다."[39] 켄트주 공장에서는 '1일분 업무'에 대한 1등급 통 노동자(Vatman)의 임금은 1840년의 4실링 7페니에 비해 현재는 6실링 5페니이다.[40] 이러한 제지공이 그들의 태도를 특히 '제화공 합동 노동조합'의 경우와 비교하고, 그와 동일한 논거에서 그 태도가 옳다고 주장하는 것을 보는 것은 흥미로운 일이다. 1891년, 그들의 대변자는 다음과 같이 선언했다. "수제 종이가 시장에서 계속 그 지위를 유지하는 것에 의심은 없다. 현재는 기계가 각종 화물의 생산에 매우 중요한 역할을 하는 산업이 매우 많다. … 그러나 만일 여러분이 동일한 원료로 아름다운 물건을 얻고자 바란다면, 여러분은 수제를 구해야 한다. … 같은 말이 제화업에도 해당된다. 수제화공은 지금 그 직업의 역사에서 과거보다 상당히 높은 임

---

37) 〈수제지업의 고용인과 노동자 사이의 중재회의 보고〉, 1891년 1월 29일(Maidstone, 1891), 65쪽.
38) 〈1874년 중재 재판 보고〉, 14쪽, 17쪽. "이 상거래의 역사에 가격 인하는 한 번도 없었다." 〈고용인 노동자 회의 보고〉, 1884년 9월 15일(Maidstone, 1884), 18쪽.
39) 〈1891년 중재 재판 보고〉, 45~46쪽.
40) 〈1874년 중재 재판 보고〉 중 임금표, 33쪽을 참조하라.

금을 받고 있다. 그들의 일은 지금 구두의 모든 부문, 모든 종류를 제조하는 기계의 도입 이래, 이전보다 더욱 중요한 것이 되고 가치 있는 것이 되어왔다. 사람들은 우수한 구두를 원하면 수제를 사야 한다는 것을 알고 있다. 수제의 종이가 바로 같은 지위에 있다고 생각된다. … 만일 사람들이 순수한 종이를 구한다면 그들은 가격을 고려하지 않고 수제 종이를 구하러 갈 것이다."[41] 이러한 방침이 제지업에서 성공을 거둔 것은, 여러 방면에서 인정되어왔다. 수제 종이에 대한 고임금의 엄격한 유지는, 기계가 사용될 수 있는 곳에서는 기계를 도입한다고 하는 경향에 최대로 가능한 격려를 부여했다. 따라서 기계제 종이의 생산은 오랫동안 발달했고, 보통 용품의 가격 인하에 의해 공중에게 큰 이익을 초래했다. 그러나 이 막대한 생산 증가는 우수한 수제 종이를 만드는 일에 조금도 해를 주지 않고 있다. 제조자는 그들의 노동자와 같이, 보통의 종이에 비해 가능한 한 고급 품질을 생산하는 것에 전력을 기울여왔으므로, 기계제 종이와 염가를 경쟁하고자 하는 시도는 전혀 행해지지 않았다. 그 결과는 매우 현저한 것이었다. 수제 종이공장은 1860년에 예상된 것과 반대로, '전국 도처에서 폐쇄'되지 않았고, 1874년에는 실제로 종전에 존재한 것보다도 더욱 많은 수의 종이통이 사용되었다고 보고되었고, 1891년에는 종이통의 수와 종이의 매출액이 더욱 증가했고 "최근 16년간이 우리의 이 상거래에서 알려진 가장 성공한 16년이었다"고 중재 재판관에게 보고되었다.[42] 이 모든 것은 고용인에 의해 충분히 인정되었다. 1891년 그 대변자는 다음과 같이 선언했다. "고용인은 과거에, 그 뒤에 얻을 수 있었던 큰 이윤을 거두지 못했다.

41) 〈1891년 중재 재판 보고〉, 10쪽.
42) 같은 책, 30쪽.

예를 들자면 우수한 공장을 가졌던 나의 아버지는 입에 풀칠할 정도였음을 나는 인정한다."[43] 그동안 업무의 속력과 계속 기간은 계속 증가하고, 마침내 설비가 가장 좋은 공장에서 1인당 1년간 파운드로 표시한 종이의 실제 생산고는 지금 그 산업의 역사에서 보지 못할 정도로 큰 것이 되었다. 고용인의 번영은 그들의 유력한 대표자가 1891년에 말했듯이 "두 가지 원인에 유래한다. 첫째, ─그리고 이 점에서 지금 출석하고 있는 다른 사람들도 내 말이 옳다는 것을 증명한다고 생각한다─ 노동자 측에 진지함과 건실함이 매우 증가되어왔다. 그들이 어떤 때에는 계속 수 주간 1주 5일도 일하지 않은 시절이 있었다. … 이것이야말로 내가 우리 번영의 유래라고 하는 하나의 큰 원인이다. … 또 하나의 원인은, 고용인이 여러 가지 개량을 채택한 것이다. 공장은 이전과는 너무나도 달라졌다. 오늘날 노동자가 1주 7일분을 하는 것은 수년 전에 6일분을 하는 것보다 쉽다. … 이전에는 우리 공장에는 많은 고장이 있었다. … 이 모든 것은 완전히 변했다."[44] 따라서 뒤의 장에서 논의하듯이, 노동조합의 인원 제한과 창업주-고용인이 누리는 독점과 반대 영향이 있음에도 불구하고, 수제 종이공 사이에서 이행되는 높은 생활 표준은 고용인과 노동자의 생계의 어느 것을 파괴하는 것이 아니라, 그들의 번영의 현저한 진보, 그리고 구생산품과 신생산품의 분명한 분화를 초래했다. 수제품의 품질과 가격을 동시에 유지하는 이 정책은, 관련 직업에 대한 기계 수입을 적극적으로 조장하면서도, 사실 수제 종이제작공의 작업을 구원하는 것이 되는 것을 증명했다.

43) 같은 책, 46쪽.
44) 같은 책, 50~51쪽. 수제 종이업에서 '1일분 일'은 일정량의 종이로, 그것은 종이의 크기와 무게에 따라 다르다. 그것은 고용시간과는 무관하다.

이와 지극히 유사한 정책은 '면사방적공 합동 노동조합'이, 1881년경부터 시작한 과거의 '스로틀 방적기'(Throstle-Spinning)의 교묘한 응용인 '링 방적기'(Ring Frame)의 채택에 관하여 추구한 것이다. '방적기'(Mule)를 대체하는 '링 프레임'에 의해, 면사의 일종의 '번수'(番手, Counts)(약 '50번수'까지의 거친 '트위스트') 제조 시에 필요한 숙련과 노력의 양을 현저히 감소시킬 수 있음이 발견되었다. 과거에는 매우 숙련된 남자 노동자가 주의를 집중하여야 했던 일도, 이제는 어떤 훈련도 받지 않은 여성의 힘으로 가능하게 되었다. 만일 이 발명이 50년 전에 이루어졌더라면 정방공은 반드시 그 채택을 저지하고, 여성의 면사방적 참가를 배제하는 데 전력을 기울였을 것이다. 그러나 그러한 행동은 취해지지 않았고, 심지어 고려되지도 않았다. 면사방적공의 노동조합은 특히 직공이나 소기공의 밀접한 제휴에 의해, 이제 방적업에 대해 이전의 어떤 시기보다도 훨씬 유효하게 통제하고 있지만, 여성의 손에 의한 '링 방적'은 최근 15년간 무사히 발달해왔다.[45] 실제로 1주 2파운드를 버는 장년 남성의 방적공이 1주 15실링으로 여성이 할 수 있는 일을 자신에게 요구하기란 불가능했다. 그러나 그들은 그들 자신의 일에 대한 임금을 저하시킴으로써 개량을 저지하고 그들의 고용인에게 변화를 모색하지 않도록 운동할 수 있었다. 앞에서 보았듯이 이것은 60년 전, 수기직공이 채택한 정책이었다. '면사방적공 합동 노동조합'은 전혀 다른 방침을 택했다. 어느 고용인이, 자신은 정방공이 더욱 낮은 임금을 승인하지 않으면 링 프레임을 채택하는 상거래의 적과 경쟁할 수 없다고 불만을 말했을 때, 그들은 고용인에 대해 어떤 사정이 있어도 '방파제의 저

---

45)　링 프레임 방적공은 그들이 가입하기에 가장 적합한 방직 관계의 노동조합으로 방적공 노동조합 임원의 쾌락을 얻어 '소기공 합동 노동조합'에 영입되었다.

하'는 허용할 수 없다고 통고했다. 우리가 앞에서 설명했듯이, 피고용인에게 제안된 것은, 정방공이 기술을 숙달시켜 하나의 기계당 생산량을 크게 함과 동시에 그들 자신의 수입을 증가시킬 수 있도록 하기 위해, 그에게 정방기의 속도와 복잡성을 증가시키도록 자극하여 성과급 임금 단가표를 수정하는 것이었다. 요컨대, 면사방적공은 수제화공과 마찬가지로, 생활 표준을 저하시키기보다도 자기의 숙련도를 높임으로써 새로운 경쟁에 대항하고자 한 것이었다. 그 결과, 어떤 사정 밖에서는 정방기는 오늘날까지 그 지위를 상당히 유지해왔다. 정방공의 수는 수제화공의 수와 마찬가지로 거의 변화하지 않고, 이는 신참자에 대해 그 노동을 폐쇄하고자 하는 시도나 희망은 전혀 갖지 않는 것이다. 사실 고용인은 가장 숙련된 노동자라면 그런 높은 비율로 고용하는 것을 당연히 거부하기 때문에, 정방공도 수제공과 같이 끊임없는 도태 과정을 겪지 않을 수 없다.

그러나 링 프레임에 대한 면사방적공의 정책과, 기계에 대한 제지공의 정책이, 공장제도에 대한 수제화공의 정책에 미치지 않는 하나의 점이 있다. 앞에서 말했듯이 '제화공 합동 노동조합'은 공장 노동자의 새로운 계급을 조직하고, 이러한 노동자가 가능한 한 빨리 필요한 기술과 노력에 상당한 새로운 표준 임금률을 확립할 수 있도록 최선을 다했다.[46] 뒤에서 설명하듯이, 이는 사실 표준율 유지의 필연적 귀결이다. 대체로 새로운 공정의 채택은 그것이 참으로 노동의 절약 내지 기능의 경제를 초래할 때, 사회에 이익이라고 간주되어야 한다. 그러나 새로운 공정을 고용인이 채택하

[46] "제화업에서 일하는 Clickers, Stuff-Cutters, Finishers, Machinists는 이 노동조합에 가입할 수 있다. 제화업에서 일하는 모든 여성도 같은 조건하에 이 조합에 가입할 수 있고 남자와 동일한 권리를 가진다." 〈제화공 전국 노동조합 회의 결의〉, 1872년 9월 16일.

고 싶어 하지만, 인간 노동의 참된 경제를 위해서가 아니라, 아무도 돕지 않는 노동자 계급을 기아 임금으로 고용할 수 있는 기회를 얻고자 한다면 사정은 너무나 달라진다. 새로운 공정에서 일하는 노동자에게 필요한 숙련과 능률의 새로운 평준으로 자신을 유지하기에 충분한 임금을 지급받지 못한다면, 그 새로운 공정은 어떤 방식으로 사회에 기생자가 되지 않을 수 없다. 구체적인 예를 든다면, 만일 1주 15실링의 비용으로 유지되는 비교적 안락한 어느 정방공의 가정에서 자란 딸이, 링 프레임공으로 1주 10실링에 그녀의 노동을 제공한다고 하면, 정방기와 링 프레임의 경쟁은 '불공정'하다고 간주해도 무방할 것이다. 만일 그 여성이 10실링으로 생활해야 한다면, 그녀의 정력도, 주의 능력도, 규칙 바름도, 아마도 체면도 필연적으로 저하할 것이다. 나아가 그녀는 자신의 임금으로 그녀를 대신해야 할 장래의 링 방적공을 양육할 수도 없을 것이다. 임금이 부당하게 낮은 노동자가 일부분 다른 방법으로 유지되는 한 ―이는 필경 여성과 아동의 경우에 가장 보편적으로 나타난다― 고용인은 사실상 생산의 특수 형식을 돕기 위한 보호금을 받는 것이 될 것이다. 그리고 사회는 여러 공정 사이의 경쟁이 최적자의 생존으로 끝난다고 말할 어떤 보증도 갖지 않는다. 1834년 구빈법위원회의 무게 있는 말을 빌리자면 "모든 제조업자는 필경 그리하여, 탄광의 길이 아니라, 하류의 길이 아니라, 곤궁의 길을 갈 것이다. 그것은 또 그들이 설립되는 장소의 다른 모든 이익을 파괴하는 어떤 악습의 결과로서, 부패에서 생기는 세균과 같이 번식하고, 더욱 좋은 행정이 행해지는 지방에서는 그 좋은 행정 때문에 존재하지 않게 될 것이다."[47] 따라서 사회의 견지에서 본다면, 새로운 공정이 필요로 하는 숙련과 정력의 표

---

47) 〈구빈법위원회 제1보고〉(1834), 1884년의 재판, 65쪽.

준이 아무리 낮다고 해도, 그 표준으로 새로운 노동자를 여하튼 충분히 유지할 수 있는 임금의 평준은 유지되어야 하는 것이 중요하다. 낡은 공정에서 일하는 노동자의 견지에서 본다면, 새로운 공정이 앞에서 말한 '보호금'에 의해 잘못된 자극을 받아서는 안 된다고 하는 것은 분명히 가장 중대한 것이다.

이러한 논의는 뒤의 '노동조합운동의 경제적 특징'의 장에서 다시 전개할 것이다. 그것은 정방공의 마음에는 오로지 천천히 침투할 것이다. '제화공 합동 노동조합'과 달리, '면사방적공 합동 노동조합'은 그들의 새로운 경쟁자인 여성 링 방적공을 조직하고자 하는 어떤 노력도 하지 않았고, 고용인에게 그들이 멋대로 적은 임금을 지불하도록 허용했다. 그러나 15년간의 경험을 거쳐, 이 생각은 '면사방적공 노동조합'의 간부에게 떠오르기 시작했지만 적극적인 행동은 아직 기록되어 있지 않다.[48] 그러나 수제지공의 구식의 친밀한 단체에서는, 그들의 이익을 위해 적당한 표준율을 확립할 목적으로 영국 북부의 기계제지 공장의 비교적 비숙련의 노동자를 원조하는 것이 필요하다고 하는 것을 아직 생각도 못하고 있다. '재봉공 합동 노동조합'도 의복공장의 박봉의 여공을 조직하는 수단을 찾는 것 등은 꿈에도 생각하지 못하고 있다.

48) 그래서 1896년 5월, 우리는 '면사방적공 합동 노동조합'의 기관지에서 다음과 같은 경고문을 보았다. 즉 링 프레임 방적공에 있어서 "고용인과 그 지배인은 그들이 노동조합과 그 임원으로부터 어떤 반대도 받지 않았기 때문에, 가격과 임금의 결정 문제에서 실제로 모든 권한을 쥐고 있다. 따라서 그들은 프레임에 고용된 직공의 노동에 대해 가능한 한 적게 지불하도록 주의하고 있다. … 이러한 종류의 방적의 급격한 증가는 정방기 방적의 발전을 저지하고, 오늘날의 소규모 사계공(絲繼工; Piecers) 발전을 현저히 해치고 있다. 방적공 노동조합이 링 방적공을 그 조합의 가입자로 하는 데에 주목하지 않고, 이러한 종류의 노동을 지배하는 임금표의 작성을 게을리한 것은 실수였다." 〈방적공장 시보〉, 1896년 5월 15일호.

그래서 우리는 숙련노동이 비숙련노동으로 대체되는 경우, **생활 표준**을 유지하기 위한 최고도의 필요는, 수공업 노동자에게 새로운 공정에서 일하도록 요구하는 것으로부터, 그리고 기계제품과 염가를 경쟁하는 시도로부터도 경계하는 것이라고 본다. 수제화공, 수제지공, 면사정방공은 각각 다른 방식으로 하나의 정책, 즉 원래의 일에 대해 원래대로의 높은 임금을 철저히 강제하고, 그 일 중에서 기계가 작용하는 범위에 드는 모든 부분은 담백하게 기계로 위임해 포기하고, 그들 자신의 특정품의 특수 품질을 유지하고 분화시키는 것에 더욱더 전력을 집중하는 정책을 발견했다. 그러나 이러한 계몽된 자기 이익은 경제적 입장에서 다른 노동자 계급의 요구를 고려함으로써 보충되어야 한다. 노동조합 운동가는 그가 다른 노동자 부문의 표준 임금 유지에 깊은 이해관계를 갖는다는 것을 인식하기 시작했다. 이 모든 어려운 경우에 있어 노동조합 경험의 논리적 귀결은, 실로 노동의 상하급을 막론하고, 모두 노동에 대한 임금의 최저 기준을 정하고, 어떤 사정하에서도 어떤 부문의 노동자가 완전한 생존 유지 이하로 떨어져서는 안 된다는 것으로 생각된다.[49] 고용인이 고급 노동을 대신하는 저급 노동을 찾는 경우에는 언제나, 최저한을 강제하는 것에 의해서만, 사회는 임금 이외의 재원에 의해 그 일부를 유지할 수 있는 노동 속에 포함되는 사회적 이익에 관계없이, 특종의 산업이나 공정에 대한 유해한 보호금을 회피할 수 있다.[50]

---

49) 노동조합 이론상, 이 어려운 문제에 대한 충분한 설명은 '노동조합운동의 경제적 특징'의 장을 참조하라.

50) 어느 노동자가 2개나 그 이상의 기계에 참가해야 한다고 고용인이 제안하는 것은, 경제적으로 공정의 변화라는 항목보다도 '급속하게'라는 항목에 속한다. 따라서 그것은 '표준 임금률'의 장에서 암묵리에 논의해두었다. 노동 절약적 개량에 대한 노동자의 전통적 분개는 여기서, 동일 임금에 대해 더욱 많은 육체적 노동과 더욱 많은 정신적 긴장을 이행하여 표

준율을 기피하고자 하는 시도라고 보통으로 보이는 것에 대한 더욱 강한 반대와 섞인다. 가령 습관적으로 하나의 마차를 조종하고, 일정한 비율로 시간에 따라 임금을 받는 마부는, 한 사람이 동시에 두 대의 마차를 몰아야 한다는 요구에는 극력 반대한다. 만일 1일 노동과 수입의 증가가 임금률의 저하를 수반하지 않는다고 하는 확신을 갖기까지, 표준표를 통해 충분히 보호되지 않는다면, 동일한 감정은 성과급 노동자도 지배한다. 글래스고 면직 여공은 실제의 조직을 갖지 않고 그 성과급 임금률은 어떤 유효한 단가표로 보호를 받지 않기 때문에 언제나 생존선까지 내려가지만, 각자 1직기 이상을 갖는 것을 완강하게 거절한다. 이에 반하여 유력한 노동조합과 표준단가표를 신뢰하는 랭커셔 면공은 남녀를 불문하고, 그들이 조종할 수 있는 만큼의 직기 —2대나 4대, 심지어 6대— 를 기꺼이 맡는다(시드니 웹, 「소위 남녀 임금의 차이」, 〈경제 저널(*Economic Journal*)〉 1891년 12월호를 참조하라). 기계공에게 1개 이상의 선반 등 기계를 맡으라고 강제하는 고용인의 시도는 많은 분규를 낳는다. 이 경우 무엇이 참된 쟁점인지 우리에게는 명확하지 않다. 종래 1대의 기계에 대해 지불된 주급으로, 기계공이 이후 2대를 맡아야 하게 되면 그것은 단지 성과급 업무의 표준 가격표를 저하시키고자 하는 하나의 시도에 불과하기 때문에, 당연히 노동자는 반대하게 된다. 고용인은 2대의 기계를 맡는 경우, 시간임금을 증가 —가령 1배 반— 시킬 뜻이 있음을 분명히 밝히거나, 노동자에게 노동력 지출의 증가에 비례하여 자동적으로 수입의 증가를 확보해주는 성과급 업무 표준 가격표를 작성할 것인지를 우리는 판단할 수 없다. 만일 이러한 두 가지 방법 중 하나를 채택한다면, 우리는 기계공이 면공과 같이 상당하지 않은 노력도 없이 기계를 기꺼이 받아야 하는 이유를 발견할 수 없다. 만일 고용인이 노동조합 임원과 특수한 비율을 협정하지 않고, 노동자에 대해 그들에게 적당하다고 생각되는 수의 기계를 할당할 권리가 있다고 주장한다면, 그것은 단지 단체교섭이라고 하는 근본 권리의 부정이기 때문에 그것과 싸워야 한다.

9장
고용의 유지

우리가 앞의 여러 장에서 서술한 노동조합의 규제는 오로지 고용조건의 유지와 개선에 관련된 것이었고, 실업 문제에 대해서는 언급하지 않았다. 표준 임금률, 표준 노동시간, 안전하고 건강한 노동 상태도 직장을 갖지 못하면 아무 소용이 없다. 1851년 '기계공 노동조합', 그리고 1872년 '나막신공 노동조합'은 다음과 같이 말했다. "고용이 계속되는 동안 우리 조합원이 생계 필수품을 취득할 수 있다는 것은, 우리가 당연히 인정하고자 하는 것이다. 이 모든 것에도 불구하고, 장래를 생각하는 조합원의 마음속에는 그것이 영속하지 않을지도 모른다는, 즉 내일이라도 해고되어 가족의 안락을 위해 멋지게 꾸민 것들이 파괴되고, 수년 내에 부단한 주의와 절약으로 더욱 영구적인 지위를 차지할 수 있다고 하는 그의 희망이 한갓 일장춘몽이 될지도 모른다는 일종의 공포가 언제나 두드러진다. '계속'이라는 말에는 많은 의미가 포함된다. 그것을 우리 노동조합의 제일 원칙으로 삼는 것은 얼마나 절실한 것인가!"[1) '재봉공 노동조합'은 "변화가 없는 직업에서 생활필수품을 나날의 노동에 의해 얻는 다수 노동자는 가장 비참한 시절에 종종 직장을 빼앗긴다. 그들은 고용을 구해 도시에서 시골로, 시골에서 마을로 나라 전체를 방황하지만 아, 헛일이다. 이것이 계속되면 결국 정직한 사람의 마음에, 언제, 어떻게 나는 이 타락을 면할 수 있는지 생각하는 것이 악몽과 같다."[2)

여기서 우리는 노동조합의 규제를 분석하는 데 가장 '어려운 곳'에 이르게 되었다. 이 문제가 여러 주의 임금에 의해 그 모든 생계를 세우는 노동자에게 사활의 의미를 가짐에도 불구하고, 종래 어떤 노동조합도 생계의 계속을 확보하는 규제를 고안한 적이 없다.

언뜻 보기에, 고용의 계속을 확보하는 가장 좋은 방법은, 고용인에 대해 일정한 장기간의 고용계약 체결을, 노동자의 노동을 얻고자 하는 경우 하나의 조건으로 요구하는 것으로 생각된다. 그런데 이는 노동조합 운동가가 따라온 길이 아니었다. 장기 고용은 많은 산업에서 보통이었고, 영국의 일부 지방의 농장 노동자는 여전히 1년간 고용되고 있다. 그러나 현대 산업의 특징을 이루는 동요와 부침은 그러한 영속과 맞지 않고, 고용인은 가능한 한 단기 고용을 바라게 되어, 몇 시간 전의 통고로 노동자를 해고할 자유를 주장하기도 한다. 이러한 경향은 노동조합의 반대를 받기는커녕 조장되기도 한다. '노섬벌랜드 및 더럼 광부 노동조합'은 그들의 '1년 약속'(Yearly Bond)을 면하기 위해 열심히 싸웠다. 1866년, '스태퍼드셔 도공

---

1) 〈기계공 합동 노동조합'의 규약과 규제〉(London, 1851) 및 〈로치데일 나막신공 노동조합' 규약〉(Rochdale, 1872)의 서문. 약간씩 다르지만 동일한 취지의 문구는 다른 노동조합의 규약에도 나온다(나막신공은 랭커셔 노동자가 거리에서 보통 신는 '나막신'을 만든다).
2) 〈재봉공 합동 노동조합' 규약〉, 서문(Manchester, 1893).

노동조합'은 '1년 고용'(Annual Hiring)을 열렬히 파기했고, 모든 직업에 일반적이었던 '월급'은 '주급'으로 바뀌었고 길어도 '2주급'이 되었다. 그리고 많은 노동조합은 각각 어느 시간이나 다른 시간에 그들의 조합원이 장기의 고용계약을 체결함을 분명히 금지해왔고, 지금은 그런 관행이 쇠퇴하여 그 금지가 일반적으로 생략되고 있다.[3]

노동조합의 지위를 이해하는 사람에게는 이러한 정책에 대한 설명이 필요하지 않다. '1년 약속'이나 1년 고용은 실제로 언제나 고용인과 각 개인 노동자 사이의 각각의 협정 체결을 의미하고, 특히 여러 고용 기간이 같은 날에 끝나지 않는 경우 단체교섭과 양립하지 않는다. 뿐만 아니라 일단 협정이 체결되면, 임금 노동자는 적어도 예고 기간 중에는 고용인이 조건을 어떻게 해석해도 사실상 방법이 없다. 임금 계약은 임금액과, 필경 노동시간과 그 밖의 점에 대해 명백하게 규정하는 경우는 거의 없고, 임금 노동자는 그의 '주인'의 모든 합법적이고 합리적인 지시를 따를 의무를 진다는 것이 포함되어 있다. 자신이 좋아할 때 자신의 일을 포기하는 것은 임금 노동자의 권한에 속한다. 이것이 그의 지위와 노예의 지위의 가장 본질적인 차이점이다. 만약 그가 그 권한을 포기하고, 분명히 정해진 조건 이외에는 고용인이 부과하고자 하는 사실상 어떤 조건도 오랜 기간 중 묵인한

---

3) 그리하여 '스코틀랜드 철조형공 노동조합'은 1838년 이래 '지급일에서 지급일까지'보다도 긴 고용계약을 금지한다. 현행 규약(1892년)은 "이 노동조합의 조합원은 직간접으로 지급일에서 지급일까지보다 긴 기간에 고용계약을 체결할 수 없다. 단 집행부의 특별한 허가를 얻는 경우에는 예외로 한다"고 규정하고 있다. '영국 마차 제작공 노동조합'의 이 문제에 관한 규정은 1840년까지 소급되지만, 지금은(1896년) "어떤 조합원도 1년 계약을 체결할 수 없고, 위반자는 제명된다"는 것이다. '글래스고 양철공 노동조합'은 이미 1860년에 "어떤 조합원도 2주간 예고로 고용인을 떠날 수 있다는 계약을 체결해서는 안 된다"고 규정한다. '리버풀 페인트공 노동조합'은 1주간의 예고를 규정한다. 사회과학협회, 〈노동조합 및 파업에 관한 보고〉(London, 1860), 133쪽, 279쪽.

다고 맹세한다면, 노동조합은 경제적 압박에 반항하여 그를 보호하는 힘을 분명히 상실할 것이다.[4] 따라서 일방으로부터의 1일 내지 1주 전의 통고를 받고 끝낼 수 있을 만큼 짧은 고용 기간이, 상이한 이유에서 고용인과 노동조합 쌍방이 희망하는 것이다.[5] 이는 대다수의 산업에 관하여, 고용인은 노동자를, 노동자는 고용인을 언제나 바꾼다고 하는 의미가 아니다. 고가이면서 복잡한 기계가 사용되고, 각종 노동자의 공정이 서로 교차하는 경우, 다소의 희생을 지불한다고 해도, 업무에도 익숙하고 서로 알고있는 같은 노동자 집단을 계속 일하게 두는 것이 고용인에게는 이익이다. 따라서 이러한 산업에서는 우수한 노동자는 그의 고용인이 해야 할 업무를 갖는 한, 계속 고용되는 것에 의존할 수 있다.

다른 산업에서는 이처럼 고용인과 노동자 사이에 영속적 계약이 없는 것이, 고용인이 그의 업무를 멋대로 오늘은 어떤 조의 노동자가 하도록 하고, 내일은 전혀 다른 조의 노동자가 하도록 하는 것을 방임하게 된다. 업무가 노동자의 자택에서 행해지도록 '내어주는'(Given Out) 경우, 고용인은 그 업무를 어떤 때는 어느 가족에게, 어떤 때는 다른 가족에게라는 식으로 선택하여 나누어줄 수 있다. 그리하여 동부 런던의 의류 도매 도급업자하에서 수백 개의 가족이 그에게 일을 구하지만, 그 가족 사이에는 그의

---

4) 우리는 '시장의 흥정'의 장에서 임금 계약의 이 측면을 재론한다.
5) 노동자는 특정한 고용인으로부터 요구되는 때에는 언제나, 만 1년간, 석탄을 채굴한다고 약속했으나, 고용인은 노동자에게 계속적 업무를 찾을 보증을 주지 않고, 자기가 바라는 때는 언제나 갱내를 놀려둘 수 있다고 하는 것은 광부 사이에서 '1년 약속'의 폐단을 크게 만드는 원인이다(R. 파인스(Fines), 『노섬벌랜드와 더럼의 광부(*The Miners of Northumberland and Durham*)』(Blyth, 1873)). 마찬가지의 일방적 행위는 다른 오랜 고용계약에서도 볼 수 있다. 장기간의 순수한 쌍무 협정의 주된 보기는, 가내 하인, 해원, 해외 업무에 파견된 기계공에 관한 것들이다.

십장이 매주 멋대로 도급업자의 주문을 배분한다. '런던 부두회사'는 그 임시 노동(Casual Labor)에 관하여 완전히 같은 제도를 채용하고 있다. 즉 십장은 1일 어떤 시간에 부두의 문 앞에 모여드는 구직자의 무리에서 새로운 노동자들을 선발한다. 그러나 사외 노동자(Outworkers)나 부두 노동자는, 만일 그들이 평소의 고용인으로부터 고용되지 않았을 때에는, 다른 곳에서 일자리를 구하는 것이 표면적으로는 자유이다. 그러나 그들은 명단에서 제외되어 있는 것에 고통을 느끼고, 일자리를 구하기 위해 어떤 일정한 시간에 모습을 보여주도록 예상되기 때문에, 그들은 사실상 다른 일자리를 얻는 참된 기회를 상실한다.[6] 이러한 고용의 극단적인 단절은 비숙련 노동자나 저임금 가족 노동자에 한정되지 않는다. 업무가 개인적이고 성과급으로 행해지는 많은 숙련 수작업에서, 노동자는 업무나 임금의 보증 없이 고용인의 작업장에 머물거나, 또는 그의 호출에 바로 응할 수 있도록 해야 한다. 셰필드의 여러 직업 대표자는 왕립노동위원회에 보고하면서 다

---

6) 찰스 부스의 『런던 시민의 생활과 노동』, 제1판, 제1권에 나오는 비어트리스 웹(시드니 웹 부인)의 「부두」, 그리고 H. 루엘린 스미스(Llewellyn Smith)와 본 내시(Vaughan Nash), 『부두 노동자 파업 이야기(The Story of the Docker's Strike)』(London, 1889). 시간 단위로 임시 노동을 고용하는 이 제도는 여전히 런던 부두에서 일반적이다. 그러나 그것은 1890년 이래, 고용에 대한 우선권을 부여받은 노동자 수의 증가에 의해 변경되었다. 부두 노동자는 세 가지의 등록 계급(상용 노동자, A노동자, B노동자. 각자는 그 계급 속에서 번호가 붙여진다)과 하나의 비등록 계급(C노동자, 즉 임시공)으로 나누어진다. 고용의 보증은 어떤 노동자에게도 부여되지 않지만, 나날의 업무는 가능한 한 계급순, 그리고 각 계급 내의 번호순에 엄밀하게 따라 할당된다. 그리하여 우선 노동자의 고용의 규약성이, 임시 노동자의 업무를 이전보다도 단속적으로 한다는 희생을 지불하고 증가시키는 것이다. 그 변경이 임시 고용제도의 전폐에 이르는 하나의 단계가 된다면, 그것은 개선으로 간주되어야 한다. 찰스 부스, 『런던 시민의 생활과 노동』, 제7권과 폴 드 루시어(Paul de Rousiers), 『영국의 노동조합운동(Le Trade Unionisme en Angleterre)』(Paris, 1897)에 나오는 「부두 노동자 노동조합」의 장을 참조하라.

음과 같이 말했다. "일자리를 얻기 위해 하루 가운데 일정 시간 지배인이 있는 곳까지 출두하는 것을 노동자에게 요구하는 회사가 있다. 그들이 아침에 그곳에 가면 문은 닫혀 있다. 그리고 그들은 일자리가 있거나 없거나 회사의 특별한 허가 없이는 정오까지 공장을 떠날 수 없다. 정오부터 저녁까지도 마찬가지이다. … 나는 제강업에서 노동자가 만일 1주 중 겨우 5실링분의 일을 얻으려고 생각한다면, 오전 9시부터 오후 6시까지 회사에 있어야 한다고 하는 예를 알고 있다. 노동자는 그것에 반대하여 파업을 했다."[7] 매클스필드(Macclesfield) 실크 직공은 더욱 나쁜 지위에 있다. 고용인은 직공이 자택에서 해야 하는 일을 '내어주지만' 그 분배가 매우 불규칙적이고 노동자는 며칠 또는 몇 주를 놀 수도 있다. 그럼에도 불구하고 기계는 고용인의 것이므로, 노동자는 그에게 업무가 주어져도 주어지지 않아도 그 기계 차임을 매주 절대로 계속하여 지불해야 한다. 그리고 업무를 제공할 수 있는 다른 제조업자를 위하여 기계를 사용하는 것은, 그 소유주에 의해 금지된다.

목전의 이익에만 관심이 있는 자본가에게, 고용의 이러한 극단적 단절은 몇 가지 이익을 준다. 산업이 부두 노동이나 의복업의 경우처럼 계절적이거나 양적으로 불규칙적인 경우, 고용인은 자기의 비용을 쓰지 않고 기후 상태나 파도의 변화나 계절의 변화에 정확하게 비례하여 그의 종업원을 증원시키거나 감축할 수 있다. 업무를 '내어주는' 것은 공장 임차 등의 경상적 비용을 지출하지 않으면서, 언제라도 긴급한 주문에 응하기 위하여 생산고를 4배로 하고, 이어 바로 침체기의 현실적 수요에 돌아갈 수도 있다. 그의 명령이면 무엇이든 따르고자 하는 남녀 한 무리는, 그들이 실

---

7) 왕립노동위원회에서 C. 홉슨(Hobson)이 한 증언. Q부19, 029(A류), 1882년 3월 24일.

제로 노동하는 시간 이외에 대해서는 그에게 어떤 비용도 들게 하지 않는다. 그러한 '예비군'의 존재 자체야말로, 사실 그 각 구성원을 모든 고용조건에 관하여 더욱 충분히 고용인의 뜻에 복종하게 하는 것이다. 이 '예비군'이 가정 노동과 관련하여 존재하거나, 또는 그렇지 않은 경우 개인 교섭을 불가피하게 만드는 상태하에서, 고용인은 실제로 조건을 명령할 수 있다. 이 제도 전체가 얼마나 비참하게 관계 노동자에게 작용하는지에 대해서는, 스웨트 산업의 모든 관찰자가 서술해왔다.

그러한 비참한 업무의 불규칙에 반대하는 것은, 노동조합운동의 근본 원칙 중 하나이다. 불행히도 이 제도가 행해지는 곳에서는, 노동자가 자기 방위를 위해 단결할 수 있는 지위에 있는 경우가 없다. 우리는 런던 부두에 고용된 노동자는 적어도 4시간을 계속할 일을 보증해야 한다고 부두, 선창, 강변의 노동조합 규제 중에 있는 이러한 폐해를 제거하고자 하는 미약한 노력을 본다. 철도 종업원의 어떤 계급은 다른 업무에 종사하는 것을 철도회사로부터 금지당하면서, 단지 임시적이고 간헐적인 업무를 부여받고 그 업무량에 의해 임금이 지불되는 것을 불평한다. 이러한 불만을 제거하기 위해, '철도 노동자 일반 노동조합'은 "회사 근무를 위해 자기의 모든 시간을 바쳐야 하는 사람은, 적법하게 해고되는 경우가 아니면, 그의 고용이 종료하기 1주일 전에 예고하거나, 예고 대신 1주분의 임금을 얻는 권리를 가져야 하고, 그러한 고용관계에 있는 동안은 완전한 주급을 얻는 권리를 가짐을 법률로 제정하자"고 제의하고 있다.[8] 그러나 이 점에 관한 노동조합 방침의 사례는, 그렇게 위험한 단절이 실제 존재하지 않으나, 만일 방지되지 않으면 알 수 없는 사이에 들어갈 우려가 있는 경우, 더욱 견고

8) 〈위원장의 연차 총회 보고〉, 1897년.

한 단결을 갖는 직업 중에서 찾아야 한다. 그래서 원고가 오기를 계속 기다려 인쇄에 맞추려고 전광석화와 같은 속도로 일해야 하는 런던 일간신문사의 고임금 식자공은, 설령 그 일을 하든 하지 않든 간에, 모든 종업원이 '하나의 임시 조판과 반'(A Galley and Half)을 보증받는 것 —즉 조간에 5실링 9페니, 또는 석간에 5실링 4페니 반의 지급— 을 주장한다.[9] 수공종이제작공의 구식 노동조합은 더 나아가, 적어도 6일분의 1이나 그것에 상당한 임금이 고용노동자 전원에게 매주 부여되도록 보증하는 '6일 관례'(Six Day Custom)로 알려진 규제를 엄격하게 실시하고 있다. 사고가 발생하거나 기관이 파열된 경우, 고용인은 그 정지 동안, 그의 노동자로부터 그들의 생계를 빼앗으려고 생각하지 않는 것은, 그가 서기나 지배인에 대해 그런 것을 생각하지 않는 것과 마찬가지이다. 그는 관례인 2주 전 예고를 부여받거나 또는 언제나 1기니의 벌금을 지불함으로써 노동자를 해고할 수 있다. 그러나 고용인이 계속하여 노동자를 고용하는 동안은, 적어도 협정한 최소 주급을 지급해야 한다.[10] 마찬가지로 플린트 유리 제작공은, 고

---

9) 최저한도는 보통 '하나의 임시 조판'이었다. 이어 그 규약은 "하나의 임시 조판에 4시간의 노동, 그리고 전력을 기울이도록 요구될 때에는 1시간에 4분의 1 이상을 조판하는 것에 대한 가산 임금"이라는 이상한 문장으로 계속된다. 우리는 다음 설명을 C. 드러먼드(Drummond) 씨 덕분에 할 수 있다. 신문 식자공은 성과급으로 지급된 업무의 최저한도를 보증받으면서, 이를 그들 자신이 바라는 속도로 할 수 있다. 그러나 '인쇄 담당자'(즉 그 부문의 관리자)가 소요 시간에 상당한 통제를 가할 수 있도록 하기 위해, 비록 식자공은 그들 자신의 이익을 위하여 그렇게 길게 하지는 않겠지만, 하나의 임시 조판을 완료하는 최장 시간은 4시간으로 한다고 협정된다. 인쇄 담당자가 최대 속력을 강요하지 않을 수 없을 때에는, 노동자에게 '전력을 기울여라', 즉 모든 노력을 사용하도록 명령하는 경우가 지극히 드물게 있다. 그러한 명령하에 일하는 노동자는 1시간 안에 행해지는 하나의 임시 조판의 4분의 1 이상의 모든 부문에 대해 특별 임금을 요구할 권리가 있다.

10) "6일의 관례는, 1일 22포스트와 토요일 10포스트로 한다."(〈'제지공 본원 노동조합'의 규약과 규제〉(Maidstone, 1887), 제28항. 18세기 프랑스 제지공은 쌍방 6주 전의 예고를 요구

용인이 최소한 '1주 11동작' —30시간의 노동— 을 노동자를 위해 발견하거나, 그것에 상당한 임금액을 지급해야 할 구속적 관습을 가지고 있다.[11]

업무가 불규칙적인 다른 여러 산업에서, 업무가 고용인에 의해 멋대로 분배되는 것 —이는 사실 노동자를 엄청난 종속 상태로 이끈다— 에 대한 노동조합의 반대는 '업무 분배'에 대한 규제를 낳았다. 해야 할 업무가 아무리 적다고 해도, 만일 그것은 언제나 모든 노동자 사이에 공평하게 분배되리라고 하는 것을 노동자가 알게 되면, 더 가난한 사람이나 더 탐욕적인 구성원이 더욱 나쁜 고용조건의 승인을 제시하여 자신이 안전하게 되고 싶다는 유혹을 느끼는 경우도 매우 적게 된다.[12]

업무 분배의 가장 원시적인 형식은 템스강 수부의 '턴웨이(Turnway)' 노동조합에서 볼 수 있다. 그들은 '순번', 즉 어떤 특정한 '승객 승강장'에서 일하는 자가 스스로 나타난 승객에게 제공하는 순서를 규정하고 있다.[13]

했다. 뒤 셀리에, 앞의 책, 292쪽.

11) 이러한 관습은 같은 직업에서 공인되고 있고, 만일 임금 계약이 어떤 명확한 반대 의미의 규정을 포함하지 않는 경우, 주 법원 판사에 의해 강행된다. 〈플린트 유리 제작공 잡지〉, 1874년 8월호 및 1875년 3월호에 실린 버밍엄 및 로더햄 주 법원의 사건을 참조하라.

12) 대규모 공업과 세계적 상업의 발달은 프랑스 노동조합운동에서 동일한 발전을 낳았다. 뒤 셀리에는 『프랑스 노동 계급의 역사』(385쪽)에서 "1830년 이후 노동자의 노동조합은 실업의 폐해를 완화하는 수단을 찾기에 부심했다. 업무가 성질상 개인적인 경우에 고용인은 업무를 명부에 실린 순으로 여러 노동자에게 순서에 따라 부여해야 했다. 노동이 공동으로 행해지는 경우에는 노동자 수를 감소하지 않고 전원에게 고루 분배되었다"고 했다.

13) 메이휴(Mayhew), 『런던의 노동과 런던의 빈민(London Labour and the London Poor)』(London, 1851)에 부수적으로 서술되어 있는 '턴웨이' 노동조합은 아마도 가장 오래된 것이리라. 로더하이더(Rotherhithe)에는 1789년에 수부 노동조합이 있었고, 1799년에는 "일반적으로 '허미티지 승객 승강소'에서 일하는" 수부의 노동조합이 있었다. 그러나 이미 1669년에 우리는 "우리 그레이브센드(Gravesend)의 수부가, 과거의 네덜란드 전쟁이라고 하는 일시적이고 박약한 이유로 그 배 운임을 2배로 인상하고, 지금도 그것이 그대로 오르는 것을 보고 있다."(토머스 먼리, 『6퍼센트 이자 고찰(Usury at Six pe Cent Examined)』

본질적으로 이와 같은 구조는 재봉공, 식자공, 제빵공, 실내장식공, 또는 가구공, 페인트공 사이에서 행해지는 '콜 하우스'(House of Call)제도이다. 이 제도하에서 노동자가 바라는 고용인은 그 콜 하우스에 신청하도록 장려되거나 요구되고, 실업자 중에서 가장 길게 등록되는 노동자가 만일 적임자라면 고용 신청의 빈자리를 충족하도록 설계된.[14] 이러한 구조는 어떤 산업의 경우, 양 당사자 서로의 편의를 증가시키는 작용을 하지만, 나쁘게 가면 고용인에 대한 선택 거절권이 되어 끝나기도 한다. 그리하여 '플린트 유리 제작공 노동조합'은 고용인이 가장 오래 실업 상태에 있는 노동자를,[15] 그 유무능이나 적부적에 관계없이 채용해야 한다고 주장한다. 그리고 '실크햇공 노동조합'은 고용인이 그에게 할당된 노동자를 고용하기

(London, 1669)와 『노동조합운동의 역사』, 11쪽, 20쪽을 참조하라.)

14) 런던, 글래스고, 맨체스터 등의 식자공은 이 목적을 위해 노동조합 사무소를 사용한다. 그리고 맨체스터의 '기계공 노동조합'은 '실업자 명부'를 그들의 지방 사무소에 비치하고 있다. 소규모 직업의 대부분은 어떤 음식점을 그들의 '콜 하우스'로 사용하고, 종종 음식점의 주인이 실업자 등록을 관리한다. '콜 하우스' 제도의 부수적 서술에 대해서는 F. W. 골턴(Galton)의 『재봉업(The Tailoring Trade)』을 참조하라.
프랑스에서는 고용 분배의 관행이, 법인단체를 조직하는 어떤 비조직적 수공업에서는 극단적으로 행해졌는데, 그것은 계속 가장 긴 업무에 종사하는 조합원이 일정 기간 실업자로 그 지위를 양보할 정도이다. 뒤 셀리에, 앞의 책, 289쪽.

15) 〈플린트 유리 제작공 질병공제조합의 규약 및 규제〉(Manchester, 1891). 규약 제10조는 다음과 같다. "어느 노동자가 실업한 경우, 공장 서기는 지방 서기에게 통지하고, 지방 서기는 바로 중앙 서기에게 서류를 보내어 실업증명서를 요구한다. 고용인이 노동자를 구하는 경우, 공장 서기는 지방 서기에게 신청하고, 그 지방에 적당한 자가 없으면 그 지위를 충당하기 위해 보낼 노동자에 대해 과오가 없도록 필요한 노동자의 종류, 임금 등을 서술하고, 중앙 서기에게 서류를 보내야 한다. 고용인이 노동자를 청구하는 경우, 일용직인이나 견습에게 승진을 허용하기 전에 실업자 명부를 조사해야 한다. 주의―규약 제10조는 고용인에 대하여 그가 합리적인 반대 이유를 갖는 노동자의 고용을 강요하는 의도가 아니고, 이는 지방위원회에서 심사되어야 한다." 〈플린트 유리제조공 잡지〉는 이 방법에 대한 고용인의 불평을 다수 인용하고 있다.

전에 만날 수 없게 하는 분명한 구조이다.[16] 이는 사실, 반드시 결합하고 있는 인원의 가혹한 제한의 모든 경제적 특질을 갖는 직업 독점을 유지하는 것이다.[17]

그러나 고용인과 노동자들 사이의 선택의 자유에 대한 그러한 제한은 전적으로 예외이다. 더욱 일반적으로는, 노동조합은 그 조합원의 탐욕이나 이기심을 제어하는 것을 목적으로 하는 규제에 의해 업무 분배 쪽을 증진하고자 노력한다. 그래서 '런던항 조선공 공제조합'은 지금까지 다음과 같은 1824년 본래 규약의 본질을 보존해왔다. "어떤 조합원도 이 직업이 규정하는 시간에 일함에 의해, 즉 1년을 통해 인정된 하루의 노동시간보다 앞서지도 뒤서지도 않고 노동함에 의해 완성할 수 있는 것보다 많은 업무량을 독점해서는 안 된다. 일이 없는 노동자에게 모든 기회가 부여되도록 하기 위해, 선외의 노동자가 업무를 정지한 뒤에, 선내에서 어떤 일을 해서도 안 된다."[18] 이와 같은 의도로 많은 수직업에서는 '스무팅'(Smooting), '폭싱'(Foxing), '그래싱'(Grassing), 즉 다른 곳에서 하루 종일 일한 뒤에 또 다른 고용인을 위해 노동하는 것을 금지하기 위한 규제를 설정하기에 이

---

16) 실크햇공의 관습은 매우 일반적이어서 규약에서는 부수적으로 언급되는 것에 불과하다. 노동조합의 임원이 우리에게 설명하는 바는 다음과 같다. "고용인은 고용하고자 하는 노동자를 선택하거나 만나서는 안 된다. 실업 중인 조합원은 모자 공장을 찾아가 자신이 회계상의 조합원이고(즉 회비를 지체하지 않았고) 그 노동 부문에서 일한다는 것을 보여주는 작은 카드('요구표')를 제출한다. 각 공장의 노동자는 순번에 따라 그 카드를 맡는다. 그것을 보낼 때, 순번의 노동자는 고용인에게 가서 묻는다." "모자 형태공(또는 노동조합에 따라서는 모양공)을 구합니까?" 이를 실업 중인 조합원에 대한 '질문'이라고 한다. 만일 고용인이 '예'라고 답하면 노동자는 공장에 들어와 업무를 시작할 수 있다. 만일 '아니오'라고 답하면 그는 카드를 돌려주고 다른 공장을 찾아간다.

17) 우리는 이 문제에 대해 이 책의 3부 3장 '노동조합운동의 경제적 특징' 장에서 재론한다.

18) 〈런던항 조선공 공제조합〉 규약. 이 책의 '표준 노동시간' 장에 있는 주의 원문을 참조하라.

르렀다. 그래서 '맨체스터 마구공(馬具工) 노동조합'은 다음과 같이 규정한다. "이 조합의 조합원은 소속된 지부에 실업자가 한 사람도 없는 경우 외에는, 그가 정규의 고용인 외의 고용인을 위해 상시 고용으로 노동할 수 없다. 또 어떤 조합원도 하나의 지위를 갖는 이상, 그의 노동시간 뒤에 자신의 고용인 이외의 자를 위해 행하는 일을 이 직업에서 얻을 수 없다."[19] 그리고 셰필드의 작은 수공업자 노동조합인 '양모 절취공 및 분쇄공 노동조합'은 그 조합원이 그가 정규로 고용되어 있는 것 외의 차나 공장에서 일하는 것을 절대로 금지한다.[20] 극단적인 예는 '큰낫 제조공 보호 노동조합'(Scythe Grinders' Trade Protection Society)의 경우이다. 그 노동조합은 조합원을 위해 모두 7월 6일(과거의 하지제(夏至祭; Midsummer Day))에 끝나는 명확한 1년 고용계약을 체결하고, 이에 따라 각 공장의 업무의 바쁘기는 그 공장이 연도 처음에 고용된 종업원 사이에 분배되므로, 어떤 노동자도 그 1년 동안 상거래가 한산하기 때문에 해고되는 경우는 결코 없다고 하게 된다. 그러나 이는 시대착오적인 유산이다. 대규모의 현대 노동조합에서, 업무의 분배를 이러한 종류의 규정에 의해 조장하고자 하는 희망은, 잔업에 대한 일반적 반대와 표준 노동시간의 유지 중에 그 모습을 감추었다.

표준 노동시간을 유지하고자 하는 노동조합의 공통된 희망 ─특히 잔업 반대나 노동시간 단축의 주장으로 나타나는 것─ 은, 노동시간에 대한

---

19) 〈'마구공 노동조합' 규약〉(Manchester, 1889). 그 규약은 기타 많은 직업, 가령 식자공, 쇄모 제조공, 마차 제조공 등의 노동조합에도 있다.
20) '요크셔 유리병 제조공 노동조합'은 모든 고용인과 서명 협정을 하고 매년 이를 갱신한다. 이는 여러 사항 중 "아궁이가 수선이나 불경기로 인해 불이 꺼지거나 기타 원인으로 중지될 때, 노동자는 실행할 수 있는 한, 업무를 분배하도록 규정된다. 그러나 아궁이가 4개월간 불이 꺼져도 다시 점화할 가능성이 없으면 고용인은 노동자를 해고할 자유를 갖는다"고 규정한다.

엄격한 규제가 부수적으로 고용을 더욱 계속적인 것으로 만들고자 하는 신념에 의해, 언제나 강조되어왔다. 그리하여 '면사방적공 합동 노동조합'은 새프츠베리 경의 '10시간안'을 지지하면서 그 목적의 하나로 '노동시간 단축에 의해 노동의 조절 내지 분배를 더욱 공정하게 하는 것'을 들었다.[21] 그리고 1872년, 표준 노동시간 단축을 위한 새로운 운동이 생겼을 때, 같은 생각이, 그것은 "그들에게 적절하고 지속적인 고용을 보증한다"는 논의 속에 다시 나타났다.[22] 이것이 고용 중인 자의 시간 단축은 다른 사정이 같은 한, 업무를 더 많은 노동자들에게 분배하고 어떤 자들이 완전히 실업 상태에 있는 것을 방지하는 것에 불과한 한, 그 사례는 그전에 그 규약을 인용한 조선공 노동조합의 경우처럼, 단지 업무 분배의 한 경우에 그친다.

---

21) 노동조합 기록부에 열거된 1845년 1월 19일의 회장. 15년 뒤, 면사방적공은 성공을 거둔 운동에 대해 다음과 같이 언급했다. "공장법을 도입하기 이전에는, 고용인은 노동시간을 그 노동자에게 명령했고, 따라서 여러 종류의 지방에서 노동시간은 74시간 이상으로 다양했음을 언제나 기록해야 했다. 그러나 어떤 경우에, 공장은 주야 모두 움직였기 때문에 당시 전국의 평균 노동시간이 1주 75시간이었다고 해도 과언이 아니다. 1주 75시간 일하는 노동자 60인은, 거의 60시간 일하는 노동자 75인이 지금 생산하는 것을 생산하고, 따라서 공장 인구의 20퍼센트 내지 25퍼센트는 궁박자로 길거리에 쫓겨나는 것이 분명하다. 임금률을 규제하는 것은 시장의 노동 결핍 또는 노동 과다이고, 따라서 위에서 말한 상태하에서는 노동자가 거의 죽음에 이를 정도로 과로하는 반면, 쫓겨난 자들은 업무의 결핍으로 인해 기아 수준을 방황하기 때문에 노동 임금은 당연한 귀결로 고용을 위한 치열한 경쟁으로부터 기아 수준까지 저하한다. 그리고 단독으로 행해지는 것인지 공동으로 행해지는 것인지를 불문하고, 우리의 모든 노력은 임금의 저하 경향을 저지할 힘이 전혀 없다고 하는 것도 마찬가지로 분명하다. 그러나 법을 위반하여 여성이나 소년이나 아동을 노동시키고자 하는 모든 시도에 대해 노동자가 사용할 수 있는 모든 합법적 수단으로 반항할 뿐 아니라, 그에게 1주 60시간 이상을 일하도록 하기 위한 모든 제안을 멸시하는 것은, 이 정당한 법률이 그의 사회적 상태를 개선하는 노력에서 그가 성공의 수호신인 한, 그 나라의 여러 공장에서 모든 노동자의 의무이자 이익이다. 〈면사방적공 합동 노동조합' 규약〉, 1860년판 서문.

22) 노동조합 기록부에 열거된 1872년 1월 7일의 회장. 다른 예로는 시드니 웹, 해럴드 콕스(Harold Cox), 『8시간제(*The Eight Hour's Day*)』(London, 1891)를 참조하라.

실업 중인 노동자는 어떤 식으로든, 일반적으로는 그 동료에 의해 유지되어야 하기 때문에, 가능한 한 다수가 정규의 시간에 고용되는 것이, 어떤 자는 변태적으로 장시간 일하고 다른 자는 할 일을 찾아 거리를 방황하기보다는 전체 사람들에게 더욱 편리한 것이 당연하다. 일반적인 불경기의 시절이나, 특수한 산업에 대한 수요의 일시적 감소의 시절에는, 그러한 구조가 노동조합 운동가에게는 분명히 정당하게 생각된다. 반면, 불경기 시기에는 생산비 저하에 보통 이상으로 열중하는 고용인은, 동일한 주급으로 더욱 많은 일을 얻기 위해(시간제 임금의 경우), 또는 그의 경상비에 비례하여 더욱 큰 생산고를 얻기 위해(성과급 임금의 경우) 노동시간을 연장하고자 한다. 여기서 우리는, 지금 고용되어 있는 목수나 기계공의 표준 노동시간을 연장하는 시도가 행해지고, 그로 인해 실업자의 수가 불필요하게 증가하는 결과를 낳는 것은, 대체로 사회가 목수나 기계공의 일을 요구하는 것이 적은 불황기라고 하는, 모순된 현재 상황에 당면하게 된다. 가령 1879년, 기업계가 대불황이었을 때, 클라이드(Clyde) 조선업자는 노동시간을 1주 51시간에서 54시간까지 늘릴 것을 주장했고, 맨체스터 건축업자는 1주 노동시간에 2~3시간을 더했다.[23] 표준 노동시간을 유지하기 위한 노동조합의 규제가, 동시에 노동자를 불필요한 고용의 단절에서 우연히 보호하는 것처럼 보이는 것은 이러한 종류의 시도에 면해서이다.

독자들이 만일 이러한 규제를 더욱 엄밀하게 음미하게 된다면, 그것은 고용의 계속을 목적으로 하지만, 사실은 주로 개인 교섭의 폐해를 방지하고, 특히 불경기 시절에 노동자가 고용인이나 지배인에게 개인적인 의존 상태에 빠지는 것으로부터 구출하기 위해 고안된 것임을 알게 될 것이다.

23) 『노동조합운동의 역사』, 332~334쪽.

그리하여 장기간의 고용조건을 미리 결정하는 것에 대한 노동조합의 반대는, 이러한 결정이 단체교섭의 방법으로 행해질 때에는, 큰낫공의 작은 예에서도 보았듯이, 전적으로 없어진다. 건축직공의 모든 부문이 열심히 추구하는 '취업규칙'은, 고용인과 노동자가 6개월 전에 예고하지 않으면 파기할 수 없는 불특정 장기간에 걸쳐 임금률이나 노동시간 등의 많은 조건을 언제나 결정하고 있다. 1893년 '광부 연합회'는 당시의 임금률을 계속하여 1년간 승인하는 것에, 그 보수로 고용인협회가 그 기간 내에는 임금을 인하시키지 않는다고 서약한 뒤에 기꺼이 응했다. 마찬가지로, 불경기시에 업무를 조금씩 내는 것에 대한 노동조합의 반대는, 이러한 분배가 바로 앞에서 서술했듯이, 노동자 자신의 집단적 거래에 따라 행해진 경우 소멸한다.[24] **이러한 규제 중에는 노동자에 대해 1년을 통하여 모든 주에 1주의 일이나 1주의 임금을 보증하거나, 심지어 보증하려고 시도하는 것은 하나도 없다.** 이러한 규제는 고용의 계속에 대해 어떤 참된 관계도 갖지 못하기 때문에, 본질적으로 말하면 표준 임금률과 표준 노동시간의 유지를 위하여 필요한 단체교섭 방법의 부산물에 불과하다.

고용인에게 그가 고용하려고 하는 노동자를 위해 계속적인 고용을 제공할 의무를 지우는 것과 같은 노동조합 규제는 사실 하나도 없다. 현명한지 현명하지 않은지는 알 수 없지만, 노동조합은 자본가가 노동자에게 일을 줄 수 있는 동안, 그들에게 임금을 준다고 기대할 수 있을 뿐이라고 하

---

24) 노동자는 제비뽑기라고 하는 원시적 방법에 호소할 수도 있다. 가령 〈Warpers' True Benevolent Sick and Burial Society의 규약 및 규제〉(Rochdale, 1884)는 "이 노동조합의 조합원이 고용되어 있는 공장이 정지하고, 그러한 정지가 상당 기간 이어지는 것이 분명한 경우, 모든 노동자가 2일 내에 그 업무를 완료하면 조합원은 누가 목록의 처음에 놓여야 하는가에 대해 제비뽑기로 결정한다"고 규정한다.

는 견해를 암묵적으로 승인한다. 따라서 고용의 계속은 소비자의 수요의 계속에, 또는 더욱 정확하게 말해 수요공급의 적확한 조정에 좌우된다. 고용인과 노동자는 모두, 이러한 조정이 행해져 계속이 확보되기를 희망한다. 그러나 자본가와 육체노동자는, 쌍방에 소수의 예외가 있지만, 그것을 얻는 데 정반대의 방법을 주장해왔다. 사업이 한산하고 거래가 떨어질 때, 고용인의 제일 본능은 가격을 내려 고객의 구매 욕구를 자극하는 것이다. 불경기의 원인이 무엇이라고 해도, 자신이 자기 제품에 대해 충분히 싼 가격을 붙일 수 있다면 주문을 받아 공장을 쉬지 않고 움직이게 할 수 있다고 그는 믿는다. 지주는 그의 일정한 지대나 특허료를 청구하고, 저당권자나 사채권자는 일정한 이자를 요구한다. 건물, 기계, 설비를, 그 최고의 능률을 발휘하게 하거나, 스스로 중대한 손실을 부담하여 필요 이상으로 빨리 대체해야 할 물건에 대한 비용을 절약하는 것은 자멸적인 행위일 것이다. 지배인이나 사무원의 보수를 깎는 것은 가치도 없고, 두뇌노동자의 전통에도 배치된다. 그러나 다음과 같은 결론은 피할 수 없다. 즉 모든 사업 정지 이외에 채택해야 할 방법은, 고용인도 일시적으로 자기 이윤의 일부를 포기하는 동시에, 노동자에게 그 임금의 일부를 포기하게 하는 것이다.

노동조합 운동가는 이러한 정책과 의견을 전적으로 달리한다.[25] 그들의 지적에 의하면, 그들에게 그것은 잉여 이익을 일시적으로 줄이는 문제가 아니고, 그들의 매주 생계가, 그들의 가족과 그들 자신의 실제 가계가

---

25) 그래서 공장 제화공은 대불경기 시에 고용인의 이러한 정책에 대해 완강하게 반대했다. "자본가 사이의 무모한 경쟁의 결과, 우리 상업이 나날이 감소하고, 은행은 지불을 정지하고, 과거에 확실한 회사로 거명된 회사가 절망적인 지불 불능의 상태가 되었을 때, 우리는 이러한 폐해에 대한 만능 약을 노동조합 임금의 일반적 저하나 노동시간의 연장에서 구하고자 하는 이론에는 반대한다." 〈제화공 전국 노동조합 월보〉, 1879년, 12월호.

위험하게 되는 문제이다. 대다수 노동자에게 10퍼센트의 임금 인하는 식품과 온기의 실제적 저하를 뜻하고, 의복과 실내 설비의 실제적 착취를 뜻하고, 그들은 그것을 육체적으로 힘을 소모시키는 것, 따라서 그들의 산업적 능률을 해치는 것이라고 선언한다. 어떤 공장주도 자신의 건물이나 기계를 수선 불능에 빠뜨리거나, 말의 먹이와 마구간 설비를 축소하는 것을 현명하다고 생각하지 않는다. 그러나 왜 ―하고 노동조합 운동가는 묻는다― 그는 자신의 생산적 능률을 올리는 데 가장 중요한 요소인, 그가 고용하는 인간에 대해서는 그렇게도 자살적인 정책을 채택해야 하는가?[26] 만일 고용인이 일이 한산할 때 경쟁의 압박으로부터, 고용조건을 무한히 악화시켜 그의 특수한 상품을 사도록 소비자를 유혹한다면, 그는 이처럼 계속 이어 나타나는 노동자의 육체와 품성을 타락시킴에 의해, 그의 소유에 속하지 않는 것, 즉 그가 사용하는 인간의 자본 가치를 증여하게 된다.

노동조합 운동가가, 고용인이 그에게 요구하는 희생은 무용하기보다도 더욱 나쁜 것이라고 믿는 것은, 그의 분노를 더욱 높이는 것이 된다. 오로지 상품을 더욱 낮은 가격으로 제공하는 것은, 상품에 대한 세계의 총수요를 조금도 증가시키는 것이 아니다. 상거래의 적보다 더욱 싸게 파는 것에 의해 그들의 상거래를 빼앗는 것은, 어느 고용인의 눈앞의 목적에는 적합

---

26) 당시의 임금률로는 도저히 맞출 수 없는 가격으로 고용인이 계약을 체결하는 것은, 끊임없는 불평의 씨앗이 되고 있다. 〈영국 창유리 노동자 노동조합'의 내규, 사무규정 및 규약〉(Sunderland, 1886) 서문은 다음과 같다. "어떤 경우, 자본가나 고용인에게 압박이 가해지는 것을 인정하여도, 너무나 많은 경우에 어떤 저항도 시도하지 않고, 그들은 그들 자신에게 불리한 조건을 승낙하고, 그들의 노동자 각자의 주급에서 일부를 합법적으로 빼앗는 것에 의해, 스스로 보충하는 자기 힘을 믿기 때문이다. 그리고 구빈법 당국자에 의해 정해진 한계와 그 당국자가 테스트한 노동에 대해 지불된 가격이 없는 한, 노동이 어느 정도의 극단까지 억눌러질지는 한계가 없다."

할지 모른다. 어떤 하나의 산업의 모든 고용인이 그 상품 가격을 저렴하게 함으로써 각종 상품에 대한 총수요를 그들의 손에 들어오는 것보다도 더욱 많이 농단하는 것은, 그들에게 적합할지 모른다.[27] 그러나 어떤 경우에도, 모든 수요는 여전히 동일하다. 즉, 그것은 실제로 모든 생산과 동일 양이고, 그들의 행동의 결과로 생긴 것은 하나의 방면으로는 계속 이익이 있지만, 어딘가 다른 곳에서 같은 양의 손실이 생겨 평균이 된다. 그리하여 노동조합 운동가는 가격의 저하가 일반적 불경기에 대해 참된 구제책일 수 없다고 선언한다. 그러한 정책이 하나로 채택되는 경우, 생산자의 총수입은, 그들이 그들의 임금률을 유지하고 더 적은 노동으로 끝냈다면 얻을 수 있었던 것보다 결코 큰 것이 아니다. 그 유일한 결과는, 노동자가 동일 임금에 대해 더욱 많은 일을 해야 하고, 임금 노동자도 소비자로서 물가 하락의 은혜를 입지만, 노동자는 생산물의 3분의 1을 소비하는 것에 불과하다는 사실은, 그 노동을 그들의 계급에 대하여 순수한 손실로 만든다는 것이다.[28] 만일 어느 나라가 그 생산품의 가격을 적당하게 저하시킴으로써

27) 어떤 부문 노동자의 임금 저하는 아무리 좋아도 그 생산품의 소매가격의 상응하는 저하보다 낮은 하락을 초래한다는 것을 잊어서는 안 된다. 그리하여 노섬벌랜드 채광부가 그 석탄에 대한 수요를 자극하기 위해 10퍼센트 임금 하락에 복종하도록 강요될 때, 그들은 채굴탄 1톤에 평균 약 15페니를 받지만, 그 10퍼센트의 임금 인하는 우리 일가 수입의 엄청난 감소가 되고, 그것은 런던 소비자에 대해 1톤 24실링에서 23실링 10페니반, 즉 약 2분의 1퍼센트보다도 더욱 큰 정도로 가격을 인하하기란 불가능하다고 답하는 것이 당연하다.
가격의 실제적 변동은 많은 산업에서 임금의 변동과는 거의 관계없다. "최근 20년간, 면사의 소매가격은 제조업자의 가격 변동과 다소 밀접하게 상관되어 200야드의 실꾸(spool)에 1페니부터 2페니까지 ─즉 100퍼센트─ 변동했다. 그사이에 면사공장 노동자의 대다수를 차지하는 여공의 임금은 거의 변하지 않았다. W. 스마트, 『경제학 연구』, 259쪽.
28) 영국에서는 상품과 서비스의 1년 생산 가운데 5분의 3에서 3분의 2가 임금 노동자 계급 이상에 속하는, 인구의 5분의 1에 의해 소비된다. 「사회주의자들을 위한 사실(Facts for Socialists)」, 〈페이비언 트랙트〉, 제5호에 실린 정부 통계에 대한 언급을 참조하라.

모든 세계의 감축된 무역의 정상적인 몫 이상을 농단하고, 외국인을 희생하여 그 나라의 노동자를 계속 고용할 수 있다고 반박한다면, 노동조합 운동가는 다음과 같이 답할 것이다. 즉, 국제 무역에 대한 정통 이론에 따르면, 그러한 어느 나라의 산업에 대한 인공적 자극은, 보호 관세와 수출 장려금 제도와 같이 무역 총액을 증가시키는 데 힘이 없다고 말이다. 이러한 논의의 전체는 이 책의 '노동조합운동의 경제적 특징'이라는 장에서 음미할 것이다. 여기서는 오로지 임금 저하에는 최대한의 힘으로 반대하고, 더욱 강한 힘에만 복종한다고 하는 노동조합의 강경한 정책을 설명하는 것에 그치도록 한다.[29]

그러나 노동조합 세계의 일부는, 이러한 소극적 태도에 그치지 않는다. 그들은 불경기에 대한 대책으로 이와 정반대되는 정책을 제안하고, 이를 고용인이 채택하도록 극력 강요해왔다. 면공 및 광부 —우리가 언제나 연결 짓는 두 개의 산업— 는 고용인의 임금 이하 요구에 대해, 생산 제한에 대해 마찬가지로 자신 있는 요구를 함으로써 반복적으로 당면해왔다. 이러한 정책은 실제로 19세기 초엽에 비롯되었다. 그리하여 1844년의 공적 보고를 인용하면 "수천 명의 노동자 —소수의 예외가 있지만, 사실 랭커셔의 채탄부 등의 모든 광부는 1만 6000명에 이른다— 가, 과거 몇 년 동안 (1825년의 단결금지법 철폐 이후) 만일 문명국이라고 하는 곳에서 어떤 정부가 실현하고자 시도된, 마치 가장 악랄한 전제주의의 행동에 대항하는 것

---

29) 『노동조합운동의 역사』에서 우리는 주로 석탄 및 제철업의 소수 노동조합이 몇 년 동안 고용인의 주장을 승인하고, 저 유명한 슬라이딩 스케일 제도에 동의했다고 설명했으나, 지금은 광부들이 그것을 포기하고 있다. 우리는 이러한 임금조절법을 '노동조합운동의 가설' 장에서 논의하겠다. 이미 알려진 슬라이딩 스케일의 상세한 내용은 『노동조합운동의 역사』 부록 2에 설명되어 있다.

과 같이, 모든 사려 깊은 이들의 분노를 초래하리라고 생각되는 노동량 제한에 지배되어온 것은, 이 거대한 노동자 단체의 상태를 냉정하게 연구하는 사람들이 쉽게 믿을 수 없는 것이다. 그리고 이러한 제한은 … 임금을 상응하는 높이로 유지하기 위해 과로와 노동시장 및 석탄 시장의 공급 과다를 방지하기 위해 … 광부가 시도한 것이다. '다르그'(Darg)라고 하는 1일분의 일이 결정되면 광부는 누구라도 이를 초과할 수 없다."[30]

당시의 가격에 대한 수요에 비례하여 석탄 생산을 제한하는 정책은, 언제나 광부 노동조합의 중요한 원칙이 되어왔다. 다르그, 즉 개별 채탄부의 1일 생산량 한계는 아직 널리 행해지지 않고, 오늘날 이를 특징으로 하는 것은 유력한 노동조합이 있는 지방이 아니라, 반(半)조직적인 에이셔(Ayrshire)와 라나크셔(Lanakshire) 갱구(坑口; Pits)에 불과하다. 잉글랜드에서는 생산 제한이, 광부가 임금 저하에 대한 광부의 거부를 변호하기 위한

---

30) 〈채탄업 조사위원회 보고〉, 1844년도 제592호, 제17권, 31쪽. 이는 J. H. 버턴(Burton), 『정치적 및 사회적 경제학』속에 인용되어 있다. 과거의 성과급 직업 —특히 도자기공 및 유리병 제조공의 일부— 의 한둘에서는 동일한 개인 생산의 제한이 '스틴트'(Stint)나 '탄툼'(Tantum)이라는 이름으로 행해져 왔다. '영국 북부 유리병 제조공 노동조합'의 위원장은 1895년 다음과 같이 말했다. "우리의 경금속 공장에서 노동조합이 탄툼을 결정하면, 노동자는 이를 초과할 수 없다. 만일 그들이 초과하면, 그 임금은 보고서에서와 같이 노동조합에 지급되어야 한다. 나는 우리 지방의 경금속에 대한 탄툼을 실어둔다.
소위 쿼츠(Reputed Quarts)……110다스
10온스 코즈(Codd's)………105다스
5온스 코즈………115다스
임페리얼 핀트(Imperial Pints)………115다스
소위 12온스 이상의 쿼츠……115다스
소위 12온스 이하의 쿼츠……무제한
위를 초과하여 만들어진 모든 병의 돈은 노동조합의 기금에 지불된다." 〈영국 및 아일랜드 유리병 제조공의 임금률, 인원수 등에 대한 보고〉(Castleford, 1895), 49쪽,

하나의 대안이라는 형식만을 취하고 있다.[31] 석탄광 주인들이 수요를 환기시키기 위해, 석탄의 퇴적을 임금 및 가격을 저하시키는 원인으로 호소할 때, 광부들은 수요공급이, 살 생각이 없는 바이어에게 석탄을 강요하기보다도 생산량의 감소에 의해 조정되어야 한다고 주장해왔다. 최근의 한 예에서 노동조합은 이 정책에 대한 실제적 설명을 하였다. 1892년 3월, '광부연합'은 그 조합원이, 판로를 유지하는 능력이 없는 탄광주에 의해 임금 인하의 위협을 받는 것을 알았다. 노동자는 '1주 휴식을 결행'했고, 그 결과 화물은 일시적으로 감소하고 임금 인하는 강제되지 않았다.[32]

31) 〈파이프주 광부 합동 노동조합 규약〉(Dumfermline, 1868)의 서문에서는 "주 안에서 퇴적된 엄청난 양의 석탄은, 끔찍한 괴물처럼 괴물이 버티고 서서 우리가 정당한 권리를 갖는 것을 저지하고 있다"고 한다. 1825년, 〈랭커셔 및 덤버튼 광부 노동조합 규정〉에서는 "어떤 고용인 밑에서도 석탄 퇴적을 할 수 없다"고 규정하고 있다. 허스커슨(Huskusson), 『연설집(*Speeches*)』(London, 1831), 제2권, 369쪽, 371쪽을 참조하라.

32) 이러한 생산 제한 정책은 '매각 제한'이라는 이름 아래 오래전부터 석탄업의 특징이 되어 왔다. 1771년부터 1844년까지 73년간, 타인과 웨어의 탄광주들 사이에 가격과 생산량을 결정하기 위한 하나의 정연한 조직이 거의 계속적으로 존재해왔다. "탄광주는 매년 모여서 소위 '기준', 즉 '완전 매각' 중 각 탄광이 팔아야 할 비율을 협정했다. 그들은 다음 달의 소위 '산출'을 결정하기 위해, 매월 또는 2주마다 모였다. 각 탄광이 어떤 가격으로 팔아야 하는가에 대해 양해가 이루어졌다. 연말에는 그 정량을 초과한 사람들이, 뉴캐슬 철드론(Newcastle Chaldron; 무게를 재는 단위—옮긴이 주)에 대해 3실링에서 5실링의 벌금을 냈고, 이는 완전히 팔지 못한 사람들이 수취했다."(D. A. 토머스(Thomas)) 그 결과, 그 가격은 현저히, 그리고 계속 인상되었다. 협정이 실제로 총생산액의 제한을 실현하는 동안, 이는 탄광주에게 충분히 만족할 만한 것으로 생각되었다. 그러나 결국 각 탄광주는 새로운 갱을 개척하고 그들의 능력을 증가시킴으로써, 그 자신의 '기준'을 증가시키고자 노력하게 되었다. 그리하여 협정은 총생산액을 제한하지 않게 되고, '업무 분배'의 일종에 불과하게 되었다. 그리고 그것은 1844년까지 그 탄광을 모든 능력으로 움직이고자 하는 대규모 광산주들의 반항에 의해 소멸했다. 석탄업에 대한 더 상세한 내용은 〈의회위원회 보고 및 증언〉, 1800, 1829, 1830, 1873년도 판에 나온다(G. R. 포터(Porter), 『국민의 진보(*Progress of the Nation*)』(London, 1847), 283~286쪽; 커닝엄(Cunningham), 『영국의 공업 및 상업의 발달(*Growth of English Industry and Commerce*)』, 제2권, 463쪽; 국회의원 D. A. 토머스(Thomas), 『석탄업 현실에 대한 노트(*Some Notes of the Coal Trade*)』

동일한 정책이 20년간 불경기마다 면공에 의해서도 주장되어왔다. 1878년의 대불경기에는 영국의 목면 직물 수출액이 1872년의 그것에 비해 17퍼센트 이상 감소했으나, 당시 고용인들은 오로지 임금을 10퍼센트 인하하는 것에 의해 사업을 계속할 수 있다고 주장했다. 면공은 특히 수출되는 직물량이 이전보다 조금도 감소하지 않는 사실에 착안하여, 그러한 임금 인하가 "공급 과다의 면포 시장으로부터의 과잉을 제거한다는 것"을 부정했지만, 만일 고용인이 그들 쪽에서 생산 과잉을 저지하기 위해 모든 공장의 조업을 단축하는 것에 찬성한다면 양보하겠다고 했다.[33] 그리고 다시, 1885년의 불경기에 고용인은 임금 인하를 주장했고, 노동자는 ─이번에는 방적공─ 공식적으로 "10퍼센트 인하와 1주 4일 노동, 5퍼센트 인하와 1주 5일 노동, 아니면 모든 주에 모든 임금을 수락한다"고 제안했다.[34] 그들의 유능한 위원장이 설명했듯이 "고용인들은 조업 단축이 생산비 증가

<hr>

(Cardiff, 1896)). 토머스 씨는 각 광산이 총생산액 중 각자의 할당액만을 생산하는 것에 동의한다면, 가격에 관한 매매자 측의 공동 행위는 필요 없고, 공급을 현재 가격의 그것에 대한 수요 이하로 제한하지도 않고, 가격은 자동적으로 유지하는 것을 강조하고, 남부 웨일스에 대한 같은 '판매 제한'을 조직하자고 제안했다. 이러한 제안은 갱구의 수와 능력의 무모한 증가를 방지하는 방법을 정하지 않은 점에서, 결국 타인 및 웨어 협정을 파괴하는 것과 같이 내재적인 약점을 포함한 듯이 보인다.

베스트팔리아 및 펜실베이니아 탄광주는 더 앞으로 나아갔다. '라인 베스트팔리안 석탄 신디게이트'는 1893년 이래 가격과 생산액을 정하고, 모든 판매를 베스트팔리아 탄광주를 대신해 관리해왔다. 펜실베이니아 탄광주 조합은 대철도회사와 공동으로 무연탄 공급에 대한 근본적으로 동일한 협약을 가지고 있다. 영국의 모든 탄광을, 가격 인상에 대한 정부 통제에 복종하는 1억 파운드의 단일 회사로 합병하고자 하는 조지 엘리엇(Elliot) 경의 대담한 제안(1893년 9월 20일, 〈타임스〉 소재)은 단순히 자본가의 트러스트에 앞서서 결국 채택될지 모른다.

33) 『노동조합운동의 역사』, 329~330쪽에 나오는 1878년 6월의 면공 선언을 참조하라.

34) 〈면사방적공 합동 노동조합' 소위원회, 집행위원회 및 대의원 회의 의사록〉, 1885년 6월.

를 뜻하는 것을 경험상 알기 때문에 이를 하나의 오류로 간주했다."[35]

여기서 우리는 생산을 제한하는 것에 의해, 수요의 변동에 대항하고자 하는 이러한 정책에 대해 주장되는 찬반양론의 복잡한 경제적 논의에 들어가려고 생각하지는 않는다.[36] 생산량 제한에 대한 어떤 호의적인 논의가 행해져도, 이 방법을 조직적으로 사용하는 것은 임금 노동자의 단순한 조합이 미칠 수 없는 것이다. 물론 그들은 파업이나, 1892년 광부 연합회가 독자적으로 채택한 '1주 휴가'에서와 같이, 일제히 취업을 거부하여 모든 생산을 일시적으로 정지할 수 있다. 그러나 생산 기계를 운전하고 있는 동안, 생산량을 직접 제한하는 것은 노동조합의 힘이 미치지 못하는 것이다. 조직이 견고한 노동조합은, 어떤 조합원도 1일 일정량 이상을 생산할 수 없고(탄광부의 다르그) 산업 중의 모든 공장에서는 1주 일정 시간 수 외에 조업할 수 없다(면공의 조업단축)고 주장할 수 있을지 모른다. 그러나 이러한 방법은, 실제로 생산의 전액을 고용인의 희망 이하로 감소시키는 것에 어떤 실효도 거두지 못한다. 갱내에 더욱 많은 광부를 고용하는 것, 새로운 탄층을 캐내는 것, 심지어 새로운 탄갱을 여는 것은 언제라도 가능하다. 공장주는 새로운 기계를 구입하고, 제한의 소문으로 인해 바로 가격을 인상하고, 낡은 공장을 재개하며 새로운 공장을 세운다. 개별 노동자의 생산량을 제한하고자 하는 노동자 측의 계획은, 불편을 낳거나 산업의 경영비를 증가시킨다고 해도, 따라서 생산되어야 할 전액을 제한하는 데에는

---

35) 새뮤얼 앤드류(Samuel Andrew), 『면업 50년사(*Fifty Years of the Cotton Trade*)』 (Oldham, 1887), 10쪽.

36) 1878년의 논쟁에서 노동조합 측 입장은 존 몰리(John Morley), 『과잉 생산; 1878년 노동 조합대회 연설(*Over Production; an address delivered at the Trade Union Congress, 1878*)』(Nottingham, 1879).

아무런 실제적 효과가 없다. 그러므로 영국의 광부와 면공은, 그들의 고용인이 생산을 제한하는 것이 바람직하다고 확신한다고 해도, 이러한 제한을 노동조합이 규제하여 실행할 어떤 수단도 갖지 못하는 것이다.[37] 요컨대 노동조합 운동가는 영국 고용인의 대다수와 마찬가지로, 예측을 불허하는 수요의 파도 앞에서 무력하고, 이에 따르는 업무 변동을 회피할 수 없는 것으로 감수해왔다.

고용의 계속성을 확보하고자 하는 노력에서, 고용인이나 소비자로부터 방해를 받는 경우, 특별한 노동조합은 그 힘을 다른 방향으로 돌려왔다. 설령 그들이 자본가와 소비자의 수요 변동에 대항해 스스로를 보호할 수 없다고 해도, 그들은 그 동료 노동자에 대항하는 장벽을 세울 수 있다. 그래서 오늘날 노동조합 세계의 어떤 부분은, 도제제도나 신참자의 제한과 같은 중세적 방법, 여성의 배제, 다른 노동자에 대항하여 유리한 생계 수단에서 기득 이익을 유지하는 것 등에 집착하는 것을 본다.

노동조합 규제에 대한 해설을 이 점에서 시작한 우리가, '독점'이라는 개념과 만나는 것을 보는 것은 의미 있는 일이다. 표준 임금률, 표준 노동시간, 안전하고 건강한 노동 장소는 영국의 모든 노동자 계급이 함께 누릴 수 있다. 이러한 조건을 하나의 계급이나 일부의 특권의 희망이어야 한다는 요구가 아니라, 노동조합 운동가는 그 모든 점에서 하나의 노동조합이

37) 생산 제한은 사실 고용인의 고안이지 노동자의 고안이 아니고, 그것은 보통(탄갱주의 '매매 제한'이나 통상의 트러스트와 같이) 임금 노동자의 도움 없이 실행된다. 단 때로는 (뒤에서 논의하는 버밍엄 침상제조자 '동맹'과 같이) 노동조합의 공감을 얻기도 한다. 그 경제학적 효과는 이 책의 '노동조합운동의 경제적 특징' 장에서 부수적으로 논의했다. 우리는 노동자의 입장에서, 만약 그것이 표준 임금률의 공통규칙을 수반하지 않는다면, 임금을 유지하기에 아무런 효과가 없고, 그러한 공통규칙이 있으면 그것은 불필요하고 무익하다고 여기서 단언해도 좋을 것이다.

얻은 성공은, 다른 계급의 노동자가 같은 요구를 제안하는 것을 더욱 적극적으로 쉽게 만들어야 한다고 주장하고 있다. 어떤 지역의 도급업자와 건축업자가 그들이 고용하는 모든 벽돌공이나 석공이나 목수에 대해 일정한 표준 임금률을 인정해야 한다고 설득된 경우, 이미 그들은 심지어 인부에게 표준 임금을 부여함에 의해 그 거래를 완전하게 할 것이라고 예상되었다. 어느 지역의 중요한 여러 노동조합이 지역의회를 향하여 지역의회 스스로 '노동조합 임금'을 지급하거나 그 도급인에게 그 일을 하도록 요구하는 경우, 이 요구는 언제나 반드시 모든 임금 노동자 계급에게 평등하게 적용되어야 한다는 것을 의도한다. 나아가 표준 노동시간의 경우에는 더욱 그러하다. 표준 노동시간은 앞에서 보았듯이, 반드시 동일 공장 내의 모든 계급의 노동자에 대해 균일한 것이 거의 불가피하다. 마지막으로 작업장의 위생과 재해 방지를 확보하는 모든 규제는, 등급이나 수완, 또는 남녀의 구별 없이 모든 노동자를 이롭게 하는 것도 필연이다. 그러나 다음 2개 장에서 논의하는 규제는, 하나의 직업의 기득 이익이라는 관념에 근거하여, 일부의 노동자가 다른 자들을 배제하자고 주장하는 것으로, 그중에서 우리는 '종신직'이나 교회 목사직, 공무원직 각각의 직의 폐지나 개정의 위협이 있는 경우 제출되는 요구와 유사한, 앞의 것과는 전혀 다른 성질의 요구를 보게 된다.

10장

고용

　18세기 수공노동자(Handicraftsmen)의 직업 클럽은 도제의 제한과 불법 노동자의 배제를 그들의 노동조합운동의 중심으로 간주하였다. 1814년까지 고용을 규제하는 정책은 법률의 승인을 받았고, 노동자의 여러 단체는 도제법의 철폐를 저지하는 것에 전력을 기울였다.[1] 모든 직업이 법률상 개방되었음에도 불구하고, 1824~1825년, 1838년 의회위원회와 1876년의 왕립위원회는 노동조합이 여러 직업의 입문을 규제하고자 하는 여러 사례를 폭로했다. 따라서 인원 제한 정책이 노동조합운동의 필수 부분이라고 성명한 논자는 매우 많았다. 지금부터 우리는 그러한 설명이 오늘의 노동조합운동에 어느 정도 진실인지를 고찰하고, 고용 제한을 시도하는 노동조합 수를 헤아려, 그러한 규제가 어디까지 그 목적을 달성하는지 발견하

---

1) 『노동조합운동의 역사』, 54~56쪽.

기 위해 그 실제 작용을 분석할 것이다. 이러한 분석을 위하여 고용에 관한 모든 규약을 다음 네 가지로 분류하는 것이 편리할 것이다. 즉 도제, 아동 노동의 제한, 직장 내의 승진, 그리고 여성의 배제이다.

(a) 도제

도제에 관한 노동조합 규제는 표준 임금률의 유지를 위한 규제와 달리, 노동조합 자신이 고안한 것이 아니다. 심지어 그것은 새로운 공정과 기계에 관한 노동자의 정책처럼 노동조합의 경험에 의해 변경되거나 발전되었다고도 거의 말할 수 없다. 도제제도가 노동조합 세계에 지금도 잔존하는 한, 그것은 형식 및 목적에서 노동조합운동이라는 존재가 알려지기 훨씬 전부터 행해져 온 것과 실제로 동일시된 것이었다.[2]

현대 영국의 노동조합운동은 도제 문제에서 서로 허용하기 어려운 두 가지 상이한 전통을 계승해왔다. 한편으로 고용인과 도제 사이의 상호 의무를 수반하는 마스터 수직업자에 대한 형식적이고 법률적인 '도제살이 계

---

2) 우리는 중세 산업조직의 일부로 간주되는 도제제도를 논의하려고 하지는 않는다. 종래 영국에는 이 제도의 사실이나 경제적 결과에 대한 연구가 거의 없었다. 애덤 스미스의 유명한 비난(『국부론』, 제1권, 제10장, 제2절)은 그의 주석자들, 특히 윌리엄 플레이페어 (William Playfair) 박사에 의해 1805년판에서 논의되었다. 또 플레이페어, 『도제제도의 이익에 대해 … 상하 양원에 보내는 … 편지(A Letter to the … Lords and Commons … on the Advantages of Apprenticeship)』(London, 1814)를 참조하라. 이 문제는 L. 브렌타노 (Brentano), 『현대의 노동조합(Arbeitergilden der Gegenwart)』(Leipzig, 1871)에서도 다루어졌다. 〈팸플리티어(Pamphleteer)〉 제3권에 있는 「도제법의 기원, 목적 및 작용」(London, 1814)은 자유를 바라는 마스터의 주장을 보여준다. 커닝엄, 『영국 공업 및 상업의 발달』, 제2권, 578쪽 등과 『노동조합운동의 역사』, 54~56쪽을 참조하라. 〈경제 저널〉(1895년 12월호)에 실린 C. P. 생어(Sanger), 「하나의 직업에서 도제의 정당한 수」라는 최근 논문은 유익한 수학적 공식을 보여준다.

약(Indenture)에 의한 도제제도의 유물이 있다. 마스터는 소년에게 그 직업의 모든 비법을 전수한다는 것을 인수했다. 도제는 시장률보다 낮은 임금으로 장기적으로 봉사한다고 약속했다. 페일리(Paley)가 간단히 말하듯이 "전수가 그들의 보수이다."[3] 마스터 수직업자의 길드가 만든 규약으로부터 우리에게 전해진 이러한 "고용인에게 도제가 되기"의 주위에, 일찍이 중세 시대에 전수료와 사례금의 강요, 연령에 관한 엄격한 제한, 일정한 장기간의 봉사, 각 고용인에게 허용된 도제 인원수의 제한이라는 제한적 조건의 여러 가지가 생겨났다.[4] 기술적 훈련을 확보하고 수직노동자의 경제적 독점을 보호한다고 하는 이중의 목적을 달성하기 위한 이러한 규제는, 현대 노동조합운동 중에 그 대표를 갖는다. 반면에 우리는, 이러한 형식적 도제제도와 함께 '세습'이라는 관습을 발견한다. 그것은 어느 직업에 종사하는 직인이 오래전부터 향수한 하나의 특권으로, 그들의 자녀를 그들의 직업에 넣어 스스로 비형식적으로 그 직업의 공정을 가르치는 것이다. 종래 역사가나 경제학자들이 설명하지 않았던 이러한 '직인이 되기 위한 도제 수련'(Apprenticeship to the Journeyman)은 다른 도제제도와 현저한 대

---

3) 『도덕 및 정치 철학(*Moral and Political Philosophy*)』, 제3권, 제1편, 제11장('도제제도'),

4) 그것을 만들면 마스터의 동료가 될 수 있다고 하는 '걸작'이 영국 도제제도의 특성이라고는 생각되지 않는다. '편력시대'(Wanderjahre), 즉 도제의 마지막에 행해지는 것이 관습인 한 지역에서 다른 지역으로 여러 해 여행하는 것과 마찬가지로 하나의 규칙적인 관습으로 영국에 알려지지 않았다. 그러한 상위는 영국 측 증거가 결여되었을 때, 영국의 도제제도는 르베소어(Levasseur), 『프랑스 노동 계급의 역사(*Histoire des Classes Ouvrières en France*)』; 파니에(Fagniez), 『파리의 공업 및 공업인 계급의 연구(*Études sur l'Industrie et la classe industielle à Paris*)』; 마르탱-생-레옹(Martin-Saint-Léon), 『수직업자 조합의 역사(*Histoire des Corporations de Métiers*)』; 샨츠(Schanz), 『중세 독일 직인 조합의 역사(*Zur Geschichte der Deutschen Gesellverbände im Mittelalter*)』; 슈몰러(Schmoller), 『스트라스부르 포공 및 직공 조합(*Die Strassburger Tucher und Werbezünft*)』.

조를 보여준다. 그것은 결코 법률이나 길드 규정에서는 규제되지 않고, 오로지 작업장의 관습에 의해 인정된다. 사실 그것은 다른 제도에 대항하는 제도가 아니라, 법률의 작용으로부터의 특권적 제외이다. 아버지인 직인은 그 아들을 그가 선택한 나이에 그가 적당하다고 생각하는 기간만큼 작업장에 넣어둘 수 있다. 그는 어떤 법률적인 도제 계약이나 공식적 계약을 필요로 하지 않았다. 그는 어떤 요금도, 세금도 지불하지 않고, 보통은 길드 당국의 감독을 받지도 않았다. 그는 종종 수의 제한 없이 자녀 전부를 계속, 또는 심지어 동시에 들일 수도 있었다. 그리하여 '직인에 도제 넣기'라는 특징적 관념은 전체로서의 직업의 복지와는 전적으로 무관하지만, 본질적으로는 세습적인 기득 이익에 근거한 개인적 특권의 관념이다. 많은 직업에서 오늘날 더욱 강한 이러한 '세습'의 전통은 그 모호함과 불규칙성과 불평등에 의해, 그 법률적 도제 계약제도나 그 현대적 파생물이 목표로 하는 신중한 규제와 조직적 균일성을 끊임없이 방해하고 무효로 만들고 있다.

우리는 특수한 산업에서 현존하는 노동조합 규제 가운데 전형적인 것을 조사함에 의해, 이러한 두 가지 흐름의 전통의 특성을 가장 잘 이해할 수 있을 것이다. 고용인에게 도제를 들이는 유효한 조직의 가장 좋은 현대적 표본은, '보일러 제작공 및 철조선공 연합 노동조합'과 영국 내의 거의 모든 조선업자 사이에 체결된 훌륭한 협약 중에서 오늘날 볼 수 있다. 먼저, 어떤 가르침도 받지 않지만 충분한 임금을 지급받는 '금속판 제조공'(Plater's Maker)이나 '소년 못공'(Rivet Boy)으로 고용된 소년과 직업을 배우는 도제 사이에는 명백한 구별이 있다. 어느 소년이 도제로 채용되는 경우 —그것은 어떤 경우에도 18세 이하여야 한다— 그는 정식의 도제 계약이나 문서에 의한 협정을 체결하고, 그것에 의해 그는 5년간 특정한 저임금으로 봉사할 의무를 지지만, 그 임금은 처음부터 끝까지 '소년 못공'으로 얻은 것보다 훨씬 적다. 그 대신 고용인은 그에 대해 금속판 제조공이나 못공으로서의 지식을 전수하는 것을 정식으로 계약한다. 어떤 도제도 문서상의 특별한 허가 없이는 5년의 봉사 기간이 만료하기 전에 고용인을 떠날 수 없고, 노동조합도 자신의 도제 계약에서 벗어나는 소년에 대해서는 준엄하게 보이콧을 할 수 있다. 하나의 공장에 채용되는 도제의 인원수는 직인 7명에 대해 2명을 초과할 수 없고, 그 비율은 급격히 팽창하는 공장, 기타 예외적인 경우를 특히 고려하여, 과거 5년간 고용된 평균수에 근거하여 산출한다. 마지막으로 도제의 고용은 절대적으로, 그리고 오로지 고용인이 행하는 것이고, 직인은 자신의 자녀를 고용인의 도제가 아니고서는 그 직업에 넣을 권리가 없다.[5]

여기서 우리는 중세의 전형적인 교육적 봉사를 그 모든 본질적 형상에서 재현하고 있는, 고용인에게 도제를 넣는 제도를 갖고 있음을 알게 될 것이다. 보일러 제작공의 도제가 되기 위해서, 현대의 소년 못제조공이라면 종종 실제 수입의 반을 포기하고, 21세나 22세에는 1주 10실링을 받는 것에 그치는 경우도 있다. 반면, 고용인은 소질이 없는 소년 —단순한 기

5) 고용인 위원회의 위원장으로서 (엘스위크의 암스트롱 공장의) H. 다이어(Dyer) 대령과 노동조합을 대표하는 위원장으로서 R. 나이트(Knight) 씨에 의해 서명된 〈고용인과 '보일러 제작공 및 철조선공 연합 노동조합' 사이에 체결된 도제 문제 취급의 메모〉. '보일러 제작공 및 철조선공 연합 노동조합'은 처음에는 직인 5인에 대해 도제 한 사람의 비율을 확보하고자 노력했다. 그것을 어느 고용인들은 산업을 유지하기에 불충분하다고 생각했다(글래스고의 A and J. Inglis 회사의 J. 잉글리스 씨의 〈각서〉 및 왕립노동위원회에서의 그의 증언, iii, A류를 참조하라. 〈글래스고 철학협회 기사록 1894년〉에 실린 논문 「도제 문제」에는 그의 충분한 설명이 있다). 잉글리스 씨의 최근 논문과 인용한 생어 씨의 논문에서 우리는 현재의 7 대 2라는 비율이, 이용할 수 있는 최선의 자료에 따른다면, 그 산업의 유지를 위해서만이 아니라, 그 정상적인 증가를 위해서도 '공정'한 것이라고 추측한다.

계적으로 정해진 일을 반복하는 것이 아니라, 아직 자격이 없는 일을 언제나 시도해야 하는 소년— 을 자기 공장에 인수한다. 그리고 일단 도제 봉사가 시작되면 이러한 상호 의무는 실제로 언제나 양자를 구속한다. 도제는 조만간 고용인 가족의 일원이 되고, 쌍방의 계약을 강제하기 위해 법률이나 공권력을 이용하지 않는다. 그러나 이러한 상세한 규제는 단순한 노동조합 세칙보다도 훨씬 강력한 것이다. 실제로 그 산업과 그 범위를 함께하는 노동조합만이 아니라, 고용인의 10분의 9에 의해 조인된 하나의 정식협약은, 어디까지나 하나의 강제적인 법률이다. 어떤 청년도 연합한 고용인과 노동자에 의해 지정된 방법 이외로 영국의 철조선직에 들어가기란 사실상 불가능하다.

또 하나의 전통의 흐름 —직인에의 제자 넣기— 을 집중적으로 보기위해 우리는 철조선업이라는 현대적 대산업으로부터 셰필드의 칼 제조업(Cutlery Trades)을 구성하는 40~50개의 고대적인 수공업으로 눈을 돌려야한다. 300년 전에는 셰필드의 도제가 영주법원(Court Leet)에 등록된 수공업 마스터와 정식으로 도제 계약을 체결했다. 그리고 지정된 기간이 종료한 뒤 그 직업에 들어가는 것을 공식적으로 인정했다. 그러나 적어도 1565년, 수공업자의 자녀는 모든 사례나 형식이나 도제 계약을 면제받았음을 우리는 알 수 있다.[6] 당시 분명히 예외였던 것이, 지금은 그 길에 이르는 유일한 길이 되고 있다. 지금 자본가적 노동 할당이 된 고용인에의 제자 들이기라는 것은 거의 완전히 없어졌다. 고용인의 공장에서 거의 일하

---

6) 조지프 헌터(Joseph Hunter), 『할람셔의 역사(*The History of Hallamshire*)』(London, 1869), 150쪽. 사회과학협회의 〈노동조합 및 파업에 관한 보고〉, 521~586쪽에 실린 프랭크 힐(Frank Hill)의 1860년까지의 같은 직업에 대한 훌륭한 논문을 참조하라.

지 않는 직인은 그 자신의 소년 조수를 고용하지만, 그 소년 조수는 지금 정식으로 도제 계약을 체결하거나 특정 기간 봉사할 의무에 구속되지 않는다. 세습의 관념이 우세하게 되어왔다. '영국 금속세공 연합회'(Britannia Metal Smiths)는 "어떤 직인도 자신의 자녀나 직인의 자녀 —모두 17세 이상이어야 한다— 를 제외하고는 도제로 채용해서는 안 되지만, 그의 자녀 외에 도제를 채용할 수 없다"고 말한다.[7] 이를 '면도칼제조공 보호 노동조합'(Razor Hafters)은 더욱 간단하게 "노동조합원의 자녀를 제외하고 어떤 소년도 이 직업에 들어올 수 없다"고 한다.[8]

아버지들이 그 자녀들에게 가르치는 것이 직업을 보충하는 보통의 방법이라고 하면, 도제제도의 집단적 규제는 사실상 불가능하게 된다. 아버지들은 사정이 좋다고 생각할 때 자녀들을 들여 자신이 좋아하는 것을 가르치고, 그들과의 협정에서 보수를 지불하거나 하지 않는다고 정한다. 일정 기간의 교육적 봉사를 강제하는 것은 불가능하게 된다. 뿐만 아니라 인원수를 유효하게 제한하는 것은 단념해야 한다. 현대 산업에서 성인 노동자에 대해 도제가 일반적으로 승인되는 비율은, 성인 4~5명에 대해 아동 1명이다. 그러나 셰필드의 직인은 누구라도 자신의 자녀를 자신의 직업에 들게 할 수 없다면, 그것을 참을 수 없는 고통으로 느끼게 될 것이다. 따라서 셰필드 규약 중에서 가장 제한적인 것이라도 일정 연령의 노동자는 각자가 언제라도 자신의 도제 1명을 둘 수 있다고 규정한다. 보통은 '큰낫 제조공 보호 노동조합'의 경우와 같이, 자녀가 없는 직인은 타인의 자녀 1명을 가르칠 수 있을 뿐이지만, 사정이 좋은 아버지는 자신의 자녀 전원을 자기

---

7) 〈'영국 금속세공 연합회' 규약〉(Sheffield, 1888).
8) 〈'면도칼제조공 보호 노동조합' 규약〉(Sheffield, 1892).

직업에 들이는 특권을 갖는다. 셰필드의 여러 직장 중 어느 것에서는 직업에 들이는 인원수를 제한하고자 노동자들이 노력했음에도 불구하고, 직업에 대한 세습적 권리라고 하는 관념은 이러한 시도를 독특하고 결실 있는 형식을 채택하게 했다. 그중에서 '양모 절취공 및 분쇄공 노동조합', '면도 칼제조공 보호 노동조합', '칼도구공 노동조합'[9]은 아이들을 들이기 전에 7년간 기다릴 것을 성인 직인에게 강제한다. '면도칼제조공 보호 노동조합'은 거기에다 2년을 더하고, 최저 연령을 20세로 한다. 그러나 다른 클럽에서는 25세나 27세를 그 이전에 '어떤 회원도 도제로 들일 수 없는' 연령으로 정한다.[10] 예외의 경우에는 순수한 교육적 봉사 기간을 끝내면 정식의 자격시험을 부과하는 낡은 관념을 회복하고자 하는 시도가 행해지기도 했다. '영국 금속세공 연합회'는 다음과 같이 규정한다. "자녀나 도제를 두는 직인은 자녀나 도제를 혼자서 일하게 해서는 안 된다. 만일 그를 내버려 둔다면, 먼저 총회의 승인을 얻지 않는 한, 다른 직인에게 위탁하여 그 기간을 완료하게 해야 한다." 그리고 "도제 기간을 종료한 소년은 직업에 들어가기 전에 그 공장에서 일하는 직인으로부터 그 능력에 대한 보고를 받을 필요가 있다. 만일 당해 소년이 직인으로서 부적합하다는 것이 발견된 경우, 위원회는 조사를 해서 가능한 한 그 원인을 확실히 밝히고, 동일한

---

9) 〈'칼도구공 노동조합' 규약〉(Sheffield, 1873), 6쪽.

10) 같은 제한이 길드 규정에서도 나타난다. 그리하여 '엑스터 재봉직 길드' 규정은 신규의 특권 향유자(Freeman)는 "첫 해에 1명의 봉사인을, 둘째 해에 2명을, 셋째 해에 3명을, 그리고 가능하면 1명의 도제를" 둘 수 있다고 한다(툴민 스미스(Toulmin Smith), 『영국의 길드 (*English Guild*)』, 316쪽). 1350년에 만들어진 '런던 철공 길드'의 규정에서는 "이 직업의 어떤 노동자도 만일 자신이 시의 공민이고 적어도 7년간 계속하여 살지 않았으면 도제를 둘 수 없다"고 했다. 라일리(Riley), 『런던과 런던 생활의 회고(*Memorials of London and London Life*)』(London, 1868), 247쪽.

불행을 예방하기 위해 필요한 수단을 강구해야 한다."[11]

석공 사이에서는 정식으로 고용인에게 제자를 들이는 것이 세습의 관습과 병존함을 볼 수 있다.[12] 오늘날 그 직업이 실제로 보충하는 방법에 대한 다음의 상세한 서술은, 그 노동조합이 믿기에 충분한 총명한 어느 조합원으로부터 우리가 제공받은 것이지만, 그것은 우리 자신의 조사에 의해 확인된 것이다. "도제에 관한 석공의 인쇄된 규약은, 지역에 따라 차이가 있다. 보통으로 규약은 5~6명의 직인에 대해 소년 1명이라는 제한을 포함하고, 그 소년은 그 직업에서 3개월 일한 뒤 5~7년 동안 도제로 근무해야 한다. 도제 계약은 반드시 체결되어야 하는 것은 아니지만, 어떤 종류의 협정이 있는 것이 보통이다. 이러한 소년은 물론 언제나 '고용인에게' 제자로

---

11) 〈'영국 금속세공 공제 노동조합' 규약〉(Sheffield, 1888). 전후의 조사로부터 그 규약은 먼저 고용인의 도제에게 적용됨을 알 수 있다. 셰필드의 여러 직종 중 어느 것에서는 공장 공업을 향한 점진적 변화를 위해 아동이 자본가-고용인에게 도제로 채용되기에 이르렀다. 이러한 도제의 인원수는 노동조합에 의해 엄격하게 제한되고, 여기서도 그 제한은 세습형의 흔적을 남기고 있다. 가령 '영국 금속세공 연합회'는 다음과 같은 규약을 정했다. "어떤 고용인도 일시에 1명 이상의 도제를 둘 수 없다. 2명이나 그 이상의 파트너가 있는 경우, 그들은 각자 1명씩을 가질 수 있다. 그리고 유한책임회사에서는 최초의 10명 또는 그 단수에 대해 1명의 아동, 11명에서 25명까지는 2명의 아동, 그리고 그 이상은 5명이 증가될 때마다 1명의 아동을 증가한다."

12) 영국 직업의 세습이라는 관습은 더욱 연구될 가치가 있다. 특히 그것이 특권 향유자의 자녀에게 연령이 도래하면 다른 자격 없이 길드나 시의 특권을 확보하도록 하는 보통의 길드나, 자치체 규정과 유사한 점에서 그렇다. 우리는 노동조합의 관습과 길드 자치체의 관습이 연결된다는 증거를 알지 못한다. 석공이나 셰필드의 여러 직업 외에 이러한 특권의 흔적이 양모 절취공, 기공(技工; Millwright), 통제조공, 목판인쇄공, 무두질공(Skinners), 권취공(Beamers), 연사공(Twisters), 경통공(Drawers), 정경공(整經工; Warpers—날실을 거는 사람), 스페인과 모로코의 가죽공 등 여러 가지 수직공의 구조합에서도 볼 수 있다. '런던 식자공 노동조합'은 1879년의 규약 개정 시에 이를 정식으로 폐지했다. 대륙의 역사는 필경 유사한 관습이라고 생각되는 것을 보여준다. 이에 따르면, 직인의 자녀는 단기의 도제 기간과 용이한 능력시험, 그리고 저렴한 수수료로 직업의 특권을 허용받는다. 가령 뒤셀리에, 『프랑스 노동 계급의 역사』, 219쪽을 참조하라.

들어가는 것이다. 그러나 일반적으로 매우 엄격하게 이행되는 이러한 규약은, 외부로부터 이 직업에 들어온 보통의 소년에게만 적용된다. 이에 더하여 어떤 석공도 그 자녀가 바라는 수만큼 그 직업에 들게 하고, 어떤 규제도, 도제 기간도 없이 그들을 교육할 수 있다. 석공은 그 자녀를 16세나 17세가 되어 직업에 넣어 도움이 될 수 있을 정도가 되기까지 통신 소년(Telegraph Boy) 등으로 일하게 하는 것이 보통이다. 그 뒤 그는 공장에 들어가, **고용인을 위해 견습으로 노동한다.** 석공은 그들의 자녀를 가능한 한 빨리 일으켜 세워 그들이 한 사람의 직인 몫을 하게 되면 바로 한 사람 몫의 임금을 받아야 한다고 주장한다. 사실상, 직업은 거의 전부 이 방법으로 보충된다. 도제 소년은 거의 없고, 외부의 소년이 그 직업에 들어가는 경우도 거의 없다. 고용인은 그들을 채용하고자 하지 않는데, 그 이유는 최초 3~4년간 그들은 아무것도 받지 못하고, 많은 돌을 망치기 때문이다. 한편, 석공도 그들에게 반대한다. 왜냐하면 마지막 1~2년간 그들은 직인으로부터 훨씬 싼 임금으로 한 사람 몫의 직인 업무를 하지만, 그때 일방에서는 그 직업에 들어가고자 하는 회원의 자녀를 가능한 한 빨리 일으켜 세워 그가 한 사람 몫의 직인이 되자마자 한 사람 몫의 직인 임금을 요구하거나, 또는 공장을 그만두고 다른 곳에 가는 것을 강요당하기 때문이다. … 그 규약은 결과적으로 견습의 인원수를 제한하는 효과가 없다. 석공은 6~7명의 아동을 그 직업에 데려오는 것으로 알려졌는데, 그렇게 하는 것에 대해 아무도 반대하지 않는다. 따라서 이 직업에 공급되는 인원이 부족하다는 불평을 들을 일은 전혀 없다. 노동자가 성과급으로 지불을 받는 콘월 등의 채석 지방에서는 견습이 절대적으로 회원의 자녀에 한정되었고, 그들은 직접 그들의 아버지나 다른 직인을 위해 일하지, 고용인을 위해 절대로 일하지 않는다. 그러나 그 밖에 어떤 제한도 없고, 확정 봉사 기간이 강제되지도 않는다."[13]

석공의 사례는 노동조합의 도제에 관한 규약이 과학적 분류를 얼마나 어렵게 하는지를 독자에게 통감하게 할 것이다. 여기서 우리는 언뜻 보아, 인원수나 연령이나 일정 기간의 봉사에서 엄밀하게 규제되고, 그 모든 것이 정식으로 정해져 엄격하게 실행되는 것으로 생각되는 하나의 직업을 본다. 이러한 견지에서 본다면, 그것은 '보일러 제작공 연합 노동조합'과 같은 종류에 속한다. 그러나 더욱 엄밀하게 음미하면, 거기에 있는 것은 정식의 연한 계약이나 상호 의무나 일정한 봉사 기간이나 인원수의 제한이 아니라, 모든 직인의 아동이 가능한 한 빨리 직인이 되어 소년 노동에 대해 충분한 시장 임금률을 확보하고자 하는 세습권을 특징으로 하는 느슨한 것임을 알 수 있다. 실제로, 콘월 등의 지역에서 직인이 도제를 찾는 채석 지방의 극단적인 예를 든다면, 우리는 거기에 셰필드의 여러 직장에 의해 나타나는 전형의 정확한 재현을 볼 수 있을 것이다.

우리가 보일러 제작공이나 셰필드의 칼제작공이나 석공을 선택하여 특

---

13) 이는 단지 인쇄 문서의 열람이나 노동조합 임원에 대한 잡다한 질문이 오로지 학자들을 오도하는 하나의 사례이다. 석공은 장기의 교육적 봉사를 엄밀히 실행하고 정식의 연한 계약을 강요한다고 하는 것이 일반인의 생각이다. 이는 노동조합의 임원이 질문자에게 솔직히 증명하는 것이다. 그러나 이것이, 그들에게 직업의 실제 보충 방법이 아니라고 설명하는 생각을 하게 하지는 않는다. 1868년, 왕립위원회의 조사 이래 발표된 규약의 어느 판을 보아도, 세습적 특권에 관한 서술이나 도제 규제에 대한 언급은 전혀 발견할 수 없다. 지금 행해지고 있는 관행의 몇 가지 징후를 발견하기 위해서는, 우리는 다시 오래된 규약에 소급해야 한다. 〈석공 공제 노동조합〉 규약〉(Bolton, 1867), 32쪽에는 이전의 여러 판과 같은 구절을 세련하여 다음과 같이 규정한다. "직업에 들어가고자 하는 소년은 어떤 경우에도 16세를 넘을 수 없다. 21세까지는 법률상 도제로 근무할 의무를 진다. 어떤 소년도 법률상 연한 봉사를 하지 않고 3개월 이상 일할 수 없다. … 석공의 적자나 양자는 법률상 도제가 18세에 허용되는 것과 같은 정도의 가입 자격을 허용받는다. … 그러한 소년도 법률상의 연한 봉사에 들어가거나 석공의 적자나 양자가 아니면 이 조합에 들어올 수 없다."

별히 설명한 이유는, 그들이 그중에 조직적인 도제의 규제를 실행하는 노동자의 최대 다수를 포함하기 때문이다. 인원수에 관하여 어떤 유효한 규제가 있는 다른 모든 직업을 합하여도, '보일러 제작공 연합 노동조합' 정도의 인원수를 갖지 못한다.[14] 그러나 우리가 가장 엄밀한 제한이 있는 것을 발견하는 것은, 비교적 작은 이 노동조합에서이다. 그래서 '보일러 제작공 연합 노동조합'은 7명의 직인에 대해 2명의 도제를 허용하지만, '펠트 모자 제조공 노동조합'[15]과 '플린트 유리 절단공 노동조합'[16]은 5명에 1명밖에 인정하지 않는다. '석판공 전국 합동 노동조합'[17]은 5명에 1명을 허용하지만, 한 공장의 최대한은 6명이다. '플린트 유리 제작공 노동조합'은 6명에 1명을 허용하고, 리크(Leek)의 '레이스 장식공(Trimming Weavers) 노동조합'은 '운전 중의 기계 7대당' 1명이어야 한다고 선언하고 있다.[18] 7명의 직인에 대해 1명의 견습이라는 동일한 비율은 노팅엄의 레이스직이 정하는 것이다.[19] 오래전에 설립된 '실크햇 제조공 노동조합'은 "직인 3명을 고용하고 12개월간 그 사업을 영위한 제조업자는 도제 1명을 고용할 권리를 부여받을 수 있고, 직인 10명에 대해 2명을, 다시 그 이상 10명에 대해 1명을 둘 수 있다." 그리고 "고용인의 자녀는 다른 도제의 수와 같은 수로 하고, 종래와 같은 특별한 부가는 하지 않는다"고 선언한다.[20] 마지막으로 '요크

---

14) 그중에 수제지공, 금박공, 바구니 제작공, 쇄모공, 통제작공, 돛제작공, 양모 완성공, 칼리코 목판화공, 판목공 —모두 구식의 수공업— 이 있다.

15) 〈'펠트 모자 제조공 노동조합' 규약〉(Denton, 1890), 26쪽.

16) 〈'플린트 유리 절단공 노동조합' 수정 규약〉(Birmingham, 1887), 19쪽.

17) 〈'영국 및 아일랜드 석판공 전국 합동 노동조합' 규약〉(Manchester, 1887), 26쪽.

18) 〈'레이스 장식공 노동조합' 규약〉(Leek, 1893), 5쪽.

19) 〈레이스업 리버스 지부의 각종 물품에 지불되는 가격표〉(Nottingham, 1893), 47쪽. 동일한 규제는 그 직업의 다른 지부에서도 볼 수 있다.

20) 〈'영국 및 아일랜드 실크햇 제조공 노동조합' 규약〉(London, 1891), 46쪽.

셔 압포기공(壓布器工; Stuff Presser) 노동조합'은 "어떤 공장에서도 도제의 수는 직인 1명당 1명을 넘을 수 없다"고 주장한다.[21] 그리고 이러한 극단의 제한은 규약에는 없지만, 우리의 옛 친구인 '진주 단추공 보호 노동조합'에 의해서도 주장된다.

지금까지 우리가 설명한 도제의 규제에는 공통된 하나의 특징이 있다. '보일러 제조공 연합 노동조합'의 정교한 전국 협약, '진주 단추공 보호 노동조합'의 엄격한 배타성, 셰필드 여러 직업의 세습제도, 석공의 미묘하게 복잡한 조직은 모두 각각의 직업에서 지금 실행되고 있는 것이다. 이러한 사례를 오늘의 노동조합 세계에서 예외라고 하는 것은 바로 이 현실성을 말하는 특징이다. 다른 노동조합에서도 도제에 관한 다소의 형식적인 정의를 그 규약에 포함하고 있고, 그리고 조합원의 투표는 언제라도 절대 다수가 가장 엄격한 입문 제한에 이론적으로 찬성하는 것을 보여줄 것이다. 그리고 이처럼 동일한 직업에서 현실의 입직 조건은 어떤 규제도 받지 않으므로, 조합원의 대중 자신이 대부분 공인된 문에 의해 들어가지 않는 노동자로 조직될 정도이다. 그 전형적인 사례는 인쇄업과 기계업이다.

식자공의 경우 특히 중요하다. 여기서 우리는 적지 않은 교육과 손기술의 숙련을 요하는 수공업에서 최초로 고급 숙련 직렬에 들어가는 것을 본다. 18세기에는 7년간의 도제 기간이 일반적이었다. 그리고 19세기 초에는 지방 직업 클럽이 전통적인 통로 밖에서 그 직업에 들어가고자 하는 사람들을 단연코 회원 및 고용에서 제외했다. 그리고 그 직업은 배우기에 쉽지 않았다. 기계도 분업도, 아직 자본가-고용인에게 이러한 구직업을, 오로지 저급한 숙련을 요하는 데 그치는 몇 가지 부분으로 분리하게 할 수 없

---

21) 〈리즈, 할리펙스, 브래드퍼드 압포기공 노동조합 규약〉(Bradford, 1888), 23쪽.

다. 업무에 숙달하는 유일한 방법은 소년을 원고 판독으로부터 광고의 '게시'에 이르는 개별 과정의 여러 가지에 대해 실제의 전문적 교육의 오랜 과정을 익히게 하는 것에 있음은 고용인과 노동자가 지금도 일치하는 것이다.[22] 이에 따라, 각 세대의 가장 선량한 고용인의 대부분은, 장기간의 형식적 봉사를 유지하고자 하는 '식자공 노동조합'의 시도에 대해 순종적으로 복종해왔고, 나아가 도제 수의 합리적 제한에도 많이 반대하지 않았다. 그러나 오늘날, 식자공으로서의 업무를 얻고, '식자공 노동조합'에 가입하는 노동자는, 연기 계약이 있거나 없이, 교육적 봉사기를 전혀 통과하지 않고, 나아가 현재 가지고 있는 직업상의 지식을, 충분한 시장 임금률을 얻는 동안 '습득'한 것이 아마도 대부분을 차지할 것이다. 노동조합 운동가의 견지에서 더욱 중요한 것은, 직업에 들어가고자 하는 인원의 총수에 한계를 두려고 하는 시도가 전적으로 실패한다는 점이다.

그 도제에 대한 규제를 실행하고자 하여 식자공의 노동조합이 그렇게 실패한 중요한 원인은, 19세기 인쇄업의 현저한 팽창에 있다. 보일러 제조공의 경우, 그 산업의 급격한 발전은 더욱더 그 노동조합을 견고하게 만들어 왔고, 그 결과 특히 순수한 도제제도가 지금 실행되고 있다. 그러나 철조선업의 발달은, 거의 유일하게 하나의 확실한 고용인 계급에 의해 경영되는 거대한 공장 내에서 생겨났다. 이에 반하여 인쇄업은 한때 여러 대도시에 집중되었으나, 오늘날에는 모두 촌락에 들어가 인쇄소의 대다수는 소규모 노동 마스터의 작은 기업으로 되어 있다. 나아가 식자공은 위로는 런던의 일간 신문이나 대규모 출판업자의 인쇄 주임으로부터 시골의 문방구점

---

22) 가장 개량된 기계인 리노타이프는 실제로 케이스 식자공의 그것보다 더욱 고급의 숙련과 다양한 숙달을 필요로 한다.

주인이나 철도회사, 잡화도매상, 지우개 스탬프 제조자 등의 부속 부문 직공장에 이르기까지 모든 종류의 고용인에 관계하지 않을 수 없다. 기업심이 풍부한 노동자가 교외의 뒷골목에 자기의 수동 인쇄기를 두고, 그 업무를 돕게 하고자 1명의 소년을 고용하는 경우, 그는 노동조합이 그 유효한 통제를 가할 수 있는 종류의 고용인이 아니다. 자기의 인쇄를 자기 공장 내에서 하고자 하는, 광고를 좋아하는 대제조업자의 지하실에 인쇄기를 두고 있는 많은 경우를 노동조합은 알지 못한다. 그 모든 경우, 소년 노동의 고용은 수에 있어서 절대로 무제한이고, 어떤 교육적 자격에 의해서도 규제되지 않는다. 업무의 질과 속도의 수준은 최저이지만, 그러한 공장에서 '케이스'(Case)의 초보 지식을 습득한 청년은 곧 작은 시골 문방구점에 의해 값싼 '견습'(Improver)으로 채용되고, 결국은 능력이 적절한지 여부에 관계없이, 직인으로서 임시 고용을 확보하고자 런던으로 흘러들어 간다.

이러한 방식으로 산업계의 구석구석까지 뿌리를 내리는 산업의 경우, 직업에의 입문에 대한 유효한 통제를 유지하기에는 가장 총명한 노동조합 임원의 솜씨를 필요로 할 것이다. 불행히도 식자공에 대해서는, 그들의 지방 노동조합이 시행해온 규약이 지금 그 적수에 의해 이용되어왔다. 종래 모든 '식자공 노동조합'은 다른 곳에서 어떤 일이 일어나는지 전혀 묻지 않고, 자기의 마을 내에서 중세의 도제제도와 흡사한 것을 유지하고자 열심히 노력해왔다. 맨체스터와 뉴캐슬의 인쇄업에 들어가고자 하는 소년은, 고용인에 대해 7년간 정식으로 '연한 봉사'를 해야 한다. 그리고 그 연한 중에는 당연히 시장 임금률의 일부를 포기해야 한다. 그는 그 봉사를 어려서부터 시작해야 하고, 하나의 동일 공장에서 그것을 마쳐야 한다. 그러나 도제가 되는 것은 그리 쉬운 일이 아니다. 직인 7명에 도제 2명이라고 하는, 모든 공장에 공평하게 적용되는 '보일러 제작공 연합 노동조합'의 비율

대신, 식자공 노동조합은 그 공장이 아무리 크다고 해도 일정한 최대한을 부과하는 것이 거의 보통이 되어왔다. 그리하여 글래스고에서는 어떤 인쇄소도 도제 10명 이상을 고용할 수 없다. 리즈에서는 7명 이상을 고용할 수 없고, 헐에서는 3명 이상은 안 되고, 맨체스터에서는 "수요공급의 평균에 적응하고, 공정한 노동 임금을 유지하기 위해 각 공인 인쇄소에서 도제 수의 최대한을 식자실에 대해서는 3명, 기계실에 대해서는 2명이어야 한다"고 규정한다.[23] 그리하여 100명 이상의 식자공을 고용하는 〈맨체스터 가디언〉지의 대규모 인쇄공장도 12명의 직공을 갖는 성과급 마스터(Jobbing Master) 이상의 도제의 채용을 허가하지 않는다.[24]

이러한 편파적인 제한은 전혀 기대하지 못한 의외의 결과를 초래했다. 직장의 각 부문에서 조직적 훈련을 부여받고 보통 그렇듯이 강렬한 노동조합 정신이 심어져 있는 대공장에서 연마된 소년으로부터 그 직업을 보충하는 것을, 노동조합 지도자들이 목표로 삼으리라고 상상할 수 있다.[25]

---

23) 〈맨체스터 인쇄공 노동조합(1797년 10월 설립) 규약〉(Manchester, 1852), 35쪽.
24) '식자공 노동조합'의 규약은 일반적으로 직인에 대한 도제의 비율을 규정하지만, 소규모 마스터의 경우에 대해서는 관대하다. 그래서 '맨체스터 인쇄공 노동조합'은 겨우 2명의 직인을 갖는 마스터에게 2명의 도제를 두도록 허용했다. 그러나 다른 여러 직업의 도제 규제와는 달리, 대공장에는 이 비율이 적용되지 않는다. 대공장은 이 비율이 허용되는 수보다 훨씬 적은 일정한 최대한도에 복종하고 있다. 그 최대한도가 맨체스터의 가장 우수한 공장의 도제 총수를 얼마나 엄격하게 제한하는가는, 12개의 인쇄공장이 시내의 식자공 반, 즉 약 1000명을 고용함에도 불구하고, 규정에 의해 60명의 도제를 채용할 권리가 있을 뿐이라고 하는 사실에 의해 판단할 수 있을 것이다.
25) 이러한 좀 더 계몽된 정책을 의식적으로 채택하는 노동조합의 예가 적어도 하나는 있다고 하는 점을 주목하는 것은 흥미롭다. '맨체스터 실내장식공 노동조합'(지금은 '실내 장식공 합동 노동조합')은 도제를 규제하는 규약을 가지고 있다. 그것에 의하면 소공장의 소년 및 저렴한 업무를 하는 소년의 수를 6명에서 1명으로 제한하고, 대공장 및 고급 업무를 하는 공장의 소년은 3명에 1명을 허용한다.

그러나 그러한 공장에 허용된 도제의 총수는, 그 직업을 유지하기에 너무나도 불충분하다. 그래서 새로운 직인을 부르는 경우, 그들은 네 가지 경우 중 세 가지까지는 소규모 공장에서, 그리고 결국은 노동조합운동도, 도제제도도 있다고 말할 수 없는 작은 도시나 시골 지방에서 데려와야 한다. 여기서 성실하지 못한 고용인이 자신이 좋아하는 수만큼의 소년을 채용하고, 그들에게 처음부터 끝까지 수공의 가장 초보적인 부분을 하게 하고, 그들이 직인으로서의 임금을 요구하자마자 비숙련 상태로 떠돌아다니게 하는 것을 방해하는 어떤 것도 없다. 따라서 유력한 노동조합이 있는 도시의 대규모 공장의 도제에 대한 식자공의 '최대한 제도'가 초래하는 직접의 결과는, 소년이 적절한 훈련을 받을 가능성이 가장 적은, 바로 그 공장이나 지방을 이용하여 그 직업의 주된 훈련장 겸 보충장으로 삼는 것이다. 따라서 우리는 오늘날 그 직업을 실제로 '개방적'인 직업으로 만드는 것은, 바로 지방의 식자공 노동조합이 이러한 도제 규제를 준수하는 것이라고 하는 모순된 결론에 이르게 된다. 시골 지방에서는 몇 명의 소년이 실제로 식자공이 되기 위한 수업을 하고, 마지막에는 도시로 들어가기 때문에 노동조합은 딜레마에 빠진다. 만일 그들이 도제 규약을 엄격하게 유지하고, 이러한 '불법 노동자'를 인정하는 것을 거부한다면, 그들은 자신들을 제외한 단체에 따르는 것을 좋아하지 않는 비조합원 노동자의 점진적 군집의 존재로 인해 고용인과의 교섭 시에 격퇴당한다. 단체교섭의 유효한 힘을 얻기 위해서는, 노동조합은 도제를 겪든 안 겪든 간에, 어느 지방에서 지금 그 직업에 종사하는 노동자 전부를 사실상 인정한다고 결의하여야 한다. 그리하여 거의 모든 지방의 식자공 노동조합은 정기적으로 '그 문호를 개방'하고 '불법 노동자'를 받아들여야 한다. 그리고 영국의 식자공 노동조합의 조합원의 3분의 1을 포함하는 '런던 식자공 노동조합'은, 1879년 이래 도제제도에 의해 업무를 습득하든 않든 간에, 지금 런던의 '공정한 인쇄소'에서 직업을 얻은 식자공에게는 누구라도 그 가입을 공공연히 허용해왔다.[26] 시골에 있는 노동조합은 보통으로 가입을 7년간의 연한 봉사 종료를 증명할 수 있는 노동자에게 한정한다는 취지를 공언하지만, 그 마을에서 직장을 얻은 인쇄공은 다른 식자공 노동조합 —대도시에 있는 개방적 노동조합을 포함하여— 의 조합원증을 지참하면 이의 없이 가입시키기 때문에, 표준 성과급률로 고용인에게 고용되고자 희망하는 직인은 도제 경험 유무에 관계없이, 그 직업에서 충분히 인정된 일원이 되기에 어떤 어려움도 없다. 요컨대 제한되는 것은, 그 직업에의 신입자가 영국 전체에서 차지하는 총수가 아니라, 도제제도의 교육적 이익을 받을 수 있는 신입자의 비율이다.

기계공 노동조합의 경험은 상이한 방면에서이지만, 식자공 노동조합의 그것에 못지않게 풍부한 교훈을 준다. 19세기 초엽의 대장공이나 공장 기공의 지방적 직업 클럽은 연한 계약서를 낼 수 없는 노동자는 모두 이를 전체적으로 고용에서 제외했다.[27] 윌리엄 페어베언(William Fairbairn) 경은 1811년, 그가 레니(Rennie)의 공장에 공장기공으로 지위를 얻었을 때, 직공장이 그에게, 노동조합이 승인하기까지는 일을 시작해서는 안 된다고 통고한 사정을 서술했다. 상당한 증명이 있는 계약서를 낼 수 없었기 때문에 그는 종업의 허가를 거부당하고, 런던을 방황하면서 비조합 지방에서 지위를 구해야 했다.[28] 같은 규제는 지금까지 계속되고 있다. 확실히 19세기

---

26) "직인, 감독관, 재료보관자, 교정자, 또는 공정한 공장에서 기타 업무에 종사하는 식자공은 … 가입자격이 있다."〈'런던 식자공 노동조합' 규약〉(London, 1894), 6쪽.
27) 대정공, 공장기공, '기계공'의 여러 클럽은 도제제도법을 시행하고자 한 1813년 운동의 실행과 청원에서 중요한 역할을 했다. 『노동조합운동의 역사』, 53~56쪽.

초엽에 생긴 랭커셔의 노동조합인 '공장기공 친목 노동조합'(The Amicable and Brotherly Society of Journeymen Millwrights)은 도제 수를 제한하고 봉사 증명을 엄격하게 요구하는 그 구내규를 1885년까지 유지했다. 그들은 다음과 같이 선언한다. "가입을 바라는 자가, 그 부모가 적당한 연한 계약서의 부여를 게을리하면, 그가 그 직업을 공장기공의 직업에서 또는 그 산업에서 알려진 공장기공의 도제로 5년간, 6년간 또는 7년간 수업한다는 선서증을 2명의 상당한 증인의 증명과 함께 제출해야 한다. 그리고 총회가 결의하는 3파운드 10실링보다 적지 않고 5파운드보다 많지 않은 금액을 납부해야 한다." 그는 "유자격 조합원에 의해 추천을 받아야 하고, 나아가 만일 뒤에 이르러 그의 합법적 자격이 없다는 것이 증명되면 그 조합원은 5파운드의 벌금을 내야 한다. 의심스러운 연한 계약서를 갖는 자는, 동일한 입직 조건에 복종해야 한다."[29] 이와 동일한 사상이 창립 후의 최초 30년간, '기계공 합동 노동조합' 규약의 기조가 되어왔다. 그 1834년판 서문에서는 다음과 같이 선언한다. "만일 **견습 봉사에 의해 권리를 확보하지 못한 자**가 우리 직업에 입문하는 것을 제한당하는 경우, 우리는 그러한 침입

---

28) W. 폴(Pole) 편, 『윌리엄 페어베언 경 평전(*The Life of William Fairbairn*)』(London, 1877), 89쪽; W. 손더스(Saunders), 『노동조합(*Trade Union*)』(London, 1878); 『노동조합 운동의 역사』, 75쪽, 187쪽.

29) 오래된 또 하나의 노동조합은 다음과 같이 선언한다. "5명의 직인에 대해 1명의 도제를 허용한다. 그럼에도 불구하고 그 수가 채워지면 공장기공의 장남이나 차남은 그 직업에서 노동하는 것을 허용한다."(〈공장기공 합동 노동조합〉 규약), 1885) 높은 입직료와 엄격한 자격의 어디까지가 전문 교육을 실시하고 직업에 들어가는 사람의 실제 수를 제한하고자 하는 기획이고, 어디까지가 단지 조합원 자녀의 세습적 '기득 이익'의 보호를 목적으로 하는지는 우리에게 불명하다. 19세기 초에 공장기공은 실제로 오늘의 석공과 같은 방법으로 주로 보충되었음은 충분히 생각할 수 있다. 윌리엄 페어베언의 『기계공장 및 기계공장 노동론(*Treaties on Mills and Millwork*)』(London, 1861) 서문에 있는 공장기공 장남의 특권에 관한 논의는 이 방향을 지시하는 것 같다.

이 폐해를 낳는 것이고, 무제한으로 계속되는 때에는 수공노동자의 상태를 비숙련 노동자의 그것에 저하시키는 결과를 초래하고, 기존의 가입자에게 어떤 영구적 이익을 초래하지 않는다는 것을 알고, 그 제한을 행하는 것이다. 그러므로 우리가 기득의 이익을 갖는 것에 대해, 마치 면허를 갖는 의사나 판권을 갖는 저자와 같은 주의와 경계를 가하는 것은 우리의 의무이다."[30] 그러나 오늘날, '기계공 합동 노동조합'과 거의 대부분의 부분적 대항자는, 그 도제인지 아닌지에 관계없이, 기계공장에 설령 단순한 소년이나 기계 감시자로서도 5년간 근무하는 사람과, 그 채용 지원 시기에 취업 중인 그의 특수 부문에서 표준 임금률을 확보하는 사람은 누구라도 자유롭게 가입을 허용받는다.

기계공 사이의 도제 규제가 이렇게 완전하게 붕괴한 것은, 그 구제 자체에 어떤 불합리한 점이 있기 때문은 아니라고 생각한다. 식자공과 달리 기계공은 도제 수의 절대적 최대한도를 정한다든가, 또는 대공장에서 공장의 크기에 비례한 수의 소년 훈련을 어떤 방법으로 저지하려고 하지는 않았다. 그들이 그 규약 내지 고용인과의 교섭에서 목표로 삼은 것은, 오늘날 철조선공이 일반적으로 승인하는 어떤 조정을 얻는 것이었다. 그러나 '보일러 제작공 연합 노동조합'에 비하여 불행히도, '기계공 합동 노동조합'은 그들의 구식 수공업의 점차적 붕괴에 의해 그들의 노력이 수포로 돌아가는 것을 보았다. 우리는 사실, 산업혁명의 영향에 의해 도제제도가 붕괴한 전형적인 예를 여기서 볼 수 있다. 윌리엄 페어베언 경은 "18세기에 공장기공은 명성이 높고 편력적인 기술공 겸 기계공이었다. 그들은 같은 기술과 정확성으로 도끼, 망치, 흙손을 다룰 줄 알았다. 그는 선반에 놓고 돌

---

30) 〈'기계공 합동 노동조합' 규약〉(London, 1864) 등.

리는 것과 구멍을 뚫는 것, 또는 쇠를 연마하는 것을 이러한 직업에서 배운 사람들처럼 쉽고 신속하게 할 수 있었다. 그는 제분업자 자신과 마찬가지로 또는 그보다 우수한 정확함으로 맷돌을 놓고 틈을 메울 수 있었다. … 일반적으로 그는 훌륭한 산술가로서 기하나 수평이나 측량에 대해 상당히 알았고, 어떤 경우에는 실용 수학의 지극히 적절한 지식도 가지고 있었다. 그는 기계의 속도와 강도와 동력을 계산할 수 있었다. 평면과 단면을 그릴 줄 알았고, 건물과 지하도와 수로를 모든 형태로, 또는 그 직업적 실제에 요하는 모든 조건하에서 건조할 줄 알았다."[31] 그리하여 여러 가지 업무의 숙달은 장기간의 교육적 봉사에 의해 비로소 시작될 수 있었다. 오늘날의 대규모 기계회사 공장은 우리에게 전혀 다른 광경을 보여준다. 공장기공이 과거에 망치와 줄(File)을 가졌다는 것은, 지금은 무수한 개별의 작업으로 분해되고, 그 각각은 적절한 기계를 가지고 있다. 그러나 그것이 전부가 아니다. 기계업에 기계를 도입한 것의 특징은, 지금 대규모 기계 공장에서 요구하고 있는 '동력 운전도구'(Power-moved Tools)의 매우 현저한 다양성과 변화무쌍함이다. 대규모의 목면 공장에는 유일한 형태인 자동 정방기나 역직기만이 계속 도열되고 있음에 불과한 적이 종종 있다. 기계공장은 천공기(穿孔機; Drilling),[32] 평삭기(平削機; Planing),[33] 나선천공기(螺旋穿孔機),[34] 종삭기(縱削機; Slotting),[35] 금속평삭기(金屬平削機; Milling)[36]와 같이 매우 많은 구식의 선반(旋盤)을 응용한 다양한 정도의 잡다한 것들

---

31) 윌리엄 페어베언, 앞의 책, 서문.
32) 구멍을 뚫는 기계. (옮긴이 주)
33) 대패와 같이 평평하게 만드는 기계. (옮긴이 주)
34) 나선으로 구멍을 뚫는 기계. (옮긴이 주)
35) 갸름한 구멍을 내는 기계. (옮긴이 주)
36) 금속을 평평하게 깎는 기계. (옮긴이 주)

을 사용하는 것이 보통일 것이다. 이러한 여러 기계의 각각을 운전하기 위하여, 또는 그것들의 각각에 대한 상이한 업무를 수행하기 위해 필요한 숙련과 정직의 정확한 정도는 무한히 다르다. 간단한 천공기나, 어떤 기관의 약간의 작은 부분의 동형물(Identical Copies)을 계속적으로 만들어내는 자동 선반은, 단순히 하나의 소년에 의해서도 취급될 수 있다. 이에 반하여 치밀한 금속평삭기 위에서 행해지는 어떤 업무는 가장 완성된 기계공의 힘을 요한다. 그러나 어떤 기계에서 다른 기계로의 어려운 증가는 비교적 적은 만큼, 중간에 위치하는 형태가 매우 많다. 그리하여 최초에는 가장 간단한 천공기나 자동 선반의 '감시'(Minding)로 하루를 소비하는 소년이나 노동자는, 매우 적은 지식이 가해지면 하나의 공정에서 다른 공정으로 '나아가', 결국에는 단순히 차차 이어지는 여러 종류의 기계 취급 방법을 익힘으로써 그 예민한 소년은 부지불식간에 자격 있는 선반공이나 조립공이 된다. 우리는 여기서, 더욱 냉철한 소년과 노동자의 그러한 '승진'은, 그 대부분이 조밀한 기술적 교양의 결여에서 나와, 평생 동안 간단한 일상적 업무 이외에는 아무것도 잘하지 못하고 끝난다는 결함을 수반하는지 않는지를 논의할 필요는 없다. 또한 우리는, 그러한 '승진'은 냉철하고 야심적인 경우에도 기계공학상의 원만한 숙달을 낳을 수 없다고 하는, 종종 나타나는 주장을 논의할 필요도 없다. 사실은 언제라도, 계속 증가하는, 소년과 노동자가 이러한 사다리를 올라가, 정합공이나 선반공이나 조립공으로서 직장을 얻기에 충분한 유자격자가 된다는 것이다.

그러므로 '기계공 합동 노동조합'은 30년 동안 딜레마에 빠져왔다. 그 전통적 정책은, 도제를 거치지 않은 침입자를 '불법자'로 보고 제외하는 것이었다. 그리고 이는 전체적으로 1885년까지의 경향이었다. 그러나 그 노동조합은 직업 내부의 승진을 저지하거나, 또는 '기계공'이었던 '기계 감시인'

과, '노동자'였던 '기계 감시인'을 다른 계급으로 교묘하게 나누기 위하여, 어느 특정 기계에 선을 긋는 것에 아무런 힘이 자신에게 없음을 알았다. 하나의 노동조합은, 만일 그것이 그 직업을 습득하는 사람의 수를 한정함에 의해 그러한 종류의 고용에 대한 경쟁자를 제한한다면, 분명히 그 지위를 강화할 수 있다. 그러나 일단 그러한 경쟁자가 존재하는 한, 그들이 비조합원으로서 시장에 나타나는 것은, 단체교섭의 방법에 대해 치명적이다. 따라서 '기계공 합동 노동조합'은 사실을 승인하고, 당시 그렇게 널리 행해지던 규제를 포기해야 했다. 최근 10년간, 계속 행해진 대의원회는, 아직 도제를 경험했든 안 했든 간에, 새로운 노동자 계급에게 노동조합의 문호를 개방하고, 결국 앞에서 보았듯이 각 도시와 등급의 표준 임금률로 현재 고용되어 있는 성년 노동자는 누구라도 실제로 신입자로 환영을 받게 되었다.

우리는 도제 규제에 관하여 '기계공 합동 노동조합'이나 '식자공 노동조합'과 거의 같은 지위에 있는 모든 직업을 열거할 필요는 없다. '보일러 제작공 연합 노동조합'이나 셰필드의 여러 직업의 노동조합, '석공 공제 노동조합'과 2~3개의 소규모 노동조합이라는 중대한 예외가 있지만, 금속, 건축, 인쇄의 여러 산업의 조직 노동자는 모두 이러한 형태에 속한다. 산업혁명에 의해 점차 변형되어온 과거 직업의 대다수에 대해서도 똑같이 말할 수 있을 것이다. 도제제도의 전통은 여전히 강고하고, 규약 속에서 그 표현을 자주 볼 수 있다.[37] 어떤 도시나 일부 산업에서는, 참으로 교육적

---

37) 생어(Sanger) 씨는 앞에서 인용한 수학적 논문에서 다음과 같이 말했다. "대충 말하자면, 도제 수의 제한에 대한 일정한 규약을 갖는 노동조합은 약 100개이다. 그러나 그 노동조합에 속한 노동자의 총수는 필경 20만 명을 넘지 않을 것이다. 나는 각 노동조합 규약의 하나하나를 고찰한 결과 다음과 같은 결론에 이르렀다.

인 연한 봉사 기간을 거치는 것이 여전히 직업에 들어가는 보통 방법이다. 그러나 어떤 방법으로 그 기술은 사실상 도제가 될 수 없는 노동자에 의해서도 습득되고, 따라서 그 직업에 들어오는 노동자의 총수에 어떤 참된 제한이 가해진다고 말할 수 없다. 우리의 추측에 몇 가지 확실성을 부여하기 위해 우리는 이러한 종류의 직업 그룹에 속하는 노동조합원은 약 50만 명으로 계산했음을 부언해둔다.

이 숫자는 약 90만 명의 조합원, 즉 전체의 5분의 3을, 아직 어떤 방법에 의해서도 도제나 그들 직업의 신참자에 의한 습득을 제한하지 않는 노동

(1) 총 조합원 수가 2만 6500명을 넘는 21개 노동조합의 규약은, 만일 엄격하게 실현된다면 직인의 수를 감소시키는 원인이 된다.
(2) 총 조합원 수가 8만 6500명을 넘는 43개 노동조합의 규약은, 직인 수가 적어도 영국 남자 인구 증가의 속도만큼 증가시킬 것이다.
현재, 그것은 매우 큰 실제적 의의를 갖는 문제가 아니라는 것은 인정되어야 한다, 만일 어떤 노동조합이 그 점에 관하여 불공정한 규약을 제정했다고 해도, 그것을 실행할 수 있는 경우는 거의 없다." 〈경제 저널〉, 1895년 12월호.
사람들의 이야기에 의하지 않고, 여러 직업에서 실제로 행해지고 있는 것에 근거하여 우리가 계산한 바에 따르면 다음과 같다.
(1) 현재 도제 규제를 실행하고 있는 노동조합의 조합원 수
(a) 실제로 조합원 수를 제한하는 경우 ·········15,000
(b) 실제로 조합원 수를 제한하지 않는 경우(세습제도는 선택을 제한하지만 수를 제한하지는 않는다) ·········25,000
(c) 명의상 제한하지만 직업에 대해 충분한 신입자를 인정하는 경우 ·········50,000
　　　　　　합계 ·········90,000

(2) 명의상 도제 규제를 유지하지만 실제로는 개방하고 있는 노동조합의 조합원 수 ·········500,000
(3) 도제 규제를 하지 않는 노동조합의 조합원 수
(a) 운수 노동자 및 인부 ·········250,000
(b) 방직, 광산 등의 직업 ·········650,000
　　　　　　합계 ·········900,000
　　　　　　총계 ·········1,490,000

조합 중에 남아 있다. 우리는 그중에 도제제도를 결코 볼 수 없는 20~30만 명의 조직이 불완전한 잡종 노동자나 운수 노동자나 모든 종류의 비숙련공의 경우를 논할 필요는 없다. 그러나 '개방된 직업' 중에서 우리는, 가장 강력하고 성공한 노동조합 중 어떤 것, 특히 면공이나 광부 노동조합 ―양자를 합치면 노동조합 세계 전원의 5분의 1을 구성한다― 을 발견한다.

면사방적공의 노동조합은 특별하게 흥미롭다. 앞에서 말했듯이 '면사방적공 합동 노동조합'은 노동조합 중에서 가장 견고하고 가장 유력하며 가장 성공한 것 중 하나이다. 그 노동조합은 호황 시와 불황 시를 통하여 최근 30년간, 조합원의 순수입을 1주 35실링에서 50실링이라고 하는 비교적 높은 수준을 유지해왔다. 그사이에 그것은 노동시간을 단축시키고 공장의 여러 상태를 현저하게 개선하는 것에 성공했다. 그것이 방적업 자본가의 이익을 그 이상은 불가능하다고 하는 최소한으로 제한하는 것에 성공한 것은 자본가 자신이 인정하는 바이다. 그러나 이 노동조합의 세력과 성공의 어떤 부문도, 도제의 제한이나 어떤 모습의 독점적 성질을 갖는 것의 작용에 의한 것이 아니다. 방적공이 되기 위해 그 일을 익히는 사람의 수에는 현재 어떤 제한도 없고, 종래에도 언제나 어떤 제한이 없었다. 그 직업은 보통 각 방적공 아래에 2명씩 일하고, 그들로부터 임금을 받는 '사계공'의 계급에서 보충된다.[38] 그리하여 '보일러 제작공 연합 노동조합'이 주장

---

38) 종종 고용인은 2명의 방적공에 대해 오직 1명의 소년 사계공을 고용하고자 시도했다. '조이닝'(Joining) 또는 파트너링(Partnering)이라고 불리는 이 제도에 대해 노동조합은 언제나 반대했다. 노동조합은 방적공 각자가 그 밑에 2명의 사계공을 두어야 한다고 주장한다. 왜냐하면 다른 어떤 조정도 필연적으로 방적공의 수입 감소를 의미하지 않을 수 없기 때문이다. 1878년 12월, '면사방적공 합동 노동조합'의 대의원 회의는 다음과 같이 결의했다. "이 회의는 조이닝(Joining) 제도를 심히 유감으로 생각하고, 그 제도의 폐지를 위하여

하는 직인 7명에 도제 2명, 또는 '진주 단추공 보호 노동조합'이 유지하는 노동자 10명에 도제 1명이라는 비례가 아니라, 방적공 노동조합은 각 방적공에 도제 2명이라는 다수를 적극적으로 장려한다. 그 비율은 직업을 보충하기에 필요한 수의 거의 10배이다. 고용에 대해 취직 희망자가 너무 적어서가 아니라, '사계공'의 대다수는 정방기에서 일하게 되는 모든 희망을 포기하고 다른 직업으로 바꾸게 되었다. 또 일정한 봉사 기간도 요구되지 않았다. 누구라도 그가 고용인에게 그에게 한 쌍의 정방기를 부탁하게 하고, 그의 생산물에 대해 성과급 노동 가격표의 표준 임금을 지불하게 하면 바로 방적공이 될 수 있다.[39] 그러한 사정하에서 방적공의 표준 임금률이 30년간 계속 유지되어온 사실과 그의 평균 수입이 적극적으로 증가되어왔다는 사실은, 인원수의 제한과 경쟁자의 배제가 유효한 노동조합운동의 필수 부분이라고 하는 진부한 신념을 여전히 묵수하고 있는 사람들에 대해, 하나의 경제 문제로 잠시 이를 남겨둘 수도 있다.[40]

그리하여 도제를 규제하고자 하는 노동조합의 강력한 감정에도 불구하고, 그것은 오늘날, 노동조합 세계의 작은 부분 이상으로 강제되고 있다고

모든 노력을 기울인다고 맹세한다." 이어 많은 파업이 행해진 뒤 랭커셔 노동자는 그들의 목적을 달성했고, 오늘날에는 각자 2명의 사계공을 두고 있다.

39) 일단 직업에 들어가면 그는 노동조합에 가입해야 하지만, 거기에는 어떤 장애도 없다.

40) 런던의 배관공 노동조합은 이 점에서 방적공 노동조합과 경제적으로 유사한 것으로 흥미로운 사례를 제공한다. 런던의 고용인들은 노동자의 배관 업무를 돕기 위하여, 또는 그 일을 배우기 위하여 소년이나 도제를 고용하지 않는다. 관습상 각 배관공은 '배관 동료'(Plumber Mate)로 알려진 성년 인부를 데려온다. 고용인은 그가 배관공의 표준 임금률을 지불하는 경우라면, 언제라도 자유롭게 '배관 동료'를 배관공으로 승진시켜도 무방하다. 수습자 계급을 이루는 '배관 동료'의 수는 직업을 보충하기에 충분하다고 생각되는 것의 4배 내지 5배라는 사실에도 불구하고, '배관공 합동 노동조합' 런던 지부는 높은 표준 임금률을 유효하게 유지하고 있다.

말할 수 없고, 나아가 그 작은 부분조차 '보일러 제작공 연합 노동조합'과 같은 현저한 예외가 있지만, 점차 축소되고 있다. 오래된 도제의 규제가 없어지는 곳은 지금은 특히 더블린이나 코크와 같이 산업의 벽지, 셰필드와 버밍엄 같은 소규모 마스터 체계의 고향, 유리 제조나 모자 제조와 같은 낡은 수공업의 경우들이다. 도제제도가 한때 일반적이었던 한정된 영역의 최대 부분에서, 그 제도는 실제로 가장 빨리 사용되지 않게 되었다. 그리고 일반의 찬성을 얻어 18세기의 직업 클럽이 즐겨 유지한 그 제한적 방벽은 과거 백년 사이에 점차 없어졌다. 마지막으로 도제의 규제는 노동조합운동의 필수 부분을 형성하기는커녕, 지금 노동조합 운동가의 대다수는 도제제도의 그림자도 존재한 적이 없는 직업에 속하고 있다.

이러한 사정을 설명하기 위해 우리는 교육제도로서 도제제도를 사용하지 않게 된 것과, 입직자 제한의 방법으로서 도제제도가 실패한 것을 구별하여야 한다. 기술 훈련의 한 형식으로서 도제제도를 포기한 것은, 어떤 만족스러운 대체물을 발견한 탓이 아니다. 반면, '실무가' 사이에서 현재 상태는 매우 불만족하다는 의견이 일치하고 있다. 그러나 많은 경제적 요인이, 시장 가격보다도 낮은 임금으로 하는 소년기의 일정 기간의 교육적 봉사를 폐지하기에 이른다. 직업의 번영과 소년의 장래에 대해 결국 그것이 어떠한 결과를 초래하든 간에, 이러한 교육적 봉사는 오늘날 관계 당사자 누구에게도 직접적인 보수를 초래하지 않는다. 거대한 공장을 갖는 고용인은 소년에게 모든 직업을 가르쳐야 한다면, 그들을 위해 고민하지는 않을 것이다. 설령 근검가인 아버지가 사례로 20~30파운드를 제공한다고 해도, 임금만으로 1주에 몇백 파운드를 지불하는 오늘의 자본가에게는 아무런 유혹이 되지 않는다. 그는 그의 업무 공정을 성인의 업무와 소년의 업무로 나누어 각 계급을 영원히 그 업무에 복종하게 하는 길을 선택한다.

도제가 그의 주인의 가정에 들어가는 것은 더 이상 불가능하게 되고, 모든 길드의 규율이 폐지된 오늘날, 고용인은 그가 일정 기간 내에 고용해두는 법률상의 의무를 갖는 소년에 대해 거의 지배력을 갖지 않는다고 느낀다. 어느 대건축업자가 우리에게 말하듯이 "이익은 모두 도제에게 있다." 그러나 소년은 그렇게 생각하지 않는다. 오늘날에는 소년들이 수련 없이 비교적 높은 임금을 얻을 기회가 매우 많고, 그래서 그들은 낮은 비율로 교육적인 연한 봉사를 하거나, 또는 마치 처음 시작하는 것처럼 그것을 계속하는 것을 쉽게 긍정하지 않는 정도이다. "가능한 한 빨리 한 사람 몫의 임금을 확보하고자 소년이 갈구하는 것이, 도제 결핍의 중요한 원인이다"라고 한다. 아버지 역시 자신의 자녀가 단지 소년이라고 불리는 대신 도제라고 불리기 때문에 일가의 수입에 대한 그 보조의 대부분을 포기하기보다도, 전보 배달부나 심부름꾼으로 또는 공장이나 작업장의 인부로 1주 6실링에서 16실링을 얻게 하는 것이 당연하다.

그러나 도제에 대한 이러한 혐오를 단순히 장래 이익을 위해 현재 수입을 희생하는 것을 좋아하지 않는 탓으로 삼는 것은 옳지 않다. 오늘의 산업조직에서 노동자가 자신의 아동을 하나의 숙련직 교육을 받는 직업에 들어가는 것은, 어떤 경우에는 불가능하지 않다고 해도 매우 어려운 일이다. 설령 그가 자녀를 도제로 삼는 것이 가능하다고 해도, 그 자녀의 훈련을 나태하지 않는다는 보증은 없다. 그리고 만일 우리가 개별 아버지로부터 단체적 자격이라는 점에서 직업의 구성원에게 눈을 돌린다고 한다면, 우리는 도제제도가 참으로 그 주된 매력이었다는 점을 이미 상실한 점을 보게 될 것이다. 윌리엄 블랙스톤(William Blackstone)[41]이 말하듯이 "만일 다른 사람이 기술이 동등함에도 불구하고, 같은 훈련에 복종하는 일 없이 동일한 이익을 부여받는다면 누구도 7년의 연한 봉사에 복종하려고 하지 않을 것이다." 아버지와 도제가 관철하려는 욕구는, 교육이 아니라 보호되는 직업을 영위할 수 있는 법률상의 권리였다. 그 직업에 대한 이러한 권리가 가령 '세습'이라고 하는 방법에 의한 도제를 거치지 않고 확보될 수 있는 경우에는, 아버지도 자녀도 마찬가지로 언제나 그 교육적 이익을 포기하고자 힘을 쏟는다. 노동조합이 인원수에 대한 유효한 제한을 유지하는 것에 실패한 경우에는 언제나, 그것은 즉시 어떤 교육적 봉사제도의 실현을 단념한다.[42]

어떤 예외적인 직업에서 도제제도는 여전히 직업 입문을 제한하는 목적으로 사용될 수 있다. 업무가 개별 수공노동자에 의하지 않고 고급의 숙련 임금 노동자의 결합 단체에 의해 수행되는 경우, 신참자의 입문 거부는 그 사회의 여론의 후원을 얻게 되면, 그러한 단체가 실제로 행할 수 있는 것이다. 이러한 '단체제도'는 보일러 제작공, 플린트 유리공, 유리병 제작공, 압포기공(Stuff Presser) 사이의 도제에 대한 노동조합 규제의 예외적 효과도 설명한다고 우리는 생각한다. 문제의 직업이 그 자체로 어떤 대규모 산업의 근소하지만 결여될 수 없는 부분을 구성하고 있다면, 그 노동조합이

---

41) 윌리엄 블랙스톤 경(1723~1780)은 영국 옥스퍼드 대학교의 최초 영국법 교수로 1753년 그가 옥스퍼드에서 영국법의 강의를 시작한 것이 영국법 교육의 시작이었다. 그의 저서 『영국법 주석(Commentaries on the Laws of England)』은 독창적이지는 않았으나, 영국법 전체를 체계적으로 설명하였으며, 특히 미국에서 환영을 받아 미국 법률가에게 법전으로 여겨질 정도이다. 미국에 있어서의 영국법 계수는 블랙스톤에 의하는 바가 컸으며 연방 헌법, 주 헌법 제정에 큰 영향을 미쳤다. (옮긴이 주)

42) 위에서 서술한 도제의 여러 가지 형식 내에서와 마찬가지로 실제의 교육적 이익은 대체로 실제의 배타 정도에 비례하여 다르다는 것은 주의해야 한다. 셰필드의 여러 직업이나 석공의 '세습제'는 거의 인원수의 제한을 포함하지 않지만, 한편 기술적 교육이 부여되는 확실성은 최소한에 불과하다. 이에 반하여 보일러 제작공이나 플린트 유리공의 참된 제한은, 그 결과 직업 독점과 같은 것에 기울어짐과 함께, 그 대신 사회에 대한 순수한 교육적 봉사를 부여하고 고용인이 행하는 지속적인 '최적 소년의 도태'를 부여한다.

노동자에게 결원이 생길 때마다 그것을 보충하도록 주의하고, 결코 업무를 중단하지 않는다는 보증을 고용인에게 부여하는 한, 설령 불합리한 요구라고 해도 이를 거부하는 것은 고용인에게 무익할 것이다. 방적 공장의 경영자는 테이프 부착공(Tapesizers), 권취공(Beamers), 연사공(Twisters), 경통공(Drawers), 심지어 감시인들이 주장하는 제한적 규약에 대하여 비교적 무관심하다. 왜냐하면 그들의 임금은 모든 생산비의 지극히 작은 부분을 차지하는 것에 불과하기 때문이다.[43] 도제에 대해 유효한 노동조합의 제한의 유지 또는 부활을 보는 것은, 예외적으로 이러한 조건의 어느 것이 행해지고 있는 공업에서뿐이다. 그 뒤 산업계 전체에서 이러한 방벽은 자본의 가동성의 대규모 세력과 산업상 공정의 부단한 개혁으로 인해 붕괴되었다.[44] 새로운 고용인이 언제나 새로운 중심지에서 시작한다면, 그 직업이 새로운 공정이나 기계의 도입에 의해 종종 변화된다면, 노동자의 새로운 계급이 업무의 어떤 부분을 수행하기 위해 도입될 수 있다면, 어떤 노동조합도 도제의 제한을 참으로 강제할 수 없다. 이러한 것들이 19세기 산업 대다수의 전형적인 상태이다.

---

43) 기계공장의 패턴 제작공(Patternmakers), 그리고 지금은 그 직업의 대부분을 차지하는 대공장의 석판인쇄공이 도제제도에 관하여 비교적 유력한 지위를 차지한 것은 그러한 탓이라고 우리는 생각한다.

44) 톱장이(Sawyers)는 기묘한 진화를 보여준다. 19세기 초엽의 오래된 수공 톱장이는 그 노동조합의 강력함과 배타성으로 인해 유명했다. 증기력에 의해 움직이는 회전 톱(Circular Saw)을 도입한 결과, 오래된 수공 노동자는 비교적 비숙련인 새로운 노동자 계급에 의해 대체되었고, 그 새로운 계급은 인부의 계층에서 나온 자들로 수년간 어떤 조직도 갖지 못했다. 공장 톱기계의 속력과 복잡함의 증가에 따라, 그러한 공장 톱장이는 이제 지극히 특수한 계급이 되었고, 고용인은 인부로부터 그들을 보충하기 어렵다는 것을 느꼈다. 지금 그 공업이 갖게 된 비교적 안정적인 것은 그러한 기계 노동자로 하여금 하나의 유력한 노동조합을 설립할 수 있도록 하고, 그 노동조합은 점차 일정 기간 도제를 강제하고 있다.

노동조합은 법에 호소할 수 있는 것이 사실이다. 그러나 법적으로 강제되는 도제제도를 현대 산업의 여러 사정에 적응시키는 것에 따른 엄청난 곤란은 잠시 접어두어도, 그 제도의 부활이 여론의 후원을 얻기 어렵다는 것은 쉽게 알 수 있다. 사회라고 하는 관점에서 보면, 구제도에는 세 개의 중대한 불이익이 있다. 일반 공중에 대해 도제는 충분하고 유효한 후원을 받는다는 보증이 없다. 스스로 소년을 가르치고 소년의 빠른 숙달로부터 직접 물질적 이익을 갖는 것은, 더 이상 '마스터 수공업자'가 아니다. 현대적 조선소의 수십 명 도제는 필연적으로, 그들의 진보에 냉담하거나 심지어 적대감을 갖는 노동자를 주시하고, 호의적인 직공장으로부터 가끔 힌트를 얻어 주로 스스로 자기 직업의 일을 습득하도록 방임된다. 교육학이나 주도하게 훈련된 교사, 그리고 '왕립 장학관'이 문제가 되는 오늘날에는, 도제와 그 교사 사이의 우연적인 관계가 사회의 신중한 판단에 좋은 인상을 주기 어렵다. 나아가 모든 역사는 도제제도가 비숙련 노동자의 대군을 보충하는 소년의 대부분을 묵과해야 함을 보여준다. 도제제도가 없는 경우, 비교적 유능하고 힘이 넘치는 자들이 직업을 '확보하고' 성인으로 그들의 능력에 따라 승진에 성공하는 것은 이미 앞에서 서술했다. 도제제도의 모든 역사 가운데 가장 어두운 부분의 하나는, 만일 그 제도를 유지하고자 한다면 피보호 직업에서 모든 '불법 노동자'를 제외하는 것이 언제나 필요하다는 점이다. 우리는 중세의 사례를 들어 독자를 지루하게 만들 필요는 없다.[45] 그러나 보일러 제작공과 그 고용인 사이에 체결된 주도면

---

45) 길드의 조합원 자격과 하나의 숙련직에 종사하는 권리는 언제나 인부(Labores)의 대군으로 확장되지 않았다고 하는 것이 보통 망각되고 있다. 칼 대장장이(Bladesmith)의 경우는 연한 봉사하지 않은 노동자 대군이 존재했음을 상기시키는 것에 도움이 된다. 1408년 10월 10일, 런던의 '칼 대장장이'(Bladesmiths)의 마스터들은 그 직업의 통치를 위한 청원과

밀한 도제 협약은, 필연적으로 조선소에 있는 소년 대갈못공(Rivet)과 회반죽(Plaster) 조수의 무리 ―그중에는 그런 협약이 없는 경우 스스로 그 직업을 얻을 수 있는 자도 있다― 에 대해 전진의 문을 닫게 되는 것이 분명할 것이다. 카펫 직조공은 '등록된 침입자'(Registered Creeler, 도제) 이외의 누구라도 "직기 앞에 서거나, 직공의 업무를 하는 것을 금지하고",[46] 그 기술을 확실하게 배우는 것을 방해하게 된다. 캘리코 인쇄업자(Calico-Printers)는 그들의 '기계 감시인'(Tenters)이나 인부가 '닥터'(Doctor; 물감의 정확한 양을 조정하는 긴 나이프)를 만지거나, 심지어 그 기계 앞에 오는 것조차 금지한다. 정당하게 도제를 거친 수직인과 '불법 노동자' 사이에 법률이나 관습에 의해 명확한 경계선이 그어지지 않는 한, 어떤 도제제도도 연속할 수 없음이 분명하다. 마지막으로 그러한 다른 계급이 생기는 때, 사회는 어떤

법규를 시장과 시의회에 제출했다. 그 법규는 심의를 거쳐 가결되었다. 그중에는 "그 직업의 누구도 그 직인(Journeymen)에게 도제에 대해서와 마찬가지로 직업의 비결을 가르칠 수 없다. 이를 위반한 자에게는 앞에서 말한 제재를 가한다"(즉 초범에는 6실링 8펜스, 재범에는 10실링, 그 이상의 누범에는 13실링 4펜스의 벌금)는 규정이 있었다. 여기서 말하는 직인이란 Smith의 업무를 돕는 Strikers를 말하는 것에 틀림없다. 라일리, 앞의 책, 750쪽을 참조하라.

연한 봉사를 하지 않는 인부의 비율의 규모는, 아마도 1667년 런던 시의회의 화재 규정에 의해 그 대체적인 것을 알 수 있다. 당시 목수(Carpenters), 벽돌공(Bricklayers), 미장공(Plasterers), 페인트공(Painters), 석공(Masons), 대장공(Smiths), 배관공(Plumbers), 포장공(Paviours)의 '수공노동자 조합'(Handicraft Companies)은 소방대를 만들기 위해 각 조합에서 마스트 2명, 직인 4명, 도제 8명, 인부 16명을 선출하도록 명령했다(저프(Jupp), 『목수 조합의 역사(History of the Carpenter's Company)』(London, 1848, 284쪽)). 오늘날에도 비숙련 노동자의 수가 숙련 수직인의 수를 능가하는 직업이 많다. 따라서 길드가 언제나 성년 남자 노동자의 소수 이상을 포함하지 않는 것이 당연하다. 『노동조합운동의 역사』, 37쪽; 뒤 셀리에, 앞의 책, 204쪽; 그린 부인(Mrs. Green), 『15세기 도시 생활(Town Life in Fifteenth Century)』, ii, 103을 참조하라.

46) 〈'파워룸 카펫공(Power Loom Carpet-weavers) 상호 방위 공제조합' 규약〉(Kidderminster, 1891).

정도까지 그것이 그 제도의 유지를 위해 처벌되어야 하는지를 말할 수 없다. 애덤 스미스가 독점적 임금과 독점적 이익이라는 불가피한 결과를 수반하는 모든 도제제도를 그렇게도 격렬하게 비난하게 된 것은, 사실 그것이 사회에 주는 손실, 그리고 그의 생각과 같다면 너무나도 과대한 손실이다. 현재, 보일러 제작공이나 플린트 유리제조공을 교육시키기 위해 사회적으로 어느 정도 비용이 드는지는 계산할 수 없다. 우리는 사회가 이러한 피보호 직업의 비교적 높은 임금이라는 형태로 그것에 지불하는 것을 추론할 수 있지만, 그러나 어느 정도 지불해야 하는지, 또는 그 부담이 누구에게 주어져야 하는지를 측정할 수는 없다. 그 한계에서 비민주적이고, 그 교육 방법에서 비과학적이고, 그 재정적 관계에서 근본적으로 불건전한 도제제도는, 그것에 호의적인 모든 실제적 논의에도 불구하고, 현대 민주주의에 의해 특별히 부활하리라고는 생각되지 않는다.[47]

---

47) 전문 교육은, 심지어 보통 교육보다도 그 이익이 그다지 근소하지는 않다고 해도, 직접적으로 너무나 고가로서, 대다수 부모들의 재력으로는 불가능하다고 논할지도 모른다. 심지어 그들 자신의 직업의 장래 이득에 대해서는 반드시 관심을 갖지 않는 개별 자본가는, 숙련 직공이어야 할 새로운 청년세대 ―고용인이 결코 고용하지 않을지도 모르는 사람들― 의 교육비를 부담하려고 하지 않을 것이다. 그리하여 잉글리스(Inglis) 씨는 도제 수의 제한에 대해 강력하게 반대했으나, 그는 그와 다른 고용인이 왜 노동조합의 제한에 동의했는지를 설명하면서 다음과 같이 말했다. 즉 "우리가 해야 할 우리 특유의 일이 있고, 따라서 최대 다수의 최대 행복을 위해 노력해야 하는 데에 우리의 정력을 기울일 수 없다."(『도제제도』, 10쪽) 만일 사회가 숙련 수직인의 끊임없는 성공을 욕구한다면, 사회 전체가 그들의 교육 비용을 부담해야 한다. 이러한 도제제도의 경우, 위에서 말했듯이, 결국 사회가 비용을 실제로 지불해왔다.

(b) 소년 노동의 제한

구식의 교육적 연한 봉사 기간의 포기는, 어떤 경우 새로운 문제를 낳는다. 고용인이 소년을 교육하는 모든 의무를 면제받고, 한편 당시의 충분한 시장 가격을 그들에게 지불하는 의무를 질 때, 그는 그들이 가장 잘 일할 수 있는 업무에 언제까지도 그들을 고용하여 하는 것이 당연하다. 따라서 제조 공정은, 가능한 한 그 대부분이, 오로지 하나의 특수한 업무만을 할 수 있는 소년의 능력으로도 할 수 있도록 세분된다. 노동조합의 입장에서 본다면, 이 일은 하나의 새로운 불만이다. 이는 더 이상, 결국은 고용을 구하는 유능한 노동자 수의 불필요한 증대를 초래할 도제의 부당한 증가에 대해 반대할 문제는 아니다. 노동자가 불평하는 것은, 고용인들이 제조 공정의 변경에 의해 숙련 직공 또는 사실 성인 노동자 전체를 배제하고자 노력한다는 것이다. 여기까지 이 불평은 앞 장에서 충분히 논의한 문제인 '새로운 공정과 기계'의 다른 보기로 보인다. 만일 고용인이 공정의 변경에 의해 그의 업무를 역량이나 숙련이 낮은 직공에게도 적용할 수 있다면, 이전에 사용된 우수한 노동자가 그 변경에 반대하는 것은 앞에서 말했듯이 무익하다. 그러나 그 개혁이 성인 노동자의 어느 계급 대신 다른 계급으로 대체되지 않고, 성인을 대신하는 소년으로 할 것을 의미하는 때에는, 새로운 논의가 고찰되어야 한다. 어떤 직업의 성인 노동자에게, 그들의 어린 자녀가 그들을 대신하여 고용되기 때문에, 그들이 고용 외에 던져져야 한다는 것은 언어도단으로 생각된다. 그들의 불평은, 그러한 자녀가 어떤 숙련 직업을 배우지 않고, 매년 지극히 단순한 업무만을 계속하고, 그들이 성인 노동자의 보통 임금을 요구하기 시작하자마자 그들의 더욱 젊은 형제들에게 이롭게 해고되는 것을 볼 때, 더욱 커지게 된다.

이러한 폐해를 방지하기 위해, 교육적 봉사 연합의 요구를 포기한 노동조합은, 단순한 소년 노동의 제한을 강제하고자 시도해왔다. 그들은 그들의 기술을 적절하게 배워 유능한 노동자가 되는 몇 명의 소년에 대해 반대하지는 않을 것이다. 그러한 도제는 당연히 최초에 단순한 직업을 하게 될 것이다. 그러나 그러한 간단한 업무가 영원히 다른 업무와 구별되고, 업무의 나머지 부분을 습득하는 의도가 없는 특별한 소년들에게 맡겨질 때, 또는 그렇게 고용되는 소년의 수가 점차 증가하여 성인 노동자의 수가 감소할 때, 그 변경은 언제나 노동조합의 맹렬한 반항에 부딪힌다. 우리는 중요한 사례, 즉 '제화공 전국 노동조합'의 사례만을 설명하는 것으로 충분하다. 여기서 아동의 성인 대체가 오랫동안 맹렬하게 다투어져 왔다. 처음에 노동조합은 보통의 도제제도를 실행함으로써 그것에 대항하고자 했다. 그러나 기계의 사용과 분업의 발달에 수반되어, "최초의 조건을 그렇게 유리하지 않게 만드는 것 —임금을 적게 하고 기간을 길게 하는 것— 에 의해 입직을 제한하고자 한 시도"[48]는 소년이 눈앞의 이익만을 보고 도제 시기를 필요로 하지 않는 기계감시인의 비교적 높은 급료를 받는 것을 선택한다는 사실에 의해 좌절되었다. 그 결과 생겨난 것이, 1892년 어느 노동자 대표가 말했듯이 "시장의 소년 대홍수와 노동자의 대해고이다. … 이곳(레스터)의 많은 아버지가 해고되고, 그들의 자녀가 그들의 자리를 차지한 증거를 나는 눈앞에 가지고 있다. … 우리는 성인 5명에 아동 1명이라는 제한을 요구했지만 … 레스터에는 아동 6명에 성인 5명, 아동 14명에 성인 19명, 아동 11명에 성인 23명, 아동 21명에 성인 5명, 아동 18명에 성인 13명, 아동 4명에 성인 6명, 아동 9명에 성인 3명, 아동 1명에 성인 3명을 갖

---

48) 전국 대의원회, 1893, 심판관 앞에서의 토의.

는 회사가 있다. … 이는 지금도 마찬가지이다."[49] 노동자는 이러한 상태가 그들로부터 직장을 뺏을 뿐 아니라, 고용된 자들로부터도 표준 임금률을 얻는 것을 방해한다고 불평을 한다. 그래서 다른 대표는 다음과 같이 말한다. "내가 나온 곳(노위치)에서는 고용인이 '당신의 노동에 대해 일정한 가격을 지불할 것이다'라고 하는 것이 당연하다. 그러나 협정한 가격을 요구하는 순간 그는 해고되고, 소년이 그 자리에 고용된다."[50]

따라서 노동조합은 어떤 공장에서도 소년의 최대 수는 노동자 5명당 1명의 비율로 결정해야 한다고 요구했다. 고용인은 사실을 다투지 않았다. 그들은 변경이 공중의 이익이 되는지를 다투는 것도 거부했다. 그들은 소년 고용은 전적으로 "고용인의 영역 내 사항이고, 노동자가 정당하게 간섭할 문제가 아니다"라고 하는 간단한 주장으로 물러섰다. 그들은 소년 수의 제한은 "자기 사업을 경영하는 제조자의 권리에 대한 침해일 뿐 아니라, 또한 실행 불가능하고, 사업의 여러 부분이나 여러 고용인과 도시의 사정이 다르기 때문에 실현될 수 없다"고 선언했다.[51] 이러한 쟁점은 '단체교섭의 방법'의 장에서 서술한 단체협약에 의해, 심판관 헨리 제임스(지금은 제임스 경)의 심판에 맡겨졌다. 고용인은 사업을 자기 생각대로 수행하는 '권리'를 변호하기 위하여 모든 논거를 제시했다. 그러나 이처럼 과도한 소년 노동 사용의 폐해에 대한 노동자 측의 논거가 매우 압도적이었기 때문에, 심판관은 그들의 주장을 이용할 수밖에 없다고 느꼈다. 1892년 8월 22일의 주목할 만한 판정에서 제화업자에게 고용될 수 있는 소년의 비율을 공

---

49) 전국 대의원회, 1893, 심판관 앞에서의 토의, 1892, 62쪽.
50) 같은 곳, 63쪽.
51) 같은 곳, 94쪽, 96쪽.

통규칙에 의해 제한하는 원칙이 확립되었고, 그 비율은 직인 2명당 1명으로 정해졌다.[52]

"그가 상속하거나 확보한 자본을, 그가 타인의 권리나 재산을 침해하지 않는 한, 어떤 간섭이나 장애도 없이 자기 재량에 따라 사용할 수 있는 각자의 권리"[53]에 대하여 1명의 뛰어난 자유주의 법률가가 그러한 제한을 가하고자 하는 광경을 보고 낫소 시니어나 해리엇 마티노가 과연 어떤 느낌을 가졌을지를 상상하기란 쉽지 않다. 제임스 경은 어디까지나 참된 폐해와 싸워야 한다고 확신했다. 고급 숙련 직공의 세대가, 가장 평범한 관행화된 업무 이외에 어떤 것도 불가능한 세대에 의해 승계되는 것은, 노동자 자신에게는 물론, 사회에 대해서도 불이익이라고 그는 생각했다. 자녀와 그 아버지의 경쟁은 '부정' 경쟁이라고 주장되었다.[54] 제화공장에서 13세에

---

52) "'제화공 전국 노동조합'과 '제화업 고용인협회' 사이의 중재 재판 문제에 대해 서명자인 나는 중재 재판의 중임을 인수하고, 양 당사자 자신과 증인이 말한 것을 청취한 뒤에, 나에게 위임된 분쟁 문제에 대해 다음과 같이 판정한다." 가죽 절단공(Crickers), 가죽 압착공(Pressmen), 구두형 제작공(Lasters), 마무리공(Finishers)에 의해 행해진 업무에 대해서 제화공장 고용인은 각 부문에서 각각 소년(18세 미만) 고용을 피고용 노동자 3명에 1명으로 제한한다. 피고용 노동자 수가 3으로 나눌 수 없는 경우에는 3 이하나 각 단위 3 이상에서도 나머지 단수에 대해 1명의 소년을 고용할 수 있다.
"위 제한은 그 최초 적용에서는 일반적이지만, 나는 다시 이것이 소위 '아기 돌봄 물건'(Nursery Goods)이나 성질 등에서, 그리고 가격이 저렴한 화물의 제조하는 데에 일부 공장에서는 불편할 수 있다고 판정한다." 다른 구절은 그러한 하급 공장에 대해 지방위원회가 일반적 제한에 다소 융통성을 발휘하고, 의논 시에는 심판관에게 위탁한다고 규정하고 있다. 전국대의원회, 1892, 149쪽.
53) 〈영국의 양모 공업 상황 조사위원회 보고〉, 1806년 7월 4일, 12쪽. 『노동조합운동의 역사』, 56쪽.
54) 이러한 의미에서 '부정' 경쟁의 다른 사례로는, '새로운 공정과 기계'의 장을 참조하라. 또 '기생적 산업'의 결과에 대한 충분한 고찰에 대해서는 '노동조합운동의 경제적 특징'의 장을 참조하라.

서 18세까지의 소년에게 지급된 임금은, 과거에 도제가 받은 임금에 비해서는 많지만, 직공의 종족이 영원히 유지하는 액수보다도 현저히 낮으며, 따라서 소년의 생산비라고 할 수 있는 것보다도 낮다. 그러므로 전적으로 소년 노동에 의해 자기의 공장을 경영하고, 소년에게 어떤 교육적 훈련도 부여하지 않는 고용인은, 사실상 장기적으로 사회에 가장 유해하다고 생각되는 산업조직의 형식을 돕기 위한 확실한 보조금을 얻게 된다.

그러나 소년 노동의 과도한 증가가 중대한 사회적 위험이 될 수는 있지만, 또 제임스 경의 제한에 의한 구제책도 선례가 없는 것은 아니지만,[55] 경험은 노동조합이 그러한 방법에 그 폐해를 방지하고자 하는 불가능한 일을 보여준다고 생각된다. 제임스 경의 판정도 제한의 원칙을 명확하게 인정함에도 불구하고, 예외를 인정함으로써 노동자의 주장과 어긋나고 있다. 그는 성인에 대한 아동의 균일한 비율이 제화업의 부문에는 적용될 수 없다는 이유로, "'아기 돌봄 물건'(Nursery Goods)이라고 하는 상품과 성질

55) 우리는 중재 재판관의 판정에 의해, 또는 심지어 고용인과 노동자의 상호 동의에 의해 어느 직업의 소년 노동자 수가 직접 제한된 다른 사례가 있는지를 알지 못한다. 단 T. 휴스(Hughs, 뒤에 판사가 됨) 씨가 1875년 '키드민스터 카펫 직조공장' 사건에 대해 내린 판정 ―실제 직기에서 일하도록 허용되는 아동의 수를 성인 5명에 대해 1명으로 제한한 것― 은, 일부가 그러한 근거하에서 내려졌다(⟨1875년 7월 30일, 키드민스터 … 에서 왕실변호사(QC) T. 휴스 씨 앞에서 제조업주와 노동자 회의의 보고⟩(Kidminster, 1875)를 참조하라). 그러나 이를 목적으로 하는 노동조합 규제의 보기는 여러 가지가 있다. 그래서 1892년, 헐의 '놋쇠공 합동 노동조합'은 과도한 소년 노동을 정지하기 위하여 각 공장의 소년 수를 매우 엄격하게 제한하는 것에 성공했다. 영국 북부의 Whitesmith, 글래스고의 Coopersmith, 브래드퍼드의 Packing-case Makers는 그 관행의 발달을 저지하기 위해 같은 노력을 기울여왔다. 한편 '런던 목재선반공 합동 노동조합'(Amalgamated Wood Turners' Society of London, 1890)은 그 고용인에게 보낸 회장(回章)에서 그 직업의 모든 소년이 5년간 도제를 해야 하고, "그 실행 시에는 소년에 대해 마스터에 대한 것과 마찬가지로 커다란 행복이 되고, 소년 노동의 부정 경쟁을 제거할 수 있는 하나의 제도"임을 역설했다.

등에서 가격이 저렴한 다른 제품을 제조하는" 고용인을 구속하는 것을 거부했다. 이러한 거부에서 그가 현명한 재량을 베풀었음에는 아무런 의심이 없다. 그러한 '아기 돌봄 물건' 제조자에게, 현재 소년에 의해 행해지는 업무를 성인에게 하도록 강요한다고 하면, 그들은 바로 고용인연합회로부터, 따라서 판정의 유효 범위에서 탈퇴한 것에 불과했을 것이다. 그리하여 이러한 저급의 제조업자는 모든 소규모 마스터나 비가맹 회사와 함께, 여전히 그들이 선택하는 만큼의 소년을 고용할 것이다. 실제로 심판관의 판정은 가장 필요 없는 경우에만 적용되었다. 따라서 '제화공 전국 노동조합'은 소년 노동에 관하여 '인쇄공 노동조합'이 도제에 관하여 빠진 것과 거의 같은 지위에 빠졌다. 노동조합은 명의상 소년 수를 제한하는 권력을 가지지만, 그 권력은 고급 공장에서만 유효한 것에 불과하고, 그러한 공장의 전부에서 유효하지 않다. 따라서 제한을 이행하는 유일한 결과는, 직업 내 소년 총수의 제한이 아니라, 특수한 지방이나 공장에 소년을 집중시키고, 그것으로부터 그들은 성장에 따라 다른 곳으로 유출된다는 것이다. 그러므로 직업은 이전과 마찬가지로 범람하고, 나아가 그것은 가장 무교육적인 통로로부터 점차 보충되는 경향이 있다는 폐해가 더해진다.

다른 직업에서 소년 노동 고용에 유효한 제한을 가하고자 한 것의 실패는, 제화공이나 식자공에서보다도 더욱 결정적이다. 가령, 기계공이나 철주형공은 계속하여 소년 노동의 제한을 강제하고자 시도했다. 그러한 규제는 강력한 노동조합이 있는 도시나, 절대로 숙련 노동자를 요하는 여러 산업 부문, 그리고 노동조합운동이 강력한 근거를 갖는 공장에서 일시적으로 이행될 수 있다. 그러나 그동안 소년은, 노동조합의 강력한 토대에서도 소규모 마스터나 거의 절대적으로 소년 노동에 의존하는 저급의 공장에 모이게 될 것이다. 이와 동시에 도제에 관한 노동조합 규제와 유사한 경우에서와 같이, 노동조합이 없는 지역에서는 노동조합의 세력 밖에서 성장한 무수한 보충자를 포함시킬 것이다.

소년 노동 제한에 대한 이러한 장애는, 규제 그 자체로부터 생기는 것이 아니라, 그것이 강행되는 방법에서 비롯된다고 하는 반대론이 있을지 모른다. 만일 단순한 임의적 협정이 아니라, 그 제한이 법률에 의해 부과된다면, 그 보편적 적용은 불평의 대상인 남용을 유효하게 방지할 것이라는 주장이다. 그러나 그러한 법률은, 그것이 보호하는 사람들의 견지에서와 마찬가지로, 또는 그것이 직업에서 제외하는 사람들의 견지에서도 고찰되어야 한다. 고용인이 사용할 수 있는 소년의 수를 확고하게 제한한 사회는, 나머지 사람들을 위하여 어떤 다른 생계의 길을 강구할 의무가 있을 것이다. 만일 법률이 국가의 모든 산업에 대하여 매년 소년의 공급을 조화롭게 분배하고자 시도한다면, 무수한 종류의 직업에서 여러 등급의 공장에 적용될 수 있는 공통규약의 작성이라고 하는, 제임스 경이 이기지 못한 곤란 ―추호도 소년을 사용하지 않는 산업과 소년만을 요하는 산업에서 생기는 복잡함은 말할 것도 없이― 을 이겨내야 할 것이다. 마지막으로 소년 노동의 총공급과 이에 대한 수요 사이의 필요한 조절에 도달하고, 하나의 특수 직업에서 부당한 게으름과 경제적 독점 사이의 중용을 얻기 위해서, 그것은 각 직업의 증가율과, 평균적 직공의 노동 생활의 길이에 대한 아직 절대로 알려지지 않은 사실에 입각할 필요가 있을 것이다.[56] 요컨

---

56) 〈경제 저널〉, 1895년 12월호에 실린 C. P. 생어(Sanger), 「하나의 직업에서의 도제의 공정한 수」를 참조하라.
    빅토리아 식민지의 1886년 '공장 및 작업장법'(제1445호)은, 식민지 장관에 의해 인정되고, 고용인과 노동자가 동수로 구성하는 하나의 특별위원회에 대해 직물, 제화, 가구, 빵과 같은 여러 산업에서 "하나의 공장이나 작업장에 사용할 수 있는 18세 미만의 도제와 견습의 수나 비율 및 그들에게 지불될 수 있는 최저 가격 또는 임금률"을 결정하는 권한을 부여한

대 어떤 하나의 산업에 고용된 소년의 수에 대한 법률적 제한은 거의 반드시 불공정에 빠지지 않을 수 없고, 모든 직업에 사용되는 소년 수의 일반적 제한은 분명히 불가능하다.

(c) 직장 내의 승진

우리는 지금 종래 주의하지 않았던 작지만 흥미로운 일련의 노동조합 규제를 보게 된다. 직업 중에는 아동으로부터는 전혀 보충되지 않고, 앞의 일을 그만두고 더욱 책임 있는 일로 '승진'하는 성인으로 보충되는 경우가 있다. 그래서 런던 건축업자는 실제로 소년 고용을 중지했고, '벽돌공 노동조합'은 지금 지극히 수가 많은 런던 지부에서 청년 건축 인부로부터 대부분 보충했다. 그리고 그들은 25세까지 영구적으로 자재 운반통(Hod)을 포기하고 흙손을 쥘 것인지 아닌지를 결정하도록 허용된다.[57] 이 경우에 승진은 실제로 어떤 일정한 규약에 의해 규제되지 않는다. 다른 경우에 조정은 종종 더욱 연마된다. 그래서 작은 '맨체스터 슬레이트공 및 인부 노동조합'(Manchester Slaters' and Laborer Society)은 실제로 지금 슬레이트공과

다. 그렇게 결정된 수나 비율 이상을 사용하는 자는 벌금에 처해지고, 제3의 위반자에 대해서는 그의 공장이나 작업장의 등록은 "이 법률 이상이나 이외의 권위를 가지고 바로 공장 감독관장에 의해 취소된다." 이 법률이 유효하게 행해지면 그 작용은 경제학자가 신중하게 주의할 필요가 있다.

우리로서는 과다한 소년 노동의 폐해에 대한 치유책을, 노동조합의 규제에 의해서가 아니라, 또 인원수를 제한하는 법률에 의해서가 아니라, (소년 고용에 관한 전례에 따라) 단순한 공장법의 확장과 교육적 요구에서 구하고 싶다. '노동조합운동의 경제적 특징'의 장을 참조하라.

57) 표준 임금률의 방어책의 일부로 어떤 인부도 벽돌공으로서 임시 업무를 하는 것을 허용되지 않는다는 것을 가슴에 새겨야 한다.

함께 한곳에서 노동하는 자는 누구나 인부로 가입을 허용한다. 그리고 슬레이트공의 대부분이 보충되는 것은 그런 인부로부터이다. 그러나 인부가 조합원의 다수를 차지하지만, 규약은 그 승진의 엄격한 제한을 규정한다. 슬레이트공을 지망하는 슬레이트 인부는 먼저 7년간 낮은 계급에서 일하고, 그 뒤에 노동조합의 위원장에게 신청해야 한다. 이어 슬레이트공 6명으로 구성되는 위원회가 임명되어, 이에 따라 후보자는 기술의 모든 비법을 시험당한다. 만일 그가 이 엄격한 시험을 통과하면, 그는 슬레이트공으로 공인을 받고, 한 사람 몫의 슬레이트공 임금을 요구할 자격을 갖는다. 그렇게 승진된 인부의 수는 매년 3명에 한정된다.[58]

더욱 복잡한 승진 제도는, 노동자가 여러 계급으로 구분되는 직업에서 볼 수 있다. 용강공(鎔鋼工; Steel Smelters) 중에서 운반인(Wheel-Chargemen)으로 알려지고 보통 인부에서 충원되는 하급 노동자는, 용광로까지 그것에서 만드는 세철(銑鐵; Pig-Iron)[59]의 무거운 짐을 옮기는 고된 일을 한다. 실제로 용강 작업에 종사하는 노동자는 3계층으로 구분된다. 그들은 지극히 고가의 작업의 훌륭한 결과에 대해 여러 가지의 정도가 다른 책임을 갖지만, 동등하게 모두 격렬한 육체노동에 따라 과도한 열에 노출된다. 제3급, 즉 최하급에 결원이 생기면, 짐 운반자 1명이 승진하여 그것을 보충한다. 고급의 자리에 결원이 생기면, 먼저 그 계층의 노동자로 종종 직장을 갖지 않는 자에게 제공된다. 만일 그러한 후보자가 없는 경우에는, 다음 계층 중에서 고용인이 선택하여 충원한다. 바로 이와 같은 구조

---

58) 〈'맨체스터와 솔퍼드 지방 슬레이트공 및 인부 노동조합' 규약〉(Manchester, 1890).
59) 철광석에서 직접 제조되는 철의 일종으로서 철 속에 탄소 함유량이 1.7% 이상인 것으로 고로·용광로에서 제철을 할 때 생기는 것이다. 무쇠라고도 한다. (옮긴이 주)

가 도제, 제3노동자, 제2노동자 및 제1노동자로 나누어져 실크옷 제조직의 도제제도에도 존재한다. 플린트 유리제조공 사이에서는 계급 조직이 더욱더 복잡하다. 도제는 '유리굽 제작공'(Footmaker)[60]이 되거나, 만일 적절하다면 그 계급을 뛰어넘어 바로 '종업원'(Servitor)이 될 수도 있다. 그러나 고급 노동자 중에서 직장이 없는 자가 있는 한, 어떤 '종업원'도 '본직공'으로, 어떤 '유리굽 제작공'도 '종업원'이 될 수 없다.[61] 강력한 단결력의 '보일러 제작공 연합 노동조합'에서는 이 승진 제도가 자유롭게 노동조합에 가입하는 것을 인정받지만 승진은 특별한 조건하에서만 허용되는 하급 노동자의 존재와 기묘하게 엮여 움직이고 있다. 노동조합의 근간을 형성하는 금속판공(Platers), 앵글 대장공(Angle-Iron Smiths), 대갈못공(Rivetters)은 대부분, 우리가 이미 서술한 엄격하게 규제된 제도하에서 보충된다. 그러나 그 동료보다 기량이 못하고, 1882년에 와서 처음으로 노동조합 가입이 승인된 정기공(釘器工; Holders Up)이라고 하는 하나의 조합원 계급이 있다. '정기공'은 그가 업무에 적합하다면, 금속판공이나 대갈못공으로 승진할 수 있지만, 상급 조합원이 문제의 지방에서 모두 직장을 갖는다는 조건하에서이다. 마찬가지로 금속판공이나 대갈못공이나 앵글 대장공은, 다른 계급의 조합원이 직장을 구하고 있는 한, 그 계급으로 옮겨갈 수 없다.

---

60) (유리그릇의) 대(臺; 굽) 부분을 붙어 만드는 기술자. (옮긴이 주)
61) 가령 어느 플린트 유리제조공은 실업자의 흡수를 위한 대책을 다음과 같이 주장한다. "본직공이 될 기회를 기다리고 있는 '종업원'(Servitor)은 그 자리를 차지할 것이다. 도제 기간 중에 대(臺) 부분을 만드는 '유리굽 제작공'이 30세가 되거나, 그 이상으로 자기에게 의존하는 처자가 있어도 그 지위에 있을 것이다. 그가 그 지위에 여전히 있는 이유는 그가 승진할 능력이 없어서가 아니라, 빈자리를 채우고 그를 과거의 자리로 두고자 하는 실업자가 있는 곳에만 빈자리가 없기 때문이다." 〈플린트 유리제조공 잡지〉, 1888년 11월호에 실린 편지.

승진을 규제하는 이 제도가 행해지는 직업은 전혀 '개방적'이라고 할 수 없다. 왜냐하면, 고용인은 고급의 노동자를 실업 상태로 두고 훌륭한 노동자를 승진시키도록 허용되지 않기 때문이다. 한편, 승진 규제는 후보자 수를 충족하는 지위의 수 이하로 감소하고자 하는 생각이 전혀 없는 점에서 도제제도와 다르다. 그리하여 직업의 발전에는 아무런 장애가 없다. 그리고 불경기 시절이 돌아오면 충족되어야 할 지위보다도 많은 각종 노동자가 존재한다. 이러한 구조는 실제로 개인의 승진 기회를, 사업 발전기에 사실상 한정하는 희생을 지불하고, 각 계급의 모든 노동자에게 최대의 고용 계속을 부여하고자 하는 것에 불과하다.

　　이러한 승진 규제제도가 영국 산업에서 더욱 널리 행해지리라고 예상할 수 있는 몇 가지 이유가 있다. 그것은 특히 현대 산업의 특색이고, 대규모 사업의 현대적 형식이다. 하나의 수공업이 여러 가지 다른 공정 —그 하나 하나가 개별 노동자의 몫이 되는— 으로 나누어지는 전형적인 현대적 방법에 적합하다. 그것은 도제의 쇠퇴, 그리고 예리한 젊은이와 청년 직공이 각 공정을 순차로 '습득하는 것'(Picking Up)과 양립한다. 그것은 노동조합 운동의 2대 목적인 생계의 계속과 생활 수준의 유지를 확보하는 것에 도움이 된다. 그것은 불공정한 배타나 직업을 독점하려는 의도를 갖지 않는다. 그것은 하나의 산업 내의 모든 계급의 노동자를 하나로 단결시키는 데에 도움이 되고, 동시에 각 계급의 노동자가 각자 자기의 집단적 이익의 감정을 유지할 수 있게 한다. 더욱 중요한 것은, 이 제도가 철도 종업원의 대군 중에, 그리고 공무원 그 자체 중에 자연스럽게 발생한 것과 대략 같은 종류의 조직을 대규모 산업의 제조노동자에게 확보해주는 것이다. 철도계의 계급적 근무제도에는 이 문제에 대한 어떤 일정한 규약은 없지만, 고급 지위의 결원은 총지배인과 인원이 차위 계급에서 가장 적절한 후보자를 선택하여 보충하는 것이 보통이다. 신참자는 보통의 순서로 최하급에 들어가고, 결원이 생기는 것에 따라 승진한다. 직원이 움직이지 않거나 축소되어야 하는 불경기 시절에는 긴축이 주로 하급에서 행해진다. 최저 계급의 보충은 실제로 정지된다. 고급에서는 빈자리가 결원 그대로 유지되고, 따라서 승진은 정지된다. 그러나 업무의 결여로 인해 실제의 해고는 드물고, 절대로 필요한 경우에만 그 수단이 행해진다. 거대한 은행이나 실제로 모든 광대한 사업에서 널리 행해지는 이러한 생계의 계속은 영국 공무원에게는 더욱 큰 특색이 된다. 체신부장관(Postmaster-General)은 나라의 최대 고용인으로, 사무의 결여를 이유로 하여 누구도 해고하지 않는다. 그리고 모든 고급의 역할은 빈자리가 생길 때마다 하급에서 승진시켜 보충한다. 여러 경쟁 회사가 거대한 자본가 단체나 신디케이트 —이미 소금이나 알칼리나 면사업에서 행해지고 있는 것과 같이— 로 결합되거나, 단일 경영에 속하는 대규모 상업의 발흥은 단순한 편의와 규율의 문제로 각 독점 산업에서와 같은 계급적 근무제도의 창설을 수반하는 것으로 생각된다.

공무원의 경우, 육군이나 해군의 경우와 마찬가지로 이러한 승진 규제 제도는 하나의 반대해야 할 측면과 결합되어 있다. 비록 여기저기에서 예외적인 능력이나 세력을 갖는 사람이 타인을 초월하여 높은 지위로 발탁되지만, 고급의 빈자리 대다수는 단순히 고참자에 의해 충족되고, 그것이 오로지 현저히 무능한 임원들의 제외에 의해 완화될 뿐이다. 그러한 고참자의 관념은 노동조합의 규제에서는 볼 수 없다. 제철소 지배인은 가장 유능한 운반인을 3등 노동자로 발탁하기에 충분한 자유를 갖고 있다. 그는 2등 노동자 계급 내의 빈자리를 3등 노동자 중 가장 유능한 자로 충당할 수 있다. 그리고 중요한 책임을 지는 선발의 1등 노동자 계급을 유지하기 위해 2등 노동자 중에서 가장 우수한 자를 선택할 수 있다.[62] 실크옷 제조공은 상급의 빈자리에 대해 고용인이 가장 좋은 자격을 갖추었다고 생각하는 하급 노동자를 발탁하는 자유를 무조건 인정한다. 노동자가 일단 고용인에 의해 하나의 특수 계급으로 특별히 다시 승진하게 되면, 그는 공무원의 경우와 같이 노동조합의 승진 규칙 제도하에서 그 계급이나 더욱 고급의 업무를 얻는 하급 노동자에 대해서도 우선권을 부여받는다. 그러나 이러한 노동조합 규제하에서, 하나의 특수 계급의 구성원은 그들 자신 사이에서와 마찬가지로 우수한 능률의 주장 이외에는 어떤 것도 주장할 수 없다. 승진 요구권을 구성하는 것으로서의 고참이라는 개념 그 자체는, 노동조합운동에 알려져 있지 않다. 이미 일정한 범위 안에 있는 사람들의 기득 이익을 보호하기 위하여 어떤 틀이 만들어지든 간에, 승진후보자 중에서 최고 연장자나 최장 근무자를 선택한다는 생각은 전혀 없다. 그러한 특별 승진이 보통은 노인이 아니라 청년에게, 백발이 되어 기계 업무를 담당하기 어렵게 된 노동자가 아니라 창의로 조직되고 조종되는 잠재력을 보여주는 총명한 청년 기술가에게 온다는 것은, 비교적 고상한 부류의 공무에 비해 산업계가 갖는 특수한 특징이다.[63] 각자의 수완에 의해 그렇게 승진되는 것에 대해 어떤 노동조합도 반대하지 않는다.

그러나 노동조합이 고참 순서에 따른 승진의 관념으로부터는 이상하게도 자유롭지만, 여기에도 역시 다른 곳에서와 마찬가지로 더욱 일반적인

---

62) 승진 전에 아래 계급에서 단기간 일하는 것을 규약으로 정하는 경우도 종종 있다. "누구도 본 직업이 되고 1년 이내에는 2등 노동자로, 또는 3년 이내에는 1등 노동자로 일할 수 없다." 〈'영국 용강공 합동 노동조합' 규약 및 세칙〉(Glasgow, 1892), 30쪽.

63) 이는 영국의 공무원 가운데 귀족적 전통이 없는 비교적 사무적인 여러 부문에서도 어느 정도까지는 그렇다. 우체국, 세관, 세무서에서 행해지는 다수 계급에 의한 근무제도는, 주로 '수완에 의한 승진'이라는 틀에 의해 지배되고, 빈자리는 연공과 무관하게 다음 계급 중에서 발탁되어 충당된다.

계급 이익과 충돌하는 국부적인 보호주의(Local Protectionism)라고도 할 수 있는 것의 흔적이 있다. 따라서 표준 임금률의 일반적 시행을 주장하는 것은 노동자이지만, 누구를 고용할지를 결정하는 것은 고용인뿐이라는 것은 '면사방적공 합동 노동조합'의 근본 교의이다. 한 대의 정방기가 비어 있을 때, 선택된 사람이 바로 노동조합에 가입하고 '가격표'에 준해 임금 지불을 받는다고 하면, 고용인은 자신이 좋아하는 사람에게 이를 위탁할 수 있다. 그러나 어떤 하나의 공장에서 노동자가 만일 그 공장의 업무를 하여 성장하고 오랫동안 면사방적공이 되는 기회를 기다려온 사계공이 있는 경우, 다른 공장에서 방적공을 데려오는 것에 대해 —그가 그들 자신의 노동조합의 조합원이라고 해도— 자주 분개했다. '면사방적공 합동 노동조합'의 유능한 임원이나 지도자는 그것이 노동조합운동과는 양립하지 않는다는 이유에서 그러한 감정을 억눌렀다. 일반 이익과 국부 이익의 마찬가지의 충동은, 그 승진 규제제도를 지극히 교묘하게 양립시켜온 용강공 사이에서도 생겨났다. 어느 지부(글래스고의 블로케언(Blochairn) 공장)에서 운반인(다른 곳에서는 '조수'(Helpers)라고도 한다)은 그들의 특수 공장에서 3등, 2등, 또는 1등 노동자의 빈자리가 다른 곳에서 온 같은 계급의 실업 노동자에 의해 충당되는 것을 반대했다. 운반인, 기타 하급 노동자는 그들 자신의 철공장에 생긴 빈자리에 대해 우선권을 가져야 한다고 요구했다. 그러한 직업의 수평적 알력을 대체하는 수직적인 그것은, '영국 용강공 합동 노동조합'이 실시하는 승진 규제제도와 양립하지 않는 것은 분명하고, 고용인의 노동자 선택을 현저히 저해한 것일 것이다. 따라서 노동조합은 블로케언 조수의 요구의 인정을 거부했고, 그리고 그들은 결국 그 동료로부터 제외되었다.[64]

(d) 여성의 배제

지금까지 우리는 입직 후보자가 남성에 속한다고 당연히 가정했다. 우리는 보통의 노동조합 규약을 음미했다. 그 대부분은 조합원의 성에 대해 언급할 필요를 인정하지 않는다. 중류의 앵글로색슨인은 남녀가 동일 노동, 가령 교사, 신문기자, 저술가, 화가, 조각가, 희극 배우, 성악가, 음악가, 의사, 사무원 등의 여러 가지에 종사하는 것을 보는 데 눈이 익어 부지불식간에 그러한 상태가 육체노동이나 제조 공업의 방면에도 존재한다고 생각할 정도이다.[65] 그러나 탄광이나 기관 제조에서, 조선이나 가옥 건축에서, 철도 사업이나 해운에서, 여성을 남성에 대체한다는 생각은 가장 경제적인 고용인조차 하지 못했다.[66] 그리하여 보통 사람들의 생각과는 반대로, 노동조합 운동가의 대부분은 그들의 단체로부터 여성을 제외하는 기회를 전혀 갖지 못했다. 남녀 쌍방을 고용하는 공업에서도 양성은 대체로 상이한 부문에 확실하게 구분되었고, 상이한 공정에서 상이한 작업을 했

---

64) 우리는 어떤 관리가 부여한 자격 증명서의 소지를 그들 각자의 직업을 실행하는 하나의 조건으로 해야 한다는 ―기관공(Engineer)이나 연공(Plumber)의 노동조합에 의해 제출된― 요구를 서술하는 것으로 충분하다. 이러한 종류의 규제는 이미 자유 직업만이 아니라, 상선 업계나 점차적으로 초등학교 업무에서 행해지고 있다. 소비자 이익의 보호는 필경 이러한 규제를 몇 가지 다른 직업에까지 확장하기에 이를 것이다. 1896년 매사추세츠 법 제265호는 가스공(Gasfitters)에게 증명서를 요구했다.

65) 마찬가지로 비교적 소수의 중류 여성이 산업적 직업에 들어가는 것이, 여성 고용 증가의 범위에 관해 전적으로 모순된 인상을 낳고 있다. 상공부의 〈부인 및 소녀 고용에 관한 콜레트 양의 보고〉를 참조하라.

66) 1942년 광산규제법 이전에 탄광 내에서 노동하는 여성은 채광부가 아니라, 소년의 일을 했다. 지하 광산에서 여성 노동의 절대적 금지는 노동조합의 요구가 아니었다. 광부는 당시 아직 조직되지 못했기 때문이다. 그것은 도덕을 근거로 하여 박애가들이 압박한 것이었다.

다.[67] 대다수의 경우, 이러한 각종 부문, 공정, 작업은 서로 보충하는 것으로 성적 경쟁의 문제는 없다. 다른 경우에서는, 보통 일시적 경쟁을 볼 수 있지만, 그것은 양성 간에서라기보다도 숙련 노동자를 요하는 공정과 여성 또는 소년 노동자가 할 수 있는 것과의 경쟁이다. 비숙련 노동자를 숙련 노동자에 대체하는 것에 대한 노동조합의 방침에 대해서는 '새로운 공정과 기계'의 장에서 설명했다. 따라서 여기서는 공정의 변경 없이 여성이 남성과 같은 직업을 습득하고 같은 업무를 행하고자 시도하는 비교적 소수의 경우만을 논의해야 한다.

보통의 노동자가 여성이 그의 직업에 들어온다고 하는 생각에 대해 품는 분노와 혐오의 강도는 최근 30년간 개업 의사가 보여준 것과 같다. 최초로, 가장 보수적인 계급의 사람들 마음에는 하나의 뿌리 깊은 확신, 즉 대표적 식자공의 말을 빌리면 "여성에 맞는 장소는 가정"이라는 확신이 있다.[68] 상응하는 수직업자는 그것이 작업장에서든 사교 클럽에서든 간에, 매일 접촉하는 남녀의 복잡한 만남에 대해 본능적인 혐오감을 갖는다.[69]

---

67) 〈경제 저널〉 1891년 12월호에 실린 시드니 웹, 「소위 남녀 임금의 차이」와 〈페이비언 트랙트(*Fabian Tract*)〉 67호인 시드니 웹 부인, 「여성과 공장법」을 참조하라.
68) 〈영국 및 대륙의 여러 인쇄공 노동조합 대표회의 의사록〉(London, 1886), 25쪽.
69) 많은 직업과 관련하여 이러한 반대에는 엄청난 힘이 있다. 랭커셔 목면 공장의 남녀 직공과 같이, 남녀가 서로 각각, 공공연히, 비교적 좋은 환경에서 일하는 곳에서는 성적 부도덕의 위험은 적다. 그러나 부인이나 소녀가 남성과 함께 노동하고, 특히 그녀가 다른 부인 노동자와의 부단한 접촉에서 격리되는 경우, 공장 및 광산의 경험은 도덕에 대한 매우 참된 위험이 존재함을 보여준다. 이러한 위험은 업무가 매우 뜨거운 분위기에서, 또는 특별한 복장으로 행해지는 경우 더욱 커진다. 그러나 여러 관계 중에서 가장 위험한 것은, 소녀나 부인이 그쪽에서 노동하는 남자에 대해 종속적 지위에 있다고 하는 관계이다. 면사방적공과 사계공과의 관계를 아는 사람은 누구라도, 공중도덕의 견지에서 '면사방적공 합동 노동조합'이 그 조합원인 여성 사계공을 고용하는 것을 절대로 금지하는 것의 현명함을 의심할 수 없다. 직공들 자신 사이의 관계는 직물공장에서도 남자 감독에 대한 여성 직공의 종

종종 단순한 구식의 편견에서 나오는 이러한 반대는, 새로운 '파업 파괴' 계급에 대한 노동조합의 반대를 은폐하고, 진보적 개혁자의 눈으로 본다면, 그 신용을 실추시키는 경향이 있다. 어떤 고용인도 그의 일이 남성의 표준 임금률 이하에서 행해진다고 하는 결과를 초래하지 않으면, 여성을 남성에 대체하는 것을 꿈에도 생각할 수 없다. 여성은 남성보다도 생활 수준이 낮다는 것, 그들은 가족을 부양할 필요가 전혀 없다는 것, 종종 그들은 일부분 다른 재원에서 유지할 수 있다는 것이 계급으로서의 그들을 수직업자의 생활 수준의 가장 위험한 적으로 삼게 한다. 남성의 직업에서 일하는 여성에 대한 노동조합의 본능적 태도는, 습관적으로 '가격 이하'로 일하는 노동자의 것과 같고, 단지 여성의 경우, 오늘날 어떤 개혁자들의 사이에는 진부하다고 생각하기 시작하는 일종의 사회적·도덕적 편견에 의해 그것이 강요된다고 할 뿐이다. 그러나 '남녀평등'에 대한 호감이 점차 증대되어와서 노동조합은 뒤에서 설명하듯이 간판을 바꾸었다. 그들이 최초로 주장한 것은, 단지 여성으로서의 여성의 금지였다. 이 점에서 우리는 하나의 새로운 정책 ―새로운 공정에 대한 정책과 마찬가지로 배척에 입각하는 것이 아니라, 각 계급의 노동에 대한 일정한 표준 임금률의 유지에 입각한 것― 이 발달해온 흔적을 밟게 될 것이다.

18세기의 모자제조공, 통제조공, 붓제조공, 식자공과 같은 직업 클럽은 그들 직장의 어떤 부분을 하게 하기 위해 여성을 들이고자 하는 시도에 대해서는 즉각 반대했을 것이다.[70] 우리가 이 무조건적인 금지를 지금 오늘

속은 추문을 자주 낳는다. 지하 광산 노동에서 여성을 법규적으로 제외하는 것은 일반적으로 찬성을 얻으리라고 생각된다.

70) 독자에게 마스터 길드에 의한 동일한 금지를 상기시킬 필요는 없을 것이다. 예컨대 '런던 띠제조공'(London Girdlers)의 규약(1344)에는 "이 직업의 사람은 그 처나 딸 이외의 여

의 규약 중에 존재하는 것을 발견할 수 있는 유일한 예가 고대적인 '진주 단추공 보호 노동조합' ─그 도제 제한에서 극단적이고 기계의 단호한 금지에서도 유일한 것으로 우리가 이미 주목한 노동조합─ 이라는 것은 매우 흥미롭다. "여성은 껍질파괴공(Piecemaker), 선반공(Turner), 바닥제조공(Bottomer) 어느 것도 할 자격이 없다. 조합원으로서 여성이 어떤 공정을 할 수 있는 곳에서 일하는 때는 1파운드의 벌금을 부과하고, 이를 계속하면 제명한다"[71]고 그들의 규약은 간결하게 서술한다. 업무가 엄청난 힘이나 인내를 필요로 하지 않는 다른 작은 실내 수공업의 경우, 고용인은 여기저기에서 변덕스럽게 여성에게 그 직업을 가르치려고 노력해왔다. 단결했건 안 했건 간에, 남성 노동자는 이러한 새로운 경쟁자를 제외하고자 최선의 노력을 기울였고, 고용인도 실제로는 그 여자 고용의 시도가 그것을 계속하려는 정도로 충분히 성공하지 못했음을 알았다.[72]

성을 노동시킬 수 없다"고 규정했다. 런던의 혁대제조공(Braelers), 가죽 상인 및 링컨의 Fullers도 같은 규약을 가졌다. 라일리, 앞의 책, 217쪽, 278쪽, 547쪽; 툴민 스미스, 『영국 길드』, 180쪽.

71) 〈'진주 단추공 보호 노동조합' 조합원이 준수해야 할 규약 및 세칙〉(Birmingham, 1887), 12쪽.

72) 여성이 공정의 대부분에서 어느 정도의 성숙에 이르렀어도, 어떤 중요한 부분에서 실패한 적이 종종 있었다. 가령 어느 고용인이 자신의 딸들을 은세공업(Silver-Engraving)에 넣었을 때, 그녀들은 그가 어떻게 가르쳐도 그 '세공'의 '요점'을 습득할 수 없었다. 그러한 시도는 반복되지 않았다. 몇 년 전에 랭커셔의 어느 목면 공장에서 여성에게 '연사공'과 '경통공'이 되는 기술을 가르치려고 시도했다. 그러나 어떤 여성은 '권취'(Beaming)를 할 수 없었기 때문에, 그 혁신안은 아무리 확대되어도 결국은 폐기되었다. 이 경우에는 예외적으로 그 일의 흔적이 노동조합 규약에 남았다. 매우 배타적인 '권취공, 연사공, 경통공'의 노동조합은 오늘날 다음과 같이 규정한다. "모든 권취(Twisting), 경통(Drawing)의 직업을 배우고자 하는 남성은 먼저 그들이 그것을 배울 때 일해야 할 공장을 확보해야 하고, 고용을 증명하기 위해 지배인의 증명서를 제출해야 한다. 16세 미만의 소년은 권취, 경통의 직업을 배울 수 없고, 따라서 그렇지 않은 경우, 그가 소개된 공장에 빈자리가 있고 명부에 실

많은 고용인이 여성을 그 능력 범위 내의 어떤 직업에 넣고자 확고하게 노력한 곳 어디에서나 노동조합은 그것을 저지하는 것에 실패했다. 그 중에서 가장 흥미로운 예는 식자공의 경우이다.[73] 1848년경, 거대한 매코크데일(M'Corquedale) 인쇄회사가 랭커셔 주의 뉴턴-르-윌로(Newton-le-Willow)에 있는 그 활판 인쇄 공장에 여성 견습을 채용했다. 그 후 이 예는 여러 도시의 다른 고용인이 모방하게 되었다. 노동조합원이든 아니든 간에, 모든 남성 식자공이 처음부터 마지막까지 이 개혁에 절대 반대했고, 이를 저지하기 위해 전력을 기울였음은 의심할 바 없다. 1886년까지 모든 식자공 노동조합은, 그 규약이나 관행에서 양보할 수 없는 배척의 방침을 나타냈다. 그 방침이 옳다는 것을 증명하기 위해 여성이 표준 임금률보다 훨씬 낮게 일한다는 것, 그리고 '불공정'한 고용인이 남자의 지위를 내리기 위해 여성을 이용한다고 하는 것이 이유로 거론되었다. 가령 에든버러에서 1872년부터 1873년까지 벌어진 식자공의 대파업은 '여성 파업 파괴자' ― 상공부의 보고에 의하면 "시의 인쇄업에 근본적인 혁명을 초래한 것"[74] ― 의 수입에 의해 패배하고, 노동조합은 무력하게 되었다. 필경 200명의 여성 식자공이 있는 런던에서는, 그러한 여공들이 5펜스 반에서 6펜스로 원고의 '1000자'(1000ens)를 조판했고, 표준 임금이라면 같은 양과 질의 업무에 대해 약 8펜스 반이 된다고 비교되었다.

식자공의 엄격한 가입 제외 방침은 여성을 직업에서 멀어지게 할 수 없었다. 고용인이 여성 식자공을 고용할 가치가 있다고 생각될 때, 언제나

업자 조합원이 없는 경우가 아니면 허용되지 않는다." 〈권취공, 연사공, 경통공 합동 노동조합' 블랙번 지방 규약〉(Blackburn, 1891), 12쪽.

73) 〈경제 리뷰〉, 1892년 1월호에 실린 에이미 리넷(Amy Linnett), 「여성 식자공」을 참조하라.

74) 상공부, 〈노동조합에 관한 제3보고〉, 1889, 125쪽.

그는 노동조합을 전적으로 무시하고 별도의 공장을 만들었다. 가령 런던의 대회사로. 수도에는 노동조합 이외의 자를 고용하지 않는 '공정한 공장'을 가지고 있고, 노동조합 운동가가 일하지 않는 런던 주의 소도시의 하나에 여성 고용에 아무런 제한도 없는 별도의 공장을 갖는 것은 한둘에 불과하다. 여성을 고용하는 비교적 소규모의 회사는 소녀 견습을 채용하고 거의 절대적으로 여성 노동에 의존한다.

　제외 정책이 효과가 없었음은, 직업 독점에 대한 사회주의적 반대의 증진과 결합하여, 최대의 식자공 노동조합으로 하여금 그 전술을 변경하게 했다. 1866년, 런던 식자공 노동조합의 유능한 위원장인 C. J. 드러먼드(Drummond) 씨는[75] 모든 식자공 노동조합의 어느 중요한 회의에서 "여성은 식자공으로서의 임무를 수행하는 것이 생리적으로 불가능하다고 하는 강한 의견을 가지지만, 이 회의는 만일 여성이 언제나 엄격한 가격표에 준해 임금을 받는다면, 남자 노동자와 동등한 조건으로 각종 인쇄공 노동조합에 그들의 가입을 인정하도록 권고한다"는 결의를 통과시켰다.[76] 이 결의는 출석한 노동조합 중 가장 중요한 '런던 식자공 노동조합'에 의해 실현되었고, 그 노동조합은 지금 올바르게 남자와 같은 조건으로 여자에게도 개방되어 있다.[77]

---

75) 현재는 상공부 노동국의 관리이다.
76) 〈영국 및 대륙의 인쇄공 노동조합 대표자 회의 의사록〉(London, 1886), 23~25쪽.
77) 런던 인쇄공 사이에서 그러한 태도 변경의 원인이, 일부분은 앞에서 말한 논의에 대한 모호하고 불충분한 이해에 있고, 다른 일부분은 사회주의적 사상과 권리 평등 관념의 발달에 있음은 흥미롭다. 『노동조합운동의 역사』, 384쪽, 394쪽을 참조하라. 10년 동안 겨우 1명의 여성 식자공이 '런던 식자공 노동조합'에 가입을 신청한 것에 불과했다. 그녀는 윌리엄 모리스 씨의 켈름스코트 공장에 고용되어 표준 임금률을 지불받는 것이 분명하기 때문에 바로 조합원 명부에 등록되었다. 〈인쇄 신보〉, 1892년 10월호.

'런던 식자공 노동조합'이 최근에 와서 처음으로 발견한 것을, 랭커셔 직공은 60년 전부터 무의식적으로 실천해왔다. 여기서는 아직 성적 구별은 없다. 직공의 여러 노동조합은 역직기의 도입 이래, 언제나 남자와 같은 조건으로 여자의 가입을 허용해왔다. 모든 노동자가 준수해야 하는 성과급 업무 가격표는 남녀에게 동등하게 적용된다. 그러나 표준 임금률을 유지한 결과가 비록 눈에 거슬리는 것은 아니지만, 참된 분리가 된 것을 보는 것은 흥미로운 일이다. 이와 같이 본래의 여성 업무와 남성 업무라는 구별을 하려는 의도는 없다. 성과급 업무 균일 가격표는 작은 직기로 짜는 무지(無地)의 캘리코(옥양목)로부터 가장 강인한 남성의 힘을 요하는 넓고 세밀한 모양의 베틀(Loom)에 이르는 거의 무한한 종류의 물품을 포함한다. 어떤 공장에도 남녀가 일을 하고, 종종 같은 일도 한다. 그러나 목면 직물업을 전체로 보면, 여성 노동자의 대다수는 더욱 낮은 임금률로 비교적 쉬운 일에 종사하고 있음을 보게 된다. 이에 반하여 남성 노동자의 대다수는 야드당 임금률이 높고, 따라서 더욱 큰 주 수입을 초래하는 어려운 일을 사실상 독점하고 있음을 볼 수 있다. 그러나 거기에 성적 경쟁은 없다. 예외적인 힘을 가지고 무거운 일을 할 수 있는 여성도, 자신의 낮은 생활 수준을 이용하여 남성에 대해 결정된 것보다도 낮은 임금률로 그녀의 노동을 제공할 수 없다. 그녀는 여성이기 때문에, 보통 남성의 업무인 것에서 제외되지는 않지만, 그녀는 낮은 가격이 아니라 능력에 의해 그 업무를 확보해야 한다. 한편, 더욱 쉬운 일에 대해 정해진 임금도, 여성의 생활 수준에 비해서는 높은 점까지 오르게 되지만, 이 단계에서 얻는 임금은 허약한 남자가 그러한 직기를 운전하려고 하기에는 너무나 낮다. 요컨대 사실상 개별의 경우에 변경할 수 없는 일정한 표준 임금률의 유지는 그 자체가 성적인 경쟁을 방지하는 데 도움이 된다. 구직자는 그들의 힘과 숙련의

정도에 따라, 사실상 비경쟁군으로 분리되는 경향이 있다.[78]

정확하게 동일한 결과가, 오랫동안 남녀가 같은 단체에 속하고 함께 일해온 메리야스업에서 생겨났다. 여기서 기계는 부단한 진화를 거듭하여 그 진화 과정의 한 단계는 남녀 노동자의 관계에 대해 흥미로운 예를 제공한다. 1888년 초, '회전틀'(Circular Rib Frames)에서 일하는 남자 노동자는 저임금으로 일하는 여자 노동자에 의해 자기 지위를 빼앗기는 것을 발견했다. 따라서 그들은 1888년 3월, 1다스(Dozen)에 3펜스의 균일 임금률이 남녀 모두에게 동등하게 지급되어야 한다고 요구했다. 여성 노동자는 그녀들이 남성 노동자의 임금을 요구한다면, 그들은 모두 해고된다고 말하며 반대했다. 그래서 하나의 타협이 이루어졌다. 그것은 여성이 1다스에 남성보다 1파딩[79] 낮게 일하는 것을 허용한다는 것이었다. 그 결과 5월 "H회사에서 회전틀(Rib Frame) 남성 노동자가 해고되고, 여성이 대신 일하게 되었다. 노동자 자신이 협정한 1파딩의 차이는 폐해를 낳았다." … 노동조합의 위원장은 계속 말했다. "이러한 곤란에 대처하는 가장 간단하고 가장 좋은 방법은 어떤 틀이 남자 노동자의 일에 속하고 어떤 것이 여자 노동자에게

---

78) 업무를 구별하여 양성을 엄격하게 구별하는 이 원칙은, 여러 다른 직업에서도 발견된다. 가령 금박공(Goldbeaters)의 매우 구식 노동조합은 최근 절대로 여성을 제외하고자 노력해왔다. 〈금박공 노동조합 규약〉(London, 1875)은 "조합원은, 그 작업장 내, 또는 기타의 장소에서 여성을 고용하는 마스터 밑에서 일할 수 없다. 이에 위반하는 자는 바로 제명된다"고 규정했다. 그러나 이러한 절대적인 배척은 오늘날 남녀 노동의 엄연한 분리로 인해 폐지되었다. 그 뒤의 〈금박공 노동조합 규약〉(London, 1887)은 만일 조합원이 "그 일의 어떤 부문에서 돕거나 도움을 받지 않으면 여성이 고용되는 공장에서 일해도 무방하다"는 것을 분명히 인정하고 있다. 한때 여성 노동을 완전히 폐지하고자 노력한 쇄모공도 지금은 여성을 자신의 업무 종류에 국한하고자 힘쓰는 것에 불과하다. "여성에게 손을 대는 조합원은 제명한다." 〈쇄모공 합동 노동조합 일반 직업 규약〉(London, 1891), 24쪽.

79) 구 펜스의 4분의 1에 해당하던 영국의 옛 화폐. (옮긴이 주)

속하는지를 협정함에 있다고 우리는 생각한다." 6월의 보고를 통해 살펴본 다면 집행위원회의 이러한 제언은 남녀 모두에 의해 채택되고, 여자 노동자는 '구'기계를 사용하고 남자 노동자는 '신'기계를 사용하도록 결정되었다! 이러한 교묘한 제안은 일시적으로 여성이 승인했으나, 그녀들은 '구'기계가 필연적으로 점차 신기계로 대체되는 것을 발견했다. 결국 남자 노동자는 커다란 '8개' 머리틀('Eight Head' Frames)을 사용하고, 여자 노동자는 작은 '6개' 머리틀('Six Head' Frames)을 사용한다는 협정이 성립했다. 이러한 양성의 분리는 어느 일방의 기계로부터 남녀 어느 쪽을 제외하는 것에 의하지 않고, 표준 임금률의 교묘한 조절에 의해 확보되었다. 여자 노동자는 1다스에 남자 노동자보다 1파딩 낮게 일하는 특권을 유지했는데, 그것은 그녀들에게 그녀들 자신의 기계의 사실상 독점을 부여한 양보였다. 한편, 노동조합과 고용인 사이에는 '8개' 머리틀과 '6개' 머리틀의 사이와 같이. 1다스에 1파딩의 특별 급여가 더 작은 기계의 더욱 작은 생산고를 보충하기 위해 지급되어야 한다고 협정되었다. 이는 큰(남자 노동자의) 기계가 가장 적합한 업무에 대해 작은(여자 노동자의) 기계를 잠식하는 것을 방지했다. 그 결과, 그들의 주 수입은 달라졌지만, 실제로 여자 노동자는 1다스에 대해 작은 기계로 남자 노동자가 얻는 것과 같은 비율을 얻었고, 양성의 완전한 분리가 확보되어 남녀의 모든 경쟁은 사실상 방지되었다.[80]

랭커셔 면직공과 레스터셔 메리야스공의 경험은 '런던 식자공 노동조합'에 대해 유용한 힌트를 부여한다고 우리는 생각한다. 여성 노동에 관한 그 정책을 완성하기 위해 '식자공 노동조합'은 남자의 업무 능력을 보여주는 자에게 가입을 허용할 뿐 아니라, 이 조건이 제외되는 약하거나 능률이 낮

---

80) '메리야스 합동 노동조합', 1888년 〈월보〉 및 1893년, 1896년의 개인적 보고.

은 여성 식자공을 조직하는 수단을 돌려준다. 대체되는 공정이 나타나는 경우와 같이, 쌍방 각자의 행복은 타방의 표준 임금률의 유지와 관련된다. 하나의 계급으로서의 여성 식자공은, 만일 남자 노동자의 고용인이 남자 노동자의 임금을 저하하여 여성 고용의 회사에서 업무를 되돌린다면, 패배의 지위에 서는 것을 쉽게 알 수 있다. 한편, 여성의 무방비 상태와 그들의 다른 재원으로부터의 부분적 유지로 인해, 여성이 언제나 그들의 임금에만 의존하여, 부단히 능률을 발휘하기에 충분한 임금보다도 훨씬 낮은 임금으로 고용인이 그들의 노동을 얻을 수 있다면, 남자 노동자는 고통을 당한다. 그러한 '보조금'이 여자 노동자의 고용인에 대해 사회의 다른 계급에 의해 간접적으로 지불되는 것을 방지하기 위해, 여성은 그들의 업무에 대한 표준 임금률 —그것이 남자 노동자의 그것보다도 낮게 결정된다고 해도— 을 유지할 수 있는 지위에 있을 필요가 있다. 그래서 노동조합의 경험이 보여주는 바로는, 동일 산업의 상이한 계급에서 두 가지 상이한 표준 임금률을 동시에 유지하는 제1 조건은 그들 사이에 분명하고 엄격한 구별이 있어야 한다는 점이다. 면직공의 경우, 이는 업무 종류의 차이에 의해 확보되었고, 그 각각에 대해 일정한 가격표가 정해졌다. 메리야스 노동자는 기계를 구별함으로써 같은 결과를 거두었다. 식자공의 경우, 여성에게 적합하다고 인정된 적이 없는 종류의 업무가 많이 있어도, 남자 노동자의 일과 여자 노동자의 일을 완전하게 분류하기란 불가능하다. 생활 수준이 낮은 사람들에 의해 개인적으로 값싸게 파는 것을 방지하는 유일한 방법은, 여성을 독립의 공장이나 부문에 격리하고, 식자에 이성이 사용되는 곳보다 남녀 어느 쪽을 엄격하게 제외하는 것이다.[81] 도덕적 및 경제적 이유

---

81) 이는 반드시 힘이 필요하거나 기계 방면의 일을 하기 위해 여성 부문에 남성이 고용되는

에서 바람직한 이러한 격려가 엄격하게 실행된다면, '런던 식자공 노동조합'의 경우, 이러한 여자 노동자를 인정하고 '여자부'나 지부 조합으로 이를 조직하는 것은 매우 유리할 것이다. 그때 여자 노동자는 보통의 여자 식자공이 요구하는 표준 주 수입을 스스로 집단적으로 결정할 수 있고, 그러한 기초에 근거하여 산출된 여자 노동자의 업무에 대한 성과급 업무 가격의 '표'를 획득할 수 있다. 따라서 노동조합의 견지에서 본다면, 식자공에 대해 근본적으로 필요한 것은, 여성으로서의 여성의 제외가 아니라, 직업의 그 특수 부문에의 입직 지망자는 표준 임금률을 얻어야 한다고 강력하게 주장하는 것이다. 만일 여성이 남성과 동일한 성과급 업무 임금을 얻을 수 없다고 한다면, 그들은 이러한 논거에 의해 그들의 낮은 노동 표준이 충분히 보상되는 비교적 쉬운 업무로 옮겨가는 것이 당연하다.

이제 우리는 노동조합의 현재 지위를 요약할 수 있다. 과거의 여성 경쟁자 금지 —여성 옹호론자가 매우 자주 반대해온 것— 는 불필요하고 혐오스러운 것이다. 노동조합의 견지에서 필수적인 것은, 여성의 절대 평등의 요구는 어떤 유보도 없이 용인되어야 하고, 나아가 여성은 **남성과 전적으로 같은 조건으로** 노동조합 가입을 인정받아야 한다는 것뿐이다. 또 '남녀평등'론자는 논리상 노동조합으로부터 그 이상의 양보를 요구하기는 불가능하다. 여성 옹호론자는 사실상 딜레마에 빠져 있다. 만일 그들이 여성은 평등한 대우를 받는 권리가 있지만, 그럼에도 불구하고 남성 노동조합원을 고용에서 제외시키기 위해 '가격 이하'로 일해도 괜찮다고 주장한다면, 그들은 노동조합운동의 이론과 실제를 전적으로 부정하는 것이다. 이에 반하여 만일 그들이 여성은 결과를 고려하지 않고 파업 파괴자로 일하

것을 제외하는 것이 아니다.

는 특권이 부여되어야 한다고 요구한다면, 그들은 남녀평등 대두의 주장을 포기하는 것이다. 여하튼 육체노동의 세계에서, 남녀간 '평등'은 남성의 직업에서 여성의 제외를 인정하거나 여성 전체에 파업 파괴의 낙인을 찍게 할 것이다.

그러나 이러한 딜레마에 빠지는 것은 반드시 필연이 아니다. 남녀평등론을 산업계에서 주장하는 것은, 여성 노동자 대군에게 불공정하고 참혹한 것이다. 육체노동에 관한 한, 여성은 남성이 갖는 것과 다른 능력, 다른 요구, 다른 기대를 갖는 하나의 상이한 노동자 계급을 구성한다. 남녀를 건강과 능률의 동일한 상태로 유지하는 것 ―양자에게 동일한 강도의 노동을 부과하는 것― 은, 종종 업무의 분화를 의미하고, 언제나 노력과 생계의 분화를 의미한다.[82] 임금, 시간, 다른 조건에 관한 공통규칙은, 그것에 의해 남자가 그들 자신의 생활 수준을 유지하는 것은, 여성의 경우 보통 부적절하다. 노동조합 운동가에 대한 문제는, 독립의 생계를 얻는 최대의 자유를 여성에게 부여하고, 나아가 자유가 고용인에 의해 임금 노동자 계급 전체의 생활 수준을 내리기 위해 응용되는 것을 방지할 수 있는 틀을 고안하는 것이다. 랭커셔 면직공과 레스터 메리야스공의 경험은, 하나의 해결이 업무 분류의 솔직한 승인 중에 발견되는 것을 지시하는 것으로 우리는 생각한다. 중요한 점은, 한쪽 성에 속하는 개인이 다른 성에 속하는 개인보다도 값싸게 해서는 안 된다는 것이다. 남성 노동자의 경쟁이

---

82) 에지워스 교수는 흥미로운 문제를 제기하고 있다(『수학적 심리학』, 95쪽). "패니 겜블(Fanny Gamble)이 그 남편의 노예 경지를 방문했을 때, 그녀와 같이(평등한) 업무가 남녀에게 부과되었고, 따라서 여성은 그 허약함의 결과 훨씬 많은 피로를 느끼는 것을 보았다. 고용인이 일정량의 노동을 행하고자 하고, 부담의 분배를 박애주의자에게 맡겼다고 가정한다면, 남성이 동일한 피로를 느끼거나 더 많은 업무만이 아니라 더 많은 피로를 느끼게 하는 … 어떤 틀이 가장 인자한 것일까?"

사실상 남성 노동에 한정되고, 여성 노동자의 경쟁이 여성 노동에 한정되는 한, 여성이 그들의 노동을 염가로 파는 것은 남성의 표준 임금률을 위태롭게 하는 것이 아니고, 남자 노동자가 법률상 철야 노동을 허용하는 것은 여성의 취업 기회를 적게 하는 것이 아니다. 앞에서 말했듯이 대다수 직업에서 이러한 산업상의 남녀 분리는 자동적으로 발생하고, 어떤 특별한 규정을 필요로 하지 않는다. 남녀 노동자가 동일 공정 중에 올바르게 동일 작업에 대해 서로 직접 취직 경쟁을 하는 지극히 소수의 경우, 일정한 표준 임금률이 남녀 노동자의 업무에 대해 각각 결정되기까지는 어떤 유효한 노동조합운동이 생길 수 없다고 우리는 생각한다.

이는 남녀가 그들의 성 때문에 어떤 직업으로부터 제외되어야 한다는 것을 뜻하지 않는다. 필요한 일은, 각 작업에 종사하는 노동자가, 그들의 작업에 종사하는 자는 남녀를 불문하고 모두를 구속하는 일정한 공통규칙을 수립하고 시행해야 한다는 것뿐이다. 수업을 쌓은 남성 노동자의 역량과 숙련과 인내를 요하는 직업은 지금과 같이, 비교적 높은 표준 임금률로 행해질 것이다. 이에 반하여 보통의 여성의 능력 안에 있는 공정의 노동자는, 그들의 지위나 노력이나 욕구에 맞는 임금, 시간, 기타 노동조건에 관한 공통규칙을 얻고자 할 것이다. 랭커셔 면직공의 경험이 보여주는 바에 의하면, 그러한 수입의 분화는 표준 임금률의 완전한 유지와 반드시 모순되지 않고, 그것은 거의 완전한 산업상의 남녀 분리를 초래한다. 여성은 남성의 업무에 고용되지 않는다. 왜냐하면 고용인은 남성과 같은 고율을 지급해야 하기 때문에 남성을 고용하는 쪽이 더욱 유리한 것을 알기 때문이다. 반면, 보통의 남성 노동자는 여성의 업무를 하려고 하지 않는다. 왜냐하면 그 임금은 그가 다른 곳에서 얻을 수 있는 것보다도 낮은 비율로 지급되고, 그래서 사실 그는 영구히 자신을 유지할 수 없기 때문이다. 그러나 예외적인 개인을 엄격하게 배척할 필요는 없다. 여자 노동자도 남자 노동자와 마찬가지로 좋고, 고용인에 대해서도 마찬가지로 유리하게 일할 수 있음을 보여주고, 남자의 표준 임금률로 고용된다면, 그녀가 남성공과 같은 조건으로 가입을 허용하는 것에 대해서는 '런던 식자공 노동조합'의 경우와 마찬가지로 노동조합으로부터는 어떤 반대도 생기지 않는다. 한편, 만일 남성이 여성의 쉬운 일 외에는 아무것도 하지 못할 정도로 허약하다면 그들은 랭커셔 면직공의 경우와 마찬가지로, 실제로 여공의 임금률로 그를 인정하게 될 것이다. 이 문제에 대한 해결의 열쇠는 다른 많은 문제에 대한 경우와 마찬가지로 실제로 표준 임금률 원칙의 완전한 적용이다.

11장

직업에 대한 권리

어떤 부문의 노동자가 그 일에 대한 '권리'를 갖는가 하는 싸움을 야기하는 두 직업 사이의 '중복'은 몇 가지 방식으로 일어날 수 있다. 어떤 직업도 이전의 업무와는 다르지만, 이러한 두 개 또는 그 이상의 것과 거의 같은 종류의 새로운 공정이 발명될 수 있을지도 모른다. 그러한 경우 각 직업은 새로운 공정이 자기의 구성원에게 '속하는' 것을, 취급하는 원료와 사용하는 기구가 동일하다든가, 또는 도달되는 목적이 동일하다는 이유로 맹렬히 주장할 것이다. 그러나 새로운 발명이 없다고 해도, 동일한 권리 투쟁이 생길 수 있다. 유사 직업 간의 분계선은 종래는 도시에 의해 달라져 왔고, 따라서 고용인이나 노동자의 이주가, 심지어 어느 도시의 관습을 다른 도시의 공장이 단순히 모방하는 것만으로도 심각한 알력을 야기할 것이다. 새로운 회사가 업무를 나누는 새로운 방법을 도입할 수도 있고, 또는 오래된 회사가 새로운 업무 부문에 손을 댈 수도 있다. 종래 비교적 하급의 노동자 부문에 의해 행해진 업무에 대해, 하나의 견고하게 단결된 노동자 부문이 무리하게 노골적인 침략을 할지도 모른다. 이러한 경우 어느 것이나 또는 그 모두에서, 고용인은 그들의 업무를 특수한 노동자 부문에 할당하고자 하는 그들의 희망이, '직업에 대한 권리'의 모순된 여러 요구에 의해 현저하게 방해받는 것을 볼 수 있을 것이다.

우리가 '중복'(Overlap)과 '경계 한정'(Demarcation)에 관한 가장 많고 복잡한 알력을 보는 것은, 현대적인 대산업인 철조선업(鐵造船業)에서이다. 간단한 목조 범선에서 정교한 떠다니는 호텔 객선으로의 점차적 변화는, 과거의 직업 간 구분을 매우 모호하게 만들었다. 가령 종래 위생 업무는 언제나 배관공의 특정 영역이었고, 선박의 위생 설비가 가옥의 그것과 같이 치밀한 것이 되었을 때에도 배관공은 물론 그의 업무를 수행했다. 그러나 증기 항해가 최초로 시작되었을 때부터 증기선상의 모든 철관 업무는 그 목적에 관계없이, 기계공에 의해 수행되었다. 여기서 배관공과 정비공(Fitters)은 모두 그들의 적에 의해 "빵을 입에서 빼앗겼다"고 불평했다. 우리는 현대의 군함이나 대서양의 항해선 위에서 일하는 직공이 새로운 개량이 있을 때마다 무수한 다른 점에서 여러 가지 직업을 격렬한 충돌로 이끄는 것을 하나하나 열거할 필요는 없다. 기계공은 여러 기회에, 이에 관하여 보일러 제작공, 조선공, 가구공, 배관공, 놋쇠공, 석판공(錫板工)과 다투어왔다. 보일러 제작공은 조선공, 대장공, 대패공(Chippers), 천공공(Drillers)과 특유의 다툼을 해왔다. 조선공은 누수방지공(Caulkers), '보트 및 바지선 제작공'(Boat and Barge Builder), 돛대 제작공(Mast and Blockmakers), 가구공과 싸워왔다. 가구공은 공장톱질공(Mill-sawyers), 패턴 제작공(Patternmakers), 캐비닛 제작자(Cabinetmakers), 실내장식공(Upholseres), 프랑스식 완성공(French Polishers)과 싸워왔다. 해머공

(Hammermen), 선박 페인트공(Ship Painters), '연단공'(鉛丹工; 'Red Leaders')
같은 소규모 직업은 언제나 싸웠다. 따라서 일정한 기일까지 하나의 업무
를 완료해야 하는 고용인은, 어느 날 아침 자기의 모든 공장이 혼란에 빠
져, 가장 중요한 부문의 노동자가 어떤 고용조건에 반대해서가 아니라, 하
나의 직업이 다른 직업의 업무를 '침해했다'고 생각하여 '파업'하는 것을 볼
수 있다. 침해라고 상상되는 것은, 지극히 미세한 점에 의할 수 있다. 조선
공은 가구공이 배 속의 모든 전화관을 싸는(또는 목재로 덮는 것을) 것을, 선
하(船荷) 공간이나 석탄 창고나 선창을 통과하는 경우에만 예외적으로 인
정한다. 어느 가구공이 몇 시간 업무로 그러한 마법의 선을 넘는 경우, 조
선공 전체가 파업할 것이다. 한편 가구공이 격렬해지면, 그들은 그 본질적
으로 자신의 업무라고 생각하는 것을 조금이라도 조선공에게 하도록 하기
보다는 파업을 할 것이다. 이러한 사정하에서는 한 사람의 노동자가 1시간
에 할 수 있는 하나의 일이 모든 조선소의 작업을 정지시킬 수도 있다. 사
실 타인 강변의 어느 대조선업주는 그러한 다툼으로 인해 모든 공장이 태
만에 빠져 노동자를 납득시키는 것이 전적으로 불가능한 것을 보고, 마침
내 스스로 웃옷을 벗고 문제가 된 일을 자기 손으로 처리했다.[1]

---

1) 경계 한정의 싸움은 일정한 산업에서 빈번하고 심각하지만, 그것이 전혀 없는 산업도 있
   고, 또는 드물게 생기는 산업도 있다. 가령 노동조합 세계의 반을 차지하는 섬유공업과 채
   취산업(Extractive Industries)에서는 경계 한정 싸움이 실제로 알려져 있지 않다. 그것이 특
   히 문제되는 곳은 배를 만들고 장식하는 직업이다. 또한 정도에 차이가 있지만, 기계업이나
   건축업에서도 생긴다. 대체로 경계 한정 싸움은 모든 노동조합원 중 4분의 1의 특징이라고
   할 수 있다. 이 싸움에 대한 체계적인 서술이나 분석을 우리는 전혀 모른다. 연구자는 다른
   곳에서 인용된 특수한 경우에 관한 재료, 특히 여러 연합위원회의 의사록이나 왕립노동조
   사 위원회 제45일의 증언에서 볼 수 있을 뿐이다(Digest for Group A, vol.iii. C. 6894, x.
   48~54쪽). 초기의 관습적인 생계유지의 권리가 법률과 여론에 의해 승인되었을 때, 하나
   의 직업이 다른 직업을 침입하여 생기는 다툼은, 쟁점이 두 개 지역의 경계에 대한 것과 같

이러한 사소한 다툼은 종종 불타올라 가장 큰 산업 전쟁으로 변한다. 수년 전 타인 강변에서 터진 유명한 사건을 어느 대조선업주는 다음과 같이 말했다. "1890년 조금 전부터, 가구공과 조선공 사이의 업무 분배는 양자 간에 불쾌한 관계를 낳아 업무의 진보를 방해했다. … 대량의 정부 업

이 사실상 법원의 판결이었던 것에 의해 정확하게 해결하는 것이 보통이었다. 가령 목수와 가구공 사이의 업무 할당에서 매우 많은 다툼의 원인이 되었다. 런던 시의회의 어느 위원회는 1832년, 상세한 판결을 내려 목수와 가구공이 각각 해야 할 업무를 상세하게 분류하고, '시신을 넣는 나무관'(Deal Coffin)은 성가신 문제로 양자에게 지정되었다(저프(Jupp), 앞의 책). 1589년까지 단일의 길드로 결합된 뉴캐슬 온 타인의 목수와 가구공 사이의 같은 다툼도, 같은 성질의 판결에 의해 해결되었고, '시신을 넣는 관'(Chists for Corpses)은 기이하게도 마찬가지로 두 직업에 공통되는 것으로 되었다(비치, 『뉴캐슬 노동조합』, 31~33쪽). 모든 다른 산업으로 눈을 돌리면, 우리는 가죽무두공(Tanners)과 흰가죽공(White Tawyers)이 그들 직업의 한계에 대한 다툼을 발견하고 스토(Stow)가 선언했듯이 "흰가죽공에 관한 규정에서 흰가죽공은 가죽(Ledder)을 만들지 않고, 무두질도 하지 않고 양가죽(Shepe's Ledder), 산양가죽(Gotes Ledder), 말가죽(Horses Ledder), 사슴가죽(Hindes Ledder)을 만들 뿐이고,"(저프, 337쪽) 나무껍질(Bark)의 사용을 요하는 소가죽의 완성(Dressing)을 가죽무두공에게 맡겼다. 런던 구두공(Cordwainers)과 '해외에서 온 구두공(Cobelers)' 사이의 다툼은 1395년에 매우 격렬해져서, 왕은 "런던 시장 존 프레슈(John Fresshe)에게 해외 구두공은 그들이 과거로부터 행해온 대로 생계를 얻어야 하고 … 그들에게 정당하게 귀속되어야 한다고 선언하는 것을 명하도록" 했을 정도였다. 엄격한 조사의 결과, 여러 가지 다른 것 중에 "낡은 구두를 취급하는 자는 매매하는 새 구두를 취급할 수 없다"고 정해졌다(『구두제조공과 구두수선공 사이의 협종 계약(Indenture of Agreement between the Codwainers and the Cobblers)』, 1395년 8월 14일; H. T. 라일리, 『런던과 런던 생활의 회고』, 539~541쪽). 그러나 이는 평화를 결과하지 않았고, 1409년, "우리 왕은 당시 시장 드류 배런틴(Drew Barantyn)에게 편지를 보냈고" 그 결과 새로운 조사가 행해져 과거보다 더욱 상세한 업무 할당이 이루어졌다. 즉 구두수선공(Cobblers)에게는 "오래된 장화와 단화의 앞뒤의 오래된 구두 밑창을 새로운 가죽으로" 보완하는 일이 할당되었으나, "만일 손님이 그 오래된 장화나 반장화(Bootlets)의 밑창을 갈거나, 앞닫이를 대거나 밑창을 깔아주도록 바라거나, 또는 덧신(Galoches)이나 단화의 밑창을 갈아주도록 바라는 경우 그 업무는 가능한 언제나 구두공(Cordwainer)이라는 노동자에게 속해야 한다."(구두공과 구두수선공의 규제에 관한 조사, 1409년 6월 15일, 라일리, 앞의 책, 571~574쪽) 과거의 경계 한정 다툼에 대한 상세한 연구는 아마도 매우 흥미로울 것이다.

무가 타인강 지방에 왔을 때, 싸움은 극도로 빈번하고 위험하게 되어, 양 노동조합의 대표자에 대해 그들의 다툼을 독립적이고 유능한 중재인의 중재에 붙이도록 권고하고, 고용인에게 그가 내리는 어떤 판정도 승인하도록 약속하게 했다. … 가구공은 의원인 토머스 버트(Thomas Burt)를 중재인으로 신청했고, 조선공의 승인을 받았다. 타인강 지역이나 다른 곳에서 과거와 현재의 관행에 대한 장기간의 끈질긴 조사가 행해졌다. 오래된 노동자와 노동조합 대표자, 기타 업무 분배의 역사를 밝혀줄 수 있는 모든 사람들의 증언을 들었다. … 5개월 반에 걸친 조사 끝에, 버트 씨는 판정을 내려 문제가 된 168개 항목 중 96개를 가구공에게, 72개를 조선공에게 할당했다. 가구공은 … 그들이 신청한 중재인의 결정이 공정하지 않다고 주장하고 14주 동안 그 업무에서 떠났다. … 가구공에게 판정에 따라 업무를 하게 하려고 한 많은 유력한 시도가 고용인에 의해 행해졌어도 실패로 끝났다. … 결국 가구공은 타인강 지역의 여러 직업의 연합으로부터, 그들의 다툼을 6~7개의 상이한 노동조합에서 1명씩 낸 대표로 조직된 위원회나 중재소에 무조건 위임하도록 요구되었다. … 이 중재소는 그 첫 모임에서 가구공에 대해 버트 씨의 판정에 따라 업무에 복귀하도록 명령했다. … 1891년 1월, 배관공과 정비공은 … 양자 사이에 생긴 알력에 기인한 … 양자 사이의 경계 한정 다툼을 논의하고 해결하기 위한 대표의 선정에 동의했다. … 양자의 회합이 열렸다. 증인은 정비공과 배관공을 위해서 불려왔다. 과거 수년간의 관행이 치밀하게 조사되었다. 협정은 마침내 양 당사자에 의해 서명되었다. 그러나 … 그것이 발표된 순간, 다툼이 생겨 실시하고자 시도되자마자 파업이 터졌다. … 양 당사자는 다른 당사자의 의견과 이익을 전적으로 무시하고, 고용인의 이익도 무시하여 그 협정문을 읽었다. … 그래서 논쟁점은 … 두 직업을 9주간 분리시켰다. … 그러나 하나의 협정이 1891년 6월 18일, 고용인, 정비공, 배관공 3자의 회의로 성립되었다. 그들은 17회나 모여 … 26개 부문으로 구성된 표 중 2개 부문을 해결하고, 의장은 철관 업무의 3인치 한계에 대한 기계공의 반대를 불가하다고 판정했다. … 정비공이 단결하여 일어나 의장의 불공정을 책망하고, 모두 위원회를 떠났다. … 다른 두 당사자는 … 1891년 10월 28일, 하나의 판결을 발표했다. 배관공은 … 판정을 실행하도록 고용인에게 호소했고, 고용인은 이에 따랐다. 그 결과 정비공은 그들의 직업에서 떠났다. … 그리고 과거 4월의 것과 같은 업무 분배에 대한 제2의 파업이 터졌다. … 12주간의 파업 뒤에 … 그들은 연합위원회의 판정에 따라 [업무에 복귀했다.] … 다툼을 구성한 중요 논점은 여러 공장이나 지역의 관행의 잡다함으로부터 생겨났다. … 각 노동조합은 그 조합원의 가능한 최대 다수가 동시에 고용될 것을 희망한다. … 이러한 목적을 위해 관례와 관습에 의해 그 조합원에 속한다고 생각되는 업무 전부를 확보하고자 시도한다. … 고용인의 이익은 논쟁자 때문에 가차 없이 희생되었다."[2]

이처럼 꾸밈이 없는 이야기로부터도 독자는 이처럼 종종 생긴 분쟁을 위해 타인 강변의 대산업이 1890년부터 1893년까지 빠진 무질서한 혼란

<hr />

2) 자로(Jarrow)의 '팔머(Palmer) 조선 기계 유한책임 회사'의 존 프라이스(John Price) 씨의 흥미로운 비망록에서 인용. 이는 왕립노동위원회를 위해 만들어진 것이지만 그 단체에 의해 출판되지 않았다.

이러한 다툼에 관한 대부분의 팸플릿 문헌 중에서 가장 중요한 것은 뉴캐슬의 고용인과 기계공 노동조합 사이에서 1892년 3월 9일, 3월 22일, 4월 22일, 4월 26일에 열린 회의에 대한 여러 권의 〈보고〉, '배관공 합동 노동조합'이 발표한 〈선언〉(Liverpool, 1892), 〈조선공 및 가구공을 위한 업무 할당에 관한 문제의 중재 재판 의사 보고〉(New Castle, 1890), 여러 문제에 관한 조선공 및 가구공이 각각 낸 출판물, 〈의원 토머스 버트 씨의 판정을 수정하는 중재위원회 의사 보고〉(New Castle, 1890), 1890년부터 1893년까지 〈뉴캐슬 데일리 크로니클(Newcastle Daily Chronicle)〉은 종종 이 문제에 관한 기사를 실었다.

의 상태를 상상하기 어렵지 않을 것으로 우리는 생각한다. 35개월의 기간 중, 그 지방의 중요 산업에서 노동자의 가장 중요한 4개 부문의 어느 것이 절대로 노동을 거부한 35개 주를 내려가지 않았다. 이는 거대한 공장의 정지, 다른 수만 명이라고 하는 직인과 인부의 강제적 태만, 가재의 매매, 다툼과 전혀 무관한 수천 가족의 반(半)기아를 의미했다. 그리고 그 영향은 노동조합운동에 관한 한, 이처럼 감동을 주는 일시적 결과에만 한정되지 않았다. 노동자는 사실, 노동조합의 파괴를 희망하는 고용인들에게 어부지리를 차지하게 했다. 타인 강변의 서로 죽이는 다툼은, 이와 관련된 모든 노동조합을 국부적인 병약 상태로 몰아넣었다. 그들은 오늘날 회복하지도 못하고. 그로 인해 필경 앞으로도 오랫동안 고통을 당할 것이다. 조합원이나 금전 쪽의 손실과 같은 것은 그 재해 중 가장 작은 것이다. 하나의 노동조합이 다른 노동조합과 투쟁하고 있는 경우, 고용조건 개선 수단으로서의 노동조합운동의 모든 효과는, 일시적으로 마비된다. 심지어 두 무리의 노동자 사이의 격렬한 투쟁이 실제로 서로 '파업 파괴'를 야기하지 않는다고 해도, 그것은 결국 자본가의 침투에 저항하는 그들의 힘을 현저히 파괴한다. 자신의 노동자의 조건을 크게 손상시키고자 원하는 고용인은, 사소한 구실을 붙여 중복하는 직업의 지방 대표를 부르고자 할 뿐이다. 상대 노동조합의 대표를 고용인의 사무소에서 보았다는 소문을 듣는 것만으로도, 그의 노동자를 굴복시키는 데 충분한 두려움을 야기한다. 그리하여 이러한 경계 한정은 한편으로는 고용인과 노동자와 일반사회에 대하여 통상의 파업이나 직장폐쇄의 경우와 마찬가지로 모든 도덕적 흥분과 물질적 손실을 배양함과 동시에 모든 경우에 그들의 조건 개선을 위한 투쟁에서 모든 관련 노동조합의 힘을 약화시킴에 틀림없다.

따라서 우리는 분명히 풀 수 없는 문제에 직면하게 된다. 만일 노동자가 직업 간의 경계 한정을 다툼에 의해 모든 것을 잃고 아무것도 얻지 못한다고 한다면, 그들의 책임 있는 지도자가 그러한 싸움을 저지하고자 결연히 간섭하는 것을 행하지 않는 것은 무엇 때문인가? 그 설명은 노동자 요구의 설명 중에서 찾아야 한다. 그들에게 다툼은 편의의 것이 아니라 도덕적 권리의 것이다. 1889년, '패턴 제작공 합동 노동조합'은 다음과 같이 선언했다. "우리는 모든 직업이 국외자의 간섭 없이 빵을 얻는 권리를 갖는다고 하는 원칙 위에 서서 이 싸움을 하고 있다. 이 원칙은 모든 숙련 직업이 열심히 보호하는 것이고 … 마찬가지로 우리에게도 적용되도록 확실하게 결심한다."[3] '기계공 합동 노동조합'은 다음과 같이 선언했다. "우리는 기득권을 가짐에 대해, 면허장을 갖는 의사나 판권에 의해 보호되는 저술가가 이루는 동일한 주의와 감시를 하는 것은 우리의 의무이다."[4] 1897년, 그들의 타인 지방대리인은 "기계는 물론 고용인의 투자의 일부이다. 그러나 직인의 숙련노동도 마찬가지이다"[5]라고 말했다. '조선공 동맹 노동조합'은 클라이드(Clyde) 지방의 새로운 분쟁에 대해 1893년 분명히 다음과 같이 말했다. "우리는 회사가 그 공장을 몇 가지 부문으로 나누는 것이나 건조 중인 선박의 일부를 하도급시키는 것에 반대하지 않지만, 우리는 어떤 노동자도 고용인의 사무실에 들어가 그의 금고에서 돈을 집어내어 타인에게 주는 것을 허용할 수 없고, 정당하지 않듯이 어떤 고용인도 자기 편의에 따라 타인의 생활 수단을 타인에게 부여해서는 안 된다는 것을 가장 엄숙하게 가장 강력하게 주장한다."[6] 1897년, '기계공 합동 노동조합'의

---

3) '패턴 제작공 합동 노동조합' 회장(回章), 1889년 12월 19일.
4) 〈기계공 합동 노동조합' 규약〉 서문(London, 1891), 6쪽.
5) 〈기계공 합동 노동조합' 저널〉, 1897년 3월호.
6) 〈조선공 및 가구공의 경계 한정 연합위원회 의사록〉(Glasgow, 1893), 제2부, 7쪽. '조선공

리버풀 대의원은 "재산의 신성함은, 선반이 고용인의 재산임과 마찬가지로, 우리의 재산인 노동에도 확실하게 적용되어야 한다"고 썼다.[7] 만약 우리가 앞에서 말한 노동조합이나 건축업의 어느 부문의 노동조합의 보고를 읽는다면, 노동자의 금전상의 이익이나 고용인의 편의가 아니라, '우리의 직업권'이나 '우리의 보편적 권리와 관습', 나아가 '침해, 절도, 몰수에 대한' 정당한 반항이라는 것에 매우 많이 언급하고 있음을 볼 것이다. "벽돌공은 전적으로 우리를 멸망시키는 것을 목적으로 하는가? 그들은 건물의 지하실에서 꼭대기까지 배회하고, 그것이 다른 어떤 직업에 속하는지 묻지 않고, 모든 업무 ―슬레이트 지붕 이기, 지붕 타일 바르기, 벽타일 바르기, 바닥 타일 바르기, 바닥 공사, 돌 기초 놓기, 토대, 머리, 계단, 회반죽 바르기, 애벌 다듬질, 흰 도료 칠하기 등― 를 배회한다"고 슬레이트공과 기와장이는 감상적으로 항의한다.[8]

노동자가 생계의 합리적 계속성을 보증받음은 공공 이익을 위해 바람직하다고 하는 노동자 최초의 전제를, 다행히도 우리는 논의할 필요가 없다.[9] 여기서 우리는 각 직업을 침해에서 보호함으로써 이 목적을 확보할 수 있다고 해도, 생계를 그렇게 보호하는 것의 사회적 이익이 과연 여러 방

의 주장'.

7) 〈기계공 합동 노동조합' 저널〉, 1897년 3월호.
8) 〈스타〉지에 실린 편지로 〈빌더(*Builder*)〉지(1893년 4월 8일호)에 인용되었다. 이를 부정의로 보는 관념은 실직 조합원에게 실업수당을 지급함으로써 생기는 조합 기금의 고갈을 과대하게 생각하는 것에 의해 악화되었다. 저자 한 사람이 출석한 어느 지부 회의에서 경계한정 싸움이 토의되었을 때, 상대의 직업에 의해 부정 침입을 받은 업무는 3명의 실직자를 제적하는 것으로 충분하고, 따라서 그 대연합 노동조합에 1주 36실링을 절약한다는 사실이, 공격적 행동의 이유로 누누이 인용되었다. 이러한 공격적 행동은 그 뒤 그 노동조합으로 하여금 가장 적은 견적으로도 수천 파운드를 소비했다.
9) 이 점에 대해서는 '노동조합운동의 가설'의 장에서 재론한다.

법의 결점을 보충할 수 있는지 없는지를 결정할 필요는 없다. 종종 현재의 진보하는 산업사회에서 사정은 매우 복잡하고 끊임없이 변화하기 때문에, '직업에 대한 권리'를 지극히 분명한 모순을 낳는 방법으로 정의하는 것은 인간의 지혜가 미치지 않는 것이다.

최초의 시도는 언제나, 그 권리를 관습에 근거시키고자 하는 것이다. 어느 도시의 노동자가 그때 행해지고 있는 업무 습관을 준수해야 하는 것을 예상하고 희망하는 것은 지극히 당연하다. 그러나 '직업의 관습'이 도시와 도시, 나아가 공장과 공장이 서로 다르다는 사실은 접어두어도, 거의 모든 경우에서와 같이 쟁점은 어떤 참신한 공정이거나 종래 알려지지 않은 생산물인 경우, 이 관습은 그 자체로는 어떤 규약도 제공할 수 없는 것이 분명하다. 그때, 각 당사자는 그 관습을 각각 상이하게 해석한다. 처음 보기에는 생산물의 목적이나 목표를 지침으로 삼는 것이 편리하다. 조선공은 실제로, 배의 건조나 정비에 관한 모든 것을 그들의 권리로 요구하는 경우가 종종 있다. 그러나 현대의 배는 화려한 호텔에서 볼 수 있는 모든 것을 포함하므로, 이 해석에 의하면 조선공은 철과 목재를 취급하는 업무를 해야 할 뿐 아니라, 기계공, 보일러 제작공, 놋완성공(Brassfinisher), 배관공, 가구공, 캐비닛 제조공, 프랑스식 완성공(French Polisher), 실내 장식공, 페인트공, 장식공, 전등과 벨 정비공도 되어야 한다. 그리고 만일 이러한 분명히 상이한 업무의 분계선을 구하고자 하여 필요한 도구에 눈을 돌린다면, 거기에서도 역시 마찬가지로 조화롭지 못한 결과에 이르게 된다. 50년 전이라면 조선공은 까뀌(Adze)나 나무망치(Mallet)를 사용하고, 가구공은 망치(Hammer)와 대패(Plane)를 사용했음은 의문 없이 허용될 것이다. 그러나 현대 객선의 갑판은 그러한 평범한 도구 외에 캐비닛 제조공이나 유리공(Glazier)에게서 빌린 다른 도구와, 이전에는 전혀 알려지지 않았던 기계를 사용해야만 완성할 수 있다. 만일 각 직업이 너무나도 먼 과거로부터 그 직업의 특징이 되어온 도구만을 사용해야 한다면, 배는 각자가 공동 업무의 작은 부분을 하는 순간이 오기를 기다리는 노동자로 가득 찰 것이다. 갑판의 내구성에 대한 모든 책임은 상실되고, 나아가 새로이 발명된 기계를 누가 사용할지에 대해 격론이 벌어질 것이다. 만일 재료가 분계선을 긋는 것이라고 한다면, 위생이 진보하고 배관의 사용이 폐지됨과 동시에 자격 있는 배관공의 전체는 구축되고, 위생 지식을 결여한 기계공이나 벽돌공의 업무가 늘어날 것이다. 뿐만 아니라, 경계 한정의 다툼이 있는 경우, 관련 재료는 양 당사자에게 공통된다. 조선공, 가구공, 캐비닛 제조공은 모두 목재를 사용하고, 조선공, 보일러 제조공, 기계공, 석판공(錫板工), 배관공은 모두 철을 취급한다. 만일 원료가 분계선을 제공하는 것이 아니라고 한다면, 논쟁자들은 종종 뒤져 원료의 두께에 의하게 된다. 2년간에 걸친 타인 강변의 다툼의 중심점도 사실, 기계공과 배관공에 의해 각각 장치된 철관 두께의 한도가 2인치 반이냐 3인치냐, 가구공은 한 사람치 반 두께의 목재 업무에 한정되어야 하느냐 여부에 결국 돌아간다고 할 수 있다.[10] 한편으로는 보일러 제작공, 다른 한편으로는 대패공(Chippers)과 천

---

10) "램지 씨(조선공)—재료 두께 문제는 재론된다. 나는 가구직이 목재 두께에 대해 모든 발언권을 갖는다고 하는 것이 과연 정당한지 물었다. 양 직업은 모든 두께의 목재를 그 업무에 취급하는 것이 사실 아닌가? 우리는 선창 내의 하물 적치장의 깃털 모양으로 덮이고 홈이 난 천장의 어떤 종류의 것도 쌓고 고정한다. … 우리는 그 원칙이 온당하지 않다고 생각하기 때문에 연합위원회가 목재의 두께 문제를 논하는 것에 처음부터 반대했다. …

로저 씨(가구공)—우리는 직업으로서 반대 측이 그것에 반대하는 자유를 갖는 것과 같이 두께를 갖는 자유를 갖는 것이 아닌가? … 우리는 한 사람치 반과 그 이하를 안감으로 요구하는 것이 결코 법외의 것이 아님을 주장한다. 가구공이 이러한 종류의 업무를 위하여 더욱 적합한 노동자인 것은 분명하다. 나는 반대 측에 노아 시대로부터 최근 50년까지의 낡은 조선업에서, 어디에서 그들이 잠금(fastening)에 못을 사용했는지 묻고 싶다. … 우리

공공(Drillers)의 경계 한정 투쟁은 주로 각 직업이 철판에 뚫을 수 있는 구멍의 크기에 의한다.[11] 직업에 대한 권리의 학설은 시시한 결과, 즉 어떤 업무의 분배의 수준은 수행해야 할 목적에 관한 지식이나, 사용되는 재료나 도구에 대한 숙지가 아니라, 당시의 기호나 유행이나 학문이 지정하는 배관이나 판의 정밀한 두께나, 철판의 구멍의 정확한 직경이라는 결과에 도달한다. 정확하게 정의되고 세밀하게 측정될 수 있는 어떤 선을 발견할 필요는, 사실 전적으로 독단적인 업무의 분배 ―최대의 동요성이라고 하는 결점도 함께 갖는 것― 를 야기한다.

이 모든 소동에 대해 고용인은 쉬운 구제책을 갖는다. 벨파스트 조선업주 대표는 "적당한 구제책은 그 업무에 가장 적합한 노동자를 고용인이 선택할 수 있는 과거 상태로 복귀하는 것이다"라고 선언했다. 타인 강변의 어느 조선업주가 말하듯이 "고용인이 노동조합 등에 강구하는 그의 상거래나 사업의 목적에 최적임자라고 믿는 노동자를 고용하는 권리를 갖는 것이다." 그리고 스코틀랜드의 조선업주는 그들의 대표를 통하여 "배관공은 2인치의 배관을 결합해도 좋지만, 2인치 4분의 1은 안 된다든가, 가구공은 판(Plank)을 다듬어도 좋다든가, 조선공은 난간(Rail)을 대패질해도 좋다고 하는 것은 무관한 사람들에게는 지극히 시시한 것처럼 생각될 것임

가 한 사람치 반과 그 이하의 모든 안감을 요구하는 이유가 있는 것은, 단지 그것이 우리가 종래 사용해온 재료이고, 그것이 밑바닥에 붙어 있는 탓에 불과하다. …
윌키 씨(조선공)―기계라는 것이 없었던 과거 시대에는 가구공이 그러한 요구를 할 수 있었을지 모르지만, 그것은 기계의 도입과 함께 전적으로 사라졌다. … 가구공은 선박이 하객을 운반하기 위해 그 일을 자신의 것으로 하고 싶다고 요구하는 것이다. 나는 선박은 한편으로는 화물을 운반하는 것이므로 우리의 주장은 더욱 정당하다고 주장한다. … 말할 필요도 없이 만일 그것이 화물을 위해 장식하는 것이라면, 그것은 단순히 조선공의 일이다."―〈조선공과 가구공의 경계선 연합위원회 의사록〉(Glasgow, 1896).
11) 〈기계 및 조선직 연합회 제6년차 회의 의사 보고〉(Manchester, 1896).

에 틀림없다"고 하면서 "여러 직업 사이의 임의적(Arbitrary) 경계를 전부 폐기하고 … 업무의 분배법을 … 결정하는 것을 … 고용인에게 일임하고, 싸움을 야기하는 이러한 원인을 전적으로 이탈하도록 …" 간단히 제언했다.

앞의 여러 장을 읽은 독자에게는 직업과 직업 사이의 경계의 그러한 폐지에 대한 노동조합의 반대론은 매우 분명할 것이다. 노동자가 공동 일치의 행동에 나서야 하는 경우 —가령 단체교섭을 위해 대표기관이 설정되어야 하는 경우— 각 노동자가 어떤 단체교섭에 의해 구속되는지를 아는 것이 가능하도록, 각 노동조합의 조합원 자격을 분명히 정하는 것이 절대적으로 필요하다.[12] 사실 직업 사이의 분계선이 반드시 변경할 수는 없는 것이라고 해도, 어느 고용인의 단순한 가능한 변덕에 의해 임의로 유린되어서는 안 되는 것은 직업별에 의한 어떤 조직의 조건이다.

그러나 그 이상의 반대도 있다. 만일 개별 고용인이 그가 지금까지의 협정 임금 표준율을 지급한 노동자의 역할을 없애고, 그들의 업무를 어떤 다른 부문의 노동자에게 그가 —필경 그들의 노동조합을 통하여— 더 낮은 가격으로 일을 시킬 수 있는 노동자에게 조금씩 이양하는 것을 관련 노동조합으로부터 어떤 반대도 받지 않고 자유롭게 할 수 있다고 한다면, 더욱 높은 숙련공 노동조합에 대해 표준 임금률을 유지하고자 하는 모든 희망은 끝날 것이다. 노동조합이 그 모든 주장을 포기하지 않는 한, 고용인협회가 승인한 표준 임금률은 서로 적용하고자 하는 모든 종류의 업무에 대하여, 모든 공장에서 지불해야 하는 원칙을 노동조합은 어떤 일이 있어도

---

12) 만일 이러한 단체협약을 법률적으로 강제 시행하고자 하는 데번셔(Devonshire) 공의 제안이 채택되었다면, 이는 지금보다도 더욱 필요했던 것이 분명하다. '단체교섭의 방법'을 참조하라.

유지하여야 한다.

따라서 한편으로 비자발적인 업무 정지의 참을 수 없는 곤혹, 직업 사이의 알력에서 생기는 고뇌와 업무의 '중복'에서 오는 손실로부터 고용인을 보호하면서,[13] 그들 단체의 암묵리의 파괴를 저지하는 하나의 해결책이 발견되어야 한다. 최근 몇 년간의 경험은, 만일 그들이 그 곤란에 대항하고자 한다면, 노동조합 세계의 새로운 구성의 발전과 하나의 새로운 원칙의 채택의 필요를 지시하는 것으로 우리는 생각한다.

오늘날 경계 한정 다툼이 잘 단결한 두 개의 직업 사이에서 생길 때, 더 합리적인 대표의 최초 시도는, 업무의 분배에 관한 상호 협정을 수행하는 것이다. 그리하여 카디프의 보일러 제작공과 기계공 사이의 수많은 다툼은, 지방 지부 사이의 정식 협약에 의해 1891년 평화리에 해결되었다.[14] 그러나 그러한 교섭은 다른 단체교섭과 마찬가지로, 종종 교착 상태로 끝난

---

13) "고용인의 판단에 가장 소중하고, 업무를 저렴하게 하며 진척시키는 방면에서 그의 이익에 현저한 영향을 주는 점은, 어떤 직업도 다른 직업과 소위 '중복'하지 않는 필요성에 의한다. 이는 하나의 직업이 그 미완성 중에 다른 직업에 양도되어야 할 업무에 착수할 때, 그 업무는 각각이 순차로 정당하게 교체되어, 다음 사람이 그 몫을 개시하기 전에 자신의 몫을 완료할 수 있도록, 그리고 최후의 사람이 그 몫을 종료할 때, 그 업무도 완료하도록 분배되어야 한다는 것이다. 이는 그 업무의 수행에 경제와 신속을 보증하고 책임을 정하기 위해 필요한 것이다."

14) 이 협약은 '보일러 제작공 연합 노동조합'의 대표 5명, '기계공 합동 노동조합'의 대표 5명, '증기기관 제작공 노동조합'의 대표 1명, 기계공 소단체의 대표 1명에 의해 서명된 〈카디프, 페나드, 베리 항구 규약〉으로 구체화되었다. 그 서문은 다음과 같았다. "특정한 다툼의 문제를 더욱 명료하게 판단하여 해결할 목적으로, 보일러 제작과 철조선의 기술에 관련된 특수 업무에 대하여 각자의 요구에 관한 '보일러 제작공 연합 노동조합'의 조합원과 위에서 말한 여러 기계공 노동조합의 조합원 사이에 생기는 어떤 종류의 오해에 기인하여, 여기서 우리는 다음의 업무는 위에서 말한 여러 항구에서는 어떤 장애도 없이 각 당사자에 의해 행해져야 하는 것에 동의한다." 세칙은 5페이지에 걸친 전문 사항에 대한 인쇄문으로 구성되고, 어떤 특정 업무를 각각 보일러 제작공과 기계공에게 할당하는 것을 규정하고 있다.

다. 이것이야말로 중재 재판이 특히 적합하다고 생각되는 경우이다. 판정의 기초가 될 수 있는, 양 당사자가 인정하는 유력한 주장은 존재하지 않는다. 그러나 관련된 모든 직업은 원칙적으로 여러 가지 주장이 똑같이 모순되는 예를 승인하고, 따라서 판정은 앞에서 말했듯이, 임의적인 것이 아닐 수 없다. 그러므로 중요한 요건은, 중재자가 양 당사자가 승인하는 것 외의 주장에 의해 움직인다고 의심되어서는 안 된다고 말하는 것이다. 이는 노동조합 자체에 의한 법원 설치의 필요를 지시한다.

우리는 그러한 법원이 우리가 이미 한 번 이상 언급한 '기계 조선 연합회'에서 생겼음을 본다. 최근 7년간, '중복'이나 '침해'에 관한 무수한 사건이 이 법원에서 온건하게 해결되었고, 모든 관련자에게 일반적인 만족을 부여했다. 14개 노동조합의 수뇌 유급 임원들로 구성된 이 연합회의 집행위원회를 경계 싸움의 최고 중재법원으로 변경하는 것은 매우 간단하게 행해진다.[15] 어떤 항구의 보일러 제작공이, 대장공이 자신의 직업을 침해

---

15) 현재의 규약은 다음과 같다.

여러 노동조합 사이의 다툼—이 연합회를 구성하는 모든 노동조합 사이에서 다툼이 생기고 무사히 해결되지 않는 경우, 그러한 다툼은 다툼 관련 당사자에서 선출된 중재법원에 위임해야 한다. 중재 재판의 요구가 있는 경우, 당사자는 가능하다면 상호 협정으로 3명의 공정한 중재인을 선출해야 한다. 만약 이것이 불가능하면, 다툼의 각 당사자는 1명이나 2명의 중재인을 임명해야 하는데, 그들은 노동조합원이어야 한다. 2명이나 4명의 중재인을 심판관에 임명하고, 중재인의 의견이 일치하지 않는 경우, 심판관의 판결은 최종적으로 모든 것을 구속한다. 심판관은 다툼 당사자 중 누구와 충돌할 우려가 있는 직업에서 선출되어서는 안 된다. 중재법원이 중재 위탁의 신청에 의해 1개월 내에 임명되지 않으면, 집행위원회는 사건에 개입하여 사안에 따라 중재인이나 심판관을 임명하는 기능을 갖는다. 법원이 구성된 경우, 회의 장소와 심리 방법 등을 결정해야 한다. 각 당사자는 법원으로부터 별도의 명령이 없는 한, 비용의 반을 지불해야 한다. 연합에 속한 어느 노동조합이 중재법원을 요구한 경우, 그 노동조합의 집행위원회는 서기에게 통고해야 하고, 그 경우 서기는 연합회 규약이 규정하는 바에 따라 1명이나 여러 명의 중재인을 임명할 것을 일방의 관련 당사자에게 통지해야 한다.—〈기계 조선직 연합회 제5년차 회의 의사 보고〉(Manchester, 1895).

한다고 항의하면, 어느 쪽도 업무 정지를 야기할 수 없고, 연합회의 집행 위원회가 하나의 편리한 장소로 모이도록 소집된다. 관련된 2개 직업의 임원들은 그들의 증인을 데려와, 변호사로 일을 한다. 위원회가 모든 사실이 제출되지 않았다고 생각하면, 2명의 위원 —가령 '증기기관 제작공 노동조합'과 '조선공 노동조합'의 위원장— 이 파견되어 다툼을 현지에서 조사하고 고용인과 상의하여, 다음 회의에 보고한 뒤 그곳에서 판정을 내리게 한다. 그리하여 직업 사이의 다툼을 조정하는 10~12명의 경험 있는 노동조합 임원은 그 목적을 위해서는 거의 이상적인 단체를 형성한다. 그들은 개인적인 편견뿐 아니라, 계급적 편견으로부터도 자유롭다. 2인치 반의 철관을 정비하는 것이 기계공에 의해 행해지는지, 배관공에 의해 행해지는지는, 패턴 제조공이나 조선공에게는 어떤 영향도 주지 않는다. 선실의 함(Locker)은 캐비닛 제조공이 준비하고 가구공에 의해 고정되는지, 아니면 어떤 직업이 모든 업무를 처음부터 끝까지 행하는지는, 철판공이나 철주형공과는 무관한 것이다. 직접적으로도, 간접적으로도 판결자는 영구적 해결을 부여하여 사업의 모든 정지를 방지하는 것 외에, 어떤 이익도 갖지 않는다. 이러한 직무에서 그들은 자신이 관계하는 두 개 직업과 동일한 무의식적 전제에 근거하여 출발한다는 사실에 의해 도움을 받는다. '우선권, 지위, 목적'이라는 논의 —고통을 받은 자본가에게, 상처를 받은 노동자에게 법률가의 '공통 고용'의 학설처럼 기괴하고 부적절하게 보이는 것— 는, 양당사자가 되풀이하여 서술하는 것을 그것에 상응하는 만큼 큰 주목을 받는다. 판결자는 공정이나 원료로부터 고용인의 둘러댐이나 노동자의 계략에 이르기까지, 공장의 기술적인 세부 사항에 정통하고 있다. 그들은 실제로, 재판관으로서의 최고 자격, 즉 그들의 지식이나 동정에 대해서만이 아니라, 분쟁점에 관한 그들의 절대적 공평함에 대한 분쟁자의 무한한 신뢰를 충분히 갖는다. 마지막으로 그들의 판정이 법적인 효력을 갖지 못해도, 일정한 은폐된 강제력을 갖는다는 것은, 적지 않은 이익이다. 연합의 구성 단체가 자기가 승인한 판정을 고의로 무시하고, 다른 노동자의 일반적인 보이콧에 의해, 그 조합원이 사실상 고용에서 제외된다는 이유로 처벌을 면하는 것은 불가능하지는 않아도 매우 어려운 일이다.[16)]

그러나 이러한 종류의 법원이 경계 결정 문제에서 고르디우스의 매듭을 끊을 수 있지만, 그 심의와 판정은, 만일 그것이 어떤 일정한 일관된 정책을 묘사할 수 있고, 그 소송자의 승인을 얻어 그 모든 결정이 준수되지 않는다면, 어느 것이나 영구히 신용을 얻을 수 없다. 뿐만 아니라, 그것은 이 정책이 고용인의 이익과 일치하고, 그들이 승인할 수 있는 어떤 전제에 기초를 두지 않는다면, 영구히 산업적 평화를 보장할 수도 없다. 그러한 정책은 '직업에 대한 권리'의 학설에서는 찾을 수 없다. 왜냐하면 이미 새로

---

16) 여기서 우리는 먼저 '노동조합 간의 관계'의 장에서, 이질적인 단체의 연합은 단순한 다수결 규정에 입각한다면 안정되지 않는다는 것을 지적했음을 독자에게 상기시키고자 한다. 중재법원으로서의 '기계 조선직 연합회'의 성공은 전적으로 그 노동조합원 수에 비례하는 대표 선출이라고 하는 생각을, 담백하게 포기한 것에 기인한다는 점을 보는 것은 매우 흥미롭다. 가입한 각 노동조합은 대소를 불문하고, 각각 2명의 대의원을 연차 회의에 보내고, 그 회의는 연합회 집행위원회를 조직하기 위해 각 직업에서 1명씩 —언제나 그 유급 임원— 을 선출한다. '보일러 제작공 연합 노동조합'과 '목수 합동 노동조합'이 '대장공 동맹 노동조합'과 '패턴 제작공 합동 노동조합'의 20배의 대표 선출권 또는 투표권을 주장한다면, 후자의 노동조합은 그들의 상대가 그 정도로 우세한 발언권을 갖는 집행위원회의 결정에 믿음을 두지 않을 것이 분명하다. 불행히도 이 연합이 성공한 하나의 조건이 되는 이러한 평등의 관념이, 종래에는 기계 및 조선업에 관련된 최대의 노동조합 가입에 대한 장애가 된다. 자신의 동료에게 숙련 기계직공의 모든 부문을 포함하는 것을 주장하는 '기계공 합동 노동조합'은, '패턴 제작공 합동 노동조합'이나 '대장공 동맹 노동조합'과 같이 작은 부분적 노동조합과 평등의 조건에 대해 연합하는 것은 자기의 위엄에 관련된다고 생각해왔다. 여기서도 모든 것을 포괄하는 연합의 관념은 노동조합 세계의 효과 있는 조직을 저지해온 것이다.

운 종류의 업무라고 하는 가장 어려운 경우에서 서술했듯이, 쌍방이 동등한 이치로 자신이 정당하다고 주장할 수 있기 때문이다. 문제의 해결은 전혀 다른 방면에서 구해야 한다. 하나의 직업과 하나의 노동조합이라는 범위 안에서 개별 노동자 누구를 고용할 것인가, 어떤 일에 그를 고용할 것인가를 결정하는 사람은 고용인이고, 고용인뿐이라는 것이 일반적으로 인정되고 있다. 각 노동조합이 요구하는 바는, 문제의 특수 업무에 대하여 인정된 표준 임금률이 유지되고, 모든 침해에 대해 보호되어야 한다는 것이다. 만일 같은 생각이 유사한 직업 전부에 부연된다면, 어떤 고용인도 연합 노동조합의 넓은 범위 안에서 그가 그 특수 업무에 대해 협정된 표준 임금률을 지불해야 한다면, 문제의 작업에 대해 자기가 좋아하는 노동자를 고용함에 아무런 구속도 받지 않는 것이 될 것이다. 노동조합의 연합은 하나의 업무가 어느 직업에 속하는지를 결정하고자 헛되게 애쓰는 대신, 사실 고용인의 협회와 협의하여 **어떤 비율로 그 업무가 임금을 받아야 하는지를** 결정하는 것에 몰두하여야 한다.[17]

만일 이러한 단순한 원칙이 —가령 동해안의 대조선소에서— 채택되었다고 한다면, 고용인협회와 '기계 및 조선직 연합회'에 의해 솔직하게 승인되었다고 한다면, 길은 분명히 열릴 것이다. 각 특수 직업의 문제가 없는

---

17) 여기서 제시된 해결책은 1896년, '기계공 합동 노동조합'의 위원장이 된 비상한 수완의 청년에 의해 발표되었다. 기계에 인부를 고용하는 것에 관한 '기계업주 연합회'와의 분쟁에 대해 논의하며 조지 반스(George Barnes) 씨는 다음과 같이 말했다. "우리의 입장에서 본다면, 모든 문제는 참으로 임금 문제이고, 고용인이 숙련 직공으로 하여금 우리의 영역을 침해하게 하는 의지를 철회한다면, 곤란에 대한 상호 만족할 해결은 상공부에 관련된 지방연합위원회에서 찾을 수 있다고 믿는다. 그러한 위원회는 —기계의 종류, 업무의 성질, 지방의 표준 임금률을 정당하게 고려하여— 지급해야 할 임금을 결정하는 것이다. 우리는 이러한 제안을 정당한 형식으로 제출할 것이다." 〈합동기계공 월보〉, 1889년 4월호.

영역 내의 표준 임금률은, 현재와 같이 관련되는 고용인협회와 노동조합 사이의 단체교섭에 의해 결정될 것이다. 그러나 하나의 일이 어떤 직업에 속하는지에 관하여 분쟁이 직접 생기면 ―그것이 고용인과 노동자 사이의 것이든, 임금 노동자의 상이한 부문 사이의 것이든 간에― 그 업무의 임금률에 관한 단체교섭은, 바로 관련된 양 조합의 손에서 벗어나, 유사 직업 전체를 위해 연합회에 의해 인수될 것이다. 따라서 다툼은 고용인협회 대표와 만나 그 **특수 업무에 대한 일정 표준율**을 협의할 연합회 임원에게 위탁될 것이다. 이러한 특수 임금률을 결정함에 있어서, 그들은 같은 지방의 다른 작업과 비교한 경우의 그 업무의 성질을, 유일한 지침으로 삼을 것이다. 정비공과 배관공, 가구공과 조선공 사이의 유명한 다툼처럼 쌍방의 노동자 수입이 실제로 동일하고, 문제의 업무량이 거의 영향을 주지 않는 경우, 연합노동자와 고용인협회의 임원들은 신속하게 하나의 협정률에 도달할 것이다. 인부가 새로운 기계의 운전에 고용한다고 하는 비교적 어려운 경우처럼 임금률이 훨씬 다른 경우, 협정은 비교적 긴 교섭을 요할 것이다. 고용인협회의 대표는 길 위에서 데려온 일반 인부가 할 수 있는 일이기 때문에, 한 시간에 6펜스밖에 값이 나가지 않는다는 증거를 들고자 시도할 것이다. 노동조합 연합의 대표는, 그 업무가 참으로 기계공의 숙련이나 훈련을 요한다는 것, 고용된 그 인부는 우연하게도 예외적 노동자였고, 한 시간에 10펜스라는 기계공의 임금을 받아야 한다는 것을 입증하고자 노력할 것이다. 쌍방의 변호자 ―실제로 다투는 자는 그 극소 부분에 대해 대연합을 대표하는 사람― 는 자기 의뢰인의 전체를 싸움에 몰아넣기보다는 그 특수 업무에 대한 임금률의 일치를 보고자 노력할 것임에 틀림없다. 일단 문제의 작업에 대한 특수 임금률이 유권적으로 결정되면, 개별 고용인은 자기가 바라는 노동자를, 그가 '기계공 합동 노동조합'에 속하든, 비교적 저급인 '기계공 노동자 조합'에 속하든, '노동자 전국 연합'에 속하든 간에, **그 비율로** 고용할 수 있다. 그리하여 문제의 업무에 대한 표준 임금률이 고용인협회와 노동조합 연합 사이의 단체교섭에 의한 결정에 위임되는 한, 어떤 선박 제조업자도 직업 사이의 경우와 마찬가지로, 업무를 하게 하기 위해 자기가 좋아하는 노동자를 선택할 자유가 있다.

노동조합 연합의 경우, 더 큰 문제가 남는다. 즉 가장 완전한 조직을 위해서 그렇게 선택된 노동자는 하나의 노동조합에서 다른 노동조합으로 옮겨가거나, 구조합에 남을 수밖에 없다는 문제이다. 만일 그 업무가 일시적인 것이라고 한다면, 조금도 바꿀 필요는 없을 것이다. 반면, 그가 선택된 목적의 업무가 끊임없이 다른 노동조합의 조합원에 의해 행해지거나, 그것이 그와의 밀접한 접촉을 필요로 한다면 그가 다른 조합으로 옮기는 것은 필경 알력을 피하는 길일 것이다. 그러나 이에는 고용인이 아무런 관계도 없고, 연합회가 결정한 특수한 내부 규정은 다른 모든 경우와 마찬가지로, 최후에는 그 구성원이 결정할 것이다.[18]

이러한 해결책은 북동 연안의 산업 지도자와 같이 조직 노동자의 단체와 절충하는 것에 익숙한 고용인들은 반대하지 않을 것이라고 생각한다.

---

18) 특수한 노동자를 노동조합에서 노동조합으로 이전시키는 경우, 상이한 노동조합 사이에 존재하는 회비율과 수당의 상이로부터 하나의 어려움이 생길 것이다. 이 어려움은 노동자에 대해, 새로운 노동조합이 그에게 그가 떠난 노동조합의 가입 기간의 길이에 준하여 바로 한 사람 몫의 수당을 허용함으로써 쉽게 해결된다. 조합원 이전에 관한 이러한 상호 협정은 동일 직업의 스코틀랜드와 잉글랜드 노동조합 사이 등에 이미 존재하고 있다. 큰 액수의 수당을 부여하는 노동조합이 그러한 조건으로 조합원을 맞는 것에 동의하지 않는다면, 연합회는 경계 한정의 이유에 의해 공식적으로 이전하는 각 노동자에 대해 연합 기금으로부터 그의 새로운 동료가 소유하는 조합원의 한 사람당 축적량에 상당하는 금액을 지급함으로써 쉽게 그 문제를 해결할 수 있다. 그러한 노동조합 사이의 재정적 조정 문제는 노동조합 임원의 실제적 판단에 의해 어렵지 않게 해결될 것이다.

그것은 그들이 오랫동안 동의해온 것 이외에는 어떤 전제도 포함하지 않는다. 문제의 업무에 대한 임금률은, 지금처럼 개별 고용인이나 노동자에 의하지 않고, 고용인협회가 행하는 단체협약에 의해 결정될 것이다. 유일한 상위는 그 단체협약을 단일의 노동조합과 체결하는 것이 아니라, 고용인협회의 임원은 문제의 업무에 관하여 그 지방의 노동조합 전체를 대표하는 임원과 절충해야 한다는 점이다. 고용인들은 그들의 업무가 노동자의 분쟁에 의해 정지되는 화를 면할 것이다. 그리고 그들의 업무를 그들이 최선이라고 생각하는 방법으로 할당하는 자유를 확보할 것이다.

한편, 노동조합 운동가는 표준 임금률을 유지한다는 근본원칙과 모든 단체교섭 기관을 확보할 것이다. 그들은 새로운 기계나 새로운 생산물의 도입을 특수한 정도의 숙련에 대해 종래 지급된 임금률을 저하하고자 하는 구실로 행하는 모든 시도로부터 완전히 보호될 것이다. 한편 그들은 '직업에 대한 권리'라고 하는 진부한 학설을 담담하게 포기해야 하고, 그들은 고용인에 대해 만일 고용인이 여러 업무에 대해 협정된 표준 임금률을 지급한다면, 그 업무를 과거 습관을 무시하고 그가 가장 편리하다고 생각하듯이 그들 사이에 분배하는 완전한 자유를 허용해야 한다. 만일 노동조합이 노동자 사이의 알력을 회피하고, 그들의 조직을 완전하게 하고자 바란다면 그들의 신참자에게 협정 표준율을 얻을 수 있는 능력을 갖도록 요구하는 것 외에 각종 노동조합에의 가입을 제한하고자 하는 모든 생각을 포기해야 한다. 어느 경우에도 앞 장과 그 장에서 분명히 밝혔듯이, 그들은 영국 산업계의 대부분에 걸쳐 대다수 노동조합이 실행할 수 없다고 깨달은 원칙을 포기한 것에 불과하다.

12장
노동조합운동의 함의

앞의 여러 장에서 우리는, 영국 노동조합의 모든 현행의 여러 규제를 조직적으로 분석하고자 시도했다. 이제 우리는 그 방법의 사용에 포함되거나 그 규약의 시행을 원조하는 노동조합 정책의 몇 가지 측면을 적출하고 설명해야 한다.

우리는 상호보험의 방법부터 시작할 것이다. 우리는 이미 노동조합의 공제조합적 측면이 몇 개 산업의 경우를 제외하고, 얼마나 중대한 역할을 하는지, 공통규칙을 강제하는 독립적 방법으로서 그 역할이 없어질 때에도 어떻게 그것이 노동자의 단결에 대해 우연적인 매력과 우연적인 원조를 제공하는지를 서술했다. 노동조합 운동가는 그들 자신의 노력으로 건설한 대규모 보험조합을 자랑하고, 그러한 번영의 계속에 유해하다고 생각되는 기획은 매우 단호한 태도로 반대한다. 이는 노동조합이 그것과 경쟁하는 모든 보험 계획에 대하여 종래 보여준 무거운 암묵리의 반대를 설명해준다. 그것과 경쟁하는 계획이 고용인의 자선조합인 경우, 노동조합 운동가는 다시 많은 이유를 가하여 그것에 반대한다. 이에 대해서는 이 장의 뒤에서 논하기로 한다. 그러나 보험 계획이 산업적 목적과 전혀 무관하고, 정부의 양로연금제도라고 하는 비인격적인 형식을 취하는 경우에도 노동조합 운동가는, 보험료가 그들의 주 단위 수입에서의 공제나 직접 거출 등의 형식에 의해 부과되는 것에 극력 반대한다. 왜냐하면 그것은 노동자에게 노동조합에서 하는 공제조합에의 불입을 주저하게 만들 우려가 있기 때문이다. 1895년의 노년빈민위원회의 브로드허스트 씨의 소수자 보고에서 그 감정을 분명히 볼 수 있다. "나의 의견으로는, 노동 계급의 증인에 의한 증언은 지방세나 조세 외의 방법에 의한 보험료를 포함하는 어떤 계획도 각 계급의 임금 노동자로부터 많은 반대를 받고 있음을 보여준다. 노동 계급이 많은 은혜를 입고 있는 공제조합이나 노동조합이, 정부의 모든 권력을 배경으로 하는 거대한 경쟁적 보험조합의 설립을 상당히 불안한 눈으로 보는 것은 당연하다. 수입이 없는 수백만의 가족으로부터 보험료를 징수하는 것은, 이미 매우 어려운 일임이 밝혀졌고, 그 어려움은 불경기나 다른 화가 닥칠 때마다 더욱 커진다. 임금 노동자로부터 얻을 수 있는 만큼의 가입을 얻고자 하는 경쟁에 국가가 가담하는 것은, 영국 내의 조합원이나 피보험자가 전부 약 1100만 명에서 1200만 명에 이르는 공제조합, 노동조합, 간이보험회사의 모든 곤란을 증대할 것임에 틀림없다. 이에 반하여 개인적인 보험료 없이 공공 기금에서 연금을 주고자 하는 찰스 부스 씨의 제안은 노동조합과 공제조합 양자로부터 충심으로 지지를 받을 것이다."[1]

---

1) 〈왕립 빈곤노인 위원회 보고〉(1895)에서 헨리 브로드허스트(Henry Broadhurst, 석공 공제 조합) 씨의 소수파 보고. 같은 책, 99쪽.

어디에서나 노동조합은 공제조합과 제휴한다. 그러나 이 두 가지 단결 형식의 법적 지위를 정하는 단계가 되면, 그것들은 바로 결별한다. 하나의 정해진 직능에 자신을 엄격하게 한정하는 공제조합은 그 규약의 등록과 그 회계 서류의 제출에 의해, 그 조합원과 국외자와 강제로 계약을 체결하게 하고, 그 단체적 자격에서 제소하거나 제소를 당하는 법인이 되는 특권을 얻는다. 그러나 그러한 완전한 공인은 대규모의 노동조합에는 적합하지 않다. 그들도 역시 어느 정도의 법인격은, 모든 조합원으로부터 획일적으로 징수되는 금전이, 이를 맡는 사람에 의해 횡령되지 않고, 게다가 처벌을 받지 않기 위해 이를 가질 필요가 있다. 그러나 노동조합의 모든 공제조합적 사무는 이미 '상호보험의 방법' 장에서 서술했듯이, 그 조합원을 위해 더욱 좋은 고용조건을 확보한다고 하는 중요한 직능에 엄격하게 종속되는 우연적 부산물에 불과하다. 이러한 더욱 좋은 조건을 추구하기 위해 노동조합은, 어떤 위기에서도 그 기금의 마지막 1펜스까지도 싸움에 사용할 자유가 있어야 한다. 따라서 만일 대다수 조합원이 일시적으로 현금을 다른 목적에 사용하고자 희망한다면, 노동조합은 그 각종 수당의 전부, 또는 그 어느 것을 유지하고자 하지 않는다. 뿐만 아니라, '단체교섭의 방법' 장에서 설명했듯이, 대다수 조합원의 결의는 개개의 반대자에게도 강제되어야 하는 것이, 노동조합 행동의 본질적 조건이다. 어떤 조합원이 자기가 가입한 노동조합의 규약에 현저히 위반한 행동을 계속 한다면, 그 규약이 공제조합적 수당에 관한 경우이든 아니든 간에, 그는 결국 제명 처분

이러한 반대는 당연히, 강력한 노동공제조합의 조합원 중에서 가장 현저하다. 그 노동조합 운동에서 공제적 수당을 사실상 사용하지 않는 광부들은, 자진하여 상시 구제 기금의 설치를 언제나 기쁜 마음으로 나타내왔고, 고용인과 노동자의 공동 모금으로 형성된 이 기금에 의해 일정 광구 내의 재해에 의한 피해자에게 지급 수당을 주고 있다.

을 받고, 장래에 받아야 할 수당에 대한 모든 요구권도 상실하지 않을 수 없다. 따라서 만일 노동조합이 특수한 수당을 지불해야 할 법률상 의무가 있는 계약을 체결하거나, 또는 이의가 있는 조합원이 동료의 결의에 대항해 냉정하게 법원에 불복을 호소할 수 있다면, 노동조합의 활동은 치명적인 방해를 받는다. 그러나 불만을 갖는 조합원의 이러한 적대적인 행동이 완전히 위험하지는 않다. 영업의 자유를 제한하는 결사는 더 이상 형사상 범죄가 되지 않지만, 뒤에서 설명하듯이 손해에 대한 민사소송의 이유가 될 수는 있다. 비방이나 공모에 관한 법률의 불특정 내지 변칙의 상태는 성가신 소송에 대해 널리 문호를 개방하고 있다. 이미 노동조합의 대표나 임원은, 만일 그를 통하여 노동조합의 행동이 손실이나 손해를 야기한 경우, 언제나 고용인이나 비조합원 노동자로부터 제소당할 우려가 있다. 만일 노동조합이 법인의 자격으로 제소될 수 있다고 하면, 그 조합원은 그들이 질병이나 장례수당을 얻기 위해 모은 기금이, 파업의 공갈에 의해, 또는 사려 없는 지부 서기의 비방에 의해, 또는 피켓의 오만에 의해 고통을 당한 고용인의 제소로 압류될 수 있을 것이다. 그리하여 완전한 법인격은 개개의 조합원을 그의 대다수 동료로부터 보호할 수 있지만, 그것은 질병이나 노년을 위한 그의 저축을 고용인의 손해배상 요구에 좌우하게 할 것이다. 노동조합운동의 공제조합적 방면의 불완전성은, 사실 직업상의 목적과 공제적인 목적의 결합에 내재하고, 노동조합을 완전한 법인으로 하는 것은, 공제적 수당을 위해 모은 기금이 결국 그러한 요구를 충족하기 위해 사용할 가능성을 증가시키기보다 사실상 적어질 것이다.

이러한 고찰은 1868년에서 1871년까지 노동조합운동이 그들의 노동조합을 위해 성취한 일종의 독특한 법률적 지위를 설명해준다. 1871년의 노동조합법은 정당하게 등록된 노동조합에 대하여 그 재산의 보호에 관한 한, 공제조합과 동일한 지위를 부여하고, 나아가 노동조합은 그 자체와 조합원 사이에, 또는 고용인협회와 다른 노동조합이 체결한 협약에 관하여 제소할 수 없고, 제소될 수도 없음을 분명히 규정하고 있다. 노동조합은 사실, 그들의 기금을 절도나 횡령으로부터 보호한다는 한정된 목적 이상으로는 법인격을 부여받지 못한다. 따라서 노동위원회의 다수파 보고를 인용하면, 그들은 "법률상의 단체적 책임 없이 단체적 행동을 할 수 있다고 하는 변태적 지위에 있다."[2] 이러한 기묘한 지위를 노동조합 운동가는 유지하고자 희망한다. 노동위원회에 있는 노동조합 측의 소수는 "노동조합은 그 임원이나 대표의 행동에 불평을 품는 자에 의해 제소될 수 있는 것이 바람직하다는 제안을 지지하는 것을 단호히 거부했다. 때로는 25만 프랑에 이르는 적립기금을 갖는 거대한 전국적 합동 노동조합으로 하여금, 어느 지부의 서기나 대표의 행동으로 인해 어느 고용인이나 부당한 조합원이나 비조합으로부터 손해배상 청구 소송의 피고가 되게 하는 것은 엄청난 불의일 것이다. 만일 모든 노동조합이 개별 조합원의 행위로 인해 언제나 소송에 의해 고뇌해야 한다면, 또 만일 노동조합의 기금이 손해배상이나 벌금이 아니라 변호사에 대한 사례나 소송 비용으로 탕진된다고 한다면, 노동조합운동은 가장 유복하고 경험 있는 직인 이외의 사람에게는 불가능해질 것이다. 노동조합이 현재 가지고 있는 법원의 간섭을 받지 않는 이 자유는 —법률가에게는 이상하게 보일지 모르지만— 오랜 싸움과 의회 방면의 운동을 거쳐 1871년, 마침내 법률이 되었다. 이처럼 얻기 어려운 노동조합의 자유의 헌장을 전복하고자 하는 시도, 또는 어떤 방법으로 그들의 노동조합의 순수하게 임의적인 성질에 간섭을 가하고자 하는

---

2) 〈왕립노동위원회 제5 최종 보고〉(1894) 제149절, 54쪽.

시도는, 우리의 의견에 의하면, 노동조합 운동가 전체의 가장 맹렬한 반대를 초래할 수 있고, 어떤 점에서 보아도 바람직한 것은 아니라고 생각한다."[3]

이제 단체교섭의 방법으로 옮겨가면, 무엇보다도 먼저 주목할 점은 그것이 "영업의 자유를 제한하는" 결사에 대한 모든 법률상 금지의 철폐를 의미한다는 것이다. 직업상의 결사가 형법상 범죄였던 동안, 단체교섭의 방법은 고용인에게도 노동자에게도 열리지 않았고, 노동조합 운동가는 그들이 입법을 확보할 수 없었던 시기에는 상호보험의 방법에 근거하여 그들 사이의 비밀 계약에 의존하는 것 외에 다른 방법이 없었다. 결사의 자유는 형법에 관한 한, 지금 명백하게 인정되고 있지만, 심지어 영국에서도 민사상 책임에 대해 노동조합 운동가에게 여전히 투쟁을 요하는 징후가 나타나고 있는 것은 단체교섭의 법률상 지위에 관한 이 책의 부록에서 분명하게 밝혀질 것이다. 만일 최근의 여러 판결을 지지한다면, 고용인은 자기의 조합원을 거래의 보통 기술을 사용하거나, 회사의 노동자에게 고용인의 조건을 거절하도록 권고하기에 그치는 노동조합 임원에 대하여, 중대한 손해배상의 소를 제기할 수 있을 것이다. 파업이 일어날 때마다 영장을 발부하고, 파산 절차로 끝나게 될 것이다. 그리고 노동조합 집행부는 그들이 그 성가신 박해에 폭로되는 것을 발견하고, 다시 비밀결사가 될 것이다. 따라서 만일 단체교섭이 노동조합운동의 한 가지 방법으로 잔존해야 한다면, 의회는 1871~1875년 사업을 완성해야 하고, 재판관에 대해서는, 노동분쟁 시에 노동자의 단결에 의해, 또는 단결의 명령에 따라 이루어진 경우에는 아무것도 기소되지 않는다는 것은, 동료의 행위가 상인의 조합에 의

---

3) 같은 책, 146쪽.

해 그 사업의 일부로서, 또는 그 개인적 이익을 추구하기 위해 행해지는 경우 기소되지 않는다는 것과 전적으로 동일하여야 한다는 것을 확실히 가르쳐주어야 할 것이다.

그러나 노동자의 계약의 자유는, 나아가 결사의 자유는, 이미 우리가 보았듯이, 그가 누구와 그의 노동으로 결합함을 허락한다고 약정하는 자유를 당연히 포함한다. 비조합원이 고용되어 있는 공장에 고용되는 것을 거부하는 자유는, 노섬벌랜드 광부와 랭커서 면사방적공과 같이 단결이 지극히 강한 직업에서는 결국 강제적 노동조합주의와 같은 것이다. 그리고 단체교섭이 영국 북부의 제강업이나 노섬벌랜드 및 더럼 광부의 연합회의 또는 연합위원회와 같은 정식의 기관에 의해, 또는 보일러 제작공, 수제지공, 제화공장공의 임금, 기타 조건을 규정하는 전국적 협약에 의해 완성되는 경우에, 단체적 규정은 사실상 모든 직업을 구속하게 된다. 개인에 대한 강제는 그것이 비인격적이고 평화적이며 전체적으로 멋진 형식을 채택하기 때문에 그 진실함과 유효함을 소멸시키지 않는다는 것은 거의 말할 필요도 없다. '보일러 제작공 연합 노동조합'의 조합원이 아니라는 이유로 북동 연안의 모든 조선업자로부터 고용을 정중하게 거부당한 철판공이나 못공은, 마치 조합원이라는 것이 새로운 공장법에 의해 법률상의 고용조건이 되는 것처럼, 철저하게 노동조합 가입을 강제당한다.

그리하여 단체교섭은 그것이 충분히 발달한 경우, 강제적 노동조합주의를 의미한다. 데번셔 공(Duke of Devonshire)이나 그의 노동위원회의 동료 중 가장 유명한 사람들이 노동조합으로 하여금 그들의 노동조합 전체를 위해 법률적 구속력이 있는 단체협약을 체결하라는 제안을 하기에 이른 것은 그 사실을 인정한 탓이다. 영국 북부 지방의 대고용인들은 그들의 매우 잘 조직된 산업에서 그들이 노동조합에 대항하여 이용할 수 있는 비조합원 소수파는 실제로 존재하지 않고, 따라서 노동조합의 임원은 사실상 모든 노동자를 대표하는 것임을 알게 된다. 한편, 개별 지부나 조합원이 단체협약이 성립되면 이를 충실히 준수한다는 어떤 보증도 없다. 따라서 하나의 단체협약이 하나의 노동조합과 하나의 고용인협회 사이에서 체결되었을 때, 그러한 단체는 그 단체적 자격에서 그들의 조합원에 의한 위반에서 오는 손해에 대한 책임을 져야 하고, 그 대신 한편으로 그 단체협약을 위반한 개인으로부터 손해를 회복하는 권리를 가져야 한다는 제안이, 위원회의 대고용인 5명에 의해 행해졌다.[4] 앞에서 보았듯이 이 제안은 노동조합의 엄청난 반대를 받았다. 왜냐하면 그것은 우연히 노동조합에 대해 법인격을 부여한 것이지만, 그 법인격은 노동조합으로 하여금, 노동조합에 불만이 있는 조합원이나 불평하는 국외자로부터 제소당할 우려가 있기 때문이었다. 그러나 노동조합의 지위에 대한 그러한 중대한 변화는, 데번셔 공의 제안에는 필요하지 않았다. 노동조합은 고용인협회와 체결한 단체협약에 대해서만, 그리고 그러한 단체협약에 특정된 일정한 벌금을 얻기

---

4) 〈보고에 첨부된 여러 의견〉, 115~119쪽을 참조하라.
데번셔 경(그 자신이 많은 산업적 사업의 고용인)에 의해서만이 아니라, 달링턴의 데이비드 데일 경(David Dale of Darlington, 제철업자 겸 탄광주), 토머스 이스메이(Thomas Ismay, 선주), 조지 리브세이(George Livesey, 가스회사 임원), 윌리엄 턴스틸(William Tunstill, 철도회사 임원) 씨에 의해 서명되었다. 그들은 또한 마이클 힉스-비치 경(Michael Hicks-Beach), 레너드 커트니(Leonard Courtney), 프레더릭 폴록(Frederick Pollock) 씨의 도움을 받았다. 그 제안은 여러 번 〈타임스〉에 의해 지지되었다. 그리하여 1897년 6월 10일 사설에서 〈타임스〉지는 노동조합의 발달에 대해 다음과 같이 썼다. "현재, 모든 노동조합이 한때 고통을 당한 법률적 무능이라고 하는 가장 중대한 것에서는 해방되었으나, 아직도 노동조합은 전혀 참된 단체적 존재를 갖지 못한다. 즉, 그들은 강제할 수 있는 계약을 체결할 수도 없고, 대체로 말하자면, 그들은 그 조합원을 전혀 구속할 수 없다. 노동위원회에서의 느린 변론의 흐름 중에서 나타난 소수의 실제적 제안의 하나는, 이를 반드시 바꾸어야 한다는 제안 —위원회에서 가장 진지한 몇 위원이 찬성한— 이었다."

위해서만 제소된다는 취지가 규정된다면 그의 목적은 달성되었을 것이다. 만일 노동조합이, 앞서 생각되듯이, 범칙의 조합원으로부터 벌금을 회복한다는 권리가 이에 대응하여 주어지고, 고용인협회도 그 대신 특정한 고용인의 범칙에 대해 노동조합에 대해 책임을 지게 된다면, 이처럼 일정한 제한이 있는 책임에 대해 노동조합은 반대할 필요가 없다.

데번서 경과 그 동료들이 제안한 단체협약의 법률적 강행은, 물론 노동조합운동의 한 가지 방법인 단체교섭의 사용을 크게 촉진할 것이다. 그러한 중대한 변경이 제안된 것은, 사실 개별 고용인과 개별 노동자 사이의 협정을 대신하는 노동조합 사이의 협정 ―위원들이 '전체적으로 보아 공중의 이익과 일치한다'고 인정한 것― 을 쉽게 한다는 견해임이 틀림없다. 그것이 "임금률, 노동시간, 도제 규약, 노동의 한계, 이윤 분배 및 연합보험 계획에 관한 협정의 어떤 일정 기간의 더욱 충실한 준수를 초래하는" 것에는, 노동조합 운동가도 모두 일치할 것이다. 가장 잘 조직된 산업 이외의 모든 것에서 노동자의 난관은, 더욱 좋은 조건을 획득하기보다도 그러한 조건을 준수하는 것이다. 빵제조공, 전차 노동자, 부두 노동자와 모든 부문의 여성 노동자와 같이 너무나도 가혹하게 압박을 받는 직업은, 감정적인 파업과 여론의 후원에 힘입어 더욱 좋은 고용조건을 약속하는 협정을 확보하는 경우가 적다. 그러나 협정이 조인된 다음날, 그것은 붕괴하기 시작한다. 고용인들은 계속 그것을 자기 식으로 '해석하고', 그의 공장 노동자는 더 이상 파업의 흥분을 유지하지 못하고, 지금 무슨 일이 생기고 있는지를 종종 이해하지 못하고, 현실의 해고로 위협받지 않아도 직장을 잃는 두려움으로 고용인에게 복종하게 된다. 만일 노동조합이 그러한 고용인을 상대로 하여 단체협약 위반을 이유로 한 손해배상을 청구하는 소송을 제기할 수 있다면, 그 조건은 당분간 실제 국가법의 일부가 될 것이다. 고도로 조직된 직업은 그들 자신의 조합원 사이에 더욱 좋은 훈련을 시행함으로써 이익을 볼 것이다. 여하튼 단체협약이 만료할 때까지는 협약에 위반한 소수자가 다수자의 불만을 살 뿐만 아니라, 법원에 제소된다는 모든 두려움에 직면하는 것을 볼 수 있을 것이다.[5] 따라서 그러한 조정은 전체로서의 노동조합의 세력을 크게 증대하고, 모든 산업 중에서 면공이 이미 향유하고 있는 전문적인 공무원 노동조합을 발달시키는 데 크게 공헌할 것이다. 단체교섭의 강제적 성질에 이처럼 나아가는 것이, 대고용인에 대한 것과 마찬가지로 소비자에 대해서도 아무런 해가 있는지 없는지, 또는 의원 제럴드 밸포어(Gerald Balfour) 씨가 말했듯이 데번셔 공의 '직업의 임의 협정에 의한 사회주의'(Socialism by Trade Option)가 사회에 수립해야 할 안전한 종류의 사회주의인지 여부는 경제학자와 정치인에게 흥미로운 연구 주제이다.

법률 제정의 방법은 그 특유의 의미를 갖는다. 따라서 우리는 정치적 당파 싸움에서 노동조합 운동가가 갖는 역할이라는 보다 광범위한 문제를 다루어야 한다. 우리는 이미 상호보험과 단체교섭이 노동조합의 법률상 지위에 어떻게 좌우되는지를 설명했다. 단결의 자유, 노동조합 기금에 대한 보호 및 파업의 자유는, 정치적 투쟁 없이 확보되지 못했다. 그 정치적 투쟁에서 노동조합 운동가는 입법부를 움직일 수 있는 모든 수단을 강구해야 했다. 그러나 이러한 문제는 정당 정책의 범위 밖에 있는 일정한 법률적 개정을 포함하는 것에 불과했다. 그리고 이러한 문제는 일단 의회가 설

5) 만일 노동조합이 일정 기간 단체협약을 준수할 의무를 지게 되면, 그 노동조합의 조합원은 그 기간 중, 여하튼 단체협약의 준수와 그 비용 부담에 관해서는 탈퇴하는 것을 허용하지 않는 것이 분명하다. 그리하여 노동조합원 자격은 실제로, 일반적으로 강제적일 뿐 아니라, 오랫동안 변경되기 어렵다. 고용인협회에 대해서도 마찬가지로 말할 수 있다.

득을 당하면 결국은 해결되는 것이었다. 법률 제정의 방법에 관련하여 비로소, 노동조합은 노동조합으로서 하원에서 영구적인 세력을 얻을 필요를 발견한다. 매년 노동자의 어떤 부문은, 공장이나 광산, 철도나 해운에 관한 법률의 수정 형식으로 새로운 규제를 법률로 만들 것을 요구한다. 이러한 법률의 시행은 부단한 감독을 요하고, 그 감독은 하원에 의해서만 유효하게 행해진다. 그리고 중앙이든 지방이든 간에, 산업의 공공 관리의 발달과 함께, 노동조합은 자신을 국가적이거나 지방자치체적인 노동의 고용인에 의한 표준 조건의 엄수를 확보하는 지위에 두는 것을 필수라고 생각하게 된다.

따라서 노동조합 운동가가 완전한 선거권을 얻어야 한다는 것은 본질적으로 정치적인 필요였다. 1831년부터 1884년까지, 노동조합의 깃발은 언제나 의회 개혁을 위한 대규모 시위운동으로 나타났다. 노동조합운동의 모든 힘은 무기명 투표, 종교 선서 및 재산 자격의 철폐, 의회와 지방자치단체에서 노동조합의 의견 표명을 쉽게 하는 모든 것에 향해졌다. 그리하여 자유당은 선거권 확장에 노력하고, 보수당은 1867년 회기 중 몇 달을 제외하면 개혁에 격렬하게 반대한 시대, 즉 1860년부터 1885년까지 자유당의 지도자는 노동조합 운동가의 대다수가 자기편임을 기대할 수 있었다. 이러한 시기에는 유명한 노동조합 임원들이 자유당의 급진파에 속했다.[6]

6) 1871년부터 1874년 사이의 감정의 격변은, 당시의 자유당 내각이 노동조합운동의 형법적 압박에 대하여 믿을 수 없을 정도의 완고한 행태에서 생긴 것이지만, 그 결과는 이미 『노동조합운동의 역사』(256~280쪽)에서 설명했듯이 결속적 반항, 독립의 입후보가 되었고, 노동조합의 요구에 충분히 동의한 진보적 보수당에게 투표 일부를 이양하게 되었다. 1874~1875년의 인기 있는 보수당 입법(노동조합 및 '공장(여성 보건)법')은 종래 노동조합이 요구해온 것을 상당히 구체화한 것으로, 다수 노동자로 하여금, 특히 랭커셔에서 자유당

그러나 자유당과의 이러한 제휴는 오로지 일시적이었음이 판명되었다. 선거법 개정의 완성은 1885년 이래 후퇴했다. 자유당 지도자들은 노동조합이 요구하는 성년 보통선거, 세비의 지급 및 선거 비용의 지급에 대해 실제로 반대하지 않았어도, 냉담했기 때문이다. 한편 선거 등록 개정을 행하고자 하는 온정적인 정부 측 제안은 어떤 열정도 환기하지 못했다. 따라서 노동조합의 정책은 새로운 국면에 접어들었다. 노동조합 운동가는 선거권을 확보했기 때문에, 이제 이를 이용하여 그들의 공통규칙 중 여론의 지지를 얻는 희망을 법률 제정에 의해 강행하고자 희망한다. 여기서 그들은 자신이 서로 반대되는 양 정당의 주장에 거의 똑같이 기울어져 있음을 발견한다. 과거의 업적으로부터 판단해보면, 보수당은 산업의 법률적 규제에 대해 자유당보다 동정적이다. 한편 1897년의 노동자 배상법은 노동조합 운동가로 하여금 보수당에 대해 새로운 빚을 지게 했다. 한편, 지금 자유당의 집산주의파는, '맨체스터주의'로부터의 개종 선언과 장래 입법에 대한 커다란 약속에 의해, 노동조합의 특별한 인기를 얻기 시작하고 있다. 양파의 지도자들은 집단적 규제의 원칙에 대해 명백히 반대한다. 그리고 요크셔 광부나 랭커셔 면사방적공이 윌리엄 하코트(William Harcourt) 경과 존 몰리(John Morley) 씨가 밸포어(Balfour) 씨와 체임벌린(Chamberlain) 씨보다도 그들의 의견에 더 접근하고 있는지 의심하는 것에도 무리가 없다. 그동안 노동자의 투표 확보를 위해 도덕과 경쟁을 강조하는 제3당이 나타났다. 사회주의 후보자는 노동조합 운동가에게 모든 고용조건의 조직적이고

과의 제휴를 끊게 했다. 그러나 선거권의 확장에 대한 열망은 너무나 치열하여 지도자들은 심지어 랭커셔에서의 자유당과의 반목을 그치고, 1884~1885년의 개정안이 안전하게 통과하여 법률이 되었고, 이를 행동과 함께했을 정도였다.

완전한 규제를 약속하기를 주저하지 않는다. 그러나 그들은 필요한 정확한 규제에 관한 전문적 지식의 서글픈 결여를 보여주고 있고, 그들의 제안을 '생산, 분배, 교환의 여러 수단의 국유화'에 관한 혁명적 표어 —노동조합 운동가의 다수가 이해도 못하는 것— 와 혼동하고 있다. 따라서 이 모든 법률 제정의 수단에 대한 노동조합원의 거의 모든 부문이 갖는 강력한 희망은, 현재 일반의 정책에 커다란 효과를 올리지 못하고 있다. 그들의 선거권 요구와 달리, 그것은 당분간 노동조합 운동가로서 그들을 어떤 정당과도 결부시키지 않는다. 그러나 그중에는 그들은 당파에 관계없이, 그들과 함께 공통규칙의 효험을 믿고, 각 직업이 종종 확실하게 요구하는 것과 같은 법률적 규제에 대한 제안을 법률로 만드는 전문 지식과 의지와 의회 세력을 가지고 있는 것을 그들에게 알려주는 정당 지도자에게 강력하고 영구적으로 야기하리라고 말하는 것이 포함된다.

만일 지금 우리가 노동조합운동의 여러 방법을 두고 그 규제에 눈을 돌리면, 그것들도 역시 그 자체의 함의를 갖는 것과, 노동조합 운동가는 일종의 산업적 형식에 대해 그것이 노동조합의 진보에 유해하다고 생각되는지 아닌지에 따라 반대하거나 승인하는 것을 볼 수 있을 것이다. 이러한 함의 중 가장 중요한 것이 '가정 업무', 즉 고용인에 의해 설치된 공장이나 작업장 이외의 장소에서 행해지기 때문에 나타나는 업무에 대한 노동조합의 강경한 반대이다.[7] '외부 노동'이 현저히 행해지는 모든 산업에서 지난

---

7) 이러한 항목 아래에 우리는 육체노동자가 그 고용인이 설비하고 통제하는 공장이나 작업장 밖에서 그 업무를 하는 모든 틀을 포함한다. '가정 업무'라는 용어는 공장 노동자가 공장 시간이 종료된 뒤, 집에 가지고 돌아가는 업무만을 지칭하기 위해 사용되는 경우도 종종 있다(마거릿 H. 어윈, 『여성의 가정 업무(*Home Work amongst Women*)』(Glasgow, 1895)를 참조하라). 한편 '외부 노동자'(Outworker)는 자신의 가정에서 노동하는 것이 아니라, (셰필드에서처럼) '임대 공장'에서 빌린 '수레바퀴'나 '물통'으로 일하거나, (스코틀랜

50년간 서서히 늘어난 그 반대는 최근에 와서 하나의 십자군과 같은 운동이 되었다. '제화공 전국 노동조합'[8]과 '스코틀랜드 재봉공 노동조합'은 지금 가정 업무의 전폐를 그들의 강령 머리에 규정하고 있다. '영국 재봉공 노동조합'은 가정 노동자도 포함하지만, 거의 마찬가지로 강경하다. 그 위원장은 다음과 같이 말한다. 즉 "만일 이러한 저주를 완전히 박멸할 수 없다고 한다면, 적어도 그 발전을 저지할 수는 있다. 그리고 종래 그것이 알려지지 않았던 곳에 이 제도가 수입되는 약간의 징후라도 있는 경우라면 어디에서나, 일순간이라도 묵인하지 않고 최상의 노력으로 그 도입에 반대하고, 그것이 현존하는 모든 장소에서 우리의 힘이 미치는 한 그 박멸에 노력하는 것이 우리의 의무이다."[9]

가정 업무에 대한 이러한 극렬한 반대는, 임금 노동자 생활의 현재 상태에 소원한 사람들에게는 놀랍게 보인다. 노동조합이 구제하고자 하는 중요한 불만의 하나는, 앞에서 말했듯이 아무런 규제가 없는 산업에서 고용인이 그의 공장의 개폐 시간, 그의 노동자에게 부여하는 식사 시간과 휴일, 그들 업무의 속도와 계속 시간, 그리고 야만적인 직공장과 함께 난폭한 개인적 폭력이 되기 쉬운 많은 소소한 규정을 결정하는 독재적 태도이다. 가정에서 일하는 남녀는 모두 이러한 일에서 외견상 제외되어 있다. 그러한 일이 일단 고용인의 창고에서 제외되면 노동자는 직공장의 부단한

드의 수제화공에서 종종 보듯이) 일단의 노동자나 노동조합 자체가 빌린 협동 공장에서 일하는 경우도 있다.

8) '제화공 전국 노동조합'은 그 목적 중에 "건강하고 상당한 직업장의 설비, 즉 고용인이 방, 연마기, 부착품, 화로, 가스를 무료로 제공할 것"을 높이 외치고 있다. 〈'제화공 전국 노동조합' 규약〉(Leister, 1892).

9) 〈1891년 8월, 리버풀에서 열린 '재봉공 합동 노동조합' 제14회 대의원회 보고〉(Manchester, 1891), 〈위원장의 회의보고〉, 17쪽.

감시와 전횡적인 간섭을 받지 않고 자신이 좋아하는 시간과 장소와 방법으로 그것을 행할 자유를 갖게 된다. 가정 업무는 박애가에게는 일종의 감상적인 매력이 있다. 거기에는 어떤 가정생활의 파괴도 없다. 부부는 서로 공통의 일을 할 수 있고, 유아는 주위에서 놀고, 학교에 가는 아동은 아버지의 눈앞에서 수업의 예습을 할 수 있다. 독단적인 공장의 종소리가 아내와 어머니를 그 가정이나 가사로부터 부르는 일도 없다. 식사 준비, 아이 돌보기, 소년 견습의 교육—이 모든 것이 서로, 그리고 의복과 식료를 위한 일과 멋지게 조합된다. 가정의 모든 구성원의 일이 각각의 능력에 맞추어 주어지고, 심지어 화로가의 늙은 조부나 반공휴일의 학교에 다녀온 딸도 유용하게 사용된다. 질병이 생기면, 가족 일원이 다른 사람을 간호하고, 그동안 생계비를 계속 벌게 된다. 가정에서 일하는 이러한 관습은 실제로 모든 가능한 이익을 결합한 것처럼 보인다. 거기에는 개인적 자유와 가정적 축복에 더하여 시간의 최대 경제와 능력의 최고 이용이 있다.[10]

불행히도 가정 노동자 생활에서의 실제는 이러한 공상적 묘사와 전혀 일치하지 않는다. 일을 가정에 가지고 가는 것은, 어느 제화공의 말을 빌리면 "가정을 비참하게 만드는 것"이다.[11] 고등 교육을 받고 교양 있는 신문기자나 변호사나 은행가나 주식 중개인은 그 모든 직업적 업무를 사랑하는 아내의 눈앞에서, 귀여운 자녀가 노는 가운데 즐겁게 행하는 것을 상상할 수 있다. 그러나 요리나 세탁은 말할 것도 없이 심지어 일이나 수면도 동일한 방에서 하는 것도 그는 결코 좋아하지 않을 것이다. 유산 계급

---

10) 쿠노 프랑켄슈타인(Kuno Frankenstein), 『노동자 보호(*Der Arbeiterschutz*)』(Leipzig, 1896).

11) 〈'제화공 전국 노동조합' 월보〉, 1891년 3월호.

의 가정 업무 찬양자는, 보통의 도시 임금 노동자의 '가정'이 하나 또는 많아도 두 개의 작은 방으로 이루어지는 것이나, 그의 일이 펜과 잉크로 행해지지 않고, 가죽, 직포, 모피, 뜨거운 금속, 풀, 그리고 먼지나 냄새나 악취를 포함하는 다른 여러 물질로 행해지는 것을 잊고 있다. 건강과 유쾌함을 파괴하는 온도나 기압의 상태, 조밀과 무질서를 감수하지 않고 가정의 거실을 공장으로 사용하기란 불가능하다. 이 모든 상태는, 작업장 가정을 부모와 아동에게 똑같이 지극히 혐오스럽게 하고, 거기에서 벗어나고자 하는 모든 기회가 추구된다. 즉 남자는 술집으로, 여성은 이웃과의 잡담으로, 아이들은 길거리로 간다.[12] 따라서 가정의 순결을 유지하고 가정적 미덕을 조장하는 것이 아니라, 가장 경험 있는 관찰자는 지금 가정생활과 개

---

12) 매우 특례적인 성격의 사람들의 눈에 가정 업무가 어떻게 비치는지를 약간 보여주는 것이 프랜시스 플레이스의 자서전에서 인용하는 다음 구절에서 찾아진다(『노동조합운동의 역사』, 제2장을 참조하라). "남편이 노동하는 그 방에 부부가 동거하는 결과는 모든 점에서 그들에게 유해하다. 따라서 나는 모든 일용 노동자, 직인, 기타 노동자에게 권고하면서 부언한다. … 아무리 협소하고, 그들의 노동 장소라는 점에서 보아 아무리 불편한 위치에 있어도, 두 개의 방을 유지하기 위해서는 모든 희생을 지불해야 한다. 그들의 작업장에서 두 개의 방을 갖는 그 주거에 1마일이나 심지어 2마일이라도 왕복해야 하는 쪽이, 하나의 방에서 바로 그 업무에 접근하여 거주하는 것보다 훨씬 낫다. … 깨끗한 하나의 방은, 설령 그것이 찬방처럼 좁고, 가구가 아무리 적다고 해도 그 도덕적 결과에서는 아무도 상상하지 않았다고 생각될 정도로 중요하다. 우리가 지금까지 살아온 방은 빵가게의 앞방이었다. 그 집에는 전면에 세 개의 창이 있었다. 즉 방에 두 개, 방 끝의 찬방에 하나였다. 이 찬방에서 나는 일을 했다. 그것은 우리에게 엄청난 편의였다. 그것은 아내가 그 방을 깨끗하게 유지하게 했다. 또 그것은 도덕적 효과에서도 이로웠다. 아이들을 돌보는 것은 지금까지와 같이 언제나 나의 면전에서 행해지지 않았다. 나는 불을 피우거나 방을 청소하거나 옷을 세탁하거나 다리거나 요리하는 것을 보지 않게 되었다. 우리는 너무나 자주 몸에 익어서 젖거나 습기 찬 바닥에서, 방에 걸린 젖은 옷을 입고 종종 잠을 자러 갔다. 그래도 너무나도 시끄럽고 (누구나 방 하나밖에 갖지 못하는 것이 불가피하기 때문에) 많은 불쾌한 일로 서로 항상 방해한다는 것은 제거되었다. 다행히도 영원히 제거되었다." 시드니 웹, 『최장기 치세하의 노동(*Labour in the Longest Reign*)』(London, 1897)에 인용된 플레이스의 자서전 원고. 이는 지금 그레이엄 월러스, 『프랜시스 플레이스의 생애』에 수록되어 있다.

인적 성격에 대한 영향에서 가정 업무만큼 파괴적인 것은 없다고 종종 말하는 것이다.

따라서 여론은 위생과 가정생활과 인격이라는 여러 이유에 의해 더욱더 공장과 거실의 결합을 부정하는 경향으로 기울고 있다. 노동조합 운동가에게 영향을 주는 것은, 가정 업무의 관습이 임금에 대하여 파괴적 효과를 준다는 점을 더욱더 발견하게 하는 것이다. 이러한 관습이 널리 행해지는 직업에서의 가정 노동자의 표준 수입은, 공장 산업에서 동등한 숙련을 갖는 노동자에게 보편적인 임금보다도 훨씬 낮다. 블랙컨트리 지방의 체인못공(Chain and Nail Workers), 동부 런던의 바지 및 '소년복'(Juvenile Suit) 제조공, 베드널 그린(Bethnal Green)의 다락방 캐비닛 제조공(Garret Cabinetmaker), 레스터셔(Leicestershire) 지방의 오두막 구두 제조공(Cottage Bootmakers), 그것들보다 더욱 주목할 만한 셰필드의 숙련된 외부노동 칼 제작자(Cutlers)는 '스웨트 시스템 상원위원회'(1890년)에 의해, "겨우 생존을 유지하기에 족한 임금, 노동자의 생활을 거의 끊임없이, 그리고 더 어렵고 불쾌한 노고의 기간이 되는 노동시간, 사용되는 노동자의 건강에는 유해하고 공중에게는 위험한 위생 상태" 등으로 인해 "거의 과장의 여지가 없을" 정도까지 고통스러운 것으로 발견되었다.[13] 이 엄숙한 위원회가 '스

13) 〈스웨트 시스템에 관한 상원위원회 보고 및 증언〉(1890년), 또 〈19세기〉 1890년 6월호에 실린 비어트리스 포터(시드니 웹 부인), 〈상원과 스웨트 제도(*Fabian Tract*)〉, 제50호, '스웨트 제도의 원인과 대책' 중에 열거된 인용을 참조하라.
　　노동자 가정에서 행해지는 업무를 '할당하는'(Giving Out) 관습은 하나의 새로운 또는 점차 증가하는 폐해라고 생각되어서는 안 된다. 도리어 반대로 그것은 많은 산업에서 한때 일반적으로 행해지는 제도의 잔존물에 불과하다. 우리는 『노동조합운동의 역사』(28쪽, 32쪽, 48쪽)에서 이것이 잉글랜드 서부 면포 제조업, 양말 산업, 셰필드 칼제작자, 스피털필즈(Spitalfields) 면공, 스코틀랜드 면직공 사이에서 행해진 것을 부수적으로 서술했다. 자본주의 산업의 초기에 제조소는 뒤 셸리에가 프랑스에서 관찰했듯이 "산업의 장소가 아니

웨트' 제도가 행해지고 있다고 보고한 직업의 모든 곳에서, 노동자 자신의 가정에서 노동하는 습관이 있음이 발견되었다. 노동조합 운동가에게는 가정 업무와 저임금의 이러한 긴밀한 관계는 결코 단순한 우연의 일치가 아니다. 경험에 의하면 고용인의 공장 밖에서 행해지는 업무는 거의 언제나 개별 노동자와 자본가-고용인 사이의 고립적인 개인 거래의 대상이 된다. 존 버넷(John Burnett) 씨가 쓰고 있듯이 "아침 일찍부터 밤늦게까지 **각자 자기의 작은 직장에서** 노동하는 사람들에게 단결은 무엇보다도 어려운 일이다. … 1명의 남자나 1명의 여자가 자기의 이익이 되도록 이를 다른 사람과 다툴 수 있고, 따라서 노동의 가격은 빵을 얻고자 경쟁하는 노동자의 나날의 싸움에 따른다. 이것이야말로 명료하고 틀림없는 소직장 제도의 결과로서, 이는 못공들이 고통을 당하는 모든 악폐의 근원이 아니어도, 그 대부분의 근원이라는 것은 틀림없다."[14] '외부 노동'(Outwork)의 동일한 결과는 리버풀 재봉공의 어느 주의 깊은 관찰자가 이미 1860년에 주목한 것이었다. 고드프리 러싱턴(Godfrey Lushington, 지금은 경) 씨가 썼듯이 "업무가 가정에서 하도록 허락되고, 이러한 조건으로 고용된 노동자는, 동료의 존재가 고용인의 침해에 대해 갖는 억제의 이익을 상실한다. 그러한 직업에서 단결 행동을 일으키는 것은 언제나 어려울 것임에 틀림없다. … 가격

라 그 중심이었다. 제조업주는 견본과 디자인을 만들었다. … 그렇지만 보통은 자기 집에서 한 대의 직기를 운전하지 않았다."(『프랑스 노동 계급의 역사』, 222쪽) 일정 수의 노동자를 고용인의 공장에 모아, 그곳에서 그들이 부단한 감시하에 노동하고, 분업을 실행할 수 있기에 이른 것은 하나의 개혁이었다. 영국의 모든 중요 산업에서 이는 지금 중요한 산업 형태가 되고 있다. '스웨트' 제도의 폐해가 그 극단에 이른 것은 양 제도가 여전히 서로 경쟁하는 곳 —공장과 가정 업무가 병존하고 동일한 시장을 위해 생산하는 곳— 이다. 쿠노 프랑켄슈타인, 『노동자 보호』, 492쪽.

14) 런던 이스트 엔드의 〈스웨트 제도에 관한 상공부의 보고〉(1888).

을 내리는 보통 방법은 고용인이 한 벌의 옷을 생산하고 '나는 이를 10실링 6펜스로 만들게 했고, 동일 상품에 대해 당신에게 13실링 6펜스를 지급할 수 없다. 당신도 이를 10실링 6펜스로 만들거나 아니면 다른 곳으로 가야 한다.' 노동조합은 이를 저지할 수 없다."[15] 가정 업무는 사실 필연적으로 개인 거래를 의미하고, 나아가 공통규칙의 시행을 실제로 불가능하게 한다.

마지막으로 경험은 노동시간에 관한 가정 노동자의 '자유'가 헛된 것임을 증명한다. 소호 재봉공은 그가 선택한 때 업무를 중단하고, 술을 마시기 위해 술집에 갈 수 있다. 또는 피터버러의 뒷골목에서 '콩을 골라내는' 여성은[16] 직공장의 비난을 받을 두려움 없이 가끔씩 일어나 친구들과 잡담을 할 수 있다. 그러나 임금률이 너무나 낮아 심지어 16시간 일을 해도 하루의 생존비조차 벌지 못하는 경우, 이 모든 '자유' 시간은 없어진다. 그리고 다시 상원위원회의 말을 빌리면 "노동자의 생활은 거의 끊임없는 고통의 시간이 된다." "신이 만든 모든 시간을 노동하게 하는" 이 교묘한 경제적 강제는, 일을 만들어내는 자가 제품을 일정 시기까지 건네주어야 한다고 명령하는데 아무런 지장도 없는 것에 의해 강요된다. 그들이 솔직하게 상원위원회에 보고하듯이, 급한 주문을 완성하기 위해 최대 속력을 내는 것이 표준 노동시간의 사상에 의해 전혀 방해받지 않는다는 점이야말로 고용인에 대한 '외부 노동'의 중요한 매력의 하나이다. '계절'의 돌발적 수요에 응하기 위해 수천의 가정 노동 가족은 한마디에 의해 철야 노동을 자

---

15) 〈노동조합 및 파업에 관한 사회과학협회의 보고〉(London, 1860). 그 뒤 내무부 차관이 된 고드프리 러싱턴 씨가 쓴 리버풀 재봉공에 관한 논문.
16) 피터버러 시의 중요한 여성 산업의 하나는 말린 콩을 줍는 것이다. 즉 콩을 가루로 갈기 위해 흰콩에서 검은콩이나 흠이 있는 콩을 손으로 골라내는 것이다.

동적으로 강제당한다.

그리하여 가정 업무의 경제적 효과는 표준 임금률을 뒤집고, 표준 노동 시간을 파괴하고, 노동자의 모든 보수로부터 방, 화로, 전등, 위생 설비의 모든 편의 ―그렇지 않은 경우에는 고용인이 당연히 제공해야 하는― 를 탈취하는 것이다. 이러한 음험한 결과는 단지 장외 노동자에게만 한정되 지 않는다. 같은 업무를 하기 위해 고용인의 공장에 고용된 노동자는 업무 를 조금씩 더 많이 밖에서 일하는 경쟁자에게 옮기려는 위협하에, 임금의 저하와 노동시간의 연장을 승인하지 않을 수 없다.[17] 가정 업무는 사실, 노 동조합운동을 불가능하게 한다.

가정 업무에 대한 노동조합 운동가의 반대와 밀접하게 관련되는 것은, '소주인'(Small Master)제도에 대한 그들의 뿌리 깊은 반대이다. 일부 사회개 혁가에게 이는 이해할 수 없는 것처럼 보인다. 임금 노동자는 그들이 생산 수단에 접근하는 길을 빼앗기는 것과 지대와 이윤이 비교적 소수 계급에 의해 독점되는 것에 대해 언제나 불평을 한다. 어떤 종류의 산업에 수많은 소공장이 존재하는 것은, 적어도 가장 정력적인 노동자에게는 주인 계급 으로 승격하는 명백한 수단을 제공하는 것처럼 보일 것이다. 그러나 이러 한 '더욱 높은 것으로의 비약'은, 그 미래를 생각하지 않고 저축심 없는 노 동자에 의해서가 아니라, 가장 사려 깊고 경험 있는 노동조합 운동가, 즉 그 우수한 정력과 인내와 조직력이 그들의 개인적 성공을 초래한다고 합

---

17) 〈19세기〉지 1888년 9월호에 실린 비어트리스 포터(시드니 웹 부인)의 「어느 여공의 일기에 서(Pages from a Work-girl's Diary)」에 나오는 실제 경험에서 서술된 사례를 참조하라. 가 정 노동자가 실제로 공장 노동자보다 낮은 임금을 지불받는다는 것은 아니다. 최근 글래 스고에서의 조사는 이러한 보통의 생각이 잘못임을 보여준다(마거릿 H. 어윈(Margaret H. Irwin), 앞의 책). 공장 외 노동자와 공장 내 노동자의 경쟁은 양자의 임금을 저하시킨다.

리적으로 기대될 수 있는 사람들에 의해 반대된다.

이러한 모순에 대한 설명은, 노동조합의 지위를 충분히 이해하고 있는 사람들에게는 어렵지 않을 것이다. 노동자는, 그들 중 소수의 최고의 사람들이 그들의 계급에서 도피하는 것을 돕기 위해 단결하는 것이 아니라, 계급 그 자체를 향상시키기 위하여 단결한다. 뛰어난 경제학자에게는 마셜 교수가 말했듯이 "그들 사이에서 생긴 자들 중에서 가장 강하고 가장 유능하며, 기업심에 가장 풍부하고 가장 심오하며, 가장 용감하고 가장 선량한 자의 다수를 매년 부자 계급에 보내어야 한다고 말하는 것은" 임금 노동자 계급에게 하나의 불행인 것처럼 보인다.[18] J. K. 잉그램(Ingram) 박사가 말하듯이 "노동자에게 참으로 중요한 것은, 소수가 그들의 계급보다 향상되어야 한다는 것이 아니다. 왜냐하면 이는 종종 그들보다 비교적 정력적인 구성원을 뺏는 것에 의해 그 계급을 해치기 때문이다. 참으로 중대한 이해관계는, 모든 계급이 물질적 쾌락이나 안전에서, 나아가 도덕적 및 지적 능력에서 향상되는 것이다."[19]

---

18) 〈입스위치(Ipswich) 협동조합 대회에서 행한 취임 연설〉(Manchester, 1889), 14쪽.
19) 〈1890년 9월 16일, 더블린에서 열린 노동조합대회(TUC)에서의 J. K. 잉그램의 연설. '노동과 노동자'〉(Dublin, 1880). 노동조합이 소주인제도에 반대하므로 그들은 그 동료가 우수한 지위에 오르는 것을 반대한다고 추론해서는 안 된다. 활동적인 노동조합 운동가 —때로는 지부 임원이 되는 사람들— 는 종종 의장의 지위에 뽑히고, 나아가 그는 동료 조합원의 충분한 찬성을 얻어 이를 수락한다. 어떤 노동조합에서는 이러한 승진이 그가 현역 회원에서 명예 회원으로 바뀌는 것을 의미하지만, 건축 기계 조선의 산업에서는 의장은 보통의 회원으로 환영된다. 우수한 노동자는 종종 의장에서 대회사의 지배인이나 파트너의 지위에까지 올라간다. 따라서 과거에 임금 노동자였던 시기에 노동조합의 충실한 조합원이었던 사람들이 오늘날 대고용인이 된 자들의 리스트를 작성하기는 어렵지 않다. 비범한 능력을 가진 노동자에 대해, 대산업제도는 사실상 이전보다는 더욱 많은 중요한 기회에 오를 실제적 기회를 제공한다. 오늘날 단순한 일반 노동자에 대한 의장과 감독의 비율은, 2세기 전 임금 노동자에 대한 소주인의 비율보다 적다는 것이 분명하다. 그러나 현대 산업의 직

따라서 계몽된 노동조합 운동가는 소주인제도를 전체로서의 임금 노동자 계급에 미치는 그 효과에 의해 비판될 것이다. 이 점에 대해서는 주저할 것도 없고 의견의 상위도 없다. 만일 우리가 소주인 그 자체를 제외하면, 우리는 경제학자도, 자본가도, 노동자도 소주인이 임금소득자에게 부여하는 고용조건은 언제나, 그리고 모든 점에서 대공장의 그것에 비해 열등하다고 실제로 견해가 일치하는 것을 보게 된다. 가령 노동자의 건강이나 품성이나 편의에 관한 여러 가지 점에서 현대적 제화공장과 소주인의 조밀한 셋집(Tenement House)이나 '정원 직장'(Garden Workshop)은 비교될 수 없다. 우리는 투쟁적인 소규모 공장에서는, 그들이 경쟁하는 대자본가 기업에서보다도 노동시간은 더욱 길고, 임금률은 더욱 낮다는 것을 입증하기 위해 많은 인용문을 끌어와 독자들을 지루하게 할 필요는 없다. 대규모 산업으로 하여금 소주인제도를 대체하게 만드는 이 대단한 편리 —기계나 분업의 최대 응용, 가장 저렴한 조건으로 자본과 원료를 확보하는 것, 최고의 발명 내지 경영적 능력의 사용— 가 절망적인 생존 경쟁으로부터 소주인을 그 자신과 피고용인 쌍방을 위해 끊임없이 임금을 줄어들게 하고 노동시간을 길게 하게 한다. 소주인제도가 가정 업무와 마찬가지로, 스웨트 시스템의 특징을 갖는 것은 의미 있는 사실이다. "스웨트 시스템의 악폐가 존재하는 것이 증명되는 가구업의 하급 부분을 본다면, 빈곤에 찌든 탁자나 의자의 제조공들이 커튼 로드(Curtain Road)를 따라 외치고 다니며 그들의 제품을 팔거나, 또는 직접 수출상이나 소매상에, 또는 우연히 개별 고객에게 파는 것을 볼 수 있다. 수도의 값싼 구두, 셰필드의 값싼 칼, 헤

무상 계급제도는, 특수한 능력이 있는 자에 대해서는 더욱 안전하고 더욱 높은 출세의 기회를 부여한다.

일스오언의 싸구려 못과 같은 제조업에서 우리는 이와 같은 비참한 사람들 —**소주인**이나 외부 노동자, 즉 신용으로 원료를 사서 그의 제품을 급하게 팔고, 모든 경우에 대소의 경쟁자보다 값싸게 파는 자들— 을 만나게 된다. 높은 생산 수준에 관심을 가지는 존경할 만한 고용인과, 높은 표준임금에 민감한 노동조합 운동가는 스웨트 시스템의 가장 지독한 악폐를 이 가련한 사람들에게 돌리는 점에서 일치한다."[20]

그래서 만일 노동조합 운동가가 셰필드의 어느 노동조합 임원의 말을 빌려, 소주인은 "필요에 따라 어쩔 수 없이 그 밑에서 일하는 사람들에 대해 기아적 임금을 지급하는 것은 ⋯ 직업에 대해 하나의 저주"라고 말한다고 해도, 이는 소주인에 대한 개인적 혐오나 그 성격에 대한 비방에 근거한 것이 아니다. 그것은 단지, 노동조합 운동가가 하나의 경제적 사실을 인식한 것에 불과하다. 중요 산업의 사려 깊은 노동자는, 그들 자신의 경험이나 경제학자들의 반복적인 논의에 의해, 임금 등 고용조건의 수준 향상은 결국 노동자의 생산력에, 따라서 신용과 자본과 능력의 가장 유효한 경제적 사용에 의거하는 것임을 납득한다. 이 모든 점에서 소주인제도는 전적으로 잘못된 것이라고 말하는 것은 누구나 일치하는 것이다. 따라서 노동조합운동의 모든 세력이 이 제도에 반대하여 지속적으로 행동하는 것의 영향은, 어느 고용인이 소박하게 말했듯이 "대공장의 주구가 되는 것"임을 알게 될 때, 우리는 그것이 여하튼 생산 능률을 최대로 증진하고자 하는 희망을 갖는 것임을 인정해야 한다.

소주인제도에 대한 이러한 과학적 반대론은 주로 면공의 유급 임원과

---

20) 〈19세기〉 1890년 6월호에 실린 비어트리스 포터(시드니 웹 부인)의 「상원과 스웨트 시스템」을 참조하라.

같이 각성한 전문가에게 호소하는 것이다. 다른 직업의 일반 노동자가 알게 되는 것은, 고용된 자의 한 사람당 총생산액이 소공장제가 행해지는 곳에서는 훨씬 낮다는 것이 아니라, 그러한 사정하에서는 그 자신의 전략적 지위가 지극히 약하다는 것이다. 그의 생각으로는, 공통규칙의 강행에 의해 확보되는 이러한 좋은 조건은, 실제로 그들의 손이 미치는 범위 밖에 있다. '벽돌공 노동조합'은 런던의 대도급업자들과 협정을 체결하는 데에 어떤 어려움도 없으나, 어떤 종류의 확정 조건에도 동의하기를 거부하는 교외의 소규모 날림 목수(Jerry-Builders)들에 의해 결국은 좌절된다. 공장 감독관은 중요 공장의 위생 상태가 일정한 수준에 이르렀는지 신경을 쓸 수 있고, 거기에서 불법의 잔업이 행해지는지를 조사하는 데 거의 어려움을 느끼지 않는다. 그러나 버섯과 같은 신속함으로 도시의 빈민굴에 생겼다가 사라지는 무수한 소공장에 대해 그가 규제를 가하는 것은, 수많은 조수 없이는 불가능하다. 실제로 대공장은 단체교섭과, 여하튼 어떤 식으로든 성립한 공통규칙의 시행을 쉽게 만드는 것이다. 그리하여 우리는, 소주인들이 대고용인이 좋아하는 조직적이고 획일적인 협정은 노동조합 운동가의 '선봉이 된다'고 하여 종종 불평하는 것을 본다. 가령 1891년, 소규모 제화업자는 획일적인 임금 수준을 이행하여 소규모 경쟁자를 없애고자 하는 '자본가-제조주의 음모'에 실제로 반항했다. 고용인 측 기자의 설명에 의하면 "이는 우스운 미신이다. 그러나 이는 확실히 이 산업의 일부에서 믿을 만한 것으로 런던에 한정되지 않는다. 동업조합(고용인)의 지도자들에 의해 합의된 균일 임금표 정책을 취하는 곳에서는 어디에서라도, 소규모 제조가들은 그것이 야비한 목적을 위해 대제조업자들이 그들에게 반대하여 야기한 음모라고 절규해왔다. 이러한 생각은 너무나도 명백하게 바보 같은 것으로, 전혀 고려할 가치가 없다. 만일 소제조업자가, 이미 행해진 노동에 대해 상당한 임금 수준보다 낮은 임금을 지급하지 않는 경우 외에 계속 존립할 수 없다면, 그것은 그들이 더 이상 존립할 권리가 없다는 것을 가장 명백하게 증명하는 것이다. 거기에는 소제조가에 대한 어떤 증오도 없고, 도리어 크고 작건 간에 소제조가는 평등한 임금의 기초에 두고자 하는 결정일 뿐이다. 그러한 조정을 감히 비난하고자 하는 것은, 실로 대담한 사람이라고 할 수 있다."[21] 노동조합운동이 집요하게 목적으로 삼은 것은, 바로 모든 산업을 관통하는 이러한 '평등한 임금의 기초'와 동일한 공통규칙이다. 따라서 노동자 단결에 가장 뛰어난 지도자는 우리가 산업 계급의 횡단적 분열(Horizontal Cleavage)이라고 부르는 것에 찬성하는 본능적 경향이 있고, 따라서 그들은 필연적으로 이러한 성층을 어떤 식으로든 방해하고자 하는 것을 증오한다. 그 결과 그들은 가정 업무나 소주인의 경우와 같이, 임금 노동자에 대한 더욱 열악한 조건을 포함하는 경우만이 아니라, 고용인의 공제조합이나 이윤 분배와 같은 비교적 유해하지 않은 형식의 경우에도 모든 횡단적 분열에는 반대한다.

언뜻 보아 각 대공장에 관련하여, 질병 및 장례 클럽을 설치하는 것이 고용인 쪽에서는 친절하고 인도적인 것이지만 노동자 입장에서는 반대의 여지가 없지 않은 것으로 생각된다. 노동자의 수입에서 1주 몇 펜스를 제하여 적립한 기금에, 고용인이 종종 규율을 위반한 것에 대한 벌금을 더하고, 종종 그 사업에 자본 투하가 점차 증가되는 회사로부터 거액의 기부를 더하는 것이기 때문이다. 그러한 설비에 대한 노동자의 소박한 반대는 유산 계급의 박애가에게 배은망덕한 것으로 보인다. 그러나 노동조합운동이 의거하는 전제를 이해하는 자에게, 노동자가 반대하는 이유는 명료하게

---

21) 〈구두 및 가죽 기록〉 1891년 4월 10일호(제10권 254쪽)의 사설.

보인다. 그것은 그들에게 부과된 특수한 재정적 구조에서 그들이 낸 금전에 값하는 것을 확보하는 보증을 조금도 느끼지 못하기 때문만은 아니다. 이와 반대로 기금의 안전에 대한 의심 ─그들이 질병수당이나 양로수당을 필요로 하는 때에 상거래가 불경기가 되어 회사가 파산할지도 모른다는 공포─ 때문도 아니다. 노동조합 운동가가 주목하는 것은, 그렇게 만들어진 별개의 이해관계가 그들을 다른 공장의 동료 노동자로부터 격리시킨다고 하는 것─노동조합운동과 충돌하는 종단적 분열(Vertical Cleavage)이 생긴다는 것이다. 노동자가 고용인의 기금에 질병, 장례비, 양로 등에 대한 보험료를 납부하도록 강제된다는 사실이, 어떻게 그들로 하여금 노동조합에 이중으로 불입하게 할 것인지에 대해서는 우리가 이미 서술했다.[22] 그러나 거기에는 근본적인 반대 이유가 있다. 보통 그러하듯이, 만일 노동자가 자발적으로 어떤 회사의 직장을 떠나는 경우, 그의 모든 수당을 받는 권리를 상실한다고 한다면, 그는 현재의 지위에 머물려고 하고, 따라서 고용인의 조건을 승인하고자 강제되는, 점차 증대하는 유혹에 빠지게 된다. 그는 실제로, 경제학자들이 누누이 지적했듯이, 그가 그 노동력을 파는 경우, 최선의 거래를 하게 하는 필요조건인 완전한 이동성을 상실한다. 그리고 그렇게 속박된 노동자가 동료와의 일치된 행동의 모든 이해관계에서 스스로를 폐쇄한다는 것이, 노동조합 운동가에게는 가장 중요한 반대 이유이다. 고용인이 공제조합을 일반적으로 채택함은 사실, 노동조합운동을 불가능하게 만드는 중대한 원인이 될 것이다.

---

22) 1897년 3월, 공제조합 연차 대회에서 서술된 바에 의하면, 고용인 자신의 공제조합 보험에 모든 피고용인을 강제로 가입시키고, 보험료 유무에 관계없이 임금에서 공제하는 40개의 대기업 ─그중에는 중부 지방 철도회사가 포함된다─ 에 대한 상세한 사실이 알려져 있다.

이윤 분배의 구조는 노동조합의 입장에서 본다면, 동일한 반대를 받게 된다. 표준 임금률 등의 조건이 엄격하게 준수되지 않는다면, 이윤 분배 공장의 노동자는 그들이 '보너스'나 이윤 분배 방면에서 얻는 이득보다도 훨씬 많은 것을 임금 방면에서 잃게 될 것이다.[23] 그러나 특별한 고용인과의 개별적 조정은 단체교섭에 의거하는 직업 전체의 이해관계의 공통을 파괴한다는 것이 더욱 중대한 반대 이유이다. 참으로 관대한 이윤 분배 제도를 갖는, 특히 '자비 깊은' 회사에 고용된 노동자는, 그들이 이미 향유하는 보너스 등의 특권을 상실할까 두려워하여 임금인상운동에서 충심으로부터 다른 자와 제휴할 생각이 들지 않을 것이다. 그러나 그들이 이러한 예외적 특권 때문에, 그들의 표준 임금률에 만족하고 초연한 태도를 취하는 동안, 다른 곳의 노동자가 임금 인상에 대해 유효한 주장을 하기란 어렵다. 고용인이 무법한 고용인에 대한 노동자의 방어의 근거인 집단적 자조에 대한 그들의 능력을 약화시키는 방법으로 그의 박애 감정을 만족시키는 것은, 노동조합 운동가에게 매우 의심스러운 친절로 보인다. 노동조합의 입장에서 이를 본다면, 그의 산업 내 노동자에게 장기적으로 이익을 주고자 하는 고용인은, 모든 방법으로 노동자 자신의 조직을 향상시키도록 노력하고, 따라서 그 자신의 공장을 표준 임금률이나 노동시간, 기타의 고용조건을 가장 엄격하게 지키는 점에서 타의 모범이 되어야 한다. 이는 다른 공장의 노동자가 동일한 이익을 주장하는 것을 더욱 쉽게 할 것이

---

23) 가령 이윤 분배의 회사가 그 노동자에게 임금의 5퍼센트보다 큰 보너스를 주는 것은 이례적인 일이고, 그만큼 주는 것조차 매우 드물다. 그러나 강력한 조직을 갖는 직업과 가장 강대한 노동조합 지방을 제외하면 고용인 가운데 1주간의 표준 임금보다 낮게 지불하는 자가 보통이다. 나아가 심하게는 다른 공장에서 10퍼센트에서 20퍼센트 차가 있는 성과급 임금표를 볼 수 있다.

다. 만일 그가 그 자신의 노동자를 위해 더욱 많이 행하고자 하고, 또 그렇게 할 수 있다면, 그는 표준적인 보수 지불 방법에서 떨어져 그의 노동자와 그 동료 사이에 분열을 낳는 온정의 형식을 주도면밀하게 회피하여야 한다. 그가 할 수 있는 것은, 공통 표준 임금률에 대한 단순한 첨가나, 임금의 감소를 전혀 수반하지 않는 표준 노동시간의 단순한 단축을 제언하는 것일 것이다. 그렇게 함으로써 다른 공장의 노동자에 대한 간접의 영향은, 그들이 동일한 대우 개선을 요구하는 것을 쉽게 하는 방면으로 일어날 것이다.

자본가-이윤 제조가와 임금 노동자 사이의 분계선을 말살하는 것에 대한 노동조합 운동가의 이러한 강경한 반대와 그들의 대산업을 좋아하는 것은, 언뜻 보아 각 산업을 하나의 대고용인의 손에 집중하는 것이 바람직하다고 말하는 것처럼 보인다. 그러나 그러한 사업의 집중은, 노동조합의 입장에서 본다면, 너무나도 쉽게 극단을 달리는 것이라고 할 수 있다. 어떤 산업에서 공장이 모든 노동자의 단결을 쉽게 하기에 충분할 정도로 큰 경우, 만일 노동조합이 금전적 자원과 이윤 창출의 기회에 현저히 다른 여러 명의 고용인을 상대로 삼는다면, 매우 큰 전략적 이익으로 싸우는 것이 된다. 가령 탄광업이나 기계업이나 면사업 방면의 파업에서는, 고용인들의 상태에는 매우 큰 괴리가 있고, 아무리 그들이 긴밀하게 단결하여도 그들 중 어떤 자가 나머지 자로부터 괴리하고자 하는 강력한 경향이 있을 정도이다. 각별한 이익을 차지하는 고용인은, 노동조합과의 협정이 여전히 고상한 잉여를 낳는 때에는, 노동자의 요구에 강경하게 대항하기 위하여 그들이 다시 회복하는 거래를 상실하는 것을 바라지 않는다. 뿐만 아니라, 자본 공급이 불충분한 회사에 대해서, 오랜 조업 정지는 노동조합이 요구하는 것 이상으로 비참한 결과를 초래할 수 있다. 파업 중에 열린 고용인협회의 사적인 회합에서, 그 두 계급은 언제나 해결을 강요했다. 그리고 만일 그들이 그들의 더욱 늦게 가고 더욱 자본화된 경쟁자를 설득하여 그들의 의견을 받아들이게 하는 것에 실패한다면, 그들은 결국 스스로 화해하고 고용인들의 성공적인 저항의 기회를 파괴하는 경향이 있다.[24] 이에 반하여 만약 모든 산업이 단일한 대고용인에 의해 지배되거나, 또는 그것이 소수의 무경쟁 고용인 사이에 분배되거나 한다면 ―특히 그 독점이 어떤 방법으로 새로운 경쟁자에 대항해 보호받는다면― 노동조합은 그 상호보험과 단체교섭의 방법이 사실상 도움이 되지 않는 것을 발견한다. 영국의 철도회사와 미국의 대자본가 트러스트가 있는 경우는 바로 이 경우이다. 이러한 현대 산업의 거대한 괴물이 향유하는 무한한 자원과 안정된 고객 독점과 절대적인 의지 통일에 대해서는, 가장 부유한 노동조합의 25만 파운드 적립기금도, 10~20만 명의 완강하고 흥분하는 노동자의 아비규환도 철갑선에 대한 화살에 불과했다. 그러한 경우, 공통규칙을 확보하기 위해 유용한 유일한 방법은 법률 제정뿐이다. 그러한 강력한 이해관계에 직면해서는 노동조합이 확보하기 어렵지만, 일단 확보하면 잘 조직된 산업에서는 적용과 이행이 쉽다. 따라서 산업이 극단적으로 집중되어 트러스트나 독점이 되는 결과는, 노동조합으로 하여금 실패하고 멸망하게 하거나, 아니면 그것을 거의 오로지 법률 제정 방법에 의존하는 것이 될 것이

---

24) 런던의 대조선업자인 서무더(Samuda) 씨는 다음과 같이 말했다. "나는 저 투쟁(1851년 기계공의 직장폐쇄)을 수행한 위원회의 일원이었다. 고용인 사이의 단결을 유지하는 것에 존재한 어려움은 엄청났다. 왜냐하면 그 궁박이 너무 심하여 부당하다고 생각하는 요구에 저항하는 정도의 행위조차 불가능한 고용인이 너무나 많았기 때문이다. 이러한 어려움을 이겨내고 노동자의 부당한 요구에 저항함으로써 빈약한 공장 위에 초래된 파산을 방지하기 위해 전적으로 독립하여 그 공장을 폐쇄하는 사람들뿐이었다." 〈1868년 왕립노동조합위원회의 증언〉, 질문16, 805.

라고 우리는 추론할 수 있다.

집중이 그 가장 완전한 형식에 이르고, 산업이 국유로 이전할 때, 노동조합은 그들의 문제에 새로운 고려 사항이 들어온 것을 알게 된다. 고용인이 국가 자신인 경우, 가장 강력하고 가장 부유한 노동조합과 조건을 주장하기에 어떤 힘도 없는 점은 개인 노동자와 다르지 않다. 장기의 파업은 수많은 고용인을 파산시키거나 가장 부유한 트러스트로의 배당조차 현저히 감소시킬 것이다. 그러나 해군 조선소의 모든 노동자가 1년간 출근하지 않았다고 해도, 지배인이 된 관리도, 기업주인 시민도 그의 1일 수입이 미진하게 감소하는 것을 보지 않을 것이다. 노동조합은 이러한 경제적인 도움이 없음을 너무나도 잘 알기 때문에 정부 공장에서는 결코 파업을 명하지 않고, 실제로 그렇게 강대한 전능자와 교섭하고자 시도하는 경우도 거의 없다. 따라서 국가가 노동조합과 신조를 함께하지 않는 계급이나 이해관계자에 의해 지배되는 경우에는 어디에서나, 따라서 노동조합 운동가는 그들 자신의 특수 산업에서 국가사회주의의 확산에 대해서는 절대로 반대할 것이다.[25] 그러나 만약 정부의 고용조건이 민주적 여론에 의해 움직일 수 있다고 한다면, 사정은 스스로 달라질 것이다. 만일 의회가 정부의 고용조건을 노동조합의 규제와 합치하도록 주장할 각오가 참으로 있다고 하

---

25) 가령 1897년 런던에서 열린 국제광부회의에서 독일 대표는 '광산의 국유'를 주장하는 결의에 대해 다음과 같은 명확한 이유로 반대했다. 즉 "독일에서는 자본가적 국가가 최악의 가능한 고용인으로서 노동자의 최악의 적이라는 것을 알 수 있다. 독일에서는 종종 몇 개의 지극히 거대한 국유 광산이 있지만, 그러한 광산의 노동자 상태는 다른 어디에서보다도 나쁘다. 지금 국가는 광산 분쟁에 대해 지극히 냉담하다. 만일 국가가 모든 광산을 소유하게 된다면, 국가는 사적 고용인보다도 더욱 강력하고 더욱 폭군적인 고용인이 될 것이다." (《데일리 크로니클》, 1897년 6월 12일호) 프랑스와 벨기에의 대표는 영국 대표 대부분(노섬벌랜드와 더럼 대표만 반대)과 함께 이구동성으로 그 결의를 지지한 것에 반해, 독일 대표는 거의 대부분 사회주의 당원이면서도 반대한 것은 흥미로운 일이다.

면, 산업의 공공 관리의 확장은 노동조합의 지지를 얻을 수 있을 것이다. 그러나 현재 정부의 고용조건에 대한 노동조합의 영향은 그 외관과 달리 지극히 무력하다. 노동조합 세계는 면공과 광부를 예외로 하고, 이미 지적했듯이, 그 정치적 세력을 의회에 반영할 수 없다. 하원도 마찬가지로, 현재의 조직으로는 참으로 의지가 있어도 거대한 공공 기관의 내부 행정을 유효하게 감독하기에는 무능하다. 마지막으로 오늘의 고급 관리 ―세부적 행정 사항에 대한 우리의 참된 지배자― 는, 그 대부분이 산업조직과 현대 경제학의 양자에 대한 끔찍한 무지와 함께, 항상 맨체스터 학파의 극단적으로 천박한 편견에 침투되어 있음이 사실이다. 역대 내각이 경쟁 임금을 폐기하고 정부를 '모범 고용인'으로 만들 의향이 있다는 뜻을 공언해도 무익하다. 여러 부서의 종신 장관은 그들이 1860년이나 1870년에 사용한 '온건'이라는 원칙과 단절할 의지가 없다. 따라서 노동조합 위원장들이, 정부는 그들이 접하는 고용인 가운데 최선이 아니고 최악이라고 종종 선언할 것이다.

그러나 가장 완전하고 가장 충분하게 조직된 민주주의에서도, 정부가 고용인으로서 노동조합에 대해 일반적 만족을 주지 못하게 방해하는 여러 세력이 있을 것이다. 설령 노동 계급의 투표는 압도적으로 다수라고 해도, 임금 노동자의 각 부문은 나머지 가운데 소수파를 발견하게 되고, 따라서 그 특수한 불만에 일반의 주의를 강요하는 어떤 어려움을 발견할 것이다. 나아가 비록 '임금이 낮게 지불'되거나, '과도하게 일한' 부문은 동정적인 지지를 얻을 수 있을지 모르지만, 보통 사람들 사이에서는 예외적인 조건에 반대하는 강력한 경향이 있을 것이다. 사적인 기업에서는 예외적으로 높은 임금이나 짧은 시간을 향유하거나, 엄격한 인원 제한 등의 독점 조건을 강제한 노동자 부문은, 다수에 대한 소송에 의해 그것을 유지하기 어려

움을 발견할 것이다. 따라서 이러한 직업의 노동자는 노동조합 운동가로
서 언제나 정부 고용에 불만을 갖는 경향이 생길 것이다. 그리하여 민주적
통제 아래 산업의 공공 관리는, 현재 그들의 전략적 지위가 박약하기 때
문에 고통을 받는 더욱 큰 노동자 부문 사이에서 큰 인기를 얻고, 현재 그
들의 집단적 세력을 이용하여 그들의 사적 고용인으로부터 독점적 조건을
탈취할 수 있는 더욱 소수의 더욱 잘 조직된 여러 부문 사이에서는 여전히
인기가 없을 것이다.

이러한 고찰은 그 정도가 약하지만 자치체 고용에도 당연히 적용된다.
시의회는 단체교섭에서 사적 고용인보다 우세하지만, 거대한 국가 관청
이 갖는 강력한 능력과 같지는 않다. 시영 가스 공장이나 시 단위 기사 공
장의 파업은, 빨리 끝나야 하는 중대한 사건이고, 시민 소비자의 즉각적인
불만을 살 우려가 있다. 시의회는 그러한 전략적 지위에서 국회보다도 허
약함과 동시에, 여론에 대해서는 더욱 순종적이다. 시의회의 선거 기구는
국회보다도 더욱 철저하게 민주화되어 있다. 따라서 지방 노동조합에 가
까워지기가 더욱 쉽다. 외교 정책이나 종교나 통화나 헌법 개정이라는 중
대한 문제가 노동자를 분열시키지 않는다. 고용조건에 관한 시의회 정책
의 도덕적 효과는 모든 노동조합 운동가에게 이해된다. 일단 시의회 의원
이 노동조합 측에 의견을 변경하면, 상임 관리는 지방 의회의 결의를 회
피하거나 방해할 기회를 갖지 못한다. 뿐만 아니라 비교적 하급의 육체노
동을 차지하는 비율은, 국가의 고용인 비율보다도 자치체 고용인의 경우
에 더욱 크다.[26] 자치체 사업 중에는 국립 조선소나 포병 병기고처럼 고급

---

26) 가령 1891년 런던에서, 일반적으로 고용조건이 개량된 뒤에도, 찰스 부스 씨는 '시의 노동
   자'의 거대한 계급이 밀집 상태의 가정생활 비율에서 그가 다룬 87개 직업 중 최악의 6개

의 숙련을 갖는 조선공이나 기계공이 있는 대공장과 비교해서는 아무것도 아닌 것이 있다. 우리가 앞에서 서술했듯이 노동조합은, 노동조합의 특수 부문의 직업 습관에 의해 정해지거나 전략적 편의에 의해 얻어진 우수한 조건을 확보하기보다도, 생활비에 근거하여 보편적인 '도덕적 최저한'이나 '공정 임금'을 얻는 쪽이 선거민의 지지를 얻는 데 훨씬 쉽다. 따라서 우리는 숙련 직업이 노동조합 운동가로서는 국가 고용의 확장에 대해서보다도 산업의 자치체 관리에 대해 덜 적대적이고, 한편 '스웨트 직업'과 숙련노동자가 도급인의 폐지와 노동의 직접 고용을 그들이 구제하고자 희망하는 중요한 것으로 절실히 요구하는 것을 본다.

지금 만일 우리가 이 장에서 서술한 노동조합 정책의 부수적인 면모를 되돌아본다면, 우리는 노동조합운동이 오늘의 영국 노동자를 기울이게 하는 종류의 사회적 구조를 다소 통찰할 수 있다.

노동조합 운동가에게 모든 고찰 중에서 가장 근본적인 것은, 완전한 단결의 자유이다. 이는, 법이 노동자 단체의 기금에 대해 충분한 보호를 제공하면서 그들을 가능한 한 방임해두어야 한다는 것을 뜻한다. 그리고 법률은 만일 상인 단체가 그들의 이익 추구를 위해 행하면 범죄로 소추할 수 없는 것은, 노동자 단체에 의하거나 그 명령에 따라 행해지는 경우에도 범죄로 소추할 수 있는 것으로 간주해서는 안 된다고 하는 것을 특히 의미한다. 그러나 노동조합은 그들의 단결이 법률에 의해 방임되어야 한다고 주장하면서, 한편으로는 법률을 사용하여 그들의 특수 목적 —공통 규칙의 수단에 의한 고용조건의 조직적 규제— 을 달성하고자 한다. 따라서 다수의 의지를 참으로 이행할 수 있는 완전하게 만주화한 선거제도에

직업 중에 침입한 것을 보았다. 찰스 부스, 『런던 시민의 생활과 노동』, 제9권, 8쪽.

대한 그들의 희망이 생겨난다. 산업조직과 관련해 노동조합은 어떤 사회의 종단적 분열에도 결정적으로 반대한다. 그것은 자본가-고용인에 반대하는 것으로서 임금 노동자의 연대를 방해하는 것이기 때문이다. 이는 노동조합 운동가가 노동조합 운동가로서는 '임금제도의 폐지'나, 그것에 손을 대는 것조차 찬성해서는 안 되는 것을 뜻한다. 이에 반하여 그들은 단순한 임금 고용이 육체노동자에 의한 이윤 확보의 모든 형식을 대체하고자 희망한다. 그리하여 그들은 가정 업무, 소주인, 이윤 분배에는 어디까지나 반대하고, 유급 임원의 관료적 계급제도를 수반하는 대산업에는 찬성한다. 그러나 대산업이 공공 관리까지 나아가면, 노동조합 운동가는 노동조합 운동가로서 그 변화를 여러 가지 교차하는 감정으로 바라본다. 정부 고용은 그들의 세 가지 방법 중 두 가지를 실행할 수 없는 것으로 하고, 그들은 노동자에 대한 종신 관리의 적대감을 정복해야 할 하원의 의지와 능력에 아직 어떤 신뢰도 갖지 않는다. 지방자치체는, 노동조합이 더욱 좋은 기회를 갖는다고 해도, 그 경우에도 역시, 과도하게 낮은 임금과 노동시간이 과도하게 긴 부문은 자치체 고용을 환영하지만, 가장 임금이 높은 노동조합은 그들의 제한적 규제와 독점 조건에 대한 여론의 재단을 청구하는 것을 주저한다.

13장
노동조합운동의 가설

우리는 지금까지 각종 노동조합의 방법과 규제 중에 나타난 영국 노동조합운동의 실제 정책과 그것에 직접 함유되어 있는 것을 설명하는 것에 그쳤다. 우리는 이러한 방법과 규제, 그리고 전체로서의 노동조합운동의 정책을 경제학의 빛에 비추고, 사회라는 견지에서 음미해야 한다. 그러나 이 새로운 과제에 들어가기 전에, 노동조합 운동가는 언제나 그들의 노동조합운동 자체에 대한 신앙과 개별적 요구에 대한 그들의 정당화의 기초로 삼는 여러 가설을 충분히 밝히는 것이 중요하다. 매우 드물게 명시되는 이 가설들은 그것이 고취하는 방법과 규제를 설명하고 어떤 의미에서 개괄하기에 도움이 될 것이다.

최초로 들어야 할 것으로, 모든 시대의 모든 개혁가의 전형적인 가설이 있다. 즉 경제적 및 사회적 상태는 의미 있는 인간의 간섭에 의해 개선될 수 있다고 하는 확신이다.[1] 노동조합 운동가는 절대적으로 예정된 '임금기금'이 존재하고, 생산물에 대한 보통 노동자의 몫은 오로지 이 기금의 전체와 임금 노동자 수 사이의 산술적 비례에 의해 결정된다고 하는 견해 ―오늘날에도 여전히 받아들여지고 있는― 를 아직 이해하지 못한다. 이에 반하여 그들은 산업의 총생산물이, 재산 소유자, 정신노동자, 육체노동자 계급 사이에서 각각 분배되는 비율은 인간이 조정할 수 있는 것이고, 만일 적절한 행동이 취해진다면, 그것이 어느 계급이나 다른 계급에 유리하도록 유효하고 영구적으로 변경될 수 있다고 가정한다. 이 주장을 우리는 다음 장에서 상세히 점검할 것이다.

임금, 노동시간, 건강, 안전, 만족 어느 것이든 간에, 고용조건의 개선을 위해, 노동조합 운동가는 그 다양한 규약에도 불구하고, 실제로는 겨우 2개의 수단밖에 갖지 못한다. 우리는 그것을 각각 공통규칙의 방법과 인원 제한의 방법이라고 부른다. 표준 임금률, 표준 노동시간, 위생과 보건에 관한 여러 장에서 설명한 여러 규제는 하나의 원칙 ―상호보험이나 단체교섭이나 법률 제정이라는 것에 의해 노동자 전체에 적용되는 공통규칙으

---

1) 사회생활의 상태를 인간의 의지로 변경할 수 있고, 이를 바람직하다고 보는 이 신앙은, 불경은 아니라고 해도 비과학적이라고 종종 간주된다. 의미 있는 변화는 '인위적'이라고 하여 비난된다. 의도 없이 초래된 개변은 다른 것보다도 더욱 '자연적'이고, 우리가 희망하는 결과를 더욱 많이 초래할 것이라고 분명하게 생각되기 때문이다. 심지어 레키 씨도 "사회력의 무제한적 움직임이 만들어낼 것과 다른 사회 형태를 창조하고자 하는 것", 즉 그의 소위 '과거의 보호 무역주의와 동일 계열의 사상에 속하는' 정책을 정책으로 삼는 것은, 노동조합주의나 현대 급진주의나 그가 혐오하는 기타 운동이 비난하는 점이다("민주주의와 자유」, 제2권, 383쪽). 그런 말은 사회학의 과학적 연구자에게 이해되기 어렵다. "그러한 인위적 간섭 없이 사회력의 자유로운 움직임을 만들어내야 하는 것과 다른 사회 형태를 창조하는 것"은 노동조합주의가 재정적 보호주의만이 아니라, 모든 교육이나 발명, 영국 교회와 법원, 사유재산과 가족, 기타 모든 제도, 선, 악 또는 불선, 불악의 사회제도와 동등하게 추구하는 정책이다. 문명이라는 것 자체는, 사회력의 무제한한 움직임이 인류의 의미 있는, 또는 '인위적'인 간섭 없이 만들어내는 어떤 것과 다른 사회 형태를 창조하는 것에 다름 아니다.

로 고용조건의 최소한도를 결정하는 것— 의 상이한 여러 형식에 불과하다. 이 모든 규제는 다음 가설에 근거한다. 즉 공통규칙을 결여하기 때문에 고용조건이 '자유 경쟁'에 방임되는 경우, 그것은 실제로 그러한 조건이 경제적으로 매우 불균등한 힘을 갖는 양 당사자 간의 개인 교섭에 의해 결정되는 것을 의미한다는 가설이다. 그러한 조건의 결정 방법은, 노동자 대다수에게는 언제나 고용조건을 가능한 최악의 점까지, 결국 사실상 거의 생존할 수 없는 수준까지—내리는 경향이 있고, 그렇지 않은 경우에는 얻을 수 있는 것을 심지어 예외적인 소수조차 영구히 얻을 수 없다고 주장한다. 따라서 공통규칙의 방법은 노동조합운동의 보편적인 모습이고, 그 근저를 이루는 가설은 노동조합 세계의 한쪽 끝에서 다른 쪽 끝에 이르는 전체에 의해 유지되는 것임을 우리는 발견한다. 인원 제한의 방법은 이와 다른 입장에 서 있다. 앞의 '고용'의 장에서 우리는 이 방법을 구체화하는 여러 규제가 한때는 당연한 것으로 채택되었으나, 그 뒤 순차적으로 현대 산업의 여러 사정에 적용할 수 없는 것이 알려졌음을 서술해두었다. 그것이 근거하는 가설 —더욱 좋은 조건은 경쟁자 수의 제한에 의해 확보된다는 것— 은, 어떤 노동조합 운동가에 의해서도 부정되지 않을 것이다. 그러나 그것이 노동조합 세계의 현재 신조의 중요 부분을 구성한다고 할 수는 없다. 노동조합 운동의 경제적 결과를 개괄하면서, 우리가 비판의 눈을 집중시켜야 하는 것은 공통규칙과 인원 제한이라고 하는 두 개의 방법이다.

그러나 노동조합운동의 필요와 그 두 가지 방법의 효험에 관한 이러한 최초의 가설은, 그 자체로 그들의 정책의 일반적 성질과 그 강행하는 규제에서와 같이, 각종 노동조합 사이에 현저한 차이가 있음을 설명하기에 충분하지 않다. 먼저 공통규칙에 대한 보편적 신앙은, 어떤 직업의 구성원이 어느 정도의 임금을 요구하고 수령할 것인가, 또는 어느 정도의 시간을 적당한 노동시간으로 생각해야 하는가에 대해 어떤 지침도 주지 않는다. 사실, '노동조합 임금률'이라는 것은 존재하지 않고, 많은 상이한 임금률이 병존한다. '노동조합 노동시간'도 존재하지 않고, 노동시간은 직업에 따라 다르다. 그러한 정책의 상위는, 인원 제한이라는 방법의 채택에 현저하게 나타난다. 몇 개의 직업은 여전히 엄격한 도제 제한과 불법 노동자의 제외를 그 정책의 중요 특징으로 삼고 있지만, 다른 곳에서는 그 직업을 모든 신참자에게 완전히 개방하여 오로지 공통규칙의 유지에 의존하고 있다. 하나의 노동조합과 다른 노동조합 사이의 그러한 정책의 불일치와 형태의 차이는, 그들이 그 규약을 강행하기 위해 사용하는 방법의 선택에서 강하게 나타난다. 가령 보일러 제작공은 지극히 많이 단체교섭에 의존한다. 그러나 광부는 법률 제정의 방법에 의해 적어도 다른 어떤 방법에 의하는 것에 필적하는 것을 확보한다. 18세기 가운데 도제제도를 행하고 희망한 작업은 모두 당연히 법률을 향했다. 오늘날에는 어떤 노동조합도 그러한 점에서 의회에 의존하지 않는다. 150년 전에는 그 임금을 법률 제정에 의해 확보하고자 희망한 것은 특히 숙련 직인이었다. 오늘날 그런 사상에 찬성하는 자들은 거의 하급 노동자 계급의 사람들이다. 이 모든 점에 관하여 어떤 특정한 노동조합의 행동 —공통규칙의 방법을 사용하는 수단— 은 무엇이 사회적으로 득이냐에 관한 노동조합원의 의견에 의해 결정된다. 더욱 광범위한 정치계에서는, 선거민이 어떤 정당의 정책을 주로 그 정당이 주장하는 일반사회관을 승인하는가 부인하는가에 따라 지지된다. 노동조합 운동가는 그 고용조건이라고 하는 더욱 좁은 범위에서, 임금, 노동시간, 기타 노동계약 조건이 의거하여 결정되는 원칙에서 3가지 상이한 개념에 의해 움직인다. 이러한 3가설, 즉 우리가 나누는 기득이익설(Doctrine of Vested Interests), 수요공급설(Doctrine of Supply and Demand), 생활임금설

(Doctrine of Living Wage)이라는 것은, 노동조합 세계의 서로 합치하지 않는 여러 정책에 대한 설명의 키를 제공한다.

우리가 기득이익설이라고 부르는 것은, 어느 부문의 노동자라도 종래 그가 향수한 임금, 기타 고용조건은 어떤 사정이 있어도 개악되어서는 안 된다는 가설이다. 기계의 도입이나 공정의 혁신에 반대하여 1860년경까지 계속된 긴 투쟁을 야기한 것은, 앞에서 말했듯이 이 학설이었다. 오늘날 경계 투쟁의 도를 더하여 '직업에 대한 권리'를 다루는 모든 규제의 배후에 숨어 있는 것은 바로 이 학설이다.[2] 이는 '세습'의 개념과 장기의 도제 기간이라는 관습을 유지시키는 데 다른 어느 것보다 힘이 있으나, 반면 그것은 특수한 직업의 노동자를, 이러한 직업에 들어오는 인원을 제한하는 방편에, 경험상 그러한 제한이 실행 불가능한 것임이 증명된 뒤까지도 기꺼이 집착하게 된다. 그러나 이 기득이익설은 이러한 특수한 규제보다도 더욱 넓은 범위에 걸쳐 행해진다. 하나의 산업에서 관습적인 임금률이나 위험에 빠져 있는 특권의 방어가 어떤 기회에 생기는지를 볼 수 없는 경우는 거의 없다. 사실 경우에 따라서는, 노동조합운동을 위한 모든 논의가 이 학설에 근거함을 발견한다. 가령 기계공은 1845년, 하나의 강력한 비유로 그들의 주장을 지지했다. "의학 연구에 의해 사회의 유용한 구성원이 되고

---

2) 가령 기계공에서 그 예를 볼 수 있다. "팔리웅[공장]에서 수평보링기(Horizontal Boring Lathe)를 작동시키는 선반공(Turner)에 관한 문제는 … 미해결로 남아 있다. 고용인은 그 '노동자 선발 및 업무 할당'의 권리를 고집하기 때문이다. 문제는 매우 분명하여 매우 솔직하게 서술되어 있는 것처럼 보인다. 견습 봉사에 의한 어느 직업 내의 노동자의 —고용인의 경우와 같이— 기득 이익은 분명히 무시된다. 앞에서 말했듯이 제안되어 있는 방법으로 '선택권'을 행사하여 노동자를 해고하는 것은, 마치 동일한 방법이 고용인의 자본에 관하여 채택되어야 한다고 제안된 경우와 같이 부정한 것이다." 타인사이드(Tyneside) 지방대리인의 보고 〈합동 기계공 노동조합' 월보〉, 1897년 5월호.

자 준비하는 행운과 의향을 가지고 그 직업을 잘 공부하여 결국 외과의학 학회나 외과대학에서 학위를 받을 수 있는 청년이, 돌팔이가 어떤 요구 자격도 없는 여러 특권을 향유하는 권리가 있음을 어느 정도로 기대하는 것은 당연하고, 만일 그 유용한 직업을 실제로 영위하는 데 그러한 돌팔이에 의해 침해된다면, 그는 그자에 대항해 소송을 제기할 권리가 있다. 그러한 것이 지식 직업에 수반된 특전이다. 그러나 기계공은, 유용한 기계의 각종 부문에 통달하기 위해 거의 동일한 재산을 소비하고 동일한 비율의 인생을 희생할 수 있지만, 그 특권을 보호하는 어떤 법률도 갖지 않는다. 따라서 모든 합리적 이유에 근거하고 모든 가능한 수단에 의해 이러한 사회의 이익을 그 자신에 대해 확보하는 것은 그에게 필요하다."[3] 같은 관념은 어느 종류의 소직업에 의해서도 마찬가지로 분명하게 서술된다. 버밍엄 전화공은 다음과 같이 말한다. "우리 생활의 기초인 직업은 일정 연한의 봉사로 구입한 우리 재산이고, 그것은 우리에게 하나의 기득권을 부여하고, 우리는 그것에 대해, 앞으로 그것을 동일 수단에 의해 강구하는 모든 사람과 같이, 유일하고 절대적인 요구권을 갖는다고 생각한다. 사정이 그렇기 때문에, 타인의 권리를 불법으로 침해하지 않도록 언제나 마찬가지로 주의하면서, 우리 생활의 기초인 그 재산을 모든 공정하고 적법한 수단으로 확보하는 것은, 분명히 우리의 의무이다. 이 목적을 위해 우리는 이 노동조합을 만들었다." 등등.[4]

---

3) 〈증기기관공, 기계제작공, 기공 공제 노동조합 조합원 준수 규약 및 규정집〉(Glasgow, 1845). 이러한 비유의 주지는 '기계공 합동 노동조합' 규약의 많은 판에서 반복된다.
4) 1869년에 조직된 소규모 노동조합인 〈버밍엄 전선 공제 노동조합' 규약 및 규제〉의 서문이 된 연설에서의 발췌. 동일한 전문은 셰필드의 철도 스프링 제조공에 의해 그 1860년도 규약 중에서 사용되었다. 〈사회과학 장려 전국협회의 노동조합 및 파업에 관한 보고〉 중의 〈노동조합 규약에 대한 보고〉, 같은 책(London, 1860), 131~132쪽.

이러한 기득 이익이라는 관념은 종종, 근래 다른 것과 구별하여 특히 '직업'(The Trade)으로 알려지기에 이른 유력한 단체와 어느 정도까지 노동자에 의해 응용된다. 가령, 당시에도 지금과 마찬가지로 통제조공의 중요한 고용인은 양조업자(Brewer)였는데, 통제조공은 1883년, 교육 및 금주의 보급과 '지방적 선택'이라고 하는 위협적 수단에 대해 분개했다. 그들의 공식 회장에 의하면 "몇 개의 요크셔 마을에서는 최근까지 다년간 수출 방면 산업의 대중심지였다. 이러한 산업 중심지는 사라졌고, 슬프게도 그것을 대신하는 아무것도 없었다, 그 결과, 그러한 노동자는 다른 곳에서 일을 얻어야 했다. 또한 교육이 보급되었는데, 그것은 우리가 느끼지 않을 수 없는 전능적인 영향이고, 쉽게 회복할 수 없는 타격이다. 또한 거대한 북부의 윌프리드(Wilfrid) 남작도 마케도니아의 은대장공 데메트리우스(Demetrius)나 아테네의 동대장공 알렉산더(Alexander)처럼 우리에게 엄청난 손해를 끼쳤고, 그의 연설의 어조로부터 그렇게 계속하는 것을 뜻했다.[5]

'기득이익설'을 '재산권'에만 한정하는 것에 익숙한 유산 계급 관찰자에게는, 숙련 직인이 이 학설을 '직업에 대한 권리'에 적용하고자 보여준 열

---

5) 〈통제조공 상호 노동조합 월보〉, 1883년 2월호. 국민의 음주 습관에 대한 이러한 '기득권' 개념은, 고용인이 노동자를 저렴하게 고용하거나 그들을 과도한 시간 일하게 하는 권리에 대해 '재산의 신성'을 부여하고자 하는 시도에 비유할 수 있다. 가령 제임스 그레이엄(James Graham) 경은 영국의 책임 있는 장관으로 하원에서 연설하면서 1844년 10시간법안을 '잭 케이드(Jack Cade) 입법'이라고 엄숙하게 비난했다(그랜빌, 『빅토리아 여왕 치하의 일기』, 제2권, 230쪽; 시드니 웹, 해럴드 콕스, 『8시간 노동』(London, 1891), 240쪽을 보라). 랭커셔의 어느 일류 제조업자는 1860년, 공공연히 "노동조합의 세력은 … 자본가로부터 구매권을 … 빼앗는다(이보다 더 부드러운 말을 사용할 수 없으므로)"고 논했다. 에드먼드 포터(Edmund Potter), 「노동조합과 그 여러 경향」, 〈사회과학 장려 전국 협회 의사록〉, 1860, 758쪽.

의와 확신을 이해하기란 어렵다. 이를 '자연권'이라고 보는 직관적 확신을, 우리는 대부분 이 관념의 장기의 존경할 만한 역사에 돌리고자 한다. 18세기 중엽까지 그것은 논쟁되지 않았다. 수공업 길드(Craft Guild)나 조합 회사(Incorporated Company) 회원에게 무자격의 침입자가 그의 직업을 갖는 것은 도둑이 그의 물건을 훔치는 것과 마찬가지로 무법이고 자연적 정의에 반하는 것으로 생각되었다. 이러한 생각은 사회의 어떤 특수 부문 사람들에게 한정된 것이 아니다. 당시의 경제학자나 정치가들에게, 각 상업인 계급의 기득 이익의 보호는 토지나 동산의 소유 보호와 마찬가지로, 문명사회의 근본적 공리로 생각되었다. 1434년, 지기스문트(Sigismund) 황제는 "우리의 조상은 바보가 아니었다. 여러 직업은 모든 사람이 그것에 의해 나날의 빵을 얻고 누구도 타인의 직업에 간섭하지 않는다는 목적으로 고안되었다. 이에 따라 세계는 그 비참함에서 면하고 각자는 그 생계를 찾을 수 있다"[6]라고 말했다. 그 뒤 350년, 파리 국회는 "정의의 제1원칙은 모든 사람에 대해 그 소유물을 보호하는 것이다. 이 원칙은 재산권의 보호에 있을 뿐 아니라, 그 이상으로 가문과 지위의 특권에서 생기는 인격에 속하는 권리의 보호에 있다"고 했다.[7] 당시 뛰어난 판정장관 세귀어(Advocate-General Sèguier)는 "모든 신민에게 무차별적으로 상점 보유나 개점의 권리를 부여하는 것은 수공업 동직조합을 만든 사람들의 재산을 침해하는 것

---

6) 골더스티(Goldasti), 『제국 헌법(Constitutions Impériales)』, 제4권, 1897쪽, 브렌타노 박사의 저서에서 인용; 『노동조합운동의 역사』, 19쪽.

7) 부역제도(Corvée)와 직인 조합(Jurandes)을 폐지하는 튀르고 포고령에 반대하는 파리 국회의 항의. W. 워커 스티븐스(Walker Stephens), 『튀르고의 생애와 저술(Life and Writings of Turgot)』, 132쪽; 조베(Jobez), 『루이 14세 치하의 프랑스(La France sous Louis XVI)』, 제1권, 329~331쪽.

이다"[8]라고 했다.

　　그러나 직업의 기득 이익이라는 생각은 그 길고도 존경할 역사로부터 본질적으로 보수적인 계급에 속하는 사람들의 시인을 얻었지만, 전통에만 근거한 것이 아니었다. 계속적 고용에 의해 나날의 생활을 보낼 수 있는 노동자에게, 그들의 생활 수단을 몰수와 침해로부터 보호하는 것은, 토지 소유자에 대한 것과 마찬가지로 근본적인 사회질서의 기초로 생각된다. 양자가 함께 요구한 것은 생활의 안정과 계속 —문명 생활의 '선행 조건'인 '이미 확립된 기대'(Established Expectation)의 유지— 이다. 그리고 이러한 요구가 사회적으로 이득이라고 하는 것은, 개인의 품성에 대한 간단한 관찰에 의해 그 근거를 쉽게 알 수 있다. 만일 어떤 사람 자신의 행위나 태만의 결과로 불행이 찾아왔을 때, 그것은 그에게 그 습관을 변하게 하는 배상을 초래할 수 있을 것이다. 그러나 개인이나 계급이 도저히 피할 수 없는 재앙에 의해 압도될 때, 경험이 보여주는 바는, 그들이 인종적인 체념으로 이끌릴 수 있어도, 자기 의존에 자극을 받지 않고, 반대로 활동력이 없어지거나 무모하게 변하게 된다. 우리는 활화산 위에 사는 사회로부터 사려 깊은 선견지명이나 지속적인 근면을 기대할 수는 없다.[9] 이는 사실,

8)　판정장관 세귀어가 튀르고 포고령을 등록하기 위해 고등법원(Lit de Justice)에서 직인조합을 위해 행한 변론. W. 워커 스티븐스, 앞의 책, 134쪽; 『튀르고 전집(Œuvres de Turgot)』, 제2권, 334~337쪽. 풍상, 제3권, 제9장.

9)　버클(Buckle)은 지진의 영향이 성격을 약하게 하는 점에 주목하여 다음과 같이 말한다. "사람은 그가 회피할 수도, 이해할 수도 없는 가장 최대의 위해를 목격하면, 그들의 무능력과 그들의 힘의 빈약함을 통감한다."(『문명사(History of Civilization)』, 제1권, 123쪽) 종종 유산 계급의 비평가는 변동적인 직업에 종사하는 노동자와, 다소는 모든 육체노동자 계급의 특징을 형성하는 미래에 대한 '부주의' —신중하게 결정한 앞날의 방침을 계속 수행하지 않는 것— 를 개탄하고 있다. 우리는 영국의 유산 계급과 노동 계급 사이에 있는 이 특유한 차이를, 주로 임금 노동자의 다음과 같은 감정, 즉 그의 생계의 지속은 자신이 조금도 통제

사유재산의 안정이라는 감정을 약화시키는, 즉 "어떤 부분의 복리를 향수하는 여러 법칙에 근거하는 기대에 가해지는 충격이나 착란"[10]에 반대하는 근본적인 논의이다. 재산의 소유에서 그 계약에 의한 점유로 눈을 돌리면, 우리는 아일랜드와 잉글랜드의 소작농이 그들의 '소작권'을 확보해주는 법률을 구하여 오랫동안 성공적으로 수행하여 효과를 거둔 운동 중에 같은 논의를 인정하게 될 것이다. 만일 소작농이 일하여 얻은 결과로 지주가 그 소작인을 추방하는 법률상 권리를 행사하고자 희망하는 때는 언제나 멋대로 몰수할 수 있다고 한다면, 우리는 그들 소작농이 그 소작지를 최고의 능률 상태에 두기 위해 필요한 자기희생이나 선견지명이나 노력을 지불하는 것을 기대할 수 없는 것이 지금 인정되고 있다. 이와 동일한 사상은, 통화의 법률적 규제에 찬성하는 일반적 확신의 근저에도 놓여 있다. 복본위 제도(Bimetallist)의 주장자도, 단본위제도(Monometallist) 주장자도 모두, 만일 신중하게 결정된 가치 기준의 결여로 인해 상인과 제조업자의 올바른 기대가, 그들이 통제할 수 없는 통화 변동에 의해 수포로 돌아간다면, 그 국민 기업에 미치는 결과에는 너무나 비참한 것이 있으리라고 개탄하고 있다. 우리는 사회가 특수한 개인이나 계급을, 그들이 회피할 능력이 없는 사정으로 인해, 그들의 노력과 희생이 무로 되는 것에서 생기는 품성에 대

할 수 없는 여러 사정에 좌우되는 것이고, 그는 단기 업무를 위하여 노동자를 고용하거나 해고하는 현대의 관습에 의해 자신이 조금도 회피할 수 있는 기술을 알지 못하는 변동에 대해 현저히 민감하다는 감정에 돌리고 싶다.

10) 벤덤(Bentham), 『민법의 원리(*Principles of Civil Code*)』, 제2편, 제7장. 1816년, 휘그당 영수는 한직의 관리, 게다가 과대한 보수에 대해 하원에서 토의할 때, 프랜시스 호너(Francis Horner)가 홀랜드(Holland) 경에게 썼듯이 "재산에 대한 미묘한 구별을 긋기 시작하는 것은 다루기 어렵다." 『프랜시스 호너 의원의 비망록 및 편지(*Memoirs and Correspondence of Francis Horner*)』(M. P., London, 1843), 제2권, 386쪽.

한 악영향으로부터 보호하고자 특히 노력한 다른 사례(예컨대 특허권이나 저작권의 법률, 관제의 폐지에 대한 배상의 일반적 실행, "'영국 토지조항정리법'에 의해 인정되는 중대한 손해를 입은" 사람들의 무수한 청구권과 같은 것[11])를 인용하여 독자를 권태롭게 할 필요는 없다. 만일 우리가 19세기에 정신노동자와 재산 소유자의 생활 안정과 계속을 보호하기 위해 세워진 광대한 보호의 망을 상기하면, 동일한 은혜에 대한 주급 임금 노동자의 열망을 이해할 수 없는 것이 바로 그런 계급에 속하는 사람들이라는 것은 기이하다. 노동자의 어느 대변자에 의하면 "근면한 노동자로 이미 하나의 직업을 배우고 또는 어떤 정직한 수단으로 고급의 생계를 세운 자는, 만일 그의 직업이나 재산이 간섭받거나 불리한 때에는 충분한 배상을 받을 권리가 있다는 것, 바로 단수 시 배상을 받는 물레방아 주인과 같다. 모든 종류의 재산은 충분한 보호를 받고, 단 빈곤한 노동자의 유일한 재산인 그와 그의 아동의 근면한 습관은 예외이다."[12]

---

11) 왕실 변호사(Q. C.) C. A. 크립스(Cripps), 『배상법의 원리(*Principles of the Law of Compensation*)』(London, 1892), 제3판.

12) J. 제럴드(Jarrold), 『동일 양의 업무를 손이나 기계로 행하는 경우 그 수행에 사용되는 노동자 수에 대한 비교 설명(*A Comparative Statement of the Number of Laborers Employed in the Execution of the Same Quantity of Work if Executed by Hand or Machine*)』(Norwich, 1848). 시스몽디(Sismondi)는 1834년, "하나의 기계적 발명에 의해 사회가 얻는 것을 정확하게 계산하려면, 그것으로 인해 해고된 노동자 전부가 이전과 동등한 이익이 있는 취직 자리를 발견할 때까지 입는 손실을 그것으로부터 감해야 한다"라고 지적했다. 「토지 재산에 대해」, 〈경제학 월보〉, 1834년 2월호. 이는 그의 『경제학과 정치철학(*Political Economy and the Philosophy of Government*)』(London, 1837), 168쪽에 번역되어 있다.

종종 행해지듯이, 이 직업에서 노동자의 기득 이익을 인정하는 것은, 현대 사회에 결여될 수 없는 산업상의 가동성과 양립하지 않는다고 단순하게 주장하는 것만으로는 충분하지 않다. 물론 사회는 어느 개인이나 부문의 기득 이익이 공공의 이익이 되는 변화를 방해하는 것을 허용할 수 없다. 이는 토지, 동산, 공직, 기타 어떤 경우라고 해도, 모든 기득 이익

그러나 철학 연구자는 모든 형식의 '기득 이익'의 공통 기원이, '이미 이

에 분명히 적용된다. 그러나 재산 소유자나 공직자와 관련되는 경우, 필요한 가동성은 금전상의 배상이라고 하는 간단한 방법에 의해, 관련 개인에게 손실을 주지 않고 확보된다. 철도 등과 같이 의회의 힘에 근거하여 수행되는 기업에 의해 그 직업에 '손해를 입은' 사람들이, 왜 토지 소유자와 마찬가지로 그들의 생계 수단에 대해 가해진 손해의 배상을 받아서는 안 되는지를 이해하기는 어렵다. 직업을 잃은 노동자의 법적 배상에 대한 이러한 요구는 J. S. 밀에 의해 인정되고 있다. 그는 새로운 공정이나 새로운 기계의 응용에 의해 초래된 사회적 이익은 "정부로 하여금 이러한 종국적 이익의 원천이 현대인에게 주는, 또는 주어야 하는 폐해를 완화하고, 가능하다면 방지해야 할 책임을 면하는 것이 아니다. … 그리고 전체로서는 고용을 감소시키지 않는 개량도, 대부분 언제나 일부의 특정한 계급을 실직하게 하는 것이므로, 그리하여 동료 시민과 자손의 이익을 위해 희생이 되는 사람들의 이익만큼 입법자의 관심의 정당한 대상이 되는 것은 있을 수 없다"(J. S. 밀, 『경제학 원리』, 제1권, 제6장, 제3절, 62쪽)고 선언한다. 우리는 이러한 인도적 원리가 준수된 사례가 있는지 알지 못한다. 발명에 의해 실직한 노동자의 경우, 그들에게 적정한 금전을 지불하는 것은 불가능하고 바람직하지도 않은 것이 사실이다. 그러나 그들이 새로운 공정으로 노동하고자 희망한다면, 사회적으로는 커다란 일시적 손실이 있어도 그들을 이전의 임금으로 고용해서는 안 된다는 어떤 정당한 이유도 있을 수 없다. 기득 이익의 교란에 대해 배상을 부여하고자 하는 영국 입법자의 행동은, 필경 관련 계급의 일시적인 정치적인 세력에 의해 좌우되는, 매우 변덕스러운 것이었다. 가령, 1698년, 사적인 복권이 갑자기 금지되었을 때, 복권업자와 그 노동자의 대계급에 대해 그 자본의 손실에도, 직업의 손실에도 아무런 배상이 부여되지 않았다. 특별한 구조의 노예 운반선에 많은 자본을 투자한 선주와 상인은, 1807년 노예 매매가 금지되었을 때 어떤 배상도 얻지 못했다. 이에 반하여 1834년 영국 식민지에서 노예가 사적 피고용인이 되었을 때, 2000만 파운드를 그 소유자에게 부여한다고 가결되었고, 그 밖에 그러한 수단을 채택한 나라는 그 전후에 없었다. 아일랜드 의원 선거 시읍(Irish Parliamentary Boroughs)의 소유자는, 영국이 그 의석을 그들로부터 빼앗았을 때 배상을 받았다. 그러나 마찬가지로 수입의 근원으로 인정된 잉글랜드 선거 시읍의 소유자는 1832년 개혁안이 그들을 없앴을 때 어떤 배상도 받지 못했다. 오늘날에도 시 의회가 스스로 그 사업을 개시하고, 이전의 도급을 전적으로 무용하게 하기 위해 공공 기금을 사용할 때, 시 의회는 자본이나 생계의 손실에 대해 그들에게 어떤 배상도 지불하지 않는다. 그러나 새로운 공장이 도급인의 집 창에서 시야를 어느 정도 어둡게 할 때, 시는 손해를 배상해야 한다. 의회는 공공 관청에 대해 가능하다면 공공 전등 사업을 개시하여 현존 가스 사업의 사인 경영자를 파멸시키거나, 심지어 공공 매장지를 설치하여 주식 묘지 사업을 파괴하는 충분한 권한을 부여받는다. 그러나 하원은 질투로, 민간 가스 공장이 경쟁자로 나타나는 동안, 시 의회가 시 의회 자신의 가스 공장을 설치하는 것을 허용하지 않고, 토지나 공장이나 물을 수용하거나, 독점권을 침해하는 것에 반대하지 않고, 단지

루어진 기대'의 실망이라고 하는 사회적인 대규모 폐해를 사람들이 회피하는 것에 있음을 인정하지만, 그는 그 만능의 효능이 있는 것을 바로 승인하지는 않을 것이다. 개인적 이익의 특수 형식에 적용되는 경우, 그 구제책이, 그것이 치유되는 경우보다도 더욱 큰 사회적 폐해를 수반하는 것은 충분히 있을 수 있다. 그리하여 지금 여론은, 대대로 계승된 직인 세대가, 그들이 시대와 보조를 함께하거나 과거의 관행에 만족하여 서행하는지를 묻지 않고, 종래로부터의 생계를 법률적으로 보증하는, 긴밀한 동료 회사의 나쁜 효과에 대한 튀르고나 애덤 스미스의 비난에 기울고 있다. 이와 전적으로 같은 어조로, 사유재산제도 반대자는, 그것이 적어도 세습재산이라는 형식에서는 그 목적을 과도하게 수행한 것에 불과하고, 개인적인 노력과는 독립된 생활을 확보하는 것에 의해, 적극적으로 각 세대의 사람들로 하여금 그 충분한 능력을 발휘하도록 하는 것을 장려하는 그 제일의 목적을 파괴하는 것이라고 주장해왔다. 길드에 대해서도 마찬가지로, 현대 민주주의는 어느 하나의 무리나, 하나의 부문이 더욱 불운한 국외자를 배척하여, 공공 노무의 기회를 독점하는 권리를 부정한다. 마찬가지로, 사유재산 반대자는, 비교적 소수 계급의 손에 토지와 자본을 실제로 독점시키는 것에 의해 배타적 소유권은 실제로, 시민의 전부를 그것에 의해서만 그들의 능력을 발휘하게 할 수 있는 생산수단에 접근하는 것으로부터 방해한다고 주장한다. 거의 같은 말 ―노동권― 이 튀르고에 의해 길드 반대론

수입의 손실에 대해 현존의 수도회사에 충분히 배상하지 않고, 공공을 위한 새로운, 전적으로 별종인 급수를 얻을 목적으로 그 자신의 우물을 파는 것도 허용하지 않는다. 매년 부여되는 주류 판매의, 기한이 한정된 면허의 소유자는, 만일 의회가 장래 그것을 갱신하지 않는다고 결정한 경우, 배상 요구의 정당한 권리가 있는지 여부는 격렬하게 논의되는 문제이다.

에, 루이 블랑에 의해 자본과 토지의 사유에 대한 비난에 사용된 것은 의미 있는 것이다.[13]

그러나 의회로 하여금 수공업 노동자의 기득 이익을 포기하게 한 것은, 이러한 일반적 논의가 아니었다. 새로운 발명이 쏟아져 나온 격류 속에서 법률상 '직업에 대한 권리' 또는 도제의 법률적 제한은, 한편으로는 여전히 조금은 성가신 제한이면서도 노동자의 생계를 보증하지 않게 되었다. 그 결과 생긴 기득 이익의 교란에 대한 유일한 구제책은, 기계 등 개량의 절대적 금지에 의해 현존 산업 질서를 고정하는 것이었을 것이다. 그러나 최대의 국부를 확보하는 것에 열렬한 정치가에게, 그러한 종류의 금지는 자살적인 것으로 보였다. 기업심이 풍부한 신흥 산업 통수자 계급에게 모든 제한은 그들이 자신의 개인적 부를 만들 수 있게 하는 자본의 자유 사용에 대한 장애였다. 무소유의 직인은 자유방임을 대신할 실행 가능한 어떤 수단도 고안할 수 없고, 지배 계급의 누구도 배상의 수단을 생각하지 못했다. 산업혁명이 진행됨에 따라, 가동성에 간섭하는 것에 대한 반대는 그 힘을 증가시켜왔다. 어떤 기득 이익도 갖지 못한 새로운 노동자 무리가 발생했고, 따라서 그들은 자신들을 가장 유리한 직업에서 제외하는 어떤 사회적 개념에도 반대했다. 마지막으로 노동자의 어떤 부문의 '이미 이루어진 기대'의 실망이라는 이유로, 소비자가 항상 변하는 욕망을 충족하기 위해 가장 저렴한 방법을 채택하는 것을 저지해야 함을 인정할 생각이 없는 대

---

13) "노동권은 각자의 재산이고, 이 재산은 모든 것 가운데 제일이고, 가장 신성하며 가장 불가양도적인 것이다." 튀르고, 『조합' 압박법 서론(*Introduction to the Law for the Suppression of 'Jurandes'*)』, E. 데르(Daire) 편, 『튀르고 전집』, 제2권, 306쪽. 이러한 '노동권'(droit à travaiiler)은 루이 블랑이 주장한 '노동권'(Droit au Travail)보다 70년이나 앞선 것이다.

규모 소비자 무리의 세력이 대두해왔다. 그 결과, 노동조합 운동가조차 기득이익설을 시대착오적인 것으로 느끼게 되었다. 그것은 모든 직업의 비교적 보수적인 머리를 갖는 조합원에 의해 열렬히 주장되어왔다. 그것이 그들에 대해 그들이 유지할 수 있는 제한 규제를 충분히 시인하기 때문이다.[14] 그것이 유서 깊은 낡은 수공업의 잔해에 가장 강렬한 것임은 두말할 필요도 없다. 종래 상업적 경쟁의 초점을 피해온 산업계의 구석구석을 찾고자 힘들게 일한 사람들은, 그것들 중에서 노동조합적인 성질을 갖는 일종의 독특한 형태를 발견할 것이다. 기득이익설을 지금도 노동자가 고집하고 고용인이 승인하는 경우 어디에서나 —즉 고용조건이 각종 노동자 계급 사이의 경쟁적 투쟁에서가 아니라, 그 기정 기대 위에 의식적으로 근거하고 있는 경우— 일반 노동자 사이에 '고상한'(Gentle) 성질이라고 부를 수 있는 것 —오래된 가문이나 오랫동안 확립된 지위에는 항상 수반되는, 침착한 품위, 장중한 예의, 그리고 타인의 권리나 감정에 대한 존경의 결합— 이 이상하게 확대되는 것을 본다. 그러나 이러한 형태의 성격은, 노동조합 세계에서는 나날이 드물어져 간다. 기득 이익이라는 과거 학설은 사실, 그 활력을 잃었다. 그것은 지금 많은 노동자들이 은밀하게 품고 있고, 그 도덕적 타당성은 각종 노동조합 사이의 다툼에서 쌍방이 주저하지 않고 인정하는 것이다. 그러나 우리는 그것이 노동조합 지도자의 마음을 지배하거나, 고용인과의 교섭이나 여론의 후원을 얻기 위한 호소에 나타나

14) 가령 1897년, 어느 나이 많은 식자공이 다음과 같이 쓴 것을 우리는 볼 수 있다. "우리가 기계에 저항하지 못한다고 주장하는 것은 무용하다. 우리는 그것을 할 수 있고, 해야 한다고 나는 단언한다. 우리는 '고등의 문명'의 이러한 우상 앞에 잠복하여 어떤 저항도 없이 생존에서 던져져야 하는가? … 스스로 근면에 의해 사는 것은 각자의 생득권이고, 이 권리를 빼앗고자 하는 것은 우리의 공동체에 대한 반역자이다." 〈인쇄공 회장〉, 1897년 2월호에 실린 편지.

는 것을 더 이상 보지는 못한다. 기득 이익의 다른 여러 형식에는 어떤 운명이 숨어 있다고 해도, 사회조직을 사회의 필요에 가장 신속하게 적응하도록 요구하는 진보에 대한 현대의 정열은, 어떤 사람도 하나의 직업에서 기득 이익을 가질 수 있다는 학설을 효과적으로 타파한다.

19세기 초엽에 기득이익설이 임금 노동자에 관해서는 하원에 의해 결정적으로 거부되었을 때, 노동조합운동은 우리가 수요공급설이라고 하는 것으로 돌아섰다. 노동자는 이미 그들이 그 기존에 있었던 기대의 법률적 보호를 요구할 수 있는 시민으로 간주되지 않고, 노동은 다른 사물과 마찬가지로 하나의 상품이고, 그리고 그들의 참된 지위는 시장에서의 파는 자의 그것이고, 국법의 범위 내에서 그들이 스스로 할 수 있는 최선을 행하는 권리가 있으나, 보통의 거래 기술에 의해 그들이 거래하는 사는 자가 인출할 수 있는 것 이상의 조건에 대해서는 어떤 권리도 없는 것과 같음을, 적과 동지에 의해 동등하게 통고받았다. 가장 싼 시장에서 '노동'을 사는 것은 고용인의 일이고, 가장 비싼 시장에서 그것을 파는 것은 노동자의 일이었다. 따라서 어떤 요구가 옳은가 여부에 대한 유일한 판단 기준은, 그것을 강제하는 능력이고, 노동자가 더욱 좋은 조건을 확보할 수 있는 유일한 방법은, 고용인에 대하여 그들의 전략적 지위를 강고하게 하는 것이었다. 『노동조합운동의 역사』에서 우리는 1833~1834년의 오언적인 공상주의의 붕괴 이후, 어떻게 하여 이 학설이 노동조합운동에 하나의 새로운 정신으로 침입해왔는지를 서술했다. 가령 그 강력한 제한적 단결이 1849년에 생긴, 플린트 유리제조공의 경우, 그들은 분명히 그들의 모든 정책을 '수요공급'에 근거해왔다. 1849년, 그들의 우두머리는 다음과 같이 썼다. "나스미드(Nasmyth) 씨가 [왕립노동위원회를 향하여] 과잉 노동을 공급하는 것이 고용인에게 이익이라고 설명하는 것을 볼 때, 신참자의 무제한 공급이 하나의 시장에서 노동자에게 미치는 결과와 그 실행에 대한 그들의 반대를 이해하기란 어렵지 않다. 국가가 그러한 제한을 시행하는 것은 확실히 가장 좋지 못한 정책일 것이다. 그러나 도제 인원의 무제한 제도하에서 일하는 것을 거부한 사람들의 행동은, 그 제도를 주장하는 고용인의 그것과 반드시 동일하게 우리에게는 생각된다. 쌍방 모두, 그들 자신의 이익을 위해 최선을 다해 노력하고, 그들의 행동의 영향을 입는 사람들의 이익을 고려하는 체하지 않는다. 고용인이 가능한 한 많은 소년을 고용하는 것이 더 싸다는 것을 알고, 그들은 해고된 노동자를 그들에게 멋대로 맡긴다. 노동자는 또 노동자로서 소년의 무제한 공급제도하에서 일하는 것을 거부하는 것을 그들의 이익이라고 생각하고, 실직 소년을 그들이 열심히 하는 것에 방임한다. 고용인은 가장 싼 노동을 발견하는 것이 자본의 이익이라는 이유하에, 다수의 중년 노동자를 소년으로 바꾸는 결과에 대한 모든 책임을 거부한다. 노동자는 그러한 조건하에서 일하지 않는 쪽이 그들의 신체에 이익이라고 생각한다. 어느 쪽도 자신의 이익을 확보하는 것 외에는 어떤 의무도 인정하지 않는 이러한 이익투쟁에서는, 절대적으로 공정한 국가가 유일한 안전 규약으로 생각된다. 일반 법률의 위반을 낳지 않고, 어떤 법적 제한도 없는 한, 그들 행동의 결과는 양 당사자가 스스로 져야 한다."[15]

1843년부터 1880년까지 수요공급설은 결코, 일반적으로 승인되지 못했지만 노동조합 사상계 지도자의 대다수 마음속에 우세한 지위를 차지했다. 개인 교섭의 폐해와 단순한 지방 노동조합의 무력에 대한 노동자 경험에 비추어보면, 그것은 거대한 적립금을 축적하고 국내 전역에서 하나의 산업 전체의 노동 공급을 통제하고자 하는 강력한 노동조합 설립을 의미

---

15) 〈플린트 유리제조공 잡지〉, 제6권 제7호(1869년 3월호).

했다. 뿐만 아니라, 그것은 점차 배타적인 정책을 대신하여 포용의 정책으로 나아가는 것을 의미했다. 제한적 조건하에서 일정한 도제 봉사를 경험함에 의해 그 직업에 대한 권리를 '얻은' 노동자에게만 주의 깊게 노동조합가입을 제한하는 대신, 노동조합은 그 숙련 확보의 수단이 아무리 의심스러운 것이라고 해도, 지금 그들의 직업에 종사하고 있는 유능한 노동자라면 모두 가입을 강제하기 위해 모든 합법적 수단을 채택하는 것에 더욱더많이 노력해왔다. 따라서 도제에 관한 정책은 미묘하게 변했다. 세습이라든가, '직업에 대한 권리'의 매매라든가, 견습과 직공의 전통적 비율이라는관념은 점차 사라지고, 조합원과 고용인의 거래에서 가장 유리한 지위에두기 위해 산업 입문을 규제하는 솔직하고 어느 정도 시니컬한 정책이 대체되었다. 수요공급설의 직접적인 결과인 노동시장의 이러한 의식적인 조종은, 여러 가지 산업에서 여러 가지 형식을 택했다. 가령 플린트 유리제조공 사이에서, 그것은 절대적으로 정확한 조절을 낳았다. 즉 입직에서 계급으로, 그리고 계급부터 계급으로의 승진은 빈자리가 생길 때마다 바로 그것을 채우지만, 어떤 계급에도 한 사람의 실직자가 없도록 규제되었다. 그들은 "그것은 오로지 수요공급 문제이고, 우리 모두, 만일 우리가 실제의수요량보다도 과잉의 물품을 공급한다면, 그것이 노동이든 다른 상품이건간에, 그 물품의 가격 저하는 당연한 결과임을 알고 있다"고 선언했다.[16]결론은 소년 노동의 엄격한 제한이었다. "규약을 준수하고, 소년을 멀리하라. 왜냐하면 그것이 폐해의 근원이고 승진의 비결이며, 그 위에 우리 노동조합이 활동하는 지침이 있고 미래 자손의 희망이 있기 때문이다."[17] 면

16) 『노동조합운동의 역사』, 183쪽.
17) 〈플린트 유리제조공 잡지〉(1857년 9월호), 『노동조합운동의 역사』, 184쪽.

사방적공은 임금이 시장에서 오로지 그들의 전략적 지위의 세력에 좌우되어야 한다는 동일한 가설을 승인하면서, 전적으로 반대되는 정책이 그들의 목적을 달성하는 데에 가장 적당한 것임을 발견한다. 소년의 수를 제한하고자 시도하는 대신, 그들은 각 방적공이 2명의 사계공을 수반할 것, 즉 공급을 유지하기에 필요한 노동자 대 견습의 비율보다도 10배나 커야 한다고 주장했다. 이러한 규제는, 분명히 그러한 조정에 의해서만 노동조합은 그 조합원에게 최고의 보수를 확보할 수 있다는 이유에서, 고용인과의 모든 교섭에서 주장된다.[18] 그러나 이러한 가설 변경의 가장 현저한 결과는, 임금과 노동시간에 관한 정책에 일어난 혁명이었다. 기득이익설의 영향하에서, 18세기 노동조합원은 주로 그들의 관습적 생계를 보호하는 것에, 그 활동을 한정했다. 따라서 임금 인상은 이윤이 큰 경우가 아니라, 생활비가 오른 경우에 요구되었다. 임금은 단결한 임금 노동자의 전략적 지위에 의해 결정되어야 한다는 견해의 영향하에서, 19세기 중엽의 노동조합원은 호경기 시절에 무한하게 유리한 주문을 수행하고자 열심인 고용인으로부터 그들이 강요할 수 있는 최고의 임금을 얻고자 하는 요구를 과감하게 제출했다. 불경기 시절의 수요공급에 의해 생긴 기아적 임금을 불가피한 것으로 인정해온 유산 계급의 여론은, 1872~1873년에 광부와 제철공이 당시의 호경기에 1일 10실링, 심지어 1파운드를 요구하고, 녹두 콩이나 샴페인을 사치스럽게 섭취한다는 소문에 충격을 받았다. 산업의 대통수자들은, 호경기 시의 이윤을 분배해야 한다는 노동조합의 주장에 참으로 놀랐지만, 그들 자신의 수요공급설을 이렇게 적용하는 것을 거부하기 곤란

---

18) 이러한 역설의 경제론 —우리의 의견으로는 플린트 유리제조공의 주장보다도 더욱 유력한 것— 에 대해서는 뒤의 '노동조합운동의 경제적 특징'을 참조하라.

함을 알았다. 따라서 우리는 그들이 특히 탄광업과 제철업에서 노동조합 지도자들과 하나의 지적인 타협 —유명한 물가연동제(Sliding Scale)의 방안이라는 형식을 취하는 것— 을 이룬 것을 본다. 더럼과 노섬벌랜드의 탄광주와 북부 영국의 제철업주는, 임금이 개인적인 노동자 상호의 경쟁이나 개별 고용인의 거래 수완에 의해 결정된다고 하는 학설을 완전히 포기했다. 그리하여 그들은 노동조합운동의 중심적 주장, 즉 산업과 같은 범위인 공통규칙의 편의를 솔직하게 승인했다. 뿐만 아니라, 그들은 종종 생기고 물가연동제하에서는 임금 인상의 이유로 인정되지 않는, 노동의 공급과잉을 이용하고자 하는 요구를 포기했다. 노동조합원은 노동조합원 편에서, 다른 방법으로는 임금 인상을 할 수 있는 경우, 종종 노동 공급 부족을 이유로 동의했다. 그러나 그들은 더욱 중대한 양보를 했다. 임금률은 생산물 가격에 따라 자동적으로 변화하는 것을 승인함으로써 그들은 노동자 수입이 수요공급 —그것은 직접 노동에 대해 적용되는 수요공급이 아니라 노동의 생산물에 대해 적용되는 수요공급이지만— 에 의해 결정되어야 한다는 고용인의 주장을 인정했다. 탄광업과 제철업에서 경쟁시장에서 결정되는 생산물의 매매 가격은, 당시 그 산업의 평균 이익의 대체적인 지표로 간주되었다. 그리하여 노동자의 지위는, 산업의 생산물에 대한 그의 비율이라는 점에서, 겸손한 책임 사원의 그것이 되었다. 그러나 그는 경영에 어떤 참가권도 없는 —특히 그의 생산물의 매매 가격, 따라서 그의 생활이 필연적으로 의존하는 수요도에 생산액을 조정하는 것에 대해 어떤 발언권도 없는— 사원이었다. 그래서 광부 사이에, 어떤 광산주도 부주의한 과잉 생산에 의해 모든 산업에 대한 가격을 떨어뜨려 이윤과 임금을 함께 저하시켜서는 안 된다고 하는 절규가 생겨났다. 그들은 50만 명의 광부 가정의 나날의 빵이 석탄 가격과 함께 자동적으로 변화한다면 —만일 노동자가 물가연동제를 승인하여 조건 개선을 위해 싸우는 그들의 권리를 포기해야 한다면— 소비자를 상대로 하여 가격 결정은 모든 산업이 의존하는 일반적인 단체협약의 일부가 되어야 한다고 주장했다.[19] 이는 사실, 자본가와 노동자의 연합위원회에 의해 통제되고, 산출량이나 가격이나 임금률을 정하는 대규모 석탄 트러스트 —영국의 탄광주가 여러 차례의 기획에도 불구하고 지금까지 설립할 수 없었던 하나의 단체— 를 의미했을 것이다. 따라서 광부는 남부 웨일스를 제외하고는 물가연동제를 포기하고, 곧 서술하듯이 지금은 다른 하나의 학설 영향하에 있다.[20]

그동안 탄광주가 아직 채택하지 못한 수단이 버밍엄 금속업의 대부분에 의해 채택되었다. 1890년 이래 현저하게 수가 많아진 '동맹'(Alliance)이 전체적으로 산업상의 이익을 증진하기 위한 고용인과 노동자의 제휴라는 관념에 근거하여 버밍엄의 중요 산업의 각종 부문 고용인협회와 노

---

19) 생산량 제한 정책의 서술에 대해서는 '고용의 유지'장을 참조하라.

20) 어떤 원인으로 돌아가든 간에, 1873년 이래의 물가 하락은, 임금 노동자에 대해서는 불행했던 물가연동제의 일반적 채택을 하게 했을 것이다. 1867~1877년(이 기간의 기점으로)과 1869년 사이에 물가의 일반 수준을 보여주는 사우어백(Sauerback) 씨의 지표는 100에서 61로 계속 저하했고, 그 저하는 사업의 범위나 고용 총이윤과는 아무런 관계가 없으며, 그 양자는 지금 그 어느 시대보다도 훨씬 크다. 물가연동제의 주장자는 임금 수준의 정기적 수정을 고려하는 것이 사실이다. 그러나 물가 하락의 시대에는, 변화의 부담이 언제나 임금 노동자 측에 있고, 설령 그들이 이 중대한 장애를 정복한다고 해도 그들은 각 특정의 수준이 고집되는 동안은, 필연적으로 손실을 참아야 한다. 물가 인상의 시대, 가령 1850년에서 1873년 사이와 같은 시대에 고용인은 마찬가지로 불이익에 빠질 것이다. 우리가 어떤 가설을 채택하여도, 임금률은 생산물의 가격 변동에 대해 어떤 현저한 관계를 갖지 않는다. 임금 노동자는 생산 방법의 개량, 운반비의 인하, 상업 조직의 진보, 사업 위기의 감소, 조세 등 산업상 부담의 경감, 이윤의 저락 등 —모든 가격을 하락시킨다고 간주되는 것— 이 생길 때마다 자동적으로 자기 임금의 저하를 양보하는 지위에 스스로 들어가야 한다는 어떤 유력한 이유는 없다.

동조합 사이에서 체결되었다.[21] '침대 및 난로대 제조업주 협회'(Associated Bedstead and Fender Mount Manufactures)와 '침대 및 난로대 제조업 노동조합'(Associated Bedstead and Fender Mount (Operatives) Manufactures)의 조합원인 여러 노동자(소주물공(小鑄物工; Strip Casters)), 날인공(捺印工; Stampers), 조형공(造形工; Spinners), 선반공(旋盤工; Turners), 연마공(研磨工; Burnishers), 부식공(腐蝕工; Dippers), 납땜공(Solderers) 사이의 '동맹' 조건은 이 모든 협정의 전형이다. "동맹의 목적은 매매 가격의 개선, 그리고 그러한 매매 가격을 기초로 하는 임금의 규제 … 에 의해 제조업자에게는 더욱 많은 이윤, 노동자에게는 더욱 높은 임금을 확보하는 것이다." 이 목적을 이루기 위해 고용인과 노동자는 모두 협정 가격보다 싸게 팔거나 임금을 저하시키고자 하는 제조업자에 반대하여 단결하는 것에 동의한다. "이러한 양해는 제조업주 측에서는, 노동자의 노동조합과의 특별 협정이 있으면 예외이지만, 조합원(21세 이상) 이외의 어떤 노동자도 고용하지 않는다는 약속을 포함하고" 노동자 측에서는 "고용인과 노동자가 동수로 구성되는 임금위원회"가 종종 결정하는 가격으로 제품을 매각하는 제조업주 이외의 자를 위해서는 일하지 않는다는 약속을 포함한다. "최초의 가격 인상은 그러한 인상을 하는 것이 안전하다고 생각할 때 ─즉 모든 노동자가 그들의 노동조합에 가입하거나, 모든 제조업자가 고용인협회가 결정한 가

---

21) 필경 일시적이지만 의미 있는 산업적 진보의 한 현상인 이러한 여러 '동맹'은 그 문구에서 거의 동일한 인쇄된 협정문을 가지고 있다. 그 밑에 잠재된 정신에 대해서는 E. J. 스미스가 고용인을 위해 쓴 『새로운 직업단결운동의 원리와 방법(*The New Trades Combination Movement, its Principles and Methods*)』(Birmingham, 1895)이라는 팸플릿과 1896년 7월, 〈버밍엄 및 지방 직업 신문〉에 실린 W. J. 데이비스(Davis, '전국 놋쇠공 합동 노동조합' 위원장)의 논문에서 알 수 있다. 1895~1896년의 〈버밍엄 데일리 포스트〉에는 이 문제에 대한 다수의 논문과 편지가 실려 있다.

격으로 파는 것에 서로 일치할 때— 임금위원회에 권고될 것이다. … 노동
조합의 조합원에게 지급되는 보너스는(원료로서의 금속의 시장 가격의 변동과
는 무관하게) 현재의 매매 가격 … 에 대한 10퍼센트의 인상이 매번 임금에
대한 보너스 5퍼센트 비율로 증가되어야 한다."

　우리는 이러한 버밍엄의 여러 '동맹' —그중 6개는 최근에 생겼다— 중
에, 고용조건은 수요공급에 방임되어야 한다는 것, 달리 말하면 거래하는
양 당사자의 전략상 지위의 강약에 대응해야 한다는 학설의 현저한 발달
을 본다. 각 당사자는 당연히 법률이 허용하는 범위 내에서, 거래상의 자
기 지위를 더욱 좋게 하고자 전력을 다한다. 노동자는 개인적으로는 조건
개선을 요구하는 것에 아무런 힘이 없음을 알고, 고용인에 대한 그들의 힘
을 강력하게 만들기 위해 단결한다. 고용인은 그들 입장에서 노동자에 대
해 자위상 단결한다. 마지막으로 그들은 모두 임금과 이윤을 결국 좌우하
는 그들의 생산물 가격을 유지하는 데 다른 방법을 발견할 수 없으므로,
전체로서의 산업을 위해 사회로부터 더욱 좋은 조건을 확보하기 위해, 그
리고 동시에 그들 중 여러 명의 부정경쟁이라고 생각되는 것으로부터 자
위하기 위해 그들의 힘을 모으기에 이른다. 그러나 그러한 동맹은 상상하
지 못할 정도로 새로운 것도, 달리 유례가 없는 것도 아니다. 고용인과 노
동자의 조직이 모두 불완전하고 그들 사이에 상호 이해가 결여되어 있다
는 것이, 종래 그러한 성질의 정식의, 또는 주도면밀한 협약의 채택을 방
해해왔다. 그러나 고용인과 노동자 쌍방이 준거해야 할 암묵의 가설은, 어
떤 산업에서 공공연한 협정과 마찬가지로 가격 유지와 경쟁자 배척에 유
효할 수 있다. 가령 수제 종이 제조업자의 소단체와 그 고용에 관련된 숙
련 수직인의 노동조합 사이에 변함없는 친화 관계는, 확실히 새로운 경쟁
자가 그 산업에 들어오는 것을 방해하기 위한 반의식적인 계약에 의해 유

지된다.[22] 배관공, 통제조공 등의 많은 직업에서, 업무가 직접 소비자를 위해, 또는 협정을 체결하는 고용인의 사업상 적이 될 수 있는 고용인 계급을 위해 행해지는 것을 금지하거나 처벌하는 하나의 규정이 고용인의 요구로 '취업규칙'이나 노동조합 규약에 삽입되는 것이 보통이다.

따라서 우리는 수요공급설이 가장 실제적으로 기득이익설과 다르다는 것을 알게 된다. 현대 산업의 사실과 양립하지 않는 것이 아니라, 그것은 세계 상업의 사정 변화에 따라 무한하게 발전할 수 있는 것으로 생각된다. 19세기의 기업 정신에 반하는 것이 아니라, 그것은 인류의 최고 이익이 각자가 그 자신의 이익이라고 생각하는 것을 법률이 허용하는 범위 내에서 그가 스스로 최선이라고 생각하는 방법으로 추구함으로써 가장 잘 확보된다고 하는 학설과 일치한다. 뿐만 아니라, 그것은 이미 상인 상호 간의 기업 관계를 지배해온 여러 원칙을 노동자와 자본가 사이의 관계에 적용하는 것에 불과하다. 자본가가 그의 노동자와 개인적으로 거래할 수 있는 경우이든, 또는 노동자의 단결에 의해 그들과 집단적으로 거래하는 경우이든 관계없이, 수요공급설은 문제를 엄격한 기업적 입각점에 두는 것으로 보인다. 고용인과 임금 노동자 사이의 관계는, 사는 사람과 파는 사람 사이의 그것과 같이, 실제로 "한 사람으로 하여금 다른 사람의 어깨에 올라

22) 그리하여 고용인은 노동조합이 도제 수를 가장 엄격하게 "산업 중에 1명의 후보도 없다"고 할 정도로 제한하는 것을 오랫동안 허용해왔다. 종종 노동자는 이 일이 어떻게 잘 현재의 고용인의 이익에 합치되는지를 지적하고 "노동이 확보될 수 있는 한, 이 산업에 들어가는 것은 자본에 커다란 유혹이 될 것이지만", 노동조합의 규제가 이러한 'Vat-Trade'를 실제로 "하나의 긴밀한 조합체'로 만들었다고 주장했다." "양 당사자 사이에 오랫동안 상호 협정이 있었다. … 의심할 바 없이 종종 분쟁이 약간 있었지만, 이는 가정불화와 같은 성질 이상의 것이 아니었다." 왕실변호사, 중재 재판관, 루퍼트 케틀(Rupert Kettle), 『임금 인상 문제에 대한 중재 재판(Arbitration on the Question of an Advance in Wages)』(Maidstone, 1874), 64쪽.

타고 그곳에 머무르고자 노력하는 인자한 사적 싸움"[23] 중의 한 사건에 불과하게 된다. 그렇게 본다면 현대 산업투쟁의 결과인 비체계적인 불평등은 개인적 품성과 중대하게 관련된다. 만일 자조의 정신이 개개인으로 하여금 그들의 자위를 위해 단결시킨다면, 이러한 의식적 협동은 단지 전력과 인내만이 아니라, 그 모든 자발적 결합의 근저에 놓여 있는 신중한 자제와, 어떤 충동의 다른 충동에의 복종을 장려하는 이익이 있다. 우리는 사실, 수요공급설의 완전한 지적 승인은, 상업 생활에 대해서와 거의 같은 결과를 노동조합운동의 태도에 대해서도 부여한다는 것, 그것은 지도자로서 이 두 가지 경우에 거의 같은 형태의 성격을 만들어낸다는 것을 발견한다. 노동조합 세계의 사정에 정통한 사람들은, 그 어느 부문에서 단체로서의 정책과, 개별 지도자의 성격 양자에게 동일하게 강력한 자기 의존과 호전적인 정신, 동일한 감정의 인내심, 박애심, 이상주의, 그리고 싸움에서 그들의 성공에 대한 동일한 자기 희열과, 실패한 사람에 대한 동일한 경멸, 특히 "가진 자에게는 주어져야 하고, 갖지 못하는 자에게는 그가 가지고 있는 것도 뺏어서는 안 된다"고 하는 격언 위에 선 동일한 사회질서관을 인정하는 데에 아무런 어려움을 느끼지 않을 것이다. 노동조합운동 중에서 압박자에 대항한 피압박자의 거대한 계급적 반항을 보는 이상주의자에게는, 다른 모든 사람을 희생하여 그 자신의 조합원의 이익을 돌진하는 이러한 종류의 노동조합 임원에게, '상인 정신'이라는 단순한 다른 하나의 구체화를 인정하는 것은 하나의 커다란 충격이다. 개인적 자조의 신자는 '상인 정신'이 자유 경쟁과 싸움이 아니라, 긴밀한 단결과 독점을 낳을 때 개탄할 권리도 없다. 사람들이 다른 사람과 싸우기 위해서는, 서로 반대하

---

23) 헨리 메인(Henry Maine) 경, 『인민 정치(*Popular Government*)』(London, 1885), 50쪽.

기보다는 단결하는 쪽이 그들에게 더 많은 이익을 초래할 수 있음을 발견할 때, 자조의 정신이야말로 그들을 단결하게 한다. 만일 그들이 최선이라고 생각하는 방법으로 자기의 이익을 추구하는 것이 개인적으로 자유라고 한다면, 그들은 그쪽이 자기 이익이라고 생각할 때 단결하는 것도 자유라는 것이 된다. 1853년, 로버트 스티븐슨(Robert Stephenson)은 철도에 관련하여 "단결이 가능한 경우 경쟁은 불가능하다"[24]라고 선언했다. 만일 임금 계약이 다른 상업상 계약과 같은 기초에 있다면, 개인적 이익의 추구는 그 경우에도 다른 기업 거래와 마찬가지 방식으로 실제로 수행되리라고 기대할 수 있다. 1888년 폭스웰 교수는 "경쟁이 완전하면 완전할수록 그 결과 생기는 독점은 확실하게 더욱 강고해진다"[25]고 말했다. 런던의 여러 수도 및 가스 회사들이나 미국의 트러스트, 그리고 독일의 신디케이트와 같이 단결이 경쟁보다 비율이 더 높은 경우, 단결이 점차 경쟁을 대체할 것이다. 만약 버밍엄의 여러 직업에서처럼 미사여구로 노자 간의 '동맹'이라고 하는 이름이 임금과 이윤 양자를 증가시키는 결과가 된다면, 사회의 다른 사람들을 상대로 하여 공동노력을 그렇게 강력하게 만드는 것은, 어떤 형식으로 유행하게 될 것이다.

그러나 수요공급설은 화폐 임금액에 관해서는 노동조합 세계의 대부분에 의해 지금 승인되고 있지만, 우리의 생각으로는, 그것에 대한 강력하고도 점차 커지는 반대가 있다. 고용조건은 임금 노동자의 각 부문의 전략적 지위에 따라 변화한다는 학설은, 비교적 힘이 약한 여러 부문에 대해서는

---

24) 철도운하법안에 관한 특별위원회 보고, 1853, 질문 885.
25) 1888년, 영국협회에 제출한 「독점의 발달과 국가의 기능에 대한 그 관계」에 대한 H. S. 폭스웰(Foxwell) 교수의 훌륭한 논문(〈경제학 잡지〉 1889년 9월호)을 참조하라.

불리하게 작용할 것이 분명하다. 1일 1파운드도 버는 '영국 용강공 노동조합'(British Steel Smelters' Association)의 조합원에게 수요공급설은 합리적인 학설로 보인다. 그러나 그들 옆에서 그 금액의 5분의 1을 벌기 위해 어려운 업무에 같은 시간 일하는 무조직의 잡역 노동자들은 당연히 다른 견해를 갖는다. 매우 소수의 예외가 있기는 하지만, 엄청난 여성 노동자들에게, 전략적 지위에 의한 임금 결정은 실제로 최소한의 생계를 뜻한다. 영국에서는 반세기의 개량 뒤에, 일류의 통계학자는 1893년 사회의 성년 남자노동자 25퍼센트 미만이 그들의 노동에 대해 1주 1파운드 이하를 받았다고 계산했다. 로버트 기펜(Robert Giffen) 경은 이에 대해 "즉, 실제의 최저 생활에 필요하다고 생각되는 선 이하"[26]라고 부언했다. 비교적 힘이 강한 노동자의 여러 부문에 대한 결과도 전혀 만족할 만한 것이 아니다. 수요공급설은 호경기 시절에는 그들에게 높은 임금률을 부여하지만, 그것과 교체되어온 불황기에 종종 생기는 임금 저하와 노동시간 연장에 복종할 필요를 수반한다. 노동조합 지도자 사이에서는 이러한 종류의 변동이 노동자 사이에 진지함과 검소함과 사려심을 증가시키기에 불리하다 —가령 올해에 300파운드, 내년에 50파운드를 버는 보일러 제작공이 1주 38실링이라는 고정급을 받는 울위치 병기고의 패턴 제작공보다도 즐거운 가정을 가질 가능성은 적다— 는 감정이 지금 점차 확대되고 있다. 노동시간의 결정에 노동자의 체력이나 업무 성질에 근거하지 않고, 경쟁적 노동시장의 각 부문의 전략적 지위에 의거하는 것은, 하나의 특수한 불합리로 생각된다. 사회가 영양 상태가 좋은 노섬벌랜드 광부로부터는 1주에 겨우 37시간의 노동을 확보하고, 임금이 높은 플린트 유리제작공으로부터는 1주에

---

26) 로버트 기펜 씨의 증언, 왕립노동위원회 총회, 1893년 1월 24일, 질문 6942.

겨우 33시간의 노동을 확보할 뿐인데, 세탁녀에게는 70시간 노동을 강요하고, 만성적으로 영양이 불충분한 체인못공에게는 80시간을 강요하게 된다는 학설은 스스로 비난받는다. 마지막으로 수요공급이 분명하게 적용될 수 없는 매우 중요한 고용조건들이 있다. 가령, 하나의 면사공장이나 기계공장의 통풍, 배수, 기온, 위생 설비, 안전 등을, 그곳에 고용된 8~10개 부문 노동자 각각의 전략적 지위에 비례하여 조정하는 것은 불가능하다. 이러한 조건은 실제로 사계공, 방적공, 보일러 제작공과 그 조수에게 동일해야 한다. 만일 수요공급보다 다른 고찰이 이 문제에 침입하지 않는다고 한다면, 고용인에게는 모든 공장의 노동조건을 개선하는 비용을 부담하는 것보다, 고임이라는 수뢰로, 불평하는 힘 있는 소수 노동자를 함구시키는 쪽이 더욱 이익일 것이다.

여기서 우리는 사회가 기득이익설도, 수요공급설도 고용조건 결정에 어떤 지침을 주지 않는다고 오래전부터 믿어온 하나의 지점에 도달한다. 작업장의 위생 상태나 재해 방지에 관한 모든 사항에서, 우리는 단지 노동자의 '기존의 기대'를 보호하는 것에 만족하지 못하고, 그 문제를 각 부문의 전략적 지위에 따라 자연스럽게 해결되도록 맡기는 것에 만족하지도 않는다. 지금 고용인이 이 모든 방면의 조건에 관하여 노동자에 대해, 종래 관습이 되어온 것이거나 노동자가 강요할 수 있는 것이 아니라, 의회와 그 전문적 고문의 의견에서 노동자의 건강과 능률에 필요하다고 하는 것을 주어야 한다는 것은 일반적으로 사람들이 인정하는 것이다. 이와 같은 지위는, 모든 산업의 아동 노동시간과, 어떤 종류의 산업의 성년 여공 노동시간에 관련된 문제에 도달한다. 성년 여성 노동의 최장 노동시간을 결정하고자 한 1847년부터 현재까지의 입법부 행동은, 노동의 길이가 위생 및 안전의 조건과 같고, 본래 수요공급에 위임될 수 없는 것이지만, 보통의 여성이 그 건강에 해를 입지 않고서 몇 가지의 공장 노동을 할 수 있는가에 대한 전문가의 증언에 근거하여 신중하게 결정되어야 한다는 가설에 서 있다. 의회는 그 가설을 여성과 아동에 한정하지 않았다. 1893년의 철도종업원(노동시간)법은, 상공부가 그 철도 노동자의 노동시간이 과도하게 길고, 중단되지 않는 휴게시간의 충분한 간격을 제공하지 않는다는 사실을 알 때에는 언제나, 상공부는 철도회사에 대해, 상공부가 노동시간을 '합리적 한계'라고 생각하는 범위 내에 실제 노동시간을 주도록 만들어진 새로운 노동 시간표를 상공부의 승인을 얻기 위해 제출할 것을 요구하고, 1일 100파운드를 넘지 않는 벌금의 제재하에 수정 시간표의 준수를 강요하는 권한이 있음을 규정한다.[27] 노동조합 운동가 대다수에게,

27) 이 점에 관한 유산 계급의 일반적 여론은, 왕립협회 회원인 리온 플레이페어(Lyon Playfair) 경의 에세이 『임금과 노동시간(*On the Wages and Hours of Labour*)』(London, 1892, Cobden Club 간행)에 잘 나타나 있다. "약자가 강자에 대하여 보호되어야 한다는 것은, 우리들 전체의 이익을 위한 것이다. 따라서 여성이나 아동의 노동시간을 제한하기 위한 공장법을 제정하는 것은 정당하고, 그것은 법률이 없어도 남성의 노동시간 단축에 영향을 준다. 아동은 남녀의 발육기이고, 따라서 그들의 노동은 그들의 발육을 저해하지 않는 종류의 것이어야 한다. 여성은 성인일지도 모른다[왜 '모른다'인가?]. 왜 우리는 그들을 아동과 같이 취급해야 하는가? 그것은 여성 노동이 국민의 모성과 가족생활을 저해하지 않도록 한정되어야 하는 것이 우리 모두의 이익이기 때문이다. … 노동이 정상의 건강 상태에서 수행되는 공장이 인간을 불구로 만들거나 그 발육을 저해하지 않는 것은 우리 모두의 이익이다. 결함이 있는 기계나 나쁜 통풍으로부터 자신을 보호하는 것은, 개별 노동자가 할 수 있는 것이 아니다. 따라서 예방할 수 없는 사망 원인으로부터 그들을 보호하기 위해 법률을 제정하는 것은 우리 전체의 이익이다." 나아가 플레이페어 경은 성년 남성의 노동시간이나 임금에 관한 국가의 간섭에 대해 비난하면서 그 이유를 (1) "국가가 사업 경영에 간섭하는 것은 불가능하다. 만일 간섭한다면 국가는 개별 기업의 성공이나 실패에 대해 책임을 져야 하기 때문이다." (2) "쇠망과 퇴화가 자기 활동의 소모에 따른다는 것은, 이론은 아니지만, 확고하게 수립된 경제 법칙이다." 플레이페어 경은 이러한 논의가 성년 여성의 노동시간에 대한 국가의 간섭이나, 성년 남성만을 고용하는 공장에서 정교한 고가의 위생 설비를 법에 의해 지정하는 것을 동일하게 부정되어야 하는 이유를 설명하지 않는다. 또 경은 성년 여성의 노동시간이나 성년 남성의 화장실에 대한 국가의 간섭을 시인

의회가 여성 노동자와 철도 종업원의 노동시간에 대해 준거한 지적인 학설이 널리 모든 방면에 적용되는 것처럼 보인다. 보통의 노동조합 운동가는 노동시간이, 단체교섭이나 법률 제정 중 어느 것에 의해 결정되든 간에, 관련된 부문의 일시적인 전략적 지위와는 무관하게 정해져야 한다고 무의식적으로 가정하고 있다. 한두 가지 현저한 예외가 있지만, 비교적 부유하고 힘이 있는 임금 노동자 부문은, 더욱 불리한 지위에 있는 그들의 동료가 향수하는 것보다 짧은 노동시간을 조금도 요구하지 않고, 이어 일어나는 노동시간 단축의 요구는 보통 노동조합 세계 전체에 걸친 동시적 일반 운동의 일부를 구성해왔고, 이는 제안된 노동시간 단축이 육체적 건강과 시민적 능률을 위해 바람직한 것이라는 이유에 근거해왔음은 우리가 이미 서술했다.

임금 노동자가 노동하는 여러 상태와 그가 노동에 사용해야 하는 시간

하기 위한 근거로 삼는 일반의 복리라고 하는 것과 같은 학설이 왜, 성년 여성의 임금이나 성년 남성의 노동시간에 대한 국가의 간섭을 똑같이 시인하지 않는지를 설명하지 않는다. 그의 저서 전체는 하나의 가정에서 다른 가정으로 가는 동일한 비약으로 가득하지만, 그러한 치환을 독자에게 경고하지 않고 치환의 이유도 설명하지 않는다. 그것은 사실, 하나의 학문에 뛰어난 사람들조차, 그들이 조금도 조직적인 소양이 없는 주제를 취급하는 경우, 무교육자가 사용하는 논리를 사용하는 것을 보여주는 좋은 사례이다. 따라서 성년 남성의 노동시간에 대한 국가 간섭에 반대하는 이 권위 있는 주장이 나오고 1년 뒤, 철도 종업원의 과도한 노동시간을 신속하게 정지하는 권한을 상공부에 부여하는 법안을 상원에 지도하고, 심지어 그 보호 법령의 범위를 운수 업무에 종사하는 사람들에게만 한정하는 수정안에 반대한 사람이 플레이페어 경이었다고 해도 크게 놀랄 일이 아니다(〈상원 기록〉, 제125권, 1893). 플레이페어 경은 우리가 아는 한, 왜 이 복잡한 철도업에 대한 국가의 간섭이 정부로 하여금 "개별 기업의 성공과 실패에 책임을 져야 하는지", 또 왜 "쇠망과 퇴화"가 철도 종업원의 "자기 활동의 소모"를 수반하지 않았는지를 아직 설명하지 않고 있다. 영국의 철도 종업원의 노동시간에 대한 태도의 변화는, 구스타프 콘(Gustav Cohn) 교수의 「영국 철도 종업원의 노동시간」에 관한 2편의 논문(1892~1893년 〈철도 잡지〉에 실렸다)에서 상세하게 다루어졌다.

수에서 그가 임금으로 받는 금액에 눈을 돌릴 때, 우리는 수요공급설에 대한 반항이 훨씬 덜 일반적이고, 최근에 와서야 시작되어 나타난 것임을 발견한다. 19세기 전체를 통하여 유산 계급의 여론은, 노동자의 현실 화폐 임금이 거래 당사자의 전략적 지위의 강약 외의 다른 사항에 의해 지배될 수 있다는 관념을 배척해왔다. 그리고 노동조합 운동가는 기득이익설이 분명히 불가능하게 되었을 때, 이러한 유산 계급의 학설을 결코 전부 승인하지는 않았지만, 그들은 최근까지도 어떤 반대 견해도 분명하게 제시하는 데에 성공하지 못했다. 그러나 과거 200년간의 노동 계급 문헌의 독자는 누구나, 전혀 다른 원칙에 대한 항존적 신앙의 존재를 의심할 수 없다. 조직 노동자는 기득이익설을 주장하거나 수요공급설에 동의하는 때에도, 그 내심 깊이, 언제나 임금은 현대 노동자가 여하튼 그들의 직업을 통해 생활할 수 있도록 결정되어야 한다는 조건은 모든 것을 능가한다는 하나의 감정을 품어왔다. 1872년 '실크 스로워 합동 노동조합'(United Silk Throwers)은 "우리는 공정한 1일 노동에 대해 공정한 1일 임금을 요구한다. … 공정한 1일 임금이란 무엇인가? 동포여 … 우리의 노동에 대한 정당한 보수는 우리 자신과 우리의 처자에 대한 의식주라고 요약될 수 있다. 이는 누구도 부정할 수 없다"[28]라고 말했다. 슬라이딩 시스템에 대한 모든 교섭에서, 우리는 그 방법이 어떤 사정이 있어도 임금은 그 이하로 인하될 수 없는 최저액에서 시작하여야 한다는 요구가 일반 노동자 대중으로부터 계속 절규되는 것을 본다. 이 점에서 그들은 당시의 가장 유능한 노동 계

---

28) "1868년 12월 24일에 창립된" 〈실크 스로워(Thrower) 공제 합동 노동조합 규약〉, 서문 (Derby, 1872). 플레이스 원고(27, 805)에 보유되어 있는 팸플릿 『라나크, 덤버턴, 렘프레셔 광부 여러 조항의 실제 적용과 주의』(Glasgow, 1825)에는 "우리의 목적은 우리의 진지한 노동에 대한 단순한 생활가격을 합법적으로 확보하는 것에 있다"라는 구절이 있다.

급 사상가의 지지를 받았다. 1874년, 로이드 존스(Lloyd Jones)는 다음과 같이 썼다. "노동조합의 일을 처리하는 사람들이 해결해야 하는 제일의 것은, 그들이 결코 그 이하로 안 된다는 점으로 간주해야 할 최저한도이다. … 즉 노동자에 대해 충분한 식품과 어느 정도의 개인적 및 가정적 만족감을 부여하는 것이다. 기아에 빠지게 하는 슬픈 급여가 아니라, **생활 임금**이다. 그들이 언제나 변하는 시장 가격에 근거하여 체결하는 현재의 협정은, 그들의 운명을 사실상 타인의 수중에 두는 것이다. 그것은 그들 후손의 빵을 경쟁 —그곳에서는 모든 일이 그들 고용인의 맹목적이고 이기적인 투쟁에 의해 결정된다— 의 쟁탈에 맡기는 것이다."[29] 비슬리(Beesley) 교수는 "나는 〈비하이브〉지의 최근호에서 로이드 존스 씨가 쓴 멋진 논문에 전적으로 찬성한다. 그는 그 글에서 광부가 그들의 노동에 대한 최저가격을 수립하고, 고용인으로 하여금 그들의 모든 투기에 이를 하나의 항상적 부동의 요소로 감안하도록 노력해야 한다고 주장한다. 모든 노동자는 이러한 궁극적인 이상에 착안해야 한다"[30]라고 썼다. 15년 동안, 이러한 '최저 생활 임금'이라는 관념은 노동조합 운동가의 마음속에서 서서히 타올랐다. 1889년의 노동 봉기는 기득 이익과 수요공급이라는 두 학설에 대해 의식적으로 반대하고 노동조합운동의 하나의 근본 가설로 최저임금설이 확실히 채택되었음을 보여주었다. 성냥 여공은 호소해야 할 어떤 기득 이익도 갖지 못했고, 부두의 문 앞에서 서로 다투는 공복 인부의 무리에게 수요공급은 산업적 능률과 절대로 양립할 수 없는 소득을 의미했다. 어느 부

---

29) 「임금은 시장 가격에 의해 규제되어야 하는가?」, 〈비하이브〉, 1874년 7월 18일호. 또 1874년 3월 1일호에 실린 그의 논문과 『노동조합운동의 역사』, 325~327쪽을 참조하라.
30) 〈비하이브〉, 1874년 5월 16일호. 『노동조합운동의 역사』, 326쪽.

두 회사의 총지배인이 이 사실을 스스로 승인했다. 그는 상원을 향하여 다음과 같이 말했다. "부두 노동자가 일을 할 때 입는 의상이 그들이 일하는 것을 방해한다. 불쌍한 노동자는 비참하게 입고 거의 구두를 신지 않고서 가장 비참한 상태에서 산다. 그것으로 그들은 달릴 수 없고, 그들의 구두가 허락되지 않는다. … 우리의 부두에서 일하려고 온 사람들 중에는 (그리고 우리가 있는 곳에서라면 다른 곳에서는 훨씬 큰 범위에서) 필경 그 전날부터 아무것도 먹지 못하고 온 사람이 있다. 그들은 1시간 일하고 5펜스를 받는다. 그들의 공복은 그들이 계속하여 일하지 못하게 할 것이다. 그들은 식품, 필경 24시간 이래 최초의 식품을 얻기 위해 그 5펜스를 가지고 간다. 많은 사람들은 부두 노동자가 4시 이후에는 일하지 않는다고 불평한다. 그러나 잘 생각해보면 그것은 참으로 당연하다. 이처럼 불쌍한 노동자는 무일푼으로 일하러 온다. 그들은 낮에 먹어야 할 것이 아무것도 없다. 그들 중 일어나 1펜스를 가지고, 튀긴 한 마리의 작은 물고기를 산다. 그리고 4시까지 그들의 힘은 다 소진된다. 그들은 자신을 완전히 지출한다. 절대적 필요가 그들을 유혹한다. … 많은 사람들은 그들이 4시 이후 일하지 않는 것을 불평하지만, 그들은 그 참된 이유를 알지 못한다."[31] 임금을 단순히 거래 당사자의 전략적 지위의 강약에 의해 정해지도록 방임한 결과는, 사실 그 인구의 모든 부문을, 육체적 정력의 유지에는 전적으로 불충분할 정도로 낮고, 불규칙으로 단절적인 임금을 받도록 하는 것이다. 그것은 여론을 1889년 파업자의 원조에 향하게 하고, 고용인으로 하여금 성냥 여공도, 부두 노동자도 자기의 단결력에 의해서는 확보할 수 없는 요구를 여하

---

31) 스웨트 시스템에 관한 상원위원회의 증언. 루엘린 스미스와 본 내시, 『부두 노동자 파업 이야기(*Story of the Dockers' Strike*)』(London, 1889), 47쪽.

튼 일시적으로라도 인정받기 위해, 상원의 스웨트 시스템 위원회와 찰스 부스 씨 일파에 의해 행해진 의외의 발견으로 우리는 생각한다.

4년 뒤, 같은 학설은 '생활 임금'이라고 하는 로이드 존스 자신의 말밑에서 세계적으로 유명하게 되었다. 1892~1893년의 불경기 때 광부연합회의 조합원이 심각한 임금 인하의 위협을 받았을 때, 그들은 수요공급설을 확실히 배척하고 경기 여하를 묻지 않고 생산자와 시민으로서의 자신의 능률을 확보하기에 충분한 최저한도에 대한 그들의 권리를 주장했다. 광부연합회 부회장은 1892년 다음과 같이 말했다. "그들은 어떤 불경기 상태도 노동자의 생활을 보장해야 한다는 것을 사활의 문제로 주장했다. 그들은 사람들이 자신의 노동에 의해 생활해야 한다는 것은 사활의 원칙이라고 주장하고, 경제학자의 모든 학설, 수요공급 쪽에서 설파되는 모든 학설에도 불구하고, 그들은 그 모든 것을 초월하는 더욱 위대한 학설이 있고, 그것은 바로 인도의 학설이라고 주장했다. 그들은 노동자가 고용될 가치가 있다고 믿었고, 현재의 임금은 그들이 받아야 하는 가장 낮은 것이라고 주장했다."[32] 1894년, 같은 단체의 회장은 다음과 같이 반복했다. "1887년 이전에는 노동자가 생활 임금을 받지 못했다. 즉 그들은 그들의 아동을 적절하게 먹이고 옷을 입히며 세상에 내보내는 데에 충분한 임금을 주말에 얻지 못했다는 결론에 이르렀다. 우리는 당시의 임금률에 30퍼센트를 더하면 이러한 바람직한 목적을 성취하는 임금률이라고 믿을 수 있는 것을 노동자에게 확보해주리라고 생각한다."[33]

---

32) 1892년 1월, 핸리에서 열린 영국 광부연합회 연차 대회에서 샘 우즈 의원의 연설. 9~10쪽.
33) 〈샨드 경을 의장으로 하는 탄광주연합회와 영국 및 아일랜드 광부연합회의 대표자 연합대회의 비밀 의사록〉(London, 1894), B. 피커드 의원의 연설. 6쪽.

지금 우리는 현대인들이 수요공급설에 반대하여 수립하고, 우리가 생활임금설이라고 불러온 학설의 명확한 관념을 형성할 수 있다. 사회의 최대이익은 노동자의 각 부문에 대하여 그 사회라고 하는 기계 속에서 특수한 기능의 계속적이고 유효한 수행에 필요한 여러 조건을 의미 있게 확보함으로써만 달성될 수 있다는 감정이, 노동조합 운동가 사이만이 아니라 일반적으로 점차 커지고 있다. 이러한 입장에서 본다면, 노동자가 태어나고, 연한 봉사나 구입에 의해 '직업에 대한 권리'를 확보하거나, 일정 시기에 자본가-고용인에 대한 그의 전략적 지위가 어떻게 되는가 하는 문제는 사회에 중대하지 않다. 전체로서의 사회의 복리는, 노동자의 어떤 부문도 산업적 내지 시민적 능률과 적극적으로 상용되지 않는 조건에 억눌려져서는 안된다는 것을 요구한다고 논의된다. 이러한 학설을 채택하는 사람들은, 그것이 두 가지 과거 학설의 장점을 포함하지만, 사회적으로 반대되는 점을 회피한다고 논의된다. 기득이익설과 달리, 그것은 산업 공정을 고정화하거나, 어떤 계급의 노동자에 의한 특수 노무의 독점을 보호하는 것을 의미하지 않는다. 그것은 자기의 직업을 선택하거나 변경할 수 있는 각 노동자의 자유와, 그의 업무에 최적이라고 생각하는 노동자를 채택할 수 있는 고용인의 자유와 전적으로 양립한다. 그리하여 그것은 결코 가동성을 저지하거나 경쟁을 정지시키는 것이 아니다. 수요공급설과 달리, 그것은 노동자로 하여금 그 인원을 한정하게 하고, 가격을 결정하여 생산량을 제한하기 위해 고용인과 단결하고자 하는 마음을 불러일으키지도 않는다. 그것은 또한 노동자의 소득이 시민 내지 생산자로서의 그들의 필요에 의하거나, 또 그들의 노동의 강도에 의해서가 아니라 오로지 일시적이고, 그들에 관한 한에서는 우연한 경기 상태에 의해 변화하는 임금 변동의 폐해도 회피한다. 한편 생활임금설은 '기정 이득'을 유지하는 방향으로 깊숙이 나아간다. 그것은 어떤 개인이 어떤 특정 직업에 고용된다는 어떤 보증도 포함하지 않지만, 경쟁에 성공하는 사람들은 그들의 지위를 유지하는 한, 유능하고 발랄한 노동 생활의 여러 조건이 그들에게 보증해주는 것을 안심하고 믿을 수 있다.[34]

생활임금설의 가장 현저한 결점은, 그 적용의 어려움이다. 먼저 각 직업에 대해 지정되는 불가결한 최저 조건은, 각 개인의 요구에 실제로 적응할 수 있는 것이 아니라, 정상적 유형의 사람의 요구에 의해 대체로 측정되어야 하는 사실에 하나의 이론적인 완전함이 결여되어 있다. 결핵에 걸린 방적공이나 근시인 기계공은 그의 계속적 건강을 위해 동료의 대다수에게는 낭비가 되는 통풍 상태, 또는 기계의 주도면밀함을 요구할 수 있다. 예외적으로 허약한 소녀로서 1일 5시간 이상 노동해서는 안 되거나 병든 아내나 대가족을 거느린 조금은 둔한 노동자로서, 자기 계급의 표준 임금으로 스스로의 육체적 능률을 유지할 수 없거나 하는 경우에도 발견될 것이다. 그러나 이는 실제적인 반대론이 아니다. 일정한 최저 조건의 지정은, 자비로운 고용인이, 그 최저한도로는 불충분한 예외적으로 불운한 개인에 대해 육체적으로 상당하다고 생각되는 더욱 좋은 조건을 자발적으로 부여하는 것을 방해하는 것이 아니다. 그것이 저지하는 것은 사실, 그러한 개인의 전략적 약점을 이용하는 것과 함께, 그들의 더욱 강한 동료보다도 나쁜 조건의 적극적인 승인을 강요하는 것이다. 더욱 중대한 어려움은, 건강한 생활과 산업적 조건이라는 조건이 과연 어떤 것인지에 대해 우리가 정

---

34) 그리하여 생활임금설은 기득이익설이나 수요공급설과 마찬가지로, 실업자나 취업 불능자의 문제를 해결하지 못한다. 이 세 가지 학설 모두 이 문제에 대한 어떤 취급 방법 ―실업자나 취업 불능자를 많게는 걸식의 상태로 위임하는 것으로부터 지극히 과학적인 구빈법 분류나 가장 완전한 국가 또는 영업 보험에 이르기까지― 과도 양립한다.

확한 지식을 갖고 있지 않다는 것이다. 위생 문제에서는 이러한 어려움이 과거 50년간 대부분 정복되었다. 노동 계속 시간에 정해야 할 적당한 한계에 관하여, 매년 의사와 생리학자들로부터 많은 정보를 받고 있고, 어떤 하나의 산업에서 보통인 노동자의 건강한 생존, 가정생활 및 시민 자격과 양립하는 최장 노동시간을 증거에 근거하여 결정하기 위해 소집되는 하나의 특별위원회는, 큰 어려움 없이 합리적 결정에 도달할 것이다. 임금과 관련되는 경우 사정은 매우 달라진다. 여기서는 우리가 어떤 특정한 직업의 필요를 계산하기 위하여 의거할 수 있는 과학적인 재료는 사실상 전혀 존재하지 않는다. 관습적인 생활 수준은 계급마다 현저히 다르고, 각종 계급의 각각의 사회적 기능에 포함되는 소모와 보급에 대해 발견할 수 있는 어떤 관계도 존재하지 않을 정도이다. 우리의 가상적인 특별위원회는 도시와 시골에서 각각 가족을 충분한 육체적 및 정신적인 건강으로 유지하기 위해 결여될 수 없는 식품, 의복, 가옥 설비의 양에 관한 어떤 일정한 결론에 도달할 수 있을지 모른다. 그러나 용강공이나 철판공이나 플린트 유리 제조공의 육체적 노동을, 면사방적공이나 부식공(Engraver)이나 식자공의 정신적 노무의 정도와 비교하게 되면, 우리는 그러한 여러 부문의 어떤 육체와 정신의 소비가 일용 인부나 철도 사환의 그것 이상이라는 것에 의해 요구되는 특별한 식료품이나 의복이나 휴양이나 비용을 평가하는 어떤 근거도 갖지 못한다. 설령 우리가 각 직업을 건강 유지에 필요한 '표준량'에 관하여 어떤 결론에 도달할 수 있다고 해도, 우리는 여전히 각각의 경우에 고용의 불규칙성을 보상하기 위한 기회를 부가해야 하는지를 결정할 수 없을 것이다. 서리가 내릴 때마다 놀아야 하는 석공이나 페인트공, 투기적 조선업의 치열한 변동에 바로 영향을 받는 보일러 제작공이나 기계공은 그 1주 수입이 사실상 중단되지 않는 철도 종업원이나 지방자치체 피고용인과는 훨씬 다른 지위에 있다. 여기에 또 하나의 어려움이 있다. 어떤 특수한 직업의 특별한 필요에 응하기 위해 특별한 임금이 정해졌다고 해도, 고용인도, 사회도, 주어진 특별 금액이 특별한 영양이나 적절한 휴양이나, 또는 실업의 경우에 대한 보험에 사용된다는 어떤 보증도 갖지 못할 것이다. 노동자 중에서 임금이 좋은 여러 부문도 생활임금설의 그러한 적용에 대해 어떤 준비를 하지 않는다. 노동조합이 예외적인 임금률을 확보하려는 고용조건을 잘 통제할 수 있는 모든 직업은, 수용공급설에서 조금이라도 떨어지는 것에 당연히 반대할 것이다. 호경기 시에는 1일 1파운드를 얻는 금속판공(Plater)과 못공(Rivetter)은 그러한 커다란 수입이, 그를 충분한 능률 상태로 유지하기에 필요하다고 증명될 수 없고, 특히 그의 계급에 속하는 '보통의 육욕이 있는 노동자'가 아무리 많은 돈을 도박과 음주에 실제로 소비하는지를 알 때, 그러한 사실을 매우 잘 알고 있다. 그리고 자본주의 제도하에서는, 그의 유리한 지위를 포기하는 것을 주저하는 것은, 임금 방면에서 절약된 것이 정신노동자와 주주 —그의 개인적인 지출과 가족의 지출은 보통 노동자 계급 가족의 지출보다도 더욱 무절제하고 낭비적이라고 생각하는 사람들— 의 수입을 증대시키는 것에 불과하다는 사실에 의해 정당화된다.[35] 이 모든 고찰이 결합되어 여론으로 하여금, 고용의 위생적 조건에 관하여 이미 준수되었고, 노동시간에 대해서는 대부분 승인되는 가설을, 화폐 임금에 적용하는 것을 더디게 한다. 따라서 우리는 다른 모든 고용조건에 관해서, 노동조합의 정책과 여론을 깊이 움직여온 생활임

---

35) 높은 임금을 받는 부문이 왜 그들의 높은 소득을 포기하지 않는가에 대해서는 '노동조합운동의 경제적 특징'의 장에서 보여주었듯이, 공공 정책적으로 건전한 이유가 있다. 뒤에서 설명하듯이 생활임금설은 최소 공통규칙의 확립에 관한 한 타당하지만, 완전한 분배이론을 제공하지는 않는다.

금설이 화폐 임금에 대해서는 거의 승인되지 않는다는 모순에 도달한다. 우리 자신의 생각으로는, 기득이익설은 희망이 없는 시대착오이고, 수요공급설은 매일 힘을 잃어가지만, 생활임금설의 적용은 현재 점차 시험적으로 행해지고 있는 것에 불과하다. 위생과 안전에 관련된 모든 것에서, 그것은 의회와 여론에 의해 원칙적으로 이미 채용되어 있고, 안전하고 건강한 작업장을 직업의 관습이나 고용인의 변동적 이윤이나 노동에 대한 수요와는 무관하게 각 노동자에게 실제로 부여하는 것은, 냉담과 무지로 인해 불완전하게 시행되고 있을 뿐이다. 1일 중에서 노동에 소비되어야 하는 비율에 관하여 여론은 아동의 경우와 여성의 경우의 대부분에 대해 열렬히 같은 학설을 채용하고 있다. 나아가 최근 10년간 같은 원칙을 남성에게 적용하는 현저한 경향이 나타났고, 철도 종업원의 경우에는 이미 산업적 능률과 양립하지 않는 과도한 노동을 방지할 책임을 상공부가 지게 되어 있다. 임금 문제에서는 여론의 태도가 훨씬 불안하다. 고용이 불규칙적이고 개인적 지출이 통제되지 않으며, 잉여가치가 지주와 자본가에게 돌아가는 산업조직하에서 우리는, 그 임금이 충분한 육체적 능률에 필요한 최저한도보다도 분명히 낮은 불행한 계급 이외의 자에 의해 생활임금설이 임금소득에 대해 채택되는 것을 기대할 수 없다. 1889년과 1893년의 사건과 공공단체에 고용된 하층 노동자의 임금에 대해 그 후불된 주의는, 산업적 능률에 대하여 분명히 불충분한 수입은 공공 이익을 위해, 그리고 수요공급과는 무관하게 이를 상당한 수준까지 의미 있게 올려야 한다는 견해에 여론이 한 발자국 더 가까워지는 것을 보여준다.

노동조합운동의 여러 가설에 대한 이상의 설명은 여러 세대에 걸친 노동조합 정책의 역사적 변화와 노동조합에 현존하는 잡다성 양자를 이해하는 데 필요한 힌트를 독자에게 부여했을 것이다. 노동조합 운동가는 공통의 복리에 관한 단일 학설에 의해서가 아니라, 사회적 편의에 관한 상이하고, 심지어 모순되는 세 가지 견해에 의해 다소 움직여지고 있는 것을 알자마자, 우리는 더 이상 그것들에 대해 하나의 일관된 단일 정책을 추구하지는 않는다. 노동자의 어떤 특정 부문에서, 또는 어떤 특정 시기에서 앞에서 말한 세 가설 —기득이익설, 수요공급설, 생활임금설— 중의 어느 하나가 힘을 얻는 것은, 특정한 노동조합 규제의 제정을 돕는 정도로 나타나게 된다. 기득이익설에 대한 일반적 신앙은, 왜 우리가, 노동조합운동이 산업이나 어느 시기에서 법적으로 강제되는 도제 기간, 관습적 임금률, 새로운 공정의 금지, 직업 간의 경계 엄수, '불법 노동자의 배척', 세습과 입직료의 실시에 나타나는 것을 발견하는지를 설명한다. 수요공급설을 승인하는 경우, 우리는 포용 정책과 그 사실상 강제적인 노동조합주의, 슬라이딩 시스템, 기계 개량의 장려와 퇴보적 고용인의 실제적 제재, 생산량을 고의로 제한하고자 하는 희망, 소비자에 대항하기 위한 고용인과의 동맹 수립이 나타나는 것을 본다. 마지막으로 생활임금설이 채택되는 한, 우리가 위생과 안전의 이행에 대한 새로운 주의, 노동시간 단축에 대한 일반적 운동, 비숙련 노동자 및 여성 노동자를 조직하고자 하는 숙련 직업의 기획, 슬라이딩 시스템과 동요적 소득의 부정, 도제제도를 폐지하고 교육을 행하여야 한다는 논의, 그 이하로는 누구도 고용해서는 안 된다고 하는 '도덕적 최저' 임금의 주장을 본다. 무엇보다도, 이처럼 계속 생겨난 신앙의 변화는, 국가와 노동의 관계에 대해 노동조합의 의견 위에 생긴 여러 혁명을 설명한다. 노동자가 노동이익설을 신봉할 때, 그들이 재산의 권리와 재산의 보호를 추구한 것은 영국의 커먼로에 대해서이다. 오로지 법률만이 개인에 대해, 하나의 직업에 대한 그의 권리, 하나의 역할에 대한 그의 권리, 하나의 새로운 공정에서의 그의 특권, 재산에 대한 그의 권리의 어느 것에 관련되는지를 묻지 않고, '기정 기대'의 만족을 확보해줄 수 있다. 따라서 이는 바로, 18세기 노동조합운동이, 그 모든 규제는 법관에 의해 공정하게 시행되어야 한다고 당연히 확신하고, 그 기금의 대부분을 정치적 운동과 법률적 절차에 사용한 이유이다. 수요공급설이 기득이익설을 대체했을 때, 노동조합 운동가는 자연스럽게 그들의 중요한 운동 방법을 단체교섭의 방면에서 추구했다. 보호를 국가에서 구하지 않고, 그들은 그 결과에 의해 그의 임금이 좌우되어야 한다고 설명한 고용인과의 분쟁에 대해 간섭하고자 하는 어떤 시도에도 맹렬하게 반대했다. 한때 노동자들의 편이었던 커먼로는 이제 언제나 그들의 가장 위험한 적으로 간주되기에 이르렀다. 왜냐하면 그것은 그들의 단결의 자유를 방해하고, 비방과 음모에 대한 정의에 의해 고용인과 비조합원에 대해 그들을 불쾌하게 만드는 능력에 멋대로 제한을 가하기 때문이다. 그리하여 한편으로는 단결을 저지하는 모든 법률을 소탕하고, 노동조합운동 자체를 절대로 법정의 도달 구역 외에 두고자 하는 19세기 중엽의 노동조합 운동가의 희망이 생겨났다. 실제로 고용조건은 의미 있게 결정되기를 요한다는 학설에 근거한 생활임금설의 발달은, 자연스럽게 국가를, 다른 부문의 행복과 양립하기보다도 더욱 많은 것을 요구하는 노동자와, 더욱 적은 것을 제공하는 고용인 사이의 중재자의 지위에 둔다. 그러나 소송은 커먼로에 대하여 행해지지 않는다. 그것은 더 이상 관습적 특권과, 동일한 '자연권'에서 온 증거하는 것의 향수에서 개인을 보호하는 문제가 아니라, 여러 부문에 대한 그들의 여러 현실적 요구에 근거하여 모든 사회의 이익을 위하여 필요로 된 여러 조건을 지정하는 문제이다. 따라서 우리는 각 직업에 대한 공통규칙이 특정의 성문법에 구체화되는 것을 본다. 그 법률에 대해 노동조합 운동가는 반항하기는커녕, 그것을 확보하기 위해 그 금력과 정치적 세력을 사용한다. 학설의 이중 변화는 그리하여 18세기의 구노동조합 운동가의 태도로의 복귀를 초래한다. 그러나 거기에는 의미 깊은 상위가 있다. 오늘날, 국가에 제소하는 것은 관습도, 특권도 아니고, 유능한 시민의 자격의 요구이다. 노동조합이 그 모든 희망을 검증하는 유일하고 결정적인 시금석으로 우리의 소위 생활임금설을 충실하게 승인하고, 의회가 같은 견해를 채택했다고 믿을 때, 우리는 언제나 그 노동조합이 조만간 그 희구를 성문법규에 구체화하고자 시도하는 것을 발견한다.

정치학 연구자는 노동조합 세계에서도 무엇이 사회적으로 유리한가에 관하여 다른 사회 계급에서와 거의 동일한 의견의 분열이 있는 것을 주목할 것이다. 모든 노동조합 운동가는 고용조건을 개인 교섭의 운명에 맡기는 것은 임금 노동자에게도, 사회에 대해서도 마찬가지로 불행한 것이라고 믿는다. 그러나 그들이 이 가설을 신봉하고 그들의 상태 개선을 위해 일치된 행동을 채택할 때, 우리는 바로 세 가지의 상이한 사상 계통이 그들 사이에 나타나는 것을 본다. 노동조합운동의 특정 문제나, 전문적 논의 중에서 우리는, 결국 어떤 사회조직이 바람직한가에 관하여 더욱 넓은 정치계의 보수주의자, 개인주의자, 집산주의자로 분열하는 것과 마찬가지의 넓은 개괄론을 채택할 수 있다. 독자는, 노동조합 운동가 중에는, 보수주의로 설명하는 것 외에 다른 방법이 많다는 것을 알고 있을 것이다. 기득이익의 신성함에 대한 완고한 신앙, 기정 지위를 지지하는 강렬한 선입견, 혁신에 대한 불신, 단체적 특권과 특정의 전통에 의해 서로 구별된 차별적 사회 계급에 대한 애호, 이기적인 자기 옹호라고 하는 현대 정신에 대한 혐오, 유일하게 견고한 사회조직은 각자가 인생에서 그의 계승적 지위를 보증받고 그것에 만족하는 것에 근거한다는 뿌리 깊은 확신—이 모든 것은 노동조합에서나 국가에서나, 순수한 보수파의 특징이다. 이러한 성질과 현저한 대조를 이루고, 우리의 생각으로는 영국 노동자의 자연적 성벽에는 그다지 적합하지 않지만, 우리의 거대한 현대적 노동조합 중에 급진적인 개인주의가 충일함을 본다. 사회를 서로 다투는 여러 이익 사이의 투쟁이라고 보는 방식, 각자와 각 계급은 그들이 확보할 수 있는 모든 것에 대하여 권리가 있고, 그 이상은 없다고 하는 감정, 싸움에서 승리는 진가(Merit)의 적절한 시금석, 나아가 사실 유일하게 가능한 시금석이라고 하는 학설, 사회의 복리를 자기 이익의 보호하에 둘 수 있는 대담한 낙천주의―이것들은 정치와 노동조합운동 어디에서도 보는 '맨체스터 학파'의 특징이다. 그러나 더욱 넓은 정치계에서와 마찬가지로 노동조합운동에서도 현대 산업의 사실은 하나의 반동을 야기하고 있다. 보수주의자에 반대하여 급진적 개인주의자는, "모든 사람은 생명과 자유와 행복의 추구에 대한 평등의 권리를 가지며, 자유롭게 평등하게 태어난다"고 주장했다. 그러나 오늘날, 인간이 능력과 기회 어느 것에서도 평등하게 태어나지 않는다는 것이 분명하다. 따라서 정치계에서와 마찬가지로 노동조합 세계에도 불평등한 개인 간의 자유 투쟁, 또는 개인의 단결은 장애를 가지고 출발하는 사람들의 영원한 압박과 쇠퇴를 의미하고, 비교적 행복한 계급이 사회 전체를 희생하여 자기에게 유리한 지위를 유지하거나 개선하기 위한 암묵의 공모로 어쩔 수 없이 끝난다고 주장하는 하나의 학파가 생겨왔다. 따라서 집산주의자는 기득 이익이나 투쟁의 운명에 근거한 것이 아니라, 과학적으로 확정된 시민 각 부문의 요구에 입각하는 사회의 의식적·숙려적 조직의 필요를 주장한다. 그리하여 노동조합운동 중에, 우리는 집산주의적 사상을 갖는 노동자가 그의 고용조건의 규제를, 우리의 소위 생활임금설에 입각하는 것을 본다. 더욱 넓은 정치계에서 우리는 집산주의적 정치가가 의미 있는 생산 조직, 노무의 분배 및 소득의 분배라고 하는 동일한 사고 ―요컨대 사회의 자원이 그 최고의 능률을 초래하도록 그 필요에 대해 의식적으로 조절하는 것— 에 깊이 들어가는 것을 본다. 노동조합 세계에서는 반대 가설이 병존하고, 산업 현실의 규제는 그 사이에 끊임없이 동요하고 있는 타협이다. 정치학 연구자는 거대한 사회조직에서는 보수주의, 개인주의 및 집산주의라고 하는 여러 반대되는 견해가 영구히 공존한다고 추론할 것이다. 노동조합 세계에서든 정치계에서든 간에, 집산주의를 그 이상 적용하는 것은, 분명히 우리의 과학적 지식의 증가, 그리고 의미 있는 사회 협동의 새로운 습관의 발달에 나타난다. 따라서 이 방향의 진보는 점진적이어야 하고, 필경 서서히 행해질 것이다. 그리고 철학적 집산주의자는 노동의 규제, 조세의 부담, 공무의 관리 어느 것에서도 사회의 자원으로 하여금 영원히 안정된 사회의 필요에 적응하기 위해, 과학적으로 확실한 능률 조건만이 아니라, 관련된 모든 계급의 '기존의 기대'와 '전투력'을 언제나 고려해야 한다는 것을 반드시 고려해야 한다고 우리는 생각한다.

옮긴이 해설

1. 『산업민주주의』

이 책은 비어트리스 웹(Beatrice Webb)과 시드니 웹(Sidney Webb)의 *Industrial Democracy*(Longmans, Green and Co., 1897)의 번역이다. 무려 120년 전의 책이다. 웹 부부의 『산업민주주의』는 노동운동의 '성전'(아마도 '고전'보다 더 높은 가치가 있다는 것이리라)으로 불릴 만큼 유명하다고 하지만, 철학이나 종교나 문학 등 소위 인문 분야가 아닌 사회과학 분야의 120년 전 책이 과연 얼마만큼 현재적 가치를 가질 수 있을까? 아마도 그래서 지난 120년 동안 우리말로 번역되지 못했을 것이다. 게다가 우리와는 노동조합 구조가 매우 다르고 복잡하기 짝이 없는 영국의 19세기 이야기이다. 또 그 제목이 산업민주주의이지만, 오늘날 노동조합이 자본주의 사회에 구조적으로 편입되어 있음을 인정하고 제한적으로나마 노동자의 발언권이나 경영 참가권을 강화하려는 현대 산업민주주의와도 그 내용이 상당히 다르다.

그러나 이 책은 노동운동을 정치적 민주화의 기본이자 산업 민주화의 연장이고, 경영자 독재를 극복하고자 하는 경영 민주화의 일면으로 본 점에서 19세기 말 노동조합을 통한 민주주의 문제만이 아니라 21세기 초의 한국에서도 중요한 시사점을 줄 것으로 믿고 이 책을 번역한다. 즉 이 책의 주장대로 노동조합운동을 노동자들이 교섭에 참가하도록 함으로써 노동자들의 자유를 강화하고, 생활 수준 및 작업 환경을 스스로 개선하게 해야 한다는 것이다. 노동자들이 교섭력을 상실하게 되면, 자유롭고 평등한 사회의 기본적 규칙이 깨져, 종속적이고 노예적인 상황에 처하게 된다고 우려하면서, 노동운동은 정치적 민주화뿐 아니라, 산업사회의 민주화를 이루는 데에 필수적이라는 이론적 근거를 제시한 이 책은 지금 우리에게도 중요한 시사점을 준다.

『산업민주주의』는 한마디로 노동조합의 운영에 대한 책이다. 즉 1부에서는 노동자가 어떻게 서서히 고통 속에서 운영상의 효율을 조합원에 의한 통제와 조화시키는 기술을 확보해왔는가를 분석한다. 이어 2부에서는 상호보험, (두 사람이 처음 사용한 말인) 단체교섭, 입법 조치, 그리고 지금은 일방적이거나 자주적인 직무 규제라고 부르는 다양한 제한이나 틀이라는 운동 방법을 특정하고 설명하면서, 노동조합이 어떻게 기능하는지에 대한 매우 상세한 해설을 제공한다. 그리고 3부에서는 여러 가지 운동 방법이 갖는 경제학적 의미를 평가하고 특히 노동조합운동이 민주주의에 필수적인 것이라고 주장하며 결론을 맺는다.

그러나 나는 이 책을 번역하기 전 오랫동안 이 책을 읽어오면서 많은 의문점을 가졌다. 그중 하나가 웹 부부가 1910년 한국이 일본에 합병되고 2

년 뒤인 1912년 한반도를 1주일간 방문하여 당시 한반도 최고급 호텔의 하나였던 손탁 호텔에 머물면서 한반도 사람들을 세계 최하의 문화 수준을 가진 미개인으로 묘사했다는 사실이었다.

2. 웹 부부는 어떤 사람들인가

브리태니커에 의하면 웹 부부는 "페이비언협회의 초기 회원으로 런던정치경제대학교를 공동으로 설립했다. 시드니 웹은 런던 대학교를 교육기관의 연합체로 재조직하는 일에 참여했으며, 노동당원으로 정부에 봉사했다. 탁월한 역사가일 뿐만 아니라 사회경제 개혁의 선구자인 웹 부부는 영국의 사회사상과 제도에 깊은 영향을 미쳤다"고 요약되어 있다.

웹 부부 중 더 유명한 사람은 비어트리스 웹일지 모른다. 그녀의 전기는 여러 권이 나왔는데 그중에서 마거릿 콜(Margaret Cole)이 쓴 『비어트리스 웹의 생애와 사상』[1]이 20여 년 전에 번역되었고, 그녀의 30대 자서전의 일부라고도 할 수 있는 『나의 도제시대』[2]도 번역되었다. 웹 부부가 쓴 『노동조합운동의 역사』(번역서는 『영국 노동조합운동사』)는 이미 1990년에 번역 출간되었고, 그 책은 노동운동에 대해서는 가장 고전적인 책으로 소개되어 왔다. 그 밖에도 협동조합 사상의 선구자[3]나 복지국가 사상의 최초 선구자[4]로도 언급되었다.

---

1) 박광준 옮김, 대학출판사, 1993.
2) 조애리 · 윤교찬 옮김, 한길사, 2008.
3) 윤형근, 『협동조합의 오래된 미래 선구자들』, 그물코, 2013, 135~139쪽. 비어트리스 웹은 1890년 7개월간 연구하여 출판한 『영국 협동조합운동』을 통해 소비자 협동조합과 노동조합의 제휴가 산업민주주의의 핵심이라고 주장했다.
4) 이창곤, 『복지국가를 만든 사람들: 영국편』, 인간과복지, 2014, 12~51쪽. 웹 부부는 〈비버

먼저 비어트리스 포터는 그녀의 표현을 빌리자면 '습관적으로 명령하는' 계급의 가정에서 1858년에 태어났다. 그녀는 부유한 철도 사업가인 아버지와 대상인의 딸인 어머니 사이의 8번째 딸이었다. 비어트리스는 다소 외롭고 병약한 소녀로 성장했으며, 광범한 독서와 아버지의 방문객과의 토론을 통해 독학했다. 아버지의 방문객들 중에서는 철학자인 허버트 스펜서가 그녀에게 지적으로 가장 많은 영향을 끼쳤다. 1886년 그녀는 선박 소유주이자 사회개혁가인 사촌 찰스 부스(Charles Booth)의 기념비적인 대저서 『런던 인민의 삶과 노동(*The Life and Labour of the People in London*)』의 집필을 도와주면서 하층 계급 생활의 현실을 보다 많이 알게 되었다. 1891년에는 랭커셔에서 겪었던 자신의 경험을 토대로 〈영국의 협동조합운동(The Cooperative Movement in Great Britain)〉이라는 팸플릿을 출판했다. 이어 빈곤 문제에 대한 어떤 해결책을 찾기 위해서는 노동 계급이 자기 자신을 위해 만든 조직, 즉 노동조합에 대해 보다 많이 배워야 한다는 것을 곧 깨닫고 시드니 웹을 1890년에 만났다.

한편 시드니 제임스 웹은 1859년 런던의 중하층 가정에서 태어났다. 아버지는 자유계약직 회계사였고, 어머니는 상점 점원이었다. 아버지는 존 스튜어트 밀을 지지한 급진주의자여서 아들에게 영향을 미쳤다. 시드니는 16세가 되기 전에 학교를 그만두었지만 야간학교에 계속 다녀 1878년 공무원이 될 수 있는 자격을 얻었고, 3년 후인 1884년에는 변호사 자격시험에 합격했다. 1885년 친구인 버나드 쇼의 권유로 사회주의자 단체인 페이비언협회에 가입한 뒤 1887년 웹은 협회를 위해 〈사회주의자들을 위한 사

리지 보고서〉의 선구인 〈소수파 보고서(Minority Report)〉를 만들었고 『산업민주주의』에서 내셔널 미니멈(National Minimum)이라는 개념을 처음 제시했다.

실들(Facts for Socialists)〉이라는 소책자를 출판했고 1889년 『페이비언 사회주의』의 '역사' 부분을 집필했다. 그 글에 감동한 비어트리스 포터와 그는 1892년에 결혼했다.

이후 그들은 런던에서 사회 연구와 정치적인 활동에 보다 많은 시간을 쏟기 위해 시드니는 공직을 그만두고 비어트리스의 유산과 그들이 저술 활동을 통해서 벌어들이는 돈으로 생활했다. 공동 연구의 최초 결실인 2권의 대작 『노동조합운동의 역사(The History of Trade Unionism)』(1894)와 『산업민주주의(Industrial Democracy)』(1897) 이후 그들은 역사적 · 사회적 연구, 교육적 · 정치적 개혁, 언론 부문에까지 활동영역을 넓혔다. 특히 17~20세기 영국 지방정부의 역사를 25년에 걸쳐 출판한 저작으로 웹 부부는 일류 역사연구가로서의 위상을 차지했다.

그 뒤 시드니는 1892~1910년 런던 시의회에서 활동했다. 특히 중등공립학교 체제와 초등학교 학생을 위한 장학제도를 창설했다. 또한 런던에 기술교육과 사회교육 기관을 설립하는 데 기여했다. 동시에 비어트리스, 자유당 정치인인 R. B. 홀데인과 함께 런던경제정치대학교(London School of Economics and Political Sciences)를 설립했다. 시드니는 런던 대학교(London University)를 교육기관들의 연합체로 재조직하고, 교육가 로버트 모랜트와 함께 다음 세대를 위한 영국 공립교육의 성격을 결정지은 교육법의 청사진을 1902~1903년에 제출했다. 이 과정에서 시드니와 비어트리스는 '침투'라고 알려진 전술, 즉 그들의 정치적인 지향과는 상관없이 권력과 영향력을 가진 사람들의 입장을 변화시켜 페이비언 정책 또는 그 정책의 일부를 관철시키려는 전술을 사용했다. 그때부터 정책에 대한 지지를 얻기 위한 방법으로 보수당 총리인 밸푸어 경과 그의 자유당 경쟁자인 로즈베리 경에게 접근했다. 1906년에 거대한 자유 여당의 출현으로 이러한 전략이 실효성을 잃게 되자 웹은 막 창당된 노동당에 '침투'해야만 했다. 그러나 그전에 비어트리스는 1905~1909년 구빈법(救貧法)에 관한 왕립조사위원회의 위원으로서, 전반적인 사회보험제도를 주장한 '베버리지 보고서'보다 35년 전에 복지국가의 개요를 명확하게 묘사한 '소수파 보고서'를 작성했다. 웹 부부가 사회보장을 위해 조직한 전국적 차원의 운동은 1911년 수혜자가 보험료를 분담하는 보험 계획에 관한 로이드 조지의 성급하고 즉흥적 발상에 의해 무산되었다.

1914년 말 웹 부부가 노동당원이 된 후에 그들은 노동당의 자문위원으로 급속하게 자신들의 입지를 강화시켜나갔다. 페이비언협회에 있어서의 그들의 지도력은 반대파들에 의해 약화되었는데 처음에는 H. G. 웰스, 이후에는 역사가이자 경제학자인 G. D. H. 콜이 이끄는, 산업에 있어서의 자치를 주장하는 길드 사회주의자들과 좌익 반대파들에 의해서였다. 그동안 그들은 〈뉴 스테이츠먼(New Statesman)〉이라는 독자적인 잡지를 창간하여 그들 자신을 위한 새로운 논단을 만들었다. 당의 전시(戰時) 지도자였던 아서 헨더슨의 우정과 사심 없는 충고에 의해 시드니는 집행위원회의 일원이 되었고, 최초이자 오랜 기간 동안의 당의 가장 중요한 정책보고서가 된 〈노동 계급과 새로운 사회질서(Labour and the New Social Order)〉(1918)의 초안을 작성했다. 그 직후인 1919년 그는 석탄 탄광에 관한 생키위원회의 위원이 되기 위해 광부연맹이 선출한 전문가의 한 사람이 됨으로써 자신의 지위를 공고히 했다. 위원회에서의 활동의 결과로 1922년 선거에서 그는 더럼의 시엄하버 선거구에서 압도적인 승리를 거두었고, 이를 통해서 패스필드 남작으로서 상원에 자리를 확보했다. 아울러 1924년 노동당 내각에서 상무부장관을 지냈으며, 1929년 역시 노동당 내각에서 식민장관을 지냈다.

비어트리스는 시드니의 이 모든 활동에 성심껏 협력했다. 그러나 사실상 그는 다소 늦게 정치에 투신했고 그다지 큰 성공을 거두지는 못했다. 특히 식민장관 시절에는 팔레스타인 정세로 곤란을 겪었다. 1932년 그와 비어트리스는 영국 노동 계급의 전망에 심한 환멸을 느끼고 소련으로 건너가, 그들의 말을 빌리자면 자신이 그곳에서 발견한 것과 '사랑에 빠졌다.' 그 후 3년에 걸쳐 그들은 최후의 대작인 『소비에트 공산주의: 새로운 문명인가?(*Soviet Communism : A New Civilization?*)』(1935)를 집필했다. 이 책에서 그들은 점진적인 사회적·정치적 발전에 대한 자신들의 믿음을 포기한 것처럼 보인다. 그들은 1928년부터 햄프셔에 있는 집에서 살다가 비어트리스는 1943년에, 시드니는 1947년에 그곳에서 죽었다.[5]

3. 『노동조합운동의 역사』

웹 부부의 업적 가운데 우리가 특히 주목하고자 하는 점은 1891년부터 1899년 사이에 두 사람이 노동사의 기초를 세우고 노동자 조직과 노사관계에 대해 체계적 연구의 길을 열었다고 하는 점이다. 웹 부부가 그러한 연구를 하기 전에 엥겔스를 비롯한 몇몇 국내외 학자들의 연구가 있었다. 그러나 가령 엥겔스(Friedrich Engels, 1820~1895)의 『1844년 영국 노동자 계급의 상태(*Die Lage der arbeitenden Klasse in England*)』(1845)가 사회주의 문헌으로서 갖는 가치에도 불구하고, 노동자의 조직에 관한 한 거의 아무것

---

5) 웹 부부의 생애에 대한 가장 최근 문헌으로는 Royden J. Harrison, 『시드니 웹과 비어트리스 웹의 생애와 시대: 형성기 1858~1905(*The Life and Times of Sidney and Beatrice Webb: 1858-1905, The Formative Years*)』(Macmillan, 2000)를 참조하라.

도 언급하지 않았다는 한계를 갖듯이 그 연구에는 문제가 많았다. 그래서 웹 부부가 노동조합의 역사에 대한 조사를 시작했을 때 그들이 참고할 만한 자료는 지극히 한정되었다.

따라서 『노동조합운동의 역사』와 『산업민주주의』가 그 경제주의적 성격을 이유로 많은 비판을 받아왔음에도 불구하고, 영국의 노동조합운동에 대한 저술로서는 가장 선구적이고 탁월한 것임을 인정해야 한다. 그 후 지금까지 그 분야에서 그 두 권에 필적할 만큼 독창적이고 포괄적인 연구는 없다고 할 정도로 높이 평가되기도 하기 때문이다. 가령 우리나라에도 널리 알려진 사회주의 역사가인 에릭 홉스봄(Eric Hobsbawm, 1917~2012)은 『산업민주주의』를 "영국 노동조합에 대해 쓰인 최고의 책"[6]이라고 했다. 사실상, 그들이 두 권의 책에서 처음 사용한 개념과 용어와 범주, 그리고 시대 구분을 포함한 체계화의 구조는 지금까지도 그대로 사용되고 있을 정도이다.

그러나 1세기 이상 제기된 여러 가지 비판도 무시할 수는 없다. 가령 에드워드 P. 톰슨(Edward P. Thompson, 1924~1993)이 『영국 노동자 계급 형성(The Making of English Working Class)』(1963)에서 자신의 목적이 "가난한 양말 제조공, 러다이트 운동에 가담한 가난한 농부(Cropper), 시대착오적인 수직공(Hand-loom Weaver), '유토피아주의자' 직인, 그리고 설령 조애나 사우스콧(Joanna Southcott)[7]에게 매혹된 신도들까지 후세의 지나친 경멸로부터 구제하는 것"[8]이라고 한 것은 웹 부부가 소위 안정된 조직의 성

---

6) E. J. Hobsbawm, *Labouring Men*, 1964, 255쪽.
7) 조애나 사우스콧(1750~1814)은 자칭 종교예언가로 값싸게 14만 명 이상의 운명을 정해주었다고 한다.
8) E. P. Thompson, *The Making of English Working Class*, Victor Gollancz, 1963, 12쪽.

공한 조직 노동자를 중심으로 다루고 비교적 미조직의 단명하고 돌발적인 저항 반란운동을 무시하거나 모멸한 것에 대한 비판에서 나온 것이었다. 사실 웹 부부의 책에서 러다이트 운동은 중요하게 언급되지 않았다. 이러한 웹 부부에 대한 비판은 톰슨만이 아니라 홉스봄[9]을 비롯한 많은 역사가들에 의해서도 제기되었다. 오언주의자나 차티스트 운동에 대해서도 웹 부부는 대단히 비판적이었다. 웹 부부는 사회주의 이행이나 미래의 사회주의 성격에 대한 통설에도 도전했다. 그들은 노동자 계급이 자발적으로 직업적 노동조합 의식으로부터 사회주의적 계급의식으로 이행한다는 통설에도 반대했다.

이러한 인식의 계기가 된 사건은 1889년 런던 부두 노동자들의 대규모 파업이었다. 그전에는 페이비언을 비롯한 사회주의자들에게 노동조합은 관심의 대상이 되지 못했다. 노동조합에 처음으로 관심을 보인 것은 비어트리스였다. 그녀는 협동조합 연구를 통해 노동조합에 관심을 갖게 되었다. 그러나 그것은 우호적인 것이 아니었다. 임금이나 노동조건을 둘러싼 다툼이 생기고, 일하는 남녀에 의한 두 가지 자발적 운동을 상호보완적이라기보다도 적대자이자 경쟁자를 다루는 경향이 쌍방에 있었다. 비어트리스는 1891년 노동조합운동의 연구에 착수했다. 식민부의 공직을 사직한 시드니도 그 뒤에 합류하여 그 책을 완성했다.

『노동조합운동의 역사』가 19세기 말에 집필되었다는 점은 그 책이 당대의 영웅사관 내지 지도자 중심 사관의 영향에 있었음을 말해준다. 그 단적인 보기로 우리는 토머스 칼라일(Thomas Carlyle, 1795~1881)의 『영웅 숭배론(On Heroes, Hero-Worship, and the Heroic in History)』(1841)을 들 수 있다.

---

9) E. J. Hobsbawm, *Labouring Men*, 1964, 5~22쪽.

칼라일은 그 책에서 성실하고 용기 있는 영웅적 지도자가 필요하다고 역설했다. 웹 부부도 가령 1824년 단결금지법을 철폐시킨 프랜시스 플레이스를 높이 평가한다.

그러나 『노동조합운동의 역사』는 영웅적인 개인의 역사를 모은 것이 아니라 영국 노동자 계급의 생성 과정에 최초로 주목한 책임을 알아야 한다. 웹 부부는 숙련공과 비숙련공 사이에 노동조합운동이 상당히 다른 것을 알았으나 그 차이에 대해 숙고하지는 못했다. 위에서 말했듯이 E. P. 톰슨 같은 역사가들이 비숙련공이나 주변 노동자들에 주목한 것은 웹 부부의 결점을 보완하는 것이지만, 웹 부부에게는 그 책이 영국 정치사의 일부로 의식된 점을 주목해야 한다.

흔히들 『노동조합운동의 역사』는 제도사에 치중했다는 비판을 받지만, 19세기 말의 수준에서는 도리어 루조 브렌타노(Lujo Brentano, 1844~1931) 등의 제도 중심 사관에 도전한 것이었음도 주목해야 한다. 브렌타노는 『길드의 역사와 발전 및 노동조합의 기원에 대하여(*Die Arbeitergilden der Gegenwart*. 2 vols., 1871~72, Leipzig: Duncker und Humblot. English: *On the History and Development of Gilds and the Origins of Trade Unions*)』(1870)에서 길드와 노동조합이 연속한다고 주장했으나 웹 부부는 이를 부정했다.[10]

노동조합의 기원을 논의한 뒤 웹 부부는 노동조합의 역사를 생존을 위한 투쟁(1799~1825), 혁명적 시대(1829~1842), 새로운 정신과 새로운 유형의 노동조합(1843~1875), 그리고 1880년대 말의 새로운 노동조합주의의 대두로 구분했다. 그러한 시대 구분이나 각 시대의 내용에 대해서는 지금

---

10) Sidney and Beatrice Webb, *The History of Trade Unionism*, 1920, 12쪽.

까지 수많은 비판과 수정이 가해졌다.

4. 민주주의와 자유

『산업민주주의』에서 저자들은 산업민주주의가 무엇인지 정의를 내리는 것으로부터 시작하지 않았다. 그것은 그 책의 첫 부분에서는 단순히 노동조합 운영의 절차와 제도를 의미한다. 반면 다른 곳에서는 공적인 통제와 소유를 경제 생활의 여러 분야에 점차 확대하고, 그렇게 하여 시민이 정치에서 행사해야 한다고 여겨지는 것과 같은 통제를 산업 문제에서도 행사하는 의미로 사용한다. 저자들은 링컨의 민주주의에 대한 정의인 인민의, 인민에 의한, 인민을 위한 정치를 받아들이지만, 그것이 모든 사람의 평등한 발언권에 의한 결정을 뜻한다면 필연적으로 붕괴한다고 본다. 따라서 그들은 영국의 초기 노동조합에서 원시적 민주주의를 시도하여 모든 결정에 모든 구성원의 평등한 발언권을 주어야 한다고 주장한 것이 결과적으로, 노동조합의 운영을 총회에서 하고, 의장, 서기, 회계 등으로 구성되는 임원회는 윤번제로 운영되었다. 그러나 이는 적대적인 고용인이나 억압적인 공권력에 대응할 수 없었고, 조직의 성장에도 장애가 되었다. 결국 노동조합의 업무 증대는 특정인이 전적으로 책임을 지는 체제를 요구했으나 노동조합 세계에는 아직도 민주주의적 요소가 남아 있다는 점을 웹 부부는 비판했다.

웹 부부의 대안은 대의원 체제이다. 그리고 그 대의원은 단순히 의견을 기계적으로 전달하는 매개에 그치지 않는다. 이러한 대의원회의 설립을 웹 부부는 '잔인한 아이러니'라고 한다.

동료에 의해 선출된 노동자는 그 천부의 능력 여하에 불구하고, 전문 임원을 유효하게 감독하고 지휘하는 것이 유일한 조건인 특수한 숙련과 일반적 지식을 갖지 못한다. 그가 감독해야 할 노련한 임원과 평등해질 수 있기 위해서는 그전에, 새로운 임무를 위해 그의 모든 시간과 생각을 바칠 필요가 있고, 따라서 그의 이전 직업을 포기해야 한다. 불행히도 이는 그의 생활 태도, 사고방식을 바꾸게 되고, 또한 보통은 지적 분위기를 변화시켜, 그가 반드시 표현해야 할, 선반이나 화로에서 일하는 육체노동자들의 감정을 생생하게 알지 못하게 한다. 이는 확실히 잔인한 아이러니로서, 세계 전역에서 임금 노동자가 무의식적으로 대의제를 혐오하게 되는 이유의 하나를 여기서 발견할 수 있다고 우리는 생각한다. 노동자 대표에게 그의 임무의 절반을 수행하게 한다면, 바로 그 절반에 필요한 자격을 상실하게 된다.[11]

여기서 웹 부부는 미헬스와 같은 과두제가 아니라 방적공이나 광부 노동조합의 연합 대회에서 나타난 평조합원과 대의원이라는 이중의 대표제를 제기한다. 그들에게 민주주의란 합의와 능률이 서로 보완하는 대의적 정체, 즉 '보편적인 전문화와 대표제'[12]를 뜻했다. 이는 '민주제의 구조 자체에까지 분업이 철저하게 되는 것'[13]이었다.

정치적 민주주의든, 산업민주주의든 간에, 선거인이나 소비자로서 마지막 명령을 내리는 것은 시민이지만, 그 명령을 어떻게 해야 하는지를 조언하는 것은

---

11) Beatrice Webb, Sidney Webb, *Industrial Democracy*, Longmans, Green and Co. 1897, 59~60쪽.
12) 같은 책, 848쪽.
13) 같은 책, 843쪽.

전문가인 임원이다.[14]

이처럼 직업적 전문가를 강조하는 웹 부부는 자유에 대해서도 특이한 정의를 내린다. 즉 "생래의, 즉 불가 양도의 권리라는 것이 아니라, 실제로 개개인의 능력을 최대한 발전시키는 사회의 생존 조건을 뜻한다"[15]고 한다. 이는 웹 부부가 존경한 J. S. 밀이 자유를 '바라는 대로 행동하는 것'이라고 정의하고 민주주의가 자유에 적대적일 수 있음을 두려워한 것에 반해, 웹 부부는 자유를 최대한 확보할 수 있는 유일한 방법이 민주주의라고 생각한 것을 뜻한다. 그래서 웹 부부는 "자유란 실제로 그것이 올바르게 실현되는 한, 적재적소를 얻는 것을 뜻한다"는 말을 인용한다.[16]

이상의 고찰로부터 웹 부부가 민주주의자가 아니라거나 자유주의자가 아니라고 보는 점에는 문제가 있다. 우리는 밀과 같은 자유주의자가, 부자나 강자가 빈자와 약자의 권리를 침해하는 것을 용인한 점을 알고 있다. 웹 부부도 그런 점을 충분히 알고 있다.

어떤 개인이나 단체나 계급이 보통 '계약의 자유'나 '결사의 자유' 또는 '기업의 자유'라는 말에 의해 뜻하는 것은, 우연히 그들이 얻게 된 힘을 사용하는 기회의 자유이다. 즉 더욱 무력한 다른 사람들로 하여금 그들이 말하는 바에 따르게 하는 것이다. 이러한 종류의 개인적 자유는 불평등한 단위로 구성되는 사회에서 강제와 구별되지 않는다.[17]

---

14) 같은 책, 845쪽.
15) 같은 책, 847쪽.
16) 같은 책, 847쪽. 주.
17) 같은 책, 847쪽.

밀은 상당히 교양 있고 재산도 있는 자들의 자유를 말한다. 그리고 그런 자들이 국가나 조직적인 여론과 같은 집단에 의해 부과되는 제약에 직면하는 점을 밀은 가장 심각한 자유의 침해라고 보고, 최소한의 국가를 주장한다. 즉 국가의 힘이 증가함은 자유의 감소로 직결된다고 한다. 그러나 이는 가령 현물급여금지법과 같이 국가의 권한을 확대하고 고용인을 제약하는 것이 노동자들의 자유를 확대한 것과 모순된다. 나아가 자유는 유일한 선이 아니라 복지나 생활 보장의 평등보다 우선해서는 안 되는 상황도 얼마든지 있을 수 있다.

웹 부부는 '사회민주주의'라는 말을 사용하지 않았으나, 그들의 주장은 사회민주주의하에서만 노동조합이 충분히 발달하고 최대의 유용성을 확보한다고 보았다. 즉 정치가가 정치 권력을 시민의 능률과 복지의 증진을 위해 적극적으로 이용하고, 정기적이고 평화적으로 시민에 의해 정권에서 물러날 수 있는 국가여야 노동조합의 발전이 가능하다. 반면 밀 유(類)의 자유주의에 근거한 중산 계급적 공화주의 정체는 노동조합이 그 목표를 확보할 가능성을 믿지 않고 노동조합의 활동 방법을 기피할 것이다. 전제 정치는 두말할 필요가 없다.

웹 부부는 노동조합운동을 민주주의 국가의 기관으로 보았지만 그렇다고 해서 노동조합이 그 독립성을 상실하고 자주적 단체로서의 성격 없이 고용인과의 단체교섭에만 매몰되어서는 안 된다고 보았다. 특히 민주화 과정에서 거대한 트러스트의 사회적 압력에 대한 보루이자, 착취적 공장이나 소규모 생산이라는 산업에 대한 기생적 존재를 박멸하기 위한 사회적 세력으로 존속해야 한다고 주장했다. 나아가 사회주의하에서도 산업 관리자가 염가와 생산 비용의 저하에 노력할 것이므로 그러한 태도는 노동조합에 의해 끊임없이 점검되어야 한다고 했다. 특히 정신노동자들인 산업의 경영자나 감독자는 육체노동자의 상황에 당사자로서의 강한 관심을 보일 수 없으므로 노동조합은 여론의 주목을 환기하고 필요하다면 파업을 할 정도로 강력해야 한다고 주장했다.

5. 『산업민주주의』의 경제학

웹 부부에 대해 여러 비판이 있지만 적어도 당대에서는 가장 진보적인 입장의 하나였음을 주목할 필요가 있다. 물론 두 사람은 일찍부터 마르크스에 대해서는 비판적이었지만 당대의 여타 경제이론이나 사회이론, 특히 우익의 그것에 대해서는 더욱 비판적이었음을 주의할 필요가 있다. 가령 리카도의 임금기금설이나 맬서스의 인구론은 노동조합의 존재가 긍정적인 역할을 수행할 가능성을 철저히 거부했다. 시드니가 제번스의 한계효용학설 및 한계생산력설을 채택함으로써 비어트리스는 리카도 경제학을 비현실적 개념 규정으로부터의 연역에 의한 것이라는 이유에서 거부함으로써 임금기금설을 거부했다. 그들은 그 정당성을 확인하기 위해 『산업민주주의』 3부 1장 '경제학자의 판단'에서 19세기 후반의 경제학설이 더 이상 리카도의 비관론을 채택할 수 없다고 밝혔다.

웹 부부에 의하면 임금기금설은 다음의 이유로 부당하다. 임금기금설의 중심적 주장은 임금 상승이 이윤율을 저하시키고, 저축을 삭감하게 하여 자본 축적을 저해하고 고용을 감소시킨다는 것이다.[18] 그러나 웹 부부에 의하면, 중산 계급의 저축 지향은 불경기에 수반한 이윤과 이자의 저하에 의해 약해지지 않고, 도리어 강해지는 경향을 보였다. 왜냐하면 그들에게

---

18) 이러한 학설은 현대 한국에서도 널리 유포되고 있다.

저축이란 이자만을 위한 것이 아니라 자신과 가족의 장래에 대한 대비이기 때문이다. 또 지방자치체의 경우, 저금리 시기가 대규모 공공사업을 하기에 적기이고, 그 결과 사회자본을 충실하게 하게 된다. 또 신기술의 개발과 도입에도 저금리는 유리한 조건을 제공하기 때문에, 고임금에 의한 이윤율과 이자율의 저하는 국가 경제 전체에는 도리어 환영받을 수 있다. 또 임금 인상이 수출 경쟁력을 삭감하고 자본의 해외 유출을 촉진한다는 고임금 비판에 대해서도, 해외 투자는 상대국의 정치적 안정을 필수적 요건으로 하므로 그것이 보장되는 영국에서의 자본 유출은 거의 없다는 반론이 제기된다.

이러한 웹 부부의 주장은 케인스 이후의 경제학이 주장하듯이 저금리가 언제나 투자를 유발하지는 않는다는 것이 상식인 지금은 너무나도 낙관적으로 보이지만, 웹 부부는 구빈법에 관한 왕립위원회를 위해 쓴 〈소수파 보고서〉에서도 공공사업에 의한 불황 대책을 주장했다. 여하튼 국가 재정에 의한 적극적인 경기 부양책을 주장한 그 보고서는 영국 사회정책의 역사에서 가장 획기적인 업적으로 평가된다.

이상 임금기금설과 함께 노동조합 무효론을 주장한 것이 맬서스의 인구론이었다. 이에 대해 웹 부부는, 노동조합이 수행하는 역할에는 임금 이외의 노동조건 개선도 포함되는데, 노동환경이나 노동시간 개선이 출생률에 미치는 영향에 대해 맬서스주의자는 침묵하지만, 소득이 많은 노동자일수록 자녀수가 적다는 것이 통계로 확인된다고 주장했다.

웹 부부는 이상과 같이 임금기금설과 인구론을 비판한 뒤 제번스를 따라 임금이 고용된 노동자들의 한계생산력과 같은 수준으로 결정된다고 주장했으나 이에 대해서는 현대 경제학에서 볼 때 많은 비판이 있을 수 있다. 그러나 여기서 우리는 웹 부부가 노동자와 자본가의 계급 대립과 계급 투쟁의 존재를 부인하지 않았음을 주목할 필요가 있다. 특히 『노동조합운동의 역사』는 산업혁명 이래 노동자가 자본의 압박에 저항하여 단결하고 투쟁해온 역사를 기록한 책으로서 1894년 당시로서는 가장 진보적인 입장의 책이었다. 이는 『산업민주주의』의 다음과 같은 문장에서도 확인된다.

따라서 우리는 민주적 국가에서 임금소득자는 자신들의 노동조합에 속하는 것으로, 또는 경제적 계급의 상위에 근거한 더욱 광범한 그 어떤 조직에 속하는 것으로 만족하지는 않는다고 추론할 수 있다. 그들은 그 임금소득자와 육체노동자로서 갖는 특별한 이해관계와 의견 외에, 모든 종류, 모든 직업의 사람들과 공통의 것을 갖고 있다.

물론 웹 부부는 마르크스주의자가 주장하듯이 계급 투쟁이 사회주의를 낳는 원동력이라는 의미의 정치 투쟁을 인정하지는 않았다. 그러나 여러 계급 사이에 이해관계를 둘러싼 계급 투쟁이 있다는 것은 웹 부부는 물론 그들이 인도한 페이비언들에게 당연히 인정되었다.

6. 내셔널 미니멈

이 책의 서문 후반부에 이 책의 연구 방법에 대한 언급이 나오지만, 웹 부부의 사회 연구 방법론은 눈여겨볼 필요가 있다. 웹 부부가 노동조합운동만이 아니라 소비자협동조합, 지방통치기구 및 자치행정, 사회보장 및 실업구제제도 등에 대한 방대한 실증 연구를 했고, 그 연구의 방법론까지 남겼기 때문이다. 그 총괄적인 저서가 1931년에 나온 『사회 연구의 방법 (*Methods of Social Study*)』이다. 즉 이 책은 시드니가 76세, 비어트리스가 77

세에 쓴 책으로 평생 종사한 사회 연구의 방법론을 총괄한 책이다. 그러나 이 책의 더욱 중요한 의미는 종래의 사회 연구가 극단적인 두 가지에 치우쳐 있는 것을 조화시키거나 극복하는 데 기여하기 때문이다.

종래 두 가지 연구 방법 중 하나는 독일 철학에서 비롯된 지극히 난해한 인식론에 입각한 것으로 현실 인식보다도 서재에서의 이론적 추구에 치중하는 것이고, 또 하나는 미국의 행동과학에서 비롯되는 것으로 통계나 컴퓨터 등을 사용한 조사 기법에 치중하는 것이다. 웹 부부의 사회 조사는 이 두 가지 중 어느 것에 치우치지 않고 그 두 가지 모두를 조화롭게 사용하는 것이라고 할 수 있다.

이러한 연구 방법에 의한 웹 부부의 연구는 직업생활, 소비생활, 지역생활이라는 세 가지 생활 영역의 자치제도 형성과 행정 권력의 간섭에 의한 사회 혁신을 중심으로 사회의 거의 모든 영역에 미쳤다. 그래서 그들의 저작은 440여 종에 이른다. 그중에서도 여전히 중요한 것은 복지사회론이다. 그 핵심을 형성하는 '소수파 보고서'의 핵심 개념인 '내셔널 미니멈'(National Minimum)은 『산업민주주의』에서 처음 나온 것이다. 이는 사회보장과 관련하여 국가가 보장해야 할 최저한의 소득을 뜻하는 말로 널리 사용되고 있다.

'내셔널 미니멈'이란 노동력 상품의 판매 가격과 판매 조건의 최저한을 법률로 정하는 것을 말한다. 즉 노동력 상품시장에 대한 국가 간섭을 주장한 것으로, 조직화가 늦거나 불가능한 노동자는 공권력이 노동조합을 대신해야 하고, 나아가 비노동력 인구에게는 생활 보장을 해야 사회가 진보한다는 것이다. 그런데 그 진보는 계급 투쟁이 아니라 사회구성원 모두에 의해 추진되어야 한다.

7. 왜 이 책을 번역하는가

앞에서 말했듯이 이 책은 원래 120년 전의 영어책이다. 120년 전 우리나라의 한문 책은 물론이고 한글 책을 읽는 것보다는 훨씬 쉽지만, 그래도 현대 영어와는 상당히 다른 영어여서 읽기에 반드시 쉽다고는 할 수 없다. 이런 점을 보아도 우리의 최근 변화가 얼마나 급속한 것이었는지를 알 수 있지만, 그것을 마냥 좋은 것이라고만 말할 수는 없을 것이다.

나는 1999년 영국에 머물렀고 그 뒤 몇 번이나 방문하면서 그곳이 얼마나 보수적인 곳인지를 실감했다. 앞에서 본 그룹스카야가 1902년 영국을 방문했을 때 "영국인은 폐쇄적인 민족이다"[19]라고 한 것과 조금도 변함이 없었다. 사회주의자를 비롯하여 아무리 진보적인 사람들도 영국 여왕을 비롯한 전통에 대해서는 엄청난 자부심과 존경심을 갖는 것을 도저히 이해할 수 없었던 나는 결국 박사학위과정 공부를 포기하고 한국에 돌아왔는데, 그 뒤로도 영국의 책을 읽을 때에 그런 전통적 요소 때문에 화를 내곤했다. 웹 부부의 이 책을 번역하면서도 마찬가지였다. 독자들은 이 책의 처음부터 노동조합마저도 그런 전통적 요소에 지배되고 있음을 읽고서 지루해진 나머지 이 책을 집어던질지도 모른다는 걱정이 든다. 이 책을 처음 읽는 독자는 영국 노동조합운동이 대단히 복잡다단하다는 것을 알고, 그것이 우리와 너무나 다르기 때문에 우리에게는 아무런 도움이 될 수 없다고 판단하여 당장 책을 덮을지도 모른다는 걱정이 든다.

1897년에 나온 『산업민주주의』를 2017년, 즉 120년 만에 우리말로 세상에 내어놓게 되어 개인적으로 참으로 기쁘다는 말을 하지 않을 수 없지만,

---

19) 그룹스카야, 앞의 책, 89쪽.

이 책이 우리 사회에 어떤 의미를 가질지 계속 의문을 가졌다. 그동안 강산이 변해도 12번이나 변했고 세대가 바뀌어도 6번이나 바뀌었다. 이를 두고 우리의 산업민주주의가 이제 막 시작한다거나, 영국의 그것보다 최소한 120년이나 뒤졌다고 말한다면 지나치다고 할 수 있을지 모르지만, 나로서는 아직 우리의 산업민주주의는 시작도 되지 않았고, 따라서 영국의 그것보다 120년 이상 더욱더 뒤져 있다고 생각하기도 한다는 점을 솔직히 말하지 않을 수 없다. 지난 반세기 동안 노동 문제에 관심을 가져온 나로서는 참으로 개탄스럽고 유감스러운 일이 아닐 수 없다. 아니, 1897년 당시에 이미 우리의 초기 노동자들이 최초의 노동조합을 만들었는데도 그 120년이 지난 지금도 산업민주주의라는 것이 없다니 도대체 어떻게 된 일인가?

내가 1971년 봄, 법과대학에 들어가기 몇 달 전 전태일이 근로기준법 해설서를 품에 안고 분신자살을 했다. 그때부터 지금까지 나는 노동법 공부에 열중했고, 1979년부터 2016년 퇴직할 때까지 37년간 대학에서 노동법을 연구하고 강의했다. 그동안 노동법이 많이 변했고, 내가 노동법 공부를 시작할 때와는 달리 노동법을 공부하는 사람들도 많이 늘었다. 그러나 본질이 변했을까 의심스럽다. 노동법을 전문적으로 다룬다는 노무사라는 직업이 생겨났지만 노동법 공부는 그 자격시험을 위한 수험 차원에 머물러 있고, 노동법 등의 노동 문제를 둘러싼 사회는 근본적으로 변하지 않았다.

그동안 고전이나 교양에 대한 글을 많이 쓴 이유도 노동법 문제 이전에 우리 사회나 문화에 근본적인 문제가 있다고 생각한 탓이다. 그렇다고 해서 인문학 유행 따위를 추종한 것이 아니라, 도리어 지적 허영으로 타락한 그런 경향을 비판하고 진정한 인문학을 수립하고자 노력했다. 특히 유교를 비롯한 한국의 전통문화를 비판했다. 최근 유교를 민주주의니 하며 미화하는 경향이 너무나도 뚜렷하게 나타나고 있기 때문이다. 2009년부터 법학과가 법과대학원으로 변할 때 교양학부에 속하면서 학부에서는 '법과 예술', 법과대학원에서는 '교육과 법', '유교와 법', '법문화론', '법인류학'을 주로 강의했는데, 이는 법 이전에 더욱 근본적인 문제가 많다고 생각했기 때문이다.

나의 노동법 공부도 법규나 판례를 중심으로 한 해석법학이 아니라, 정치, 경제, 사회 문제 전반과 함께 보는 법정치학 내지 법사회학적 방법에 입각한 것이었다. 특히 나는 대학원 시절부터 노동운동사에 깊이 천착하여 1992년 펠링의 『영국 노동운동의 역사』를 번역하고 래스키 등에 대한 논문도 썼다. 당시 노동법 공부를 하면서 노동운동사를 비롯하여 경제학과 사회학 등의 문헌을 읽었고, 특히 이 책을 열심히 읽었다. 그 후 20여 년이 지난 이제 웹 부부의 『산업민주주의』를 번역함은 나 개인의 연구사에서는 대학원 시절로 거슬러 올라가 공부를 다시 시작하고, 처음 공부에 뜻을 둔 시절과 지금을 연결시키는 것을 의미한다. 이를 퇴직 3년 전부터 시작하여 퇴직 직전에 출판한다는 것은 노동법 연구 37년을 나름으로 정리한다는 의미까지 나에게 있다.

사실 나이 60을 넘어 2년간 매일매일, 거의 1000쪽에 이르는 깨알 같은 19세기 영어 문장을 하루 종일 읽으며 번역하기란 중노동 중에서도 중노동이었다. 게다가 우리의 노동운동과는 너무나도 차이가 많아서 이해하기 쉽지도 않았고, 이 책을 번역하는 것이 우리 노동운동의 발전에 어떤 도움이 될지 알 수 없었다는 것이 번역을 하는 데 가장 힘든 일이었다. 번역을 학문적 가치로 인정해주지도 않는 이 천박한 나라에서 노동운동과 산업민주주의에 대한 고전이라고 하는 점에서 가치를 부여하고 정년까지의 열정을 불태웠다. 전태일을 비롯한 수많은 희생자들을 생각하며 이 책을 번역했기에 그들에게 이 책을 바친다.

지은이

∷ 비어트리스 웹(1858~1943) · **시드니 웹**(1859~1947)

영국의 사회주의 경제학자이자 활동가 부부로서 페이비언협회와 영국 노동당의
지도자였고, 런던정치경제대학교를 설립했다. 시드니 웹은 런던대학교를 교육 기
관의 연합체로 재조직하는 일에 참여했으며, 노동당 정부의 각료로도 봉사했다.
1909년 빈곤구제법에 관한 위원회의 소수파보고서를 작성하여 최저임금, 노동시
간규제, 안전위생, 의무교육 등 노동자의 최저노동과 생활조건을 국가가 규제하
는 내셔널 미니멈(national minimum)을 제창한 그들은 포괄적인 사회보장제도와 복
지국가의 토대를 구축했다. 탁월한 역사가일 뿐만 아니라 사회경제 개혁의 선구
자인 웹 부부는 영국의 사회사상과 제도에 깊은 영향을 미쳤다.

옮긴이

∷ 박홍규

국내외 여러 대학에서 노동법과 예술사회사 등을 가르치고, 『노동법』과 『사회보
장법』 등을 저술하고 펠링의 『영국노동운동사』, 일리치의 『그림자노동』 등을 번역
했다. 『법은 무죄인가』로 백상출판문화상을, 『독서독인』으로 한국출판평론상을
받았다. 일본에서 법학 박사학위를 받고 미국, 영국, 독일의 여러 대학에서 연구
했으며, 민주주의 법학회 및 한국아나키즘 학회의 회장과 한일노동법포럼 한국
대표를 지냈다.

한국연구재단총서 학술명저번역 서양편 **606**

산업민주주의 2

1판 1쇄 찍음 | 2018년 1월 5일
1판 1쇄 펴냄 | 2018년 1월 15일

지은이 | 비어트리스 웹·시드니 웹
옮긴이 | 박홍규
펴낸이 | 김정호
펴낸곳 | 아카넷

출판등록 2000년 1월 24일(제406-2000-000012호)
10881 경기도 파주시 회동길 445-3
전화 | 031-955-9510(편집)·031-955-9514(주문)
팩시밀리 | 031-955-9519
책임편집 | 이하심
www.acanet.co.kr

ⓒ 한국연구재단, 2018

Printed in Seoul, Korea.

ISBN 978-89-5733-577-2 94330
ISBN 978-89-5733-214-6 (세트)

이 도서의 국립중앙도서관 출판시도서목록(CIP)은
서지정보유통지원시스템 홈페이지(http://seoji.nl.go.kr)와
국가자료공공목록시스템(http://www.nl.go.kr/kolisnet)에서 이용하실 수 있습니다.
(CIP 제어번호: CIP2017030337)